圖書在版編目（CIP）數據

蘊真堂石刻資料集成／北京市西城區文物管理處編．
–北京：文物出版社，2016.11
ISBN 978–7–5010–4849–6

Ⅰ.①蘊…　Ⅱ.①北…　Ⅲ.①碑刻–拓片–中國–民國–圖集　Ⅳ.①K877.422

中國版本圖書館CIP數據核字(2016)第290584號

蘊 真 堂 石 刻 資 料 集 成

編　　者：北京市西城區文物管理處

責任編輯：孫　霞
責任印製：張道奇
攝　　影：王　偉

出版發行：文 物 出 版 社
地　　址：北京市東直門内北小街2號樓
郵　　編：100007
網　　址：http：//www.wenwu.com
郵　　箱：web@wenwu.com
製版印刷：北京榮寶燕泰印務有限公司
經　　銷：新華書店
開　　本：889mm×1194mm　1/16
印　　張：23.25
版　　次：2016年12月第1版
印　　次：2016年12月第1次印刷
書　　號：ISBN 978–7–5010–4849–6
定　　價：220.00圓

編委會

序

《藴真堂法帖》系一九二一年至一九二七年間，收藏家馮恕禮聘金石鐫刻家郭希安所鐫刻的一部法帖。計收録歷代名家書法三十九種，單面布刻于五十四方石版之上。每石長均九十二、寬三十、厚八厘米，個別尺寸略有差异。藴真堂所收録的帖本，選、刻皆精，而説到『精』，則體現在以下幾個方面：

一、選材精，用馮恕自己的話説『擇元以前墨迹未嘗刻石，或石已滅没者三十餘種』。

二、刻工精，刻石真草隸篆皆有，大字小字不同，單行雙行同處。

三、特别是其中數百方大小、方圓、篆隸印章的鐫刻，遠超其他刻工之上。

四、整部帖石雖然分爲四卷，但其前后銜接，石斷意連，打破了傳統的『卷』的束縛。

五、帖石選料、開方、磨光極爲規整，字迹清晰，刻畫刀法張弛有度，隨書體節奏以詰屈。

在民國時期，能有如此精良的帖石作品問世，堪稱北京地區叢帖翹楚之作。此帖之所以名『藴真』，是因爲馮公有藏石之室曰『藴真』，直觀的理解就是這些收藏的石刻，都是些真好石刻。光緒皇帝專爲其題寫榜書匾額『藴真愜遇』，寄予了皇帝對他的認可，以及對這些石刻的一種愛戀之情。于是馮欣然以『藴真』名帖。但『藴真』室内所藏之石，不惟『藴真堂帖』之石也。

當然，對于其所收録的法帖，時人行家亦有不同看法。大書畫家、收藏家張伯英説：『然僞書亦未能盡汰。魯公《裴將軍詩》、宋《忠義堂帖》有之，奇形詭狀與其他顔書不類，然尚具英偉氣概。若此與《壯陶閣本》，單弱無復筆法，與《忠義堂》刻顯然二物。』『東坡「三十三年詞」，其原即從《晚香堂》摹出，故遠遜《晚香》所刻。』等等。見仁見智，看法不同而已。但從今天印刷法帖盛行的現狀來看，仍不失爲一部好帖。在我們領會了馮公的良苦用心之後，我們還欣賞到了郭公的傳統工匠精神。今天能將其出版發行，是有相當的現實意義的。

從帖的內容及所選書法名家、書法風格上，我們可以窺見馮公其人、其好、其境遇也。像法帖末尾所自云『恕學殖荒落，功業無聞。垂老值鼎革，居閒處，獨于人海嗜好泊然無染，惟潛心于書畫鼎彝，以消歲月，所聚漸多。』故知其刻帖絶非偶然，既是其養老之術、逃避現實、潔身自好，同時也是想傳給後人的一件寶物。家人也都支持他的事業，三兒、二女和三個孫兒都伺候在身旁，陪着他撰寫后記。

馮恕，字公度，號華農，原籍浙江慈溪，寄籍直隸大興府，晚年生活在宛平。晚清民國時期，他是一個實業家，曾任職于海軍部，創辦電力公司，創立電力學校。同時他也是一位書法家、收藏家、藏書家及鑒賞家。其書法以顏字見長，爲老字號題寫匾額如『張一元茶莊』『同和居飯莊』『中華大藥房』等，故有『無匾不恕』之説。新中國成立後，家人遵其遺囑，將所藏古玉、石屏、金文硯等一百四十七件，連同藏書一萬七千六百五十册，全部捐獻國家。『文革』後，家屬又將西城區羊肉胡同七十三號院馮氏家祠內，原嵌于東屋壁間的這五十四件帖石以及初拓，也悉數捐給國家。今帖石藏西城區文物管理處，石刻保存完好，如此的文物實屬罕見。這次將拓片整理出版，讓更多的讀者領略風采神韵，應該是一件惠集愛好者的大好事情。

其實，無論是在收藏界，還是在博物館界，刻石的原石與拓片應該是同等重要的。原帖石雖然更爲重要，但往往古稱『金石』之『石』則多以拓片代稱。石刻體量、數量龐大，搬運爲難，不易流傳，故藏拓等同藏石。論文物石第一，論文獻則拓優先了。

另外，這套帖石之所以如此完美，主要取决于這項工程的兩個大師，一個是『設計師』，一個是『工程師』。我們姑且把選材、定編、出資、興辦『設計師』的頭銜加給馮公度，那麽鎸刻者郭希安則非『工程師』莫屬了。其實，古代能够流傳下來的那些石雕石刻作品之所以那麽有生命力，那麽值得收藏，主要是其自身魅力無限，令人觀之流連忘返、想之揮之不去，關鍵取决于古代工匠們的那種兢兢業業、孜孜不倦的精神。有了這種敬業精神，指導他們的敬業實踐，不可能不留下好的作品。我們常聽人們講古代藝術欣賞時説，如何之美，如何醉人，如何令人心動，但究其原因的分析，却很少能够涉及。所以，擬對中國古代石刻藝術進行欣賞，必須要對中國古代石刻技術進行解析，搞清彼此之間的因果關系，才能拿到通向藝術真諦之門的金鑰匙。作爲《蘊真堂法帖》，當你看到拓片時，滿目黑白，星光閃耀，層次分明，一目了然。當然，這與拓工的傳拓技術也有很大的關聯。但當你能有幸看到帖石原石時，呈現在你眼前的則是另外一種感覺。石材精良，刻工精細，字口清晰，刀刀見功底。肉眼所見，僅爲『美』的結果；如果使用放大鏡，你會看到一派更美的『小千世界』。我們知道中國的傳統書法主流是軟筆書法，但要將其轉化爲硬筆書法且不失其韵味，要『透過刀鋒看筆鋒』，可不是一句話那麽容易。要在『軟』與『硬』之間，體現『動』與『静』，那就全憑捉刀者本人的功力了。他既要了解書法原作者的創作意圖，還要領悟選作者的想法要求。奏刀之前，先要看清路數，待心領神會、胸有成竹之後，再運刀成風，一氣呵成。此時你所見的軟與硬兩個書法别無二致，亞似雙胞胎中的一白一黑兩兄弟，一模一樣，而又各有千秋，平面與立體、白黑與黑白之間之并蒂蓮花，彼此争奇鬥艷，各顯神通，互相詮釋，皆得正果。細看其的用刀很有講究，有粗有細，該粗該細；有深有淺，該深該淺。有中鋒，有偏鋒；有藏鋒，有露峰。有的單刀直入，有的往復雙刀；有的一刀見底，有的刀斷意連。刀過之后刀痕可見『V』字底，尚猶可見『V』字底，亦有作平底處理者。不微觀，不細瞧，哪得如此微妙之美？刻印原屬工匠們的分内之事，但明清以來文人也往往操刀，雅號『治印』，又有所謂『浙派』與『皖派』分流，而工匠專注刻字，則此技漸失。至晚清民國，乃有郭公仍傳其技，异彩紛呈，佩服之至。《藴真堂帖》中所刻印章多達數百，版式相同者不會走樣，印文相异者原味體現；陰陽朱（黑）白，輕重得宜。左右上下，允宜得當。單字有體，多字諧韵，其有一字爲印，數十字成章者，各得宗法之妙，疏可走馬密不容針。其中體用小篆、繆篆、九叠篆，字有金文、篆文、甲骨文。等等這些，通過鎸刻完美地體現出來，供大家欣賞。

郭希安，字輔仁，西安藍田姚村人。鎸刻名家，奏刀以嚴謹迅疾見長，作品生動傳神、細致精巧，爲民國關中刻石第一人。馮公度贊稱其『指腕齊力，精入毫芒；弄刀如飛，神合古人，冥入無間。』早年郭希安曾受邀北洋總統徐世昌，爲徐氏刻《西樓帖》；再爲徐弟世綱鎸《洞玉經》。爲馮恕刻《藴真堂帖》時同刻《纂懿流光録》，以及馮藏端硯、歙硯等。是後，約刻者絡繹不絶，最終郭氏封刀于新中國成立初年，終老于家鄉西安。一九三〇年還鄉後，猶陸續鎸刻不輟，名噪三秦。

在北京市西城區文化委員會領導們的大力關懷下，經過西城區文物管理處工作人員的艱苦努力，順利的完成本書的編撰工作。在本書即將付梓之際，遵西城區文物管理處所囑寫下上面我們對《藴真堂帖》的認識和感想，既是與廣大讀者交流，更是祝賀北京市西城區文物管理工作的新成就、新貢獻。

吴夢麟　劉衛東

目錄

圖版

釋　文

圖版

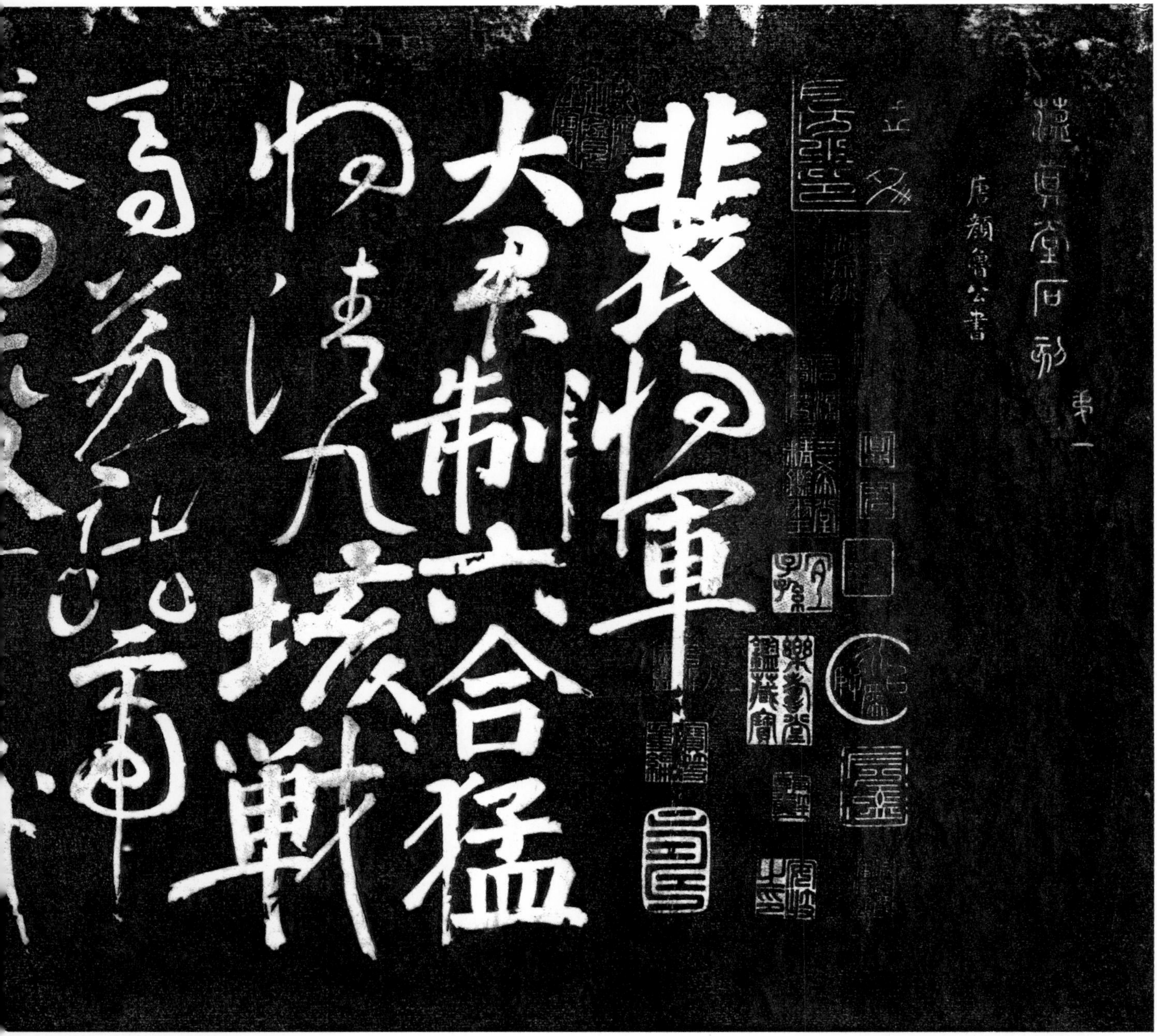

蘊真堂石刻一

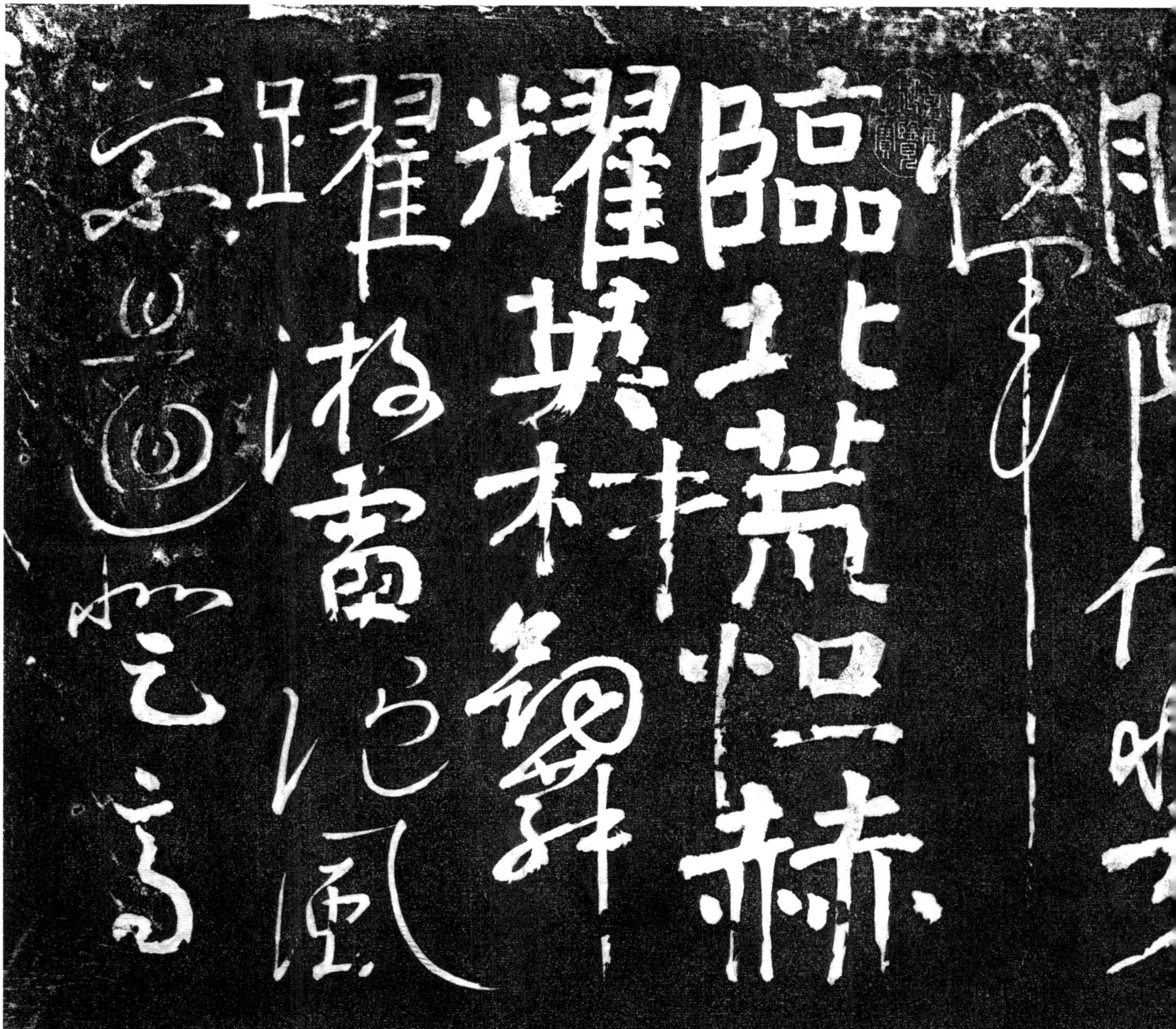

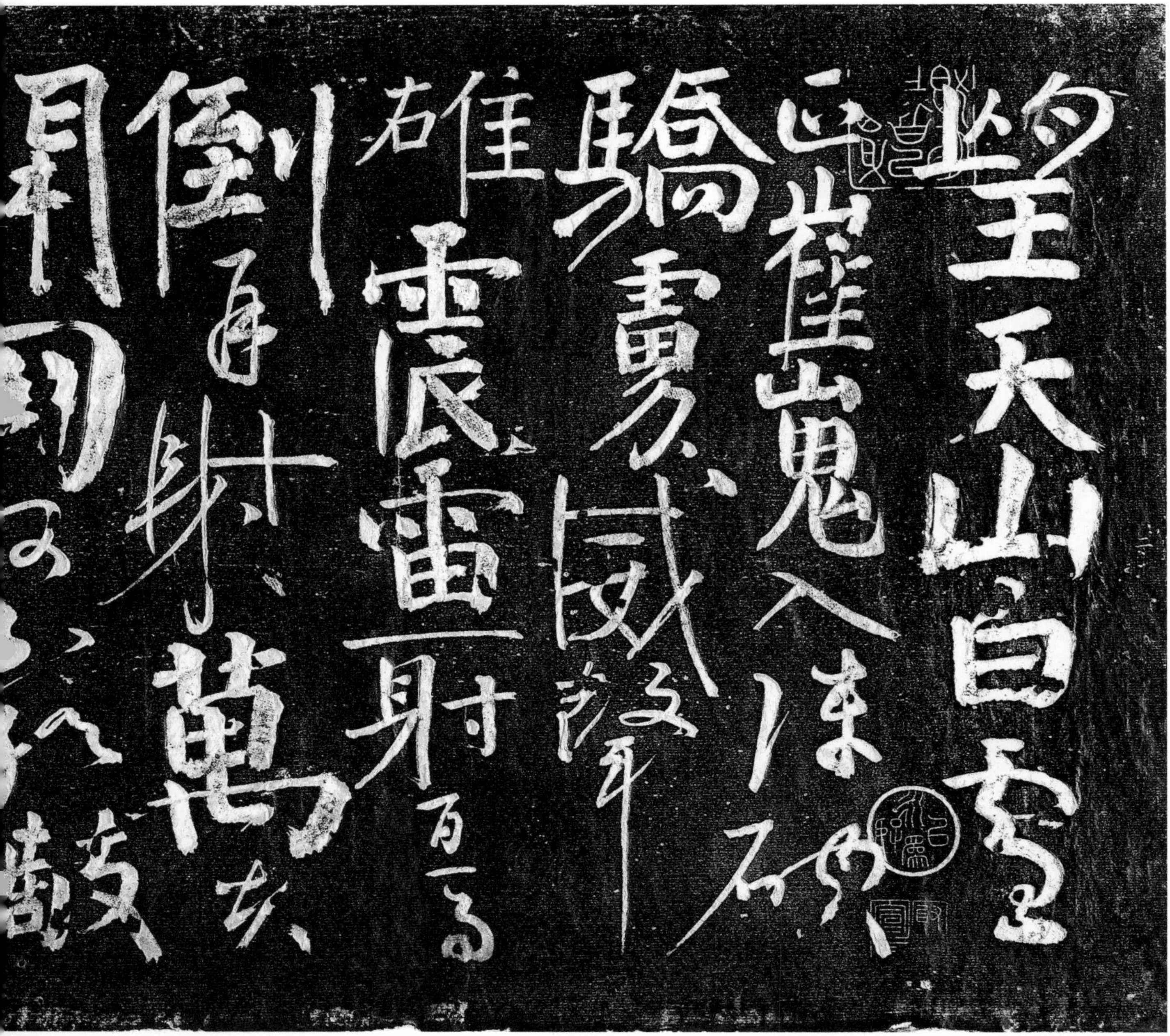

蕴真堂石刻二

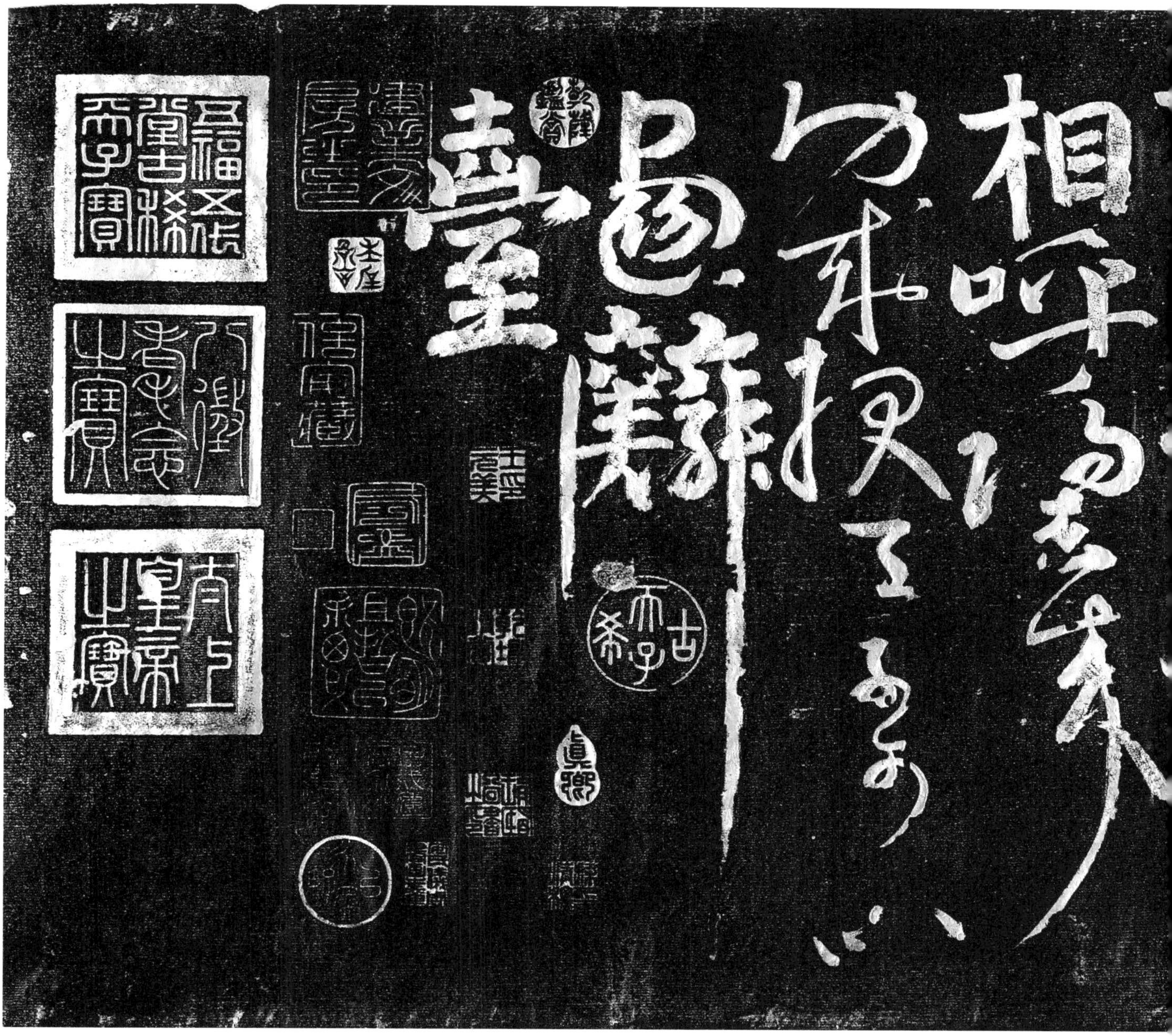

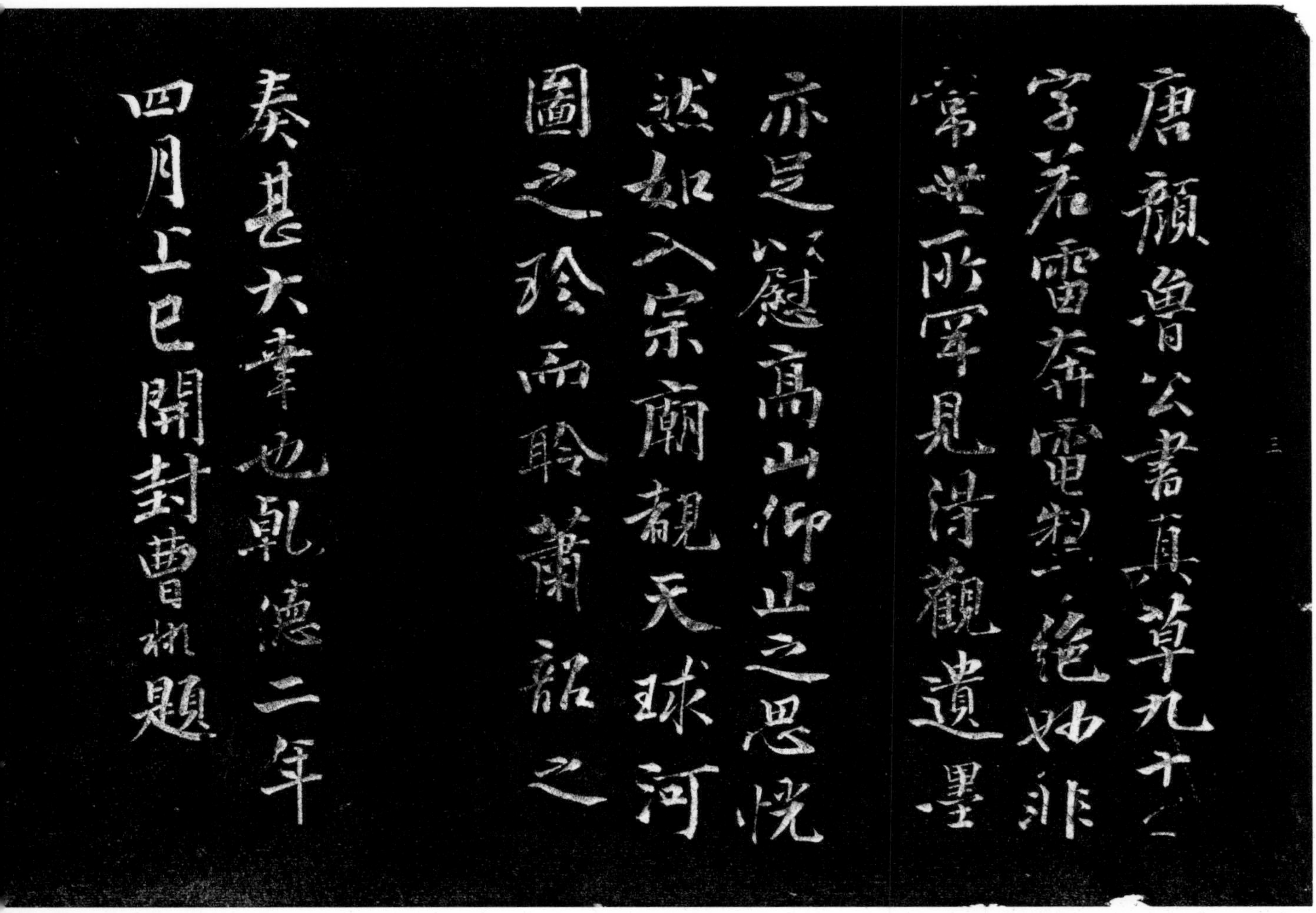
唐顏魯公書真草九十二
字若雷奔電掣絶妙非
常世所罕見得觀遺墨
亦足以慰高山仰止之思悅
然如入宗廟覩天球河
圖之珍而聆蕭韶之
奏甚大幸也乾隆二年
四月上巳開封曹机題

蕴真堂石刻三

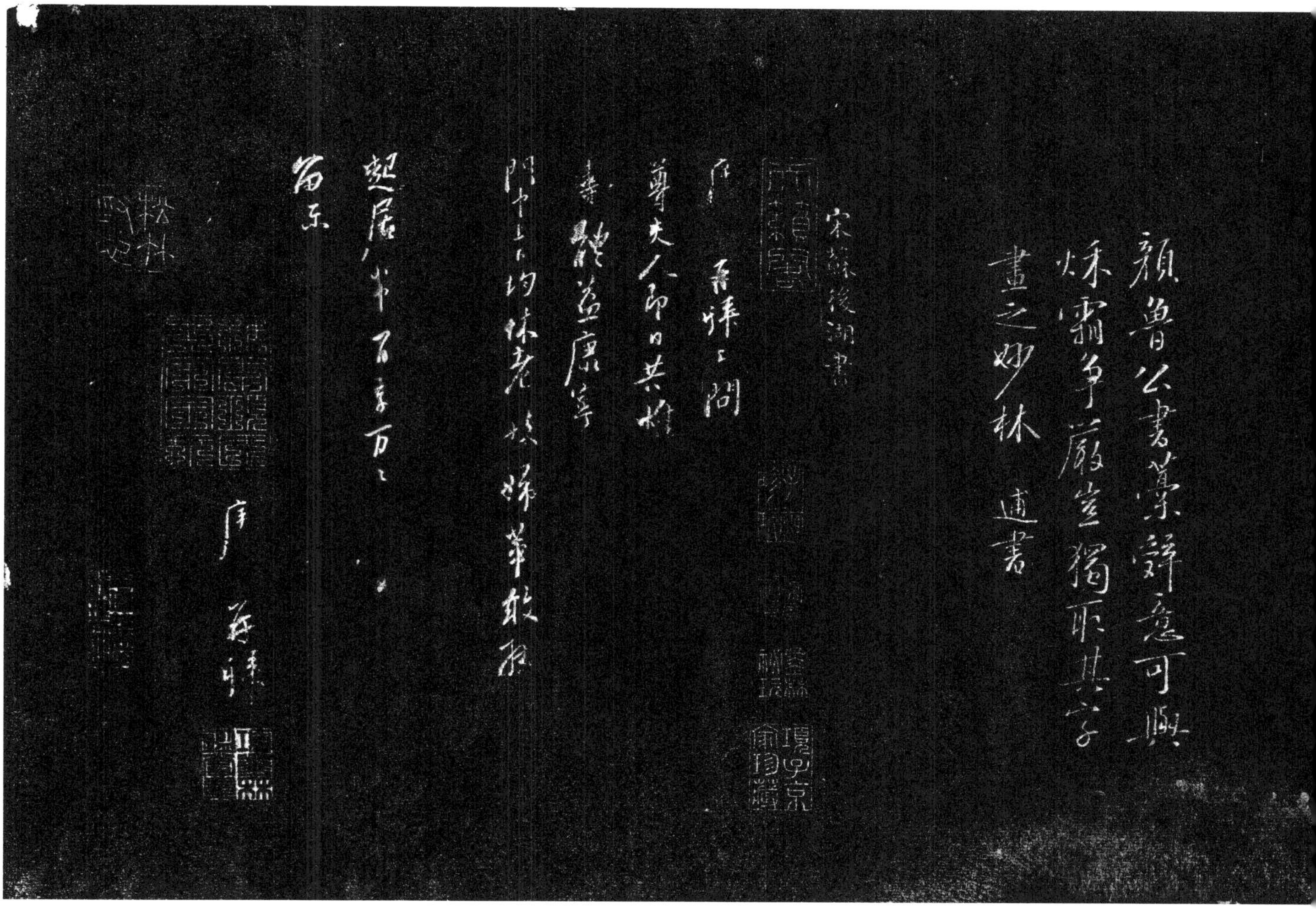
顏魯公書纂辭意可與
秋霜爭嚴 豈獨取其字
畫之妙 林 逋書
宋蘇後湖書
庠 再拜上問
尊夫人郎日共姓
壽體益康寧
閤中上下均休老姪婦華敢承
起居八八百事万万
留示
庠 再拜

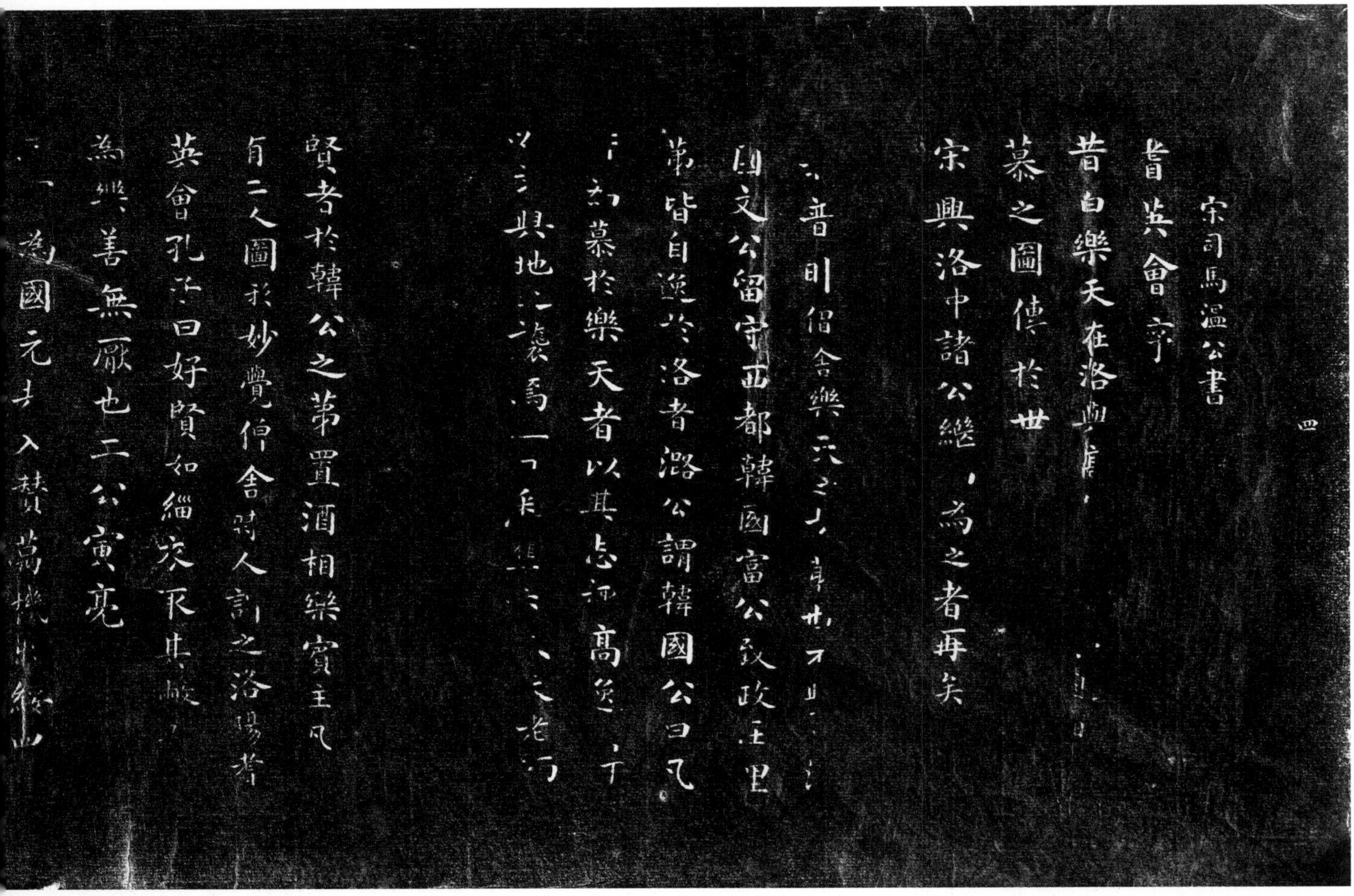
四
宋司馬溫公書
耆英會序
慕之圖傳於世
宋興洛中諸公繼而為之者再矣
賢者於韓公之第置酒相樂賓主凡
為樂善無厭也二公寔亮
蘊真堂石刻四

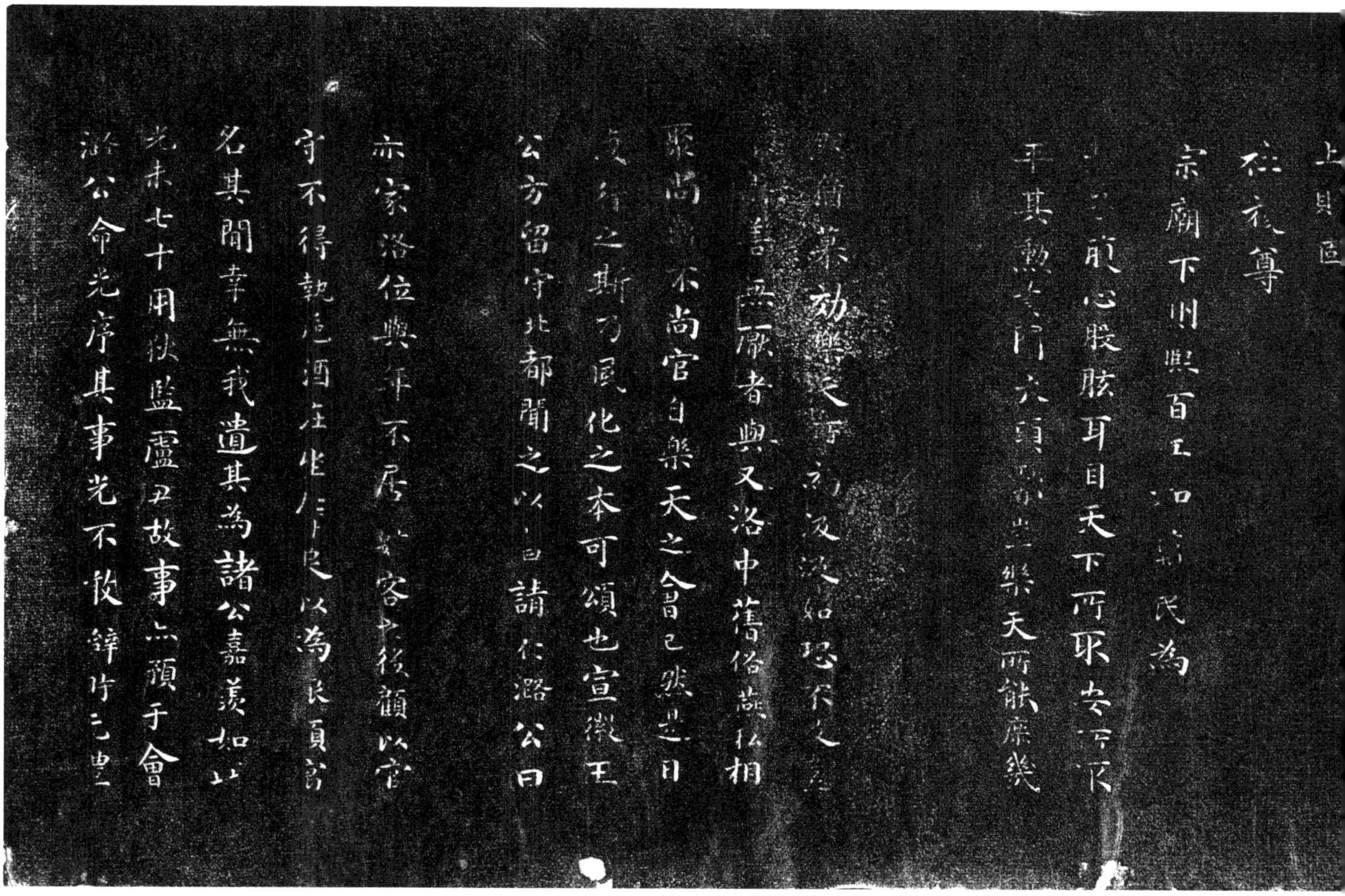

上則匡
社稷尊
宗廟下則與百王如[illegible]民為
天子腹心股肱耳目天下所取安下
乎其勳業文章[illegible]樂天所能庶幾
然猶慕效樂天之所為汲汲如恐不及豈
[illegible]無厭者與又洛中舊俗燕私相
聚尚齒不尚官自樂天之會已然是日
復行之斯乃風化之本可頌也宣徽王
公方留守北都聞之以書請於潞公曰
亦家洛位與年不居數客之後顧以官
守不得執卮酒在坐席良以為恨願寓
名其間幸無我遺其為諸公嘉羨如此
光未七十用狄監盧尹故事亦預于會
潞公命光序其事光不敢辭時元豐

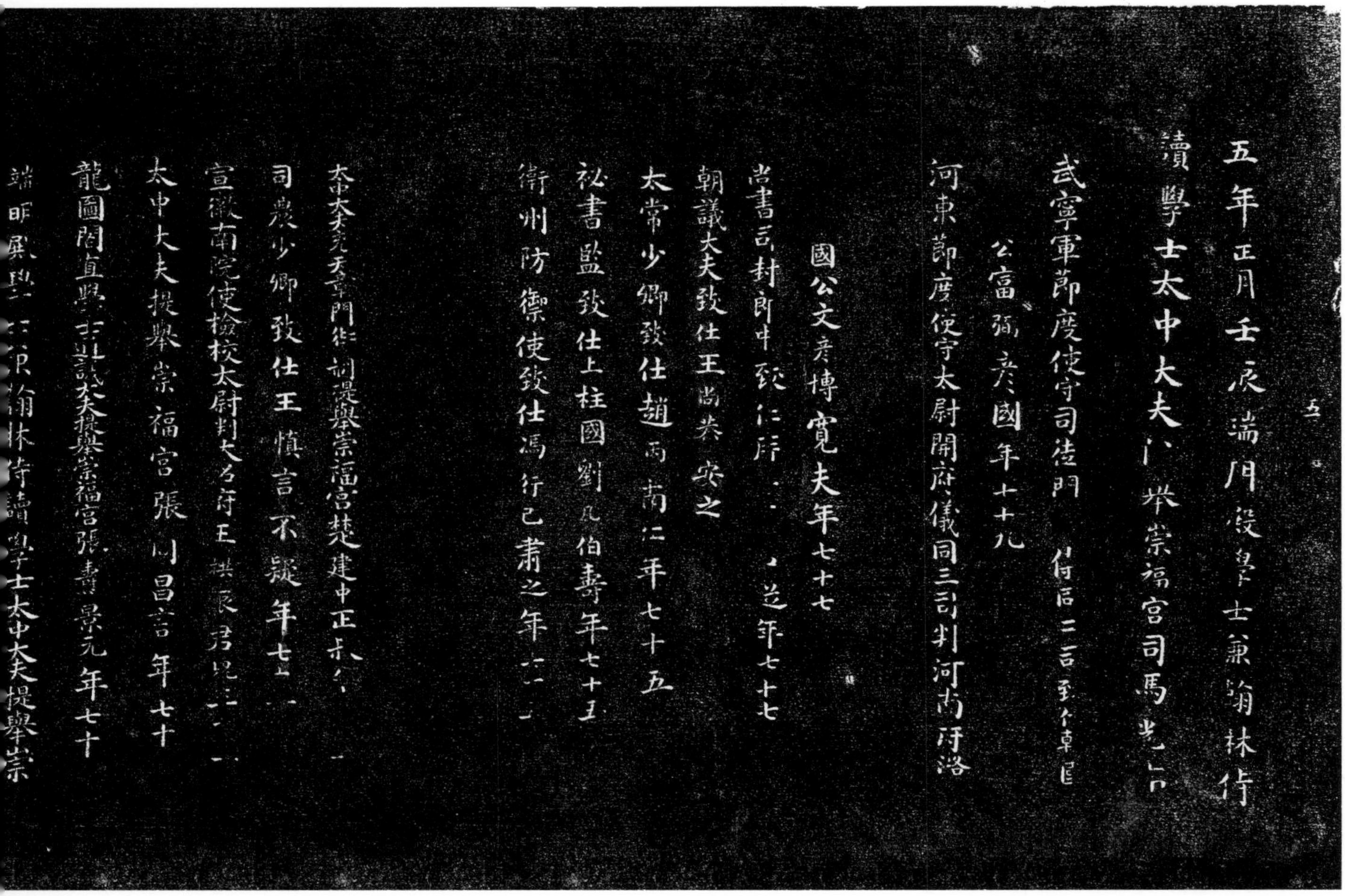
五年正月壬辰端明殿學士兼翰林侍
讀學士太中大夫提舉崇福宮司馬光序
武寧軍節度使守司徒開府儀同三司致仕韓國
公富弼彥國年七十九
河東節度使守太尉開府儀同三司判河南府潞
國公文彥博寬夫年七十七
尚書司封郎中致仕席汝言君從年七十七
朝議大夫致仕王尚恭安之
太常少卿致仕趙丙南正年七十五
秘書監致仕上柱國劉几伯壽年七十五
衛州防禦使致仕馮行己肅之年七十二
太中大夫充天章閣待制提舉崇福宮楚建中正叔年七十
司農少卿致仕王慎言不疑年七十二
宣徽南院使檢校太尉判大名府王拱辰君貺年七十一
太中大夫提舉崇福宮張問昌言年七十
龍圖閣直學士通議大夫提舉崇福宮張燾景元年七十
端明殿學士兼翰林侍讀學士太中大夫提舉崇

蘊真堂石刻五

福宮司馬光君實年六十四

會約

序齒不序官

為具務簡素

朝夕食各不過五味

菜果脯醢之類共不過二十器

酒巡無筭深淺自斟飲之必盡主人不

勸客亦不辭

逐巡無下酒時作菜羹不禁

召客共用一簡客注可否於字下不

別作簡

會日早赴不待速

右有違約者每事罰一巨觥

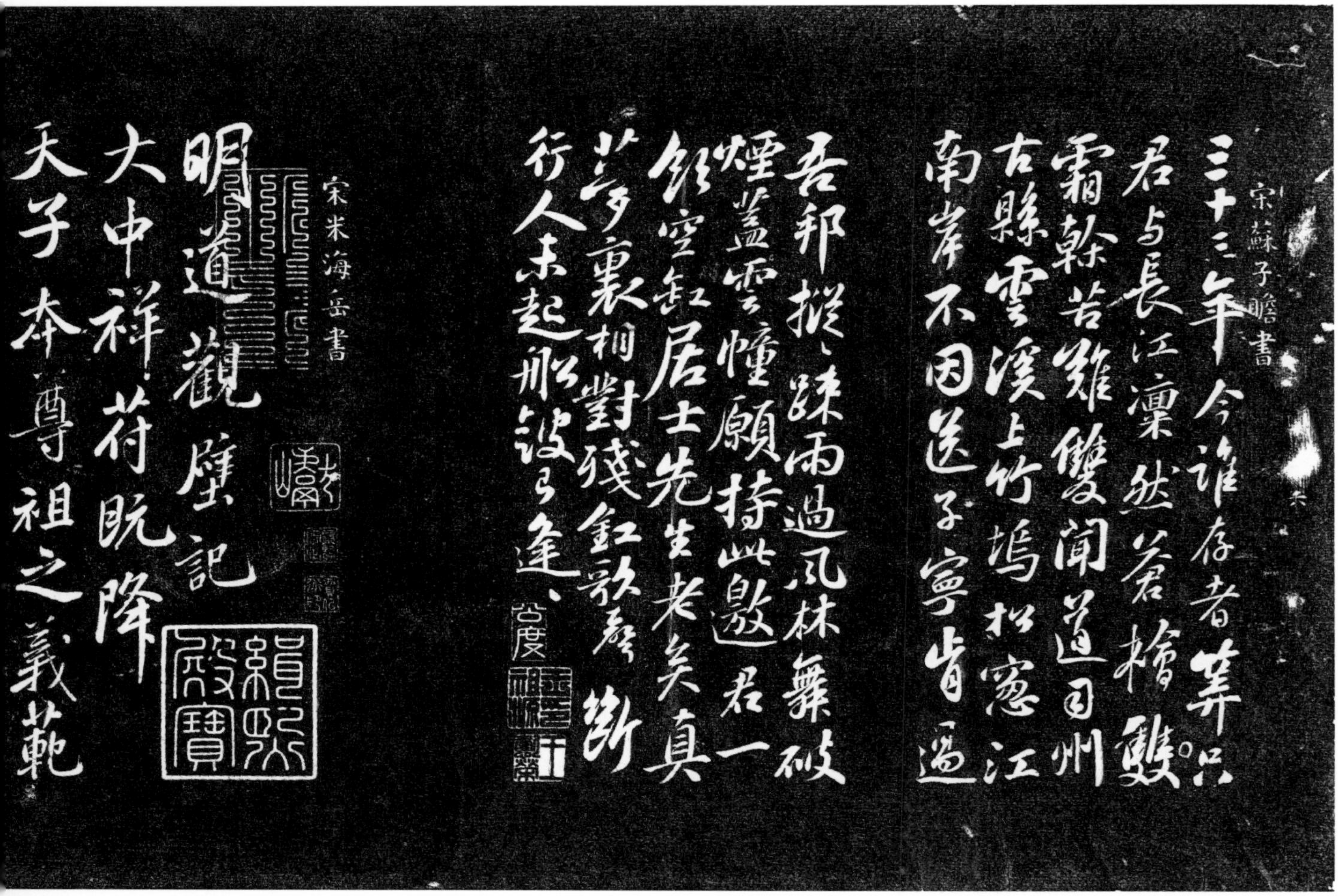
宋蘇子瞻書
三十三年今誰存者筭只
君与長江凜然蒼檜
霜榦苦難雙聞道司州
古縣雲溪上竹塢松窗江
南岸不因送子寧肯過
吾邦擬蹤雨過風林舞破
煙蓋雲幢願持此邀君一
飲空缸居士先生老矣真
夢裏相對殘缸歌聲斷
行人未起船鼓已逢逢
宋米海岳書
明道觀壁記
大中祥符既降
天子奉尊祖之義範

蘊真堂石刻六

金為容奉于玉清縣
木之式安于明道背
負乾岡面巽大丘
坤坤震兩山左盤右紆
濁涇清渭二流前媚
起坎朝巽美哉吉
土後八十二年觀
宇隳徒弗虔吏莽
視壬申八月伻圖以
請明年九月始得
錢卅萬乃完元祐
甲戌正月五日令臣

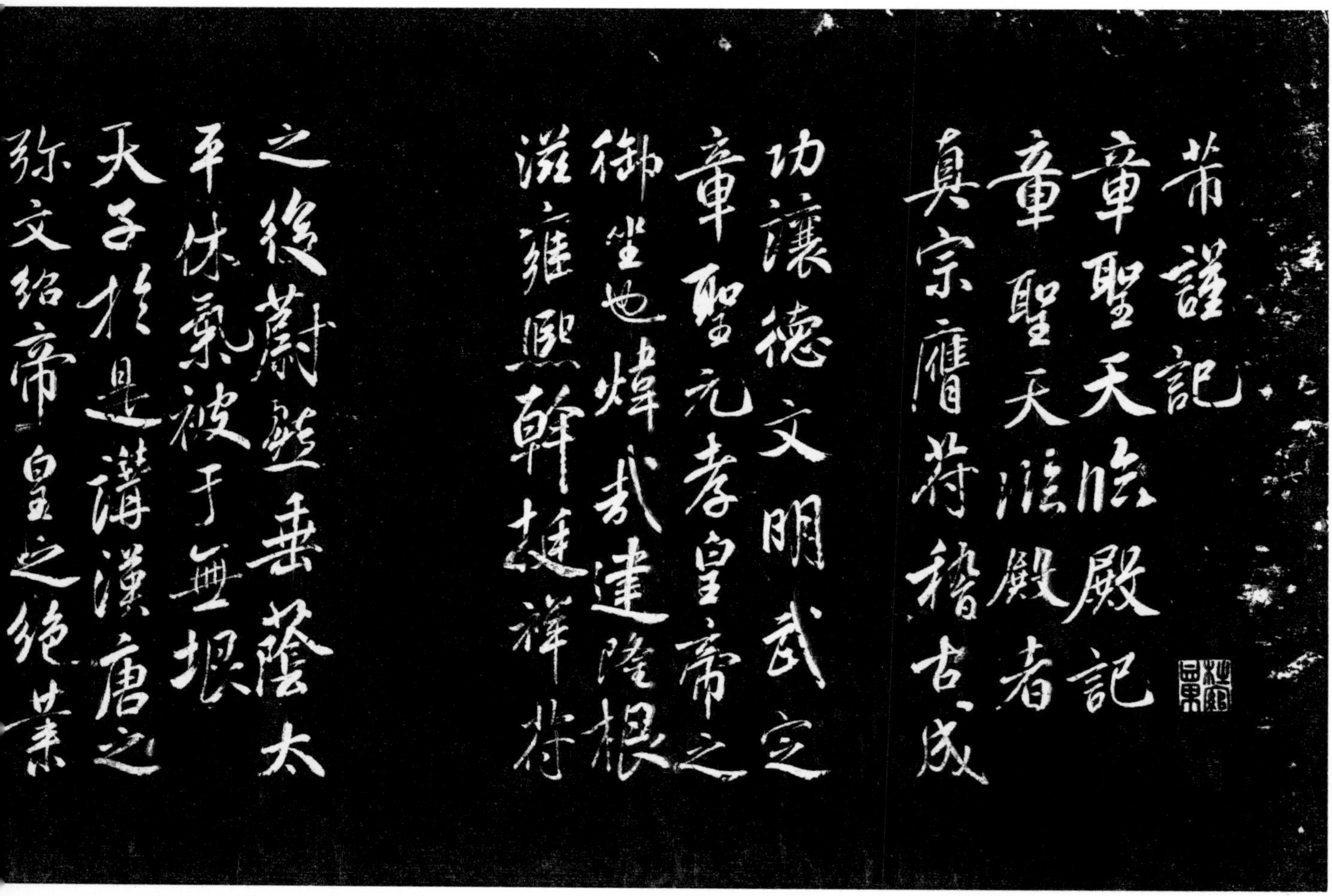
芾謹記
章聖天臨殿記
章聖天臨殿者
真宗膺符稽古成
功讓德文明武定
章聖元孝皇帝之
御坐也煒哉建隆根
滋雍熙幹挺祥符
之後蔚然垂蔭太
平休氣被于無垠
天子於是講漢唐之
彌文紹帝皇之絕業

蘊真堂石刻七

丹岱郊天昨治祀地
閟道太清旋軫興玉
肆覲省方六飛還
都句陳絡繹建旆弭
車宸重瞳天臨繡黼
下照慶賜是邑此其
所也已而雲氣常繞
神靈密衛天德有
饗皇威凜然及臣之至
者八十二年矣方今加
惠萬靈蕃字育羣黎
以增方來之隆而欲追

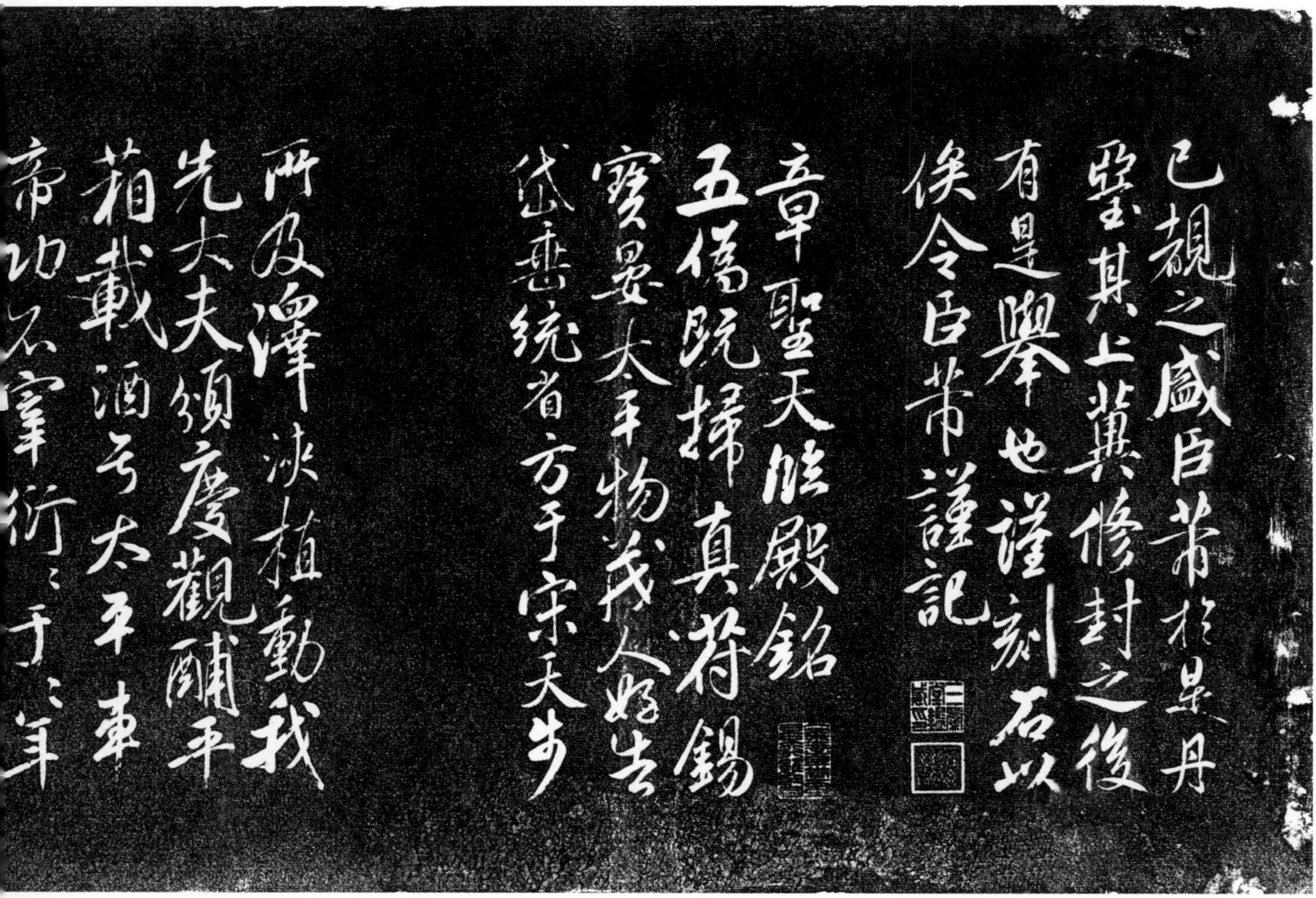

蘊真堂石刻八

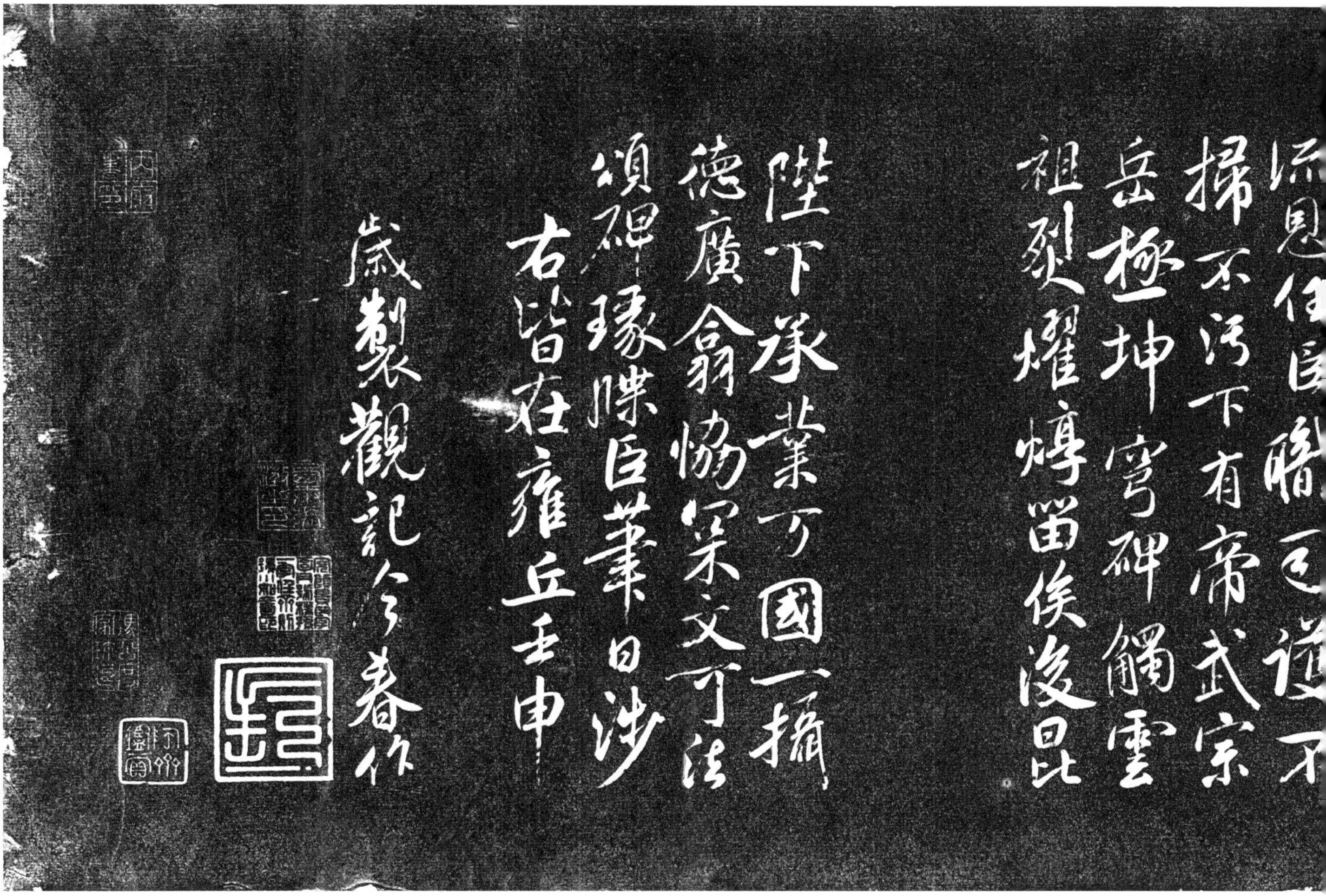

掃不污下有帝武宗
岳極坤穹碑觸雲
祖烈燿焞留俟後昆
陛下承業万國一揆
德廣翕協罙文万法
頌碑琢牒臣葉日涉
右皆在雍丘壬申
歲製觀記今春作

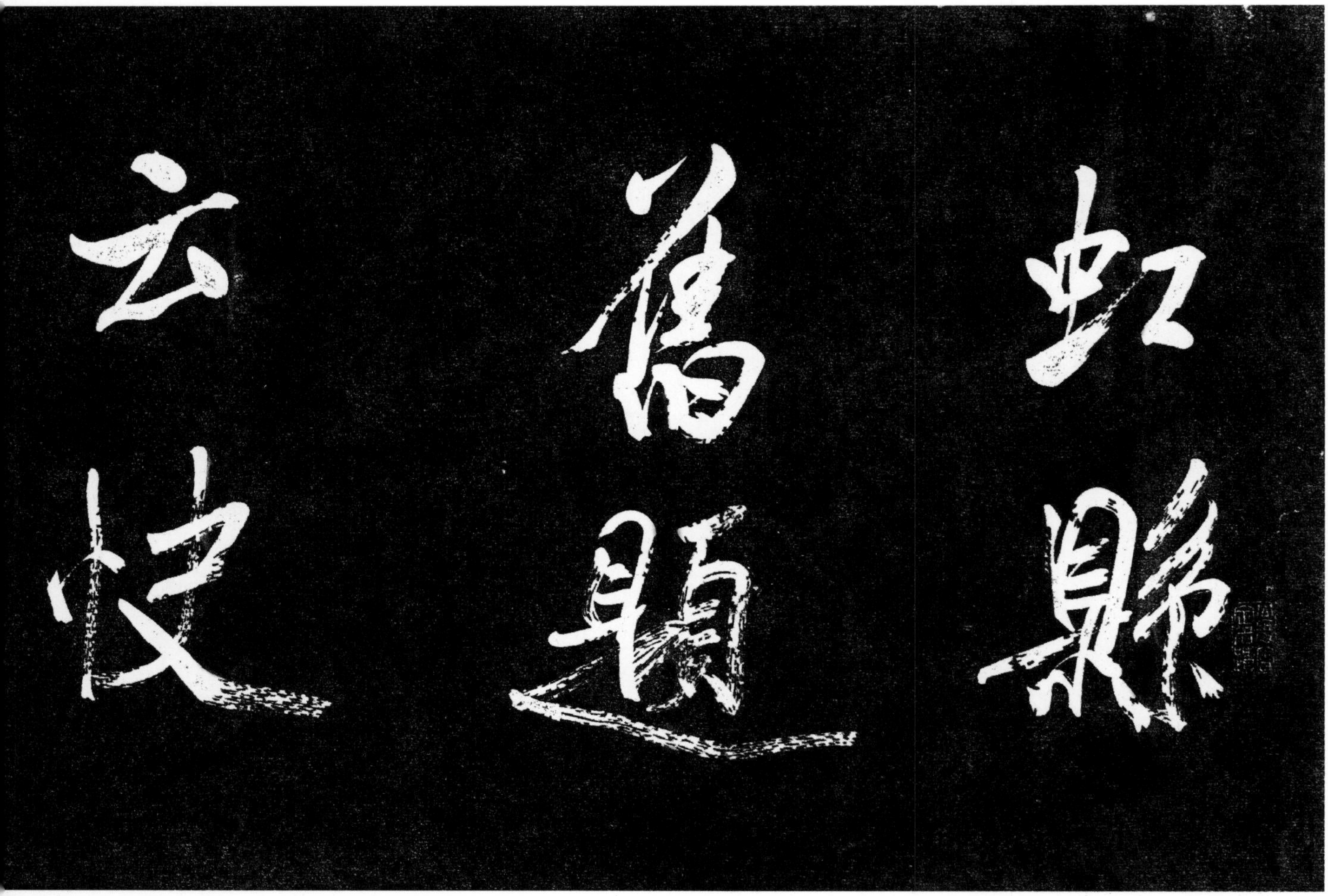

蘊真堂石刻九

蘊真堂石刻一〇

書畫

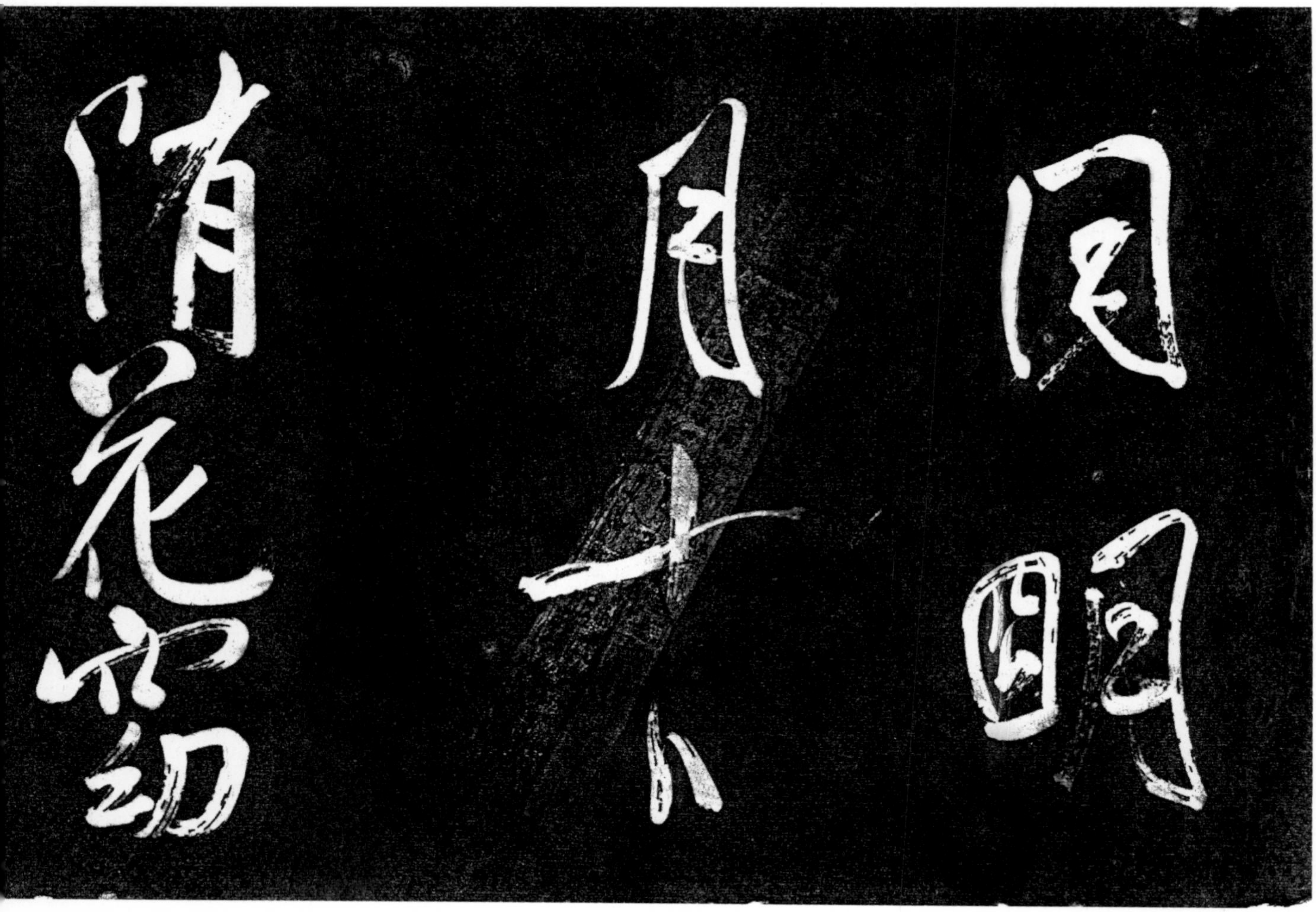

蘊真堂石刻一一

中
再題
碧榆綠

蘊真堂石刻一二

蘊真堂石刻一三

人徒老
為道何
時從復

蘊真堂石刻一四

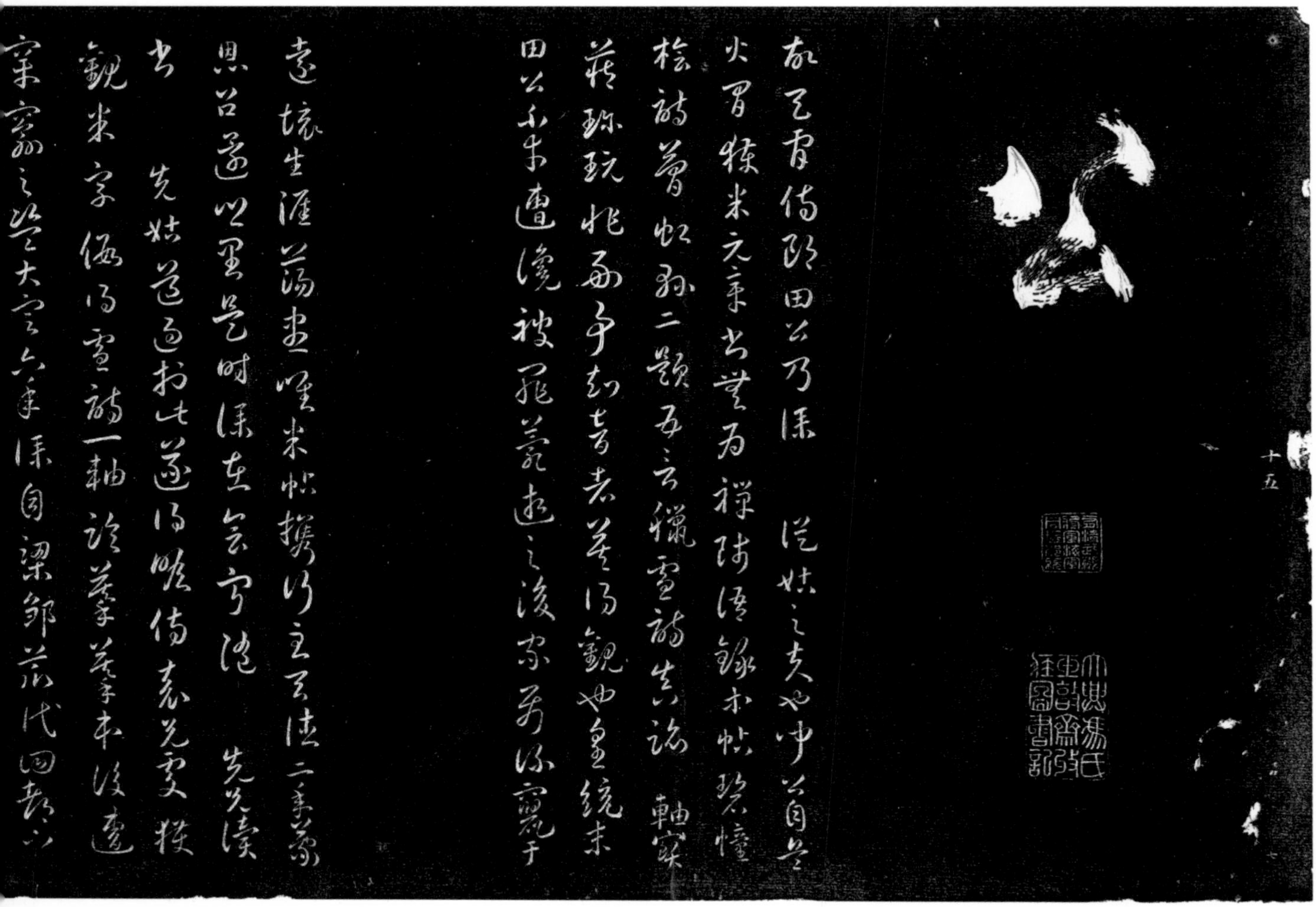

蘊真堂石刻一五

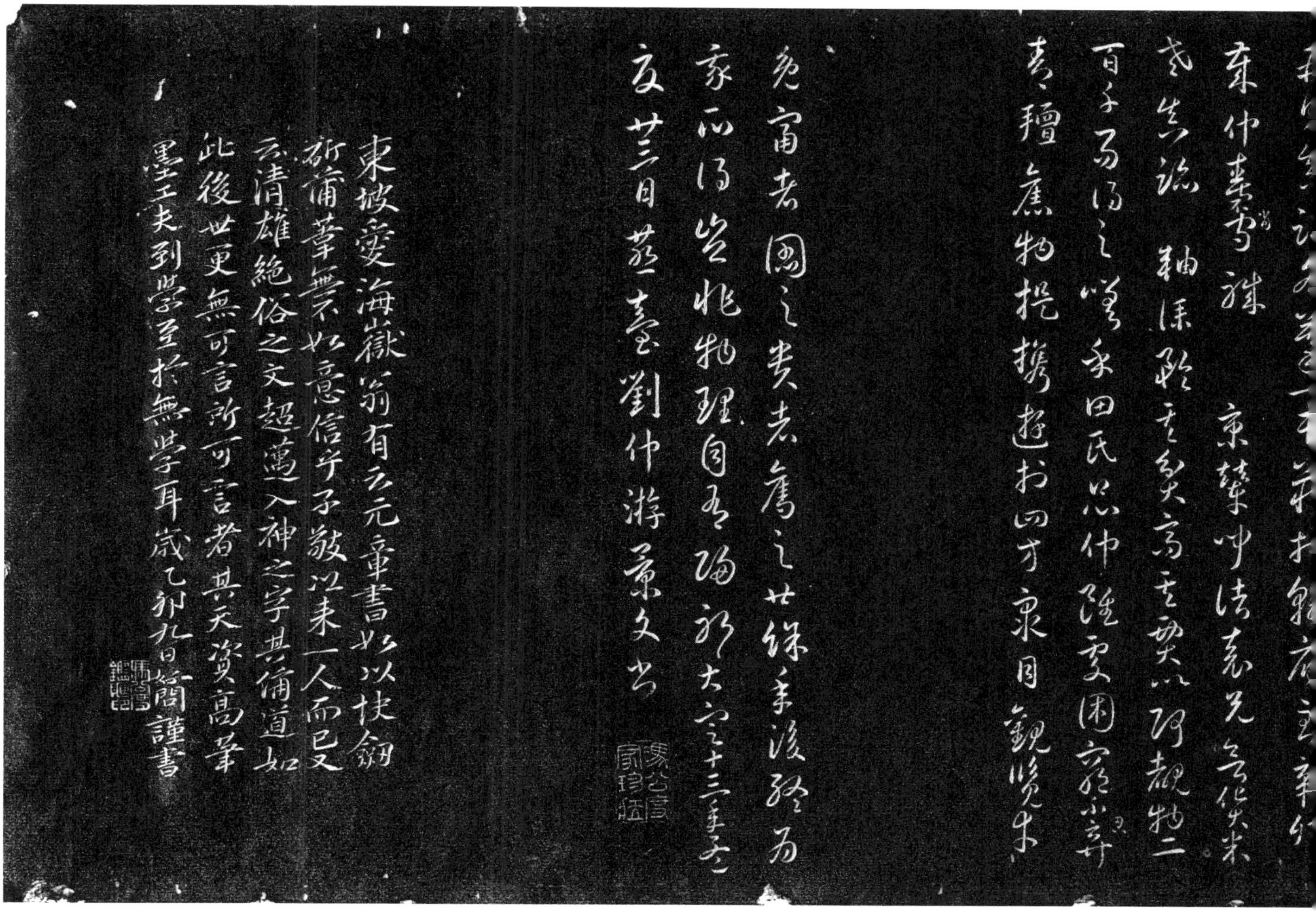
東坡愛海嶽翁有云元章書如以快劍
斫蒲葦無不如意信乎子敬以來一人而已又
云清雄絕俗之文超邁入神之字其備道如
此後世更無可言許可言者其天資高筆
墨工夫到學至於無學耳歲乙卯九日簡謹書

趙吳興云米海岳以書學博士召對
上問本朝以書名世者凡數人海嶽
各以其人對曰蔡京不得筆蔡卞得
筆而乏逸韻蔡襄勒字沈遼排
字黃庭堅描字蘇軾畫字上復
問卿書何如對曰臣書刷字蓋言
其運筆之迅動耳今觀虹縣詩
帖動變有柔態迅變有婉致具
超塵絕世之槩饒神明規矩之奇

蕴真堂石刻一六

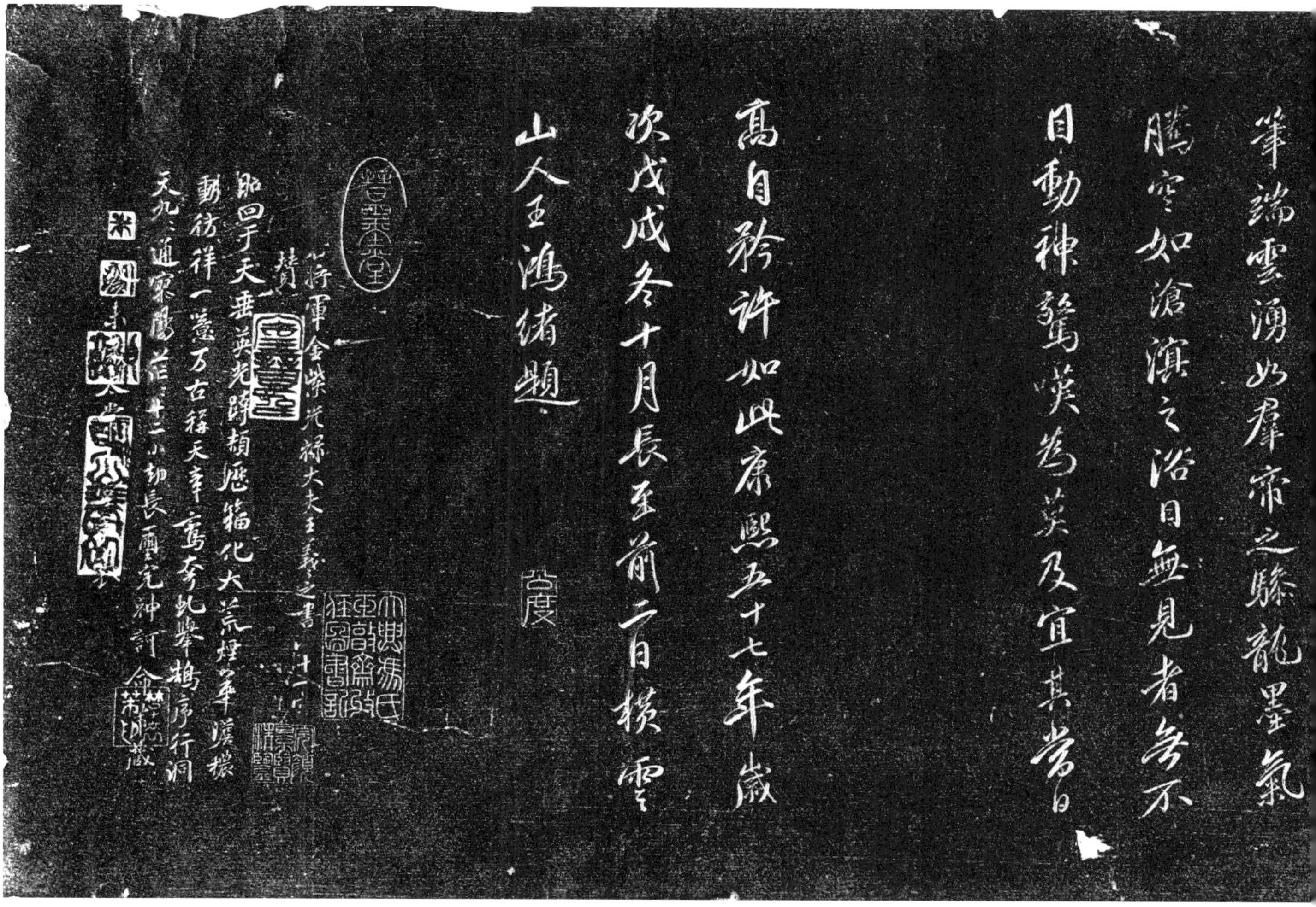
筆端雲湧如羣帝之驂龍墨氣
騰空如滄溟之浴日無見者無不
目動神驚嘆為莫及宜其嘗自
高自矜許如此康熙五十七年歲
次戊戌冬十月長至前二日撥雲
山人王鴻緒題

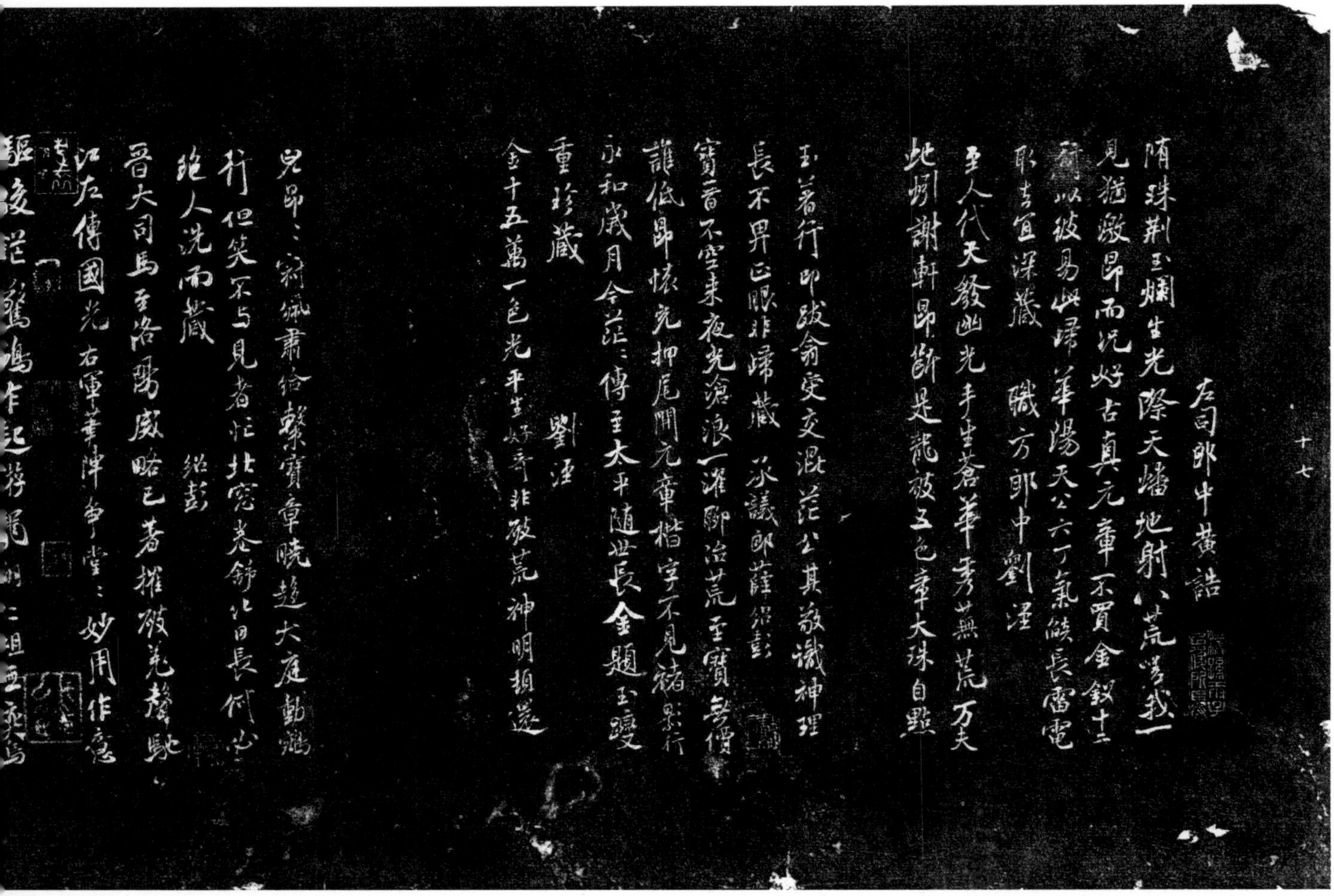

蘊真堂石刻一七

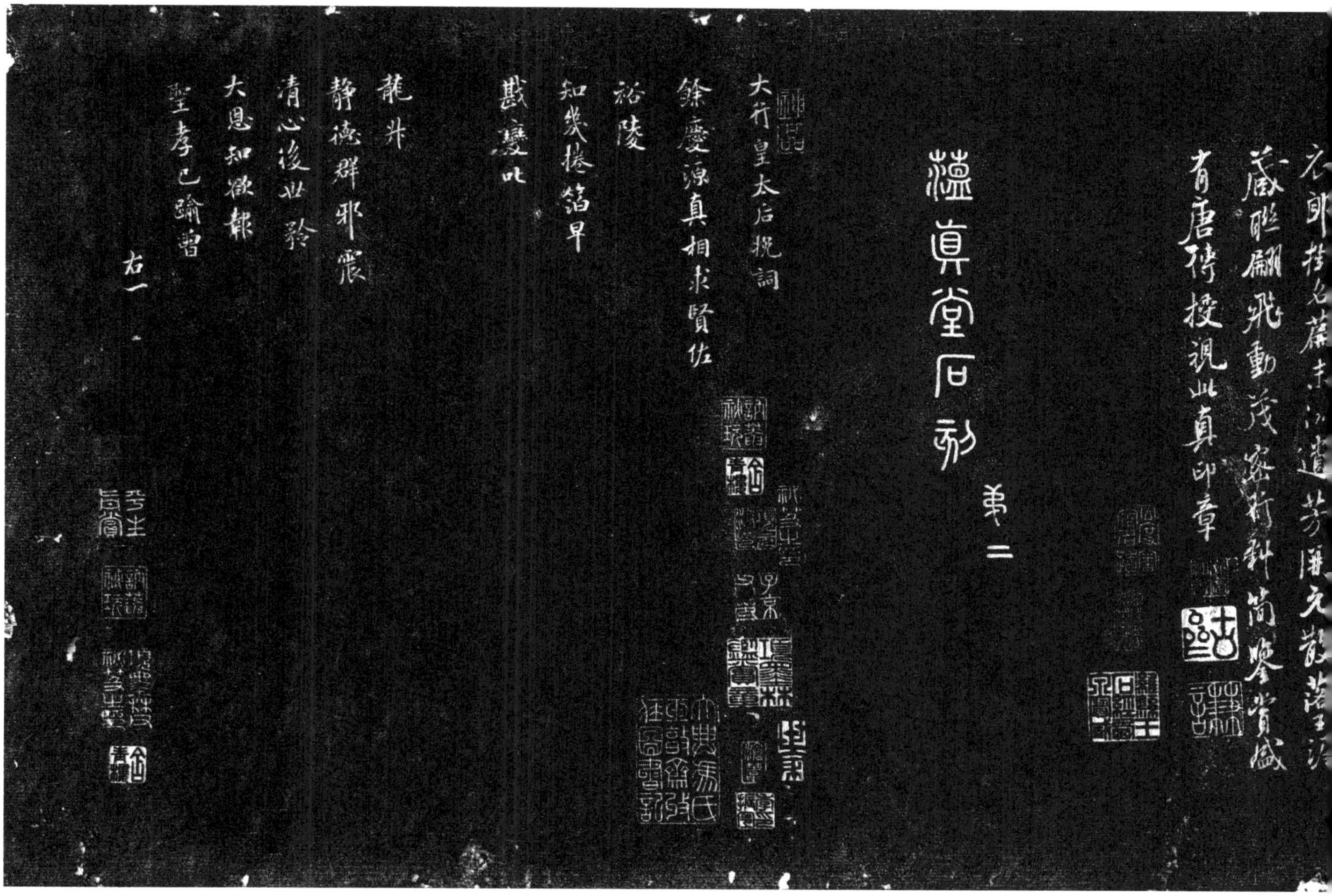

右郎徃名蕭未汕遺芳歷元散落汝

藏胜翩飛動茂密猶斜簡肇賞識

有唐傳授覌此真印章

蘊真堂石刻　卷二

大行皇太后挽詞

餘慶源真相求賢佐

裕陵

知幾捲箔早

戡變叱

龍升

靜德群邪震

清心後世矜

大恩知欲報

聖孝已踰曾

右一

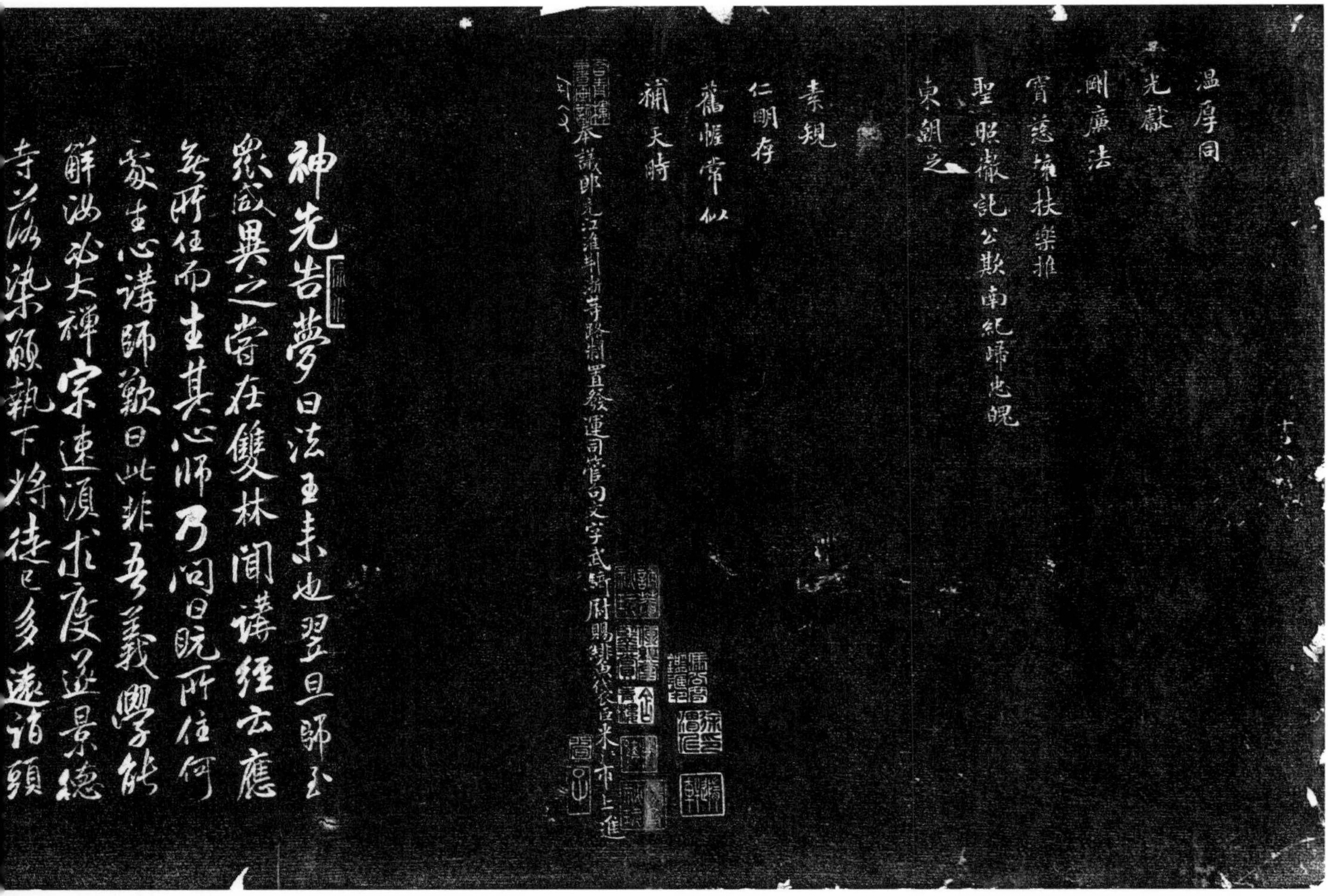
溫厚同
光獻
剛廣法
睿慈惟扶樂推
聖照徹託公欺南紀歸也
東朝之
素規
仁明存
舊帷常似
補天時
奉議郎充江淮荊浙等路制置發運司管句文字武騎尉賜緋魚袋臣米芾上進
神先告夢曰法王来也翌旦師至
衆咸異之嘗在雙林聞講經云應
無所住而生其心師乃問曰既所住何
處生心講師歎曰此非吾義學能
解汝必大禪宗速須求度遂景德
寺落染願執下將徒已多遠諸頭
蘊真堂石刻一八

公曰言法華不得不恁麽也不得
恁麽不恁麽總不得師擬對顯
便打推出翌日天寒水桶墮地
廓然大悟通身汗流遂入無投機
顯覺師舉趾異常向前摑空叫
賊師以手托開珍重便去至無為軍
崇壽寺出世導人香烟信傳恩岳
舉揚曰鴈過法乳長空影沉寒
水當影之心鴈無遺蹤之意若能
如是方解異類中行顯公聞之令書
于塔下謂衆曰大吾宗時琅琊覺禪
師並王化大行每指學者曰懷公古
佛可去問看一旦示疾山石晝鳴林
木色脱師謂門人智才曰吾今行矣
爲説偈云紅日照扶桑白雲封華岳
三更過鐵圍拶驟龍角智才曰浚
有何事師扣枕三下推枕便行住世七

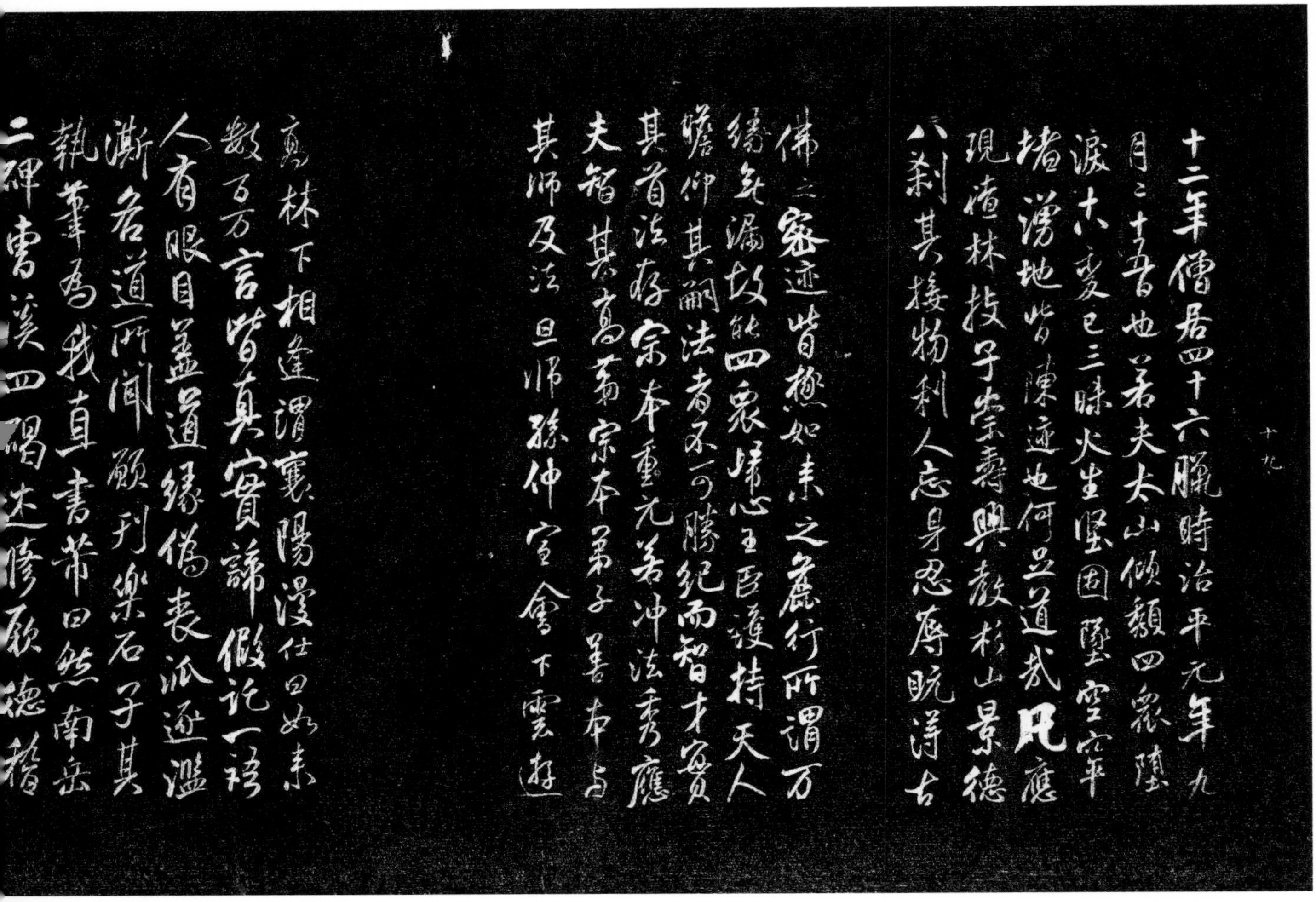
十九
十二年僧居四十六臘時治平元年九
月二十五日也若夫太山傾頹四衆墮
淚大變已三昧火生堅固墜空窣
堵湧地皆陳迹也何足道哉凡應
現種林拔子崇壽興教杉山景德
八刹其接物利人忘身忍辱睨洋古
佛之密迹皆德德如來之麁行所謂万
緣無漏故能四衆歸心王臣護持天人
瞻仰其嗣法者不可勝紀而智才實
其首法存宗本重元若冲法秀應
夫智其高弟宗本弟子善本与
其師及法旦師孫仲宣會下雲游
萬林下相逢謂襄陽漫仕曰如來
數百万言皆真實諦假託一語
人有眼目並道緣偽表派迹濫
漸名道所聞願刊樂石子其
執筆為我直書芾曰然南岳
二碑書英四偈述修顏德稽

蘊真堂石刻一九

清淨圓滿千億化三身俱現
立法祖一法不立即如來示現
有漸緣慈悲慈悲本不爲佛
祖佛祖不立無歸依寥寥千
古古佛遠堂堂此即古
佛衆生不昧本來心此是
古佛行住

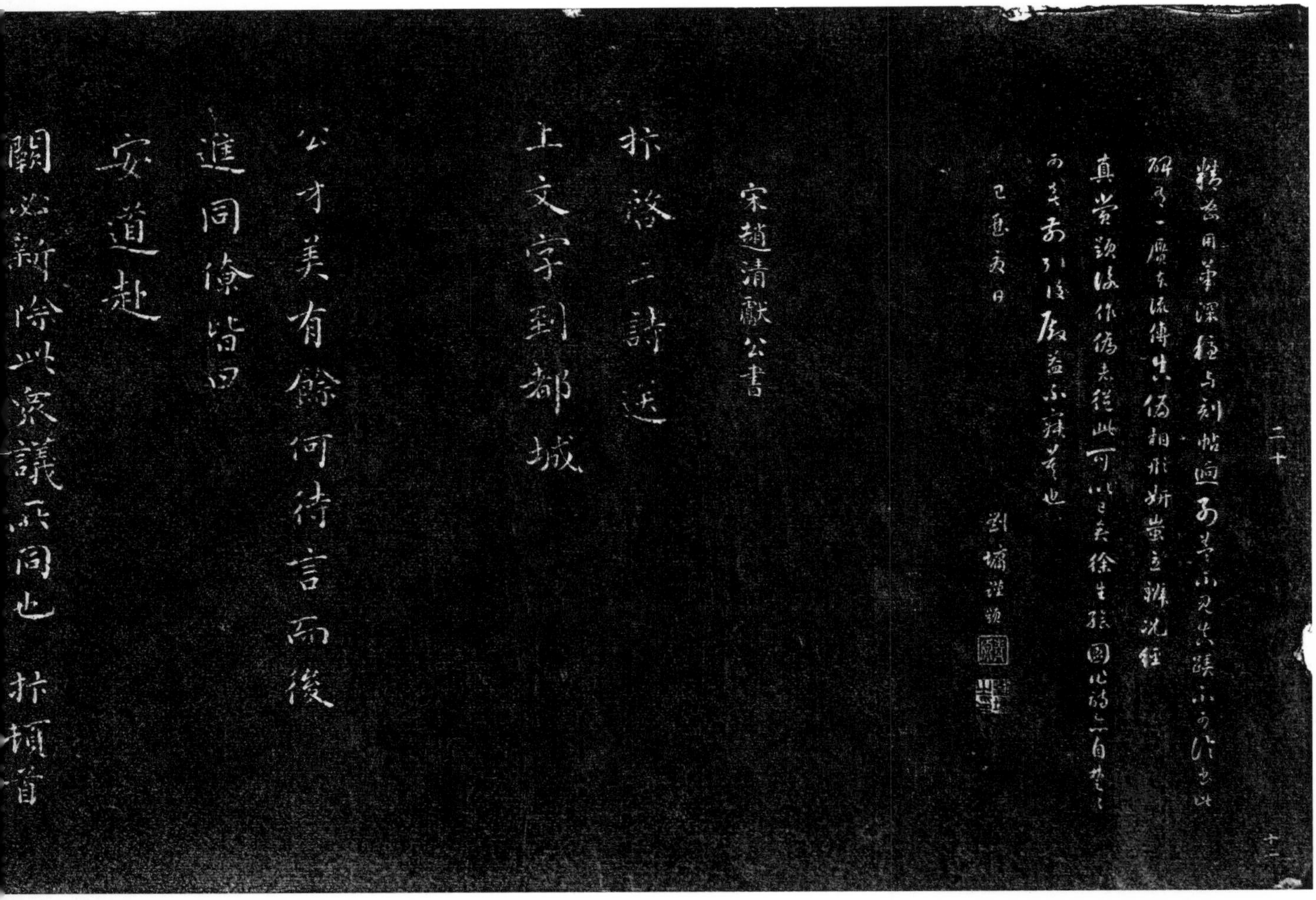
己酉夏日
劉墉謹題
宋趙清獻公書
抃啓二詩送
上文字到都城
公才美有餘何待言而後
進同僚皆曰
安道赴
闕必新除此衆議共同也 抃頓首

蘊真堂石刻二〇

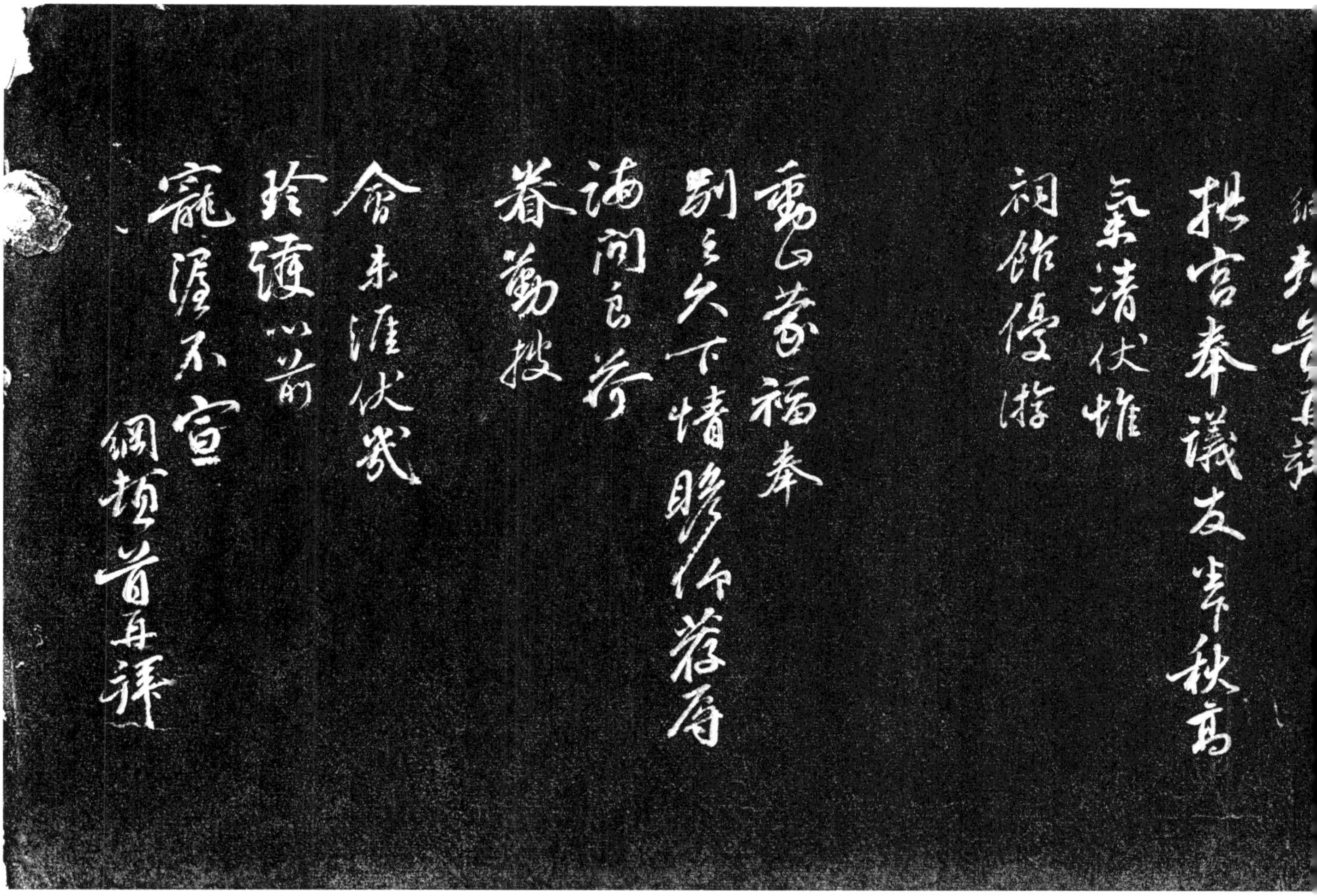
拱宫奉議友生秋高
氣清伏惟
祠館優游
動止蒙福奉
別久久下情瞻仰蒼存
論問良苦
眷勤披
會未涯伏冀
珍護以前
寵渥不宣
綱頓首再拜

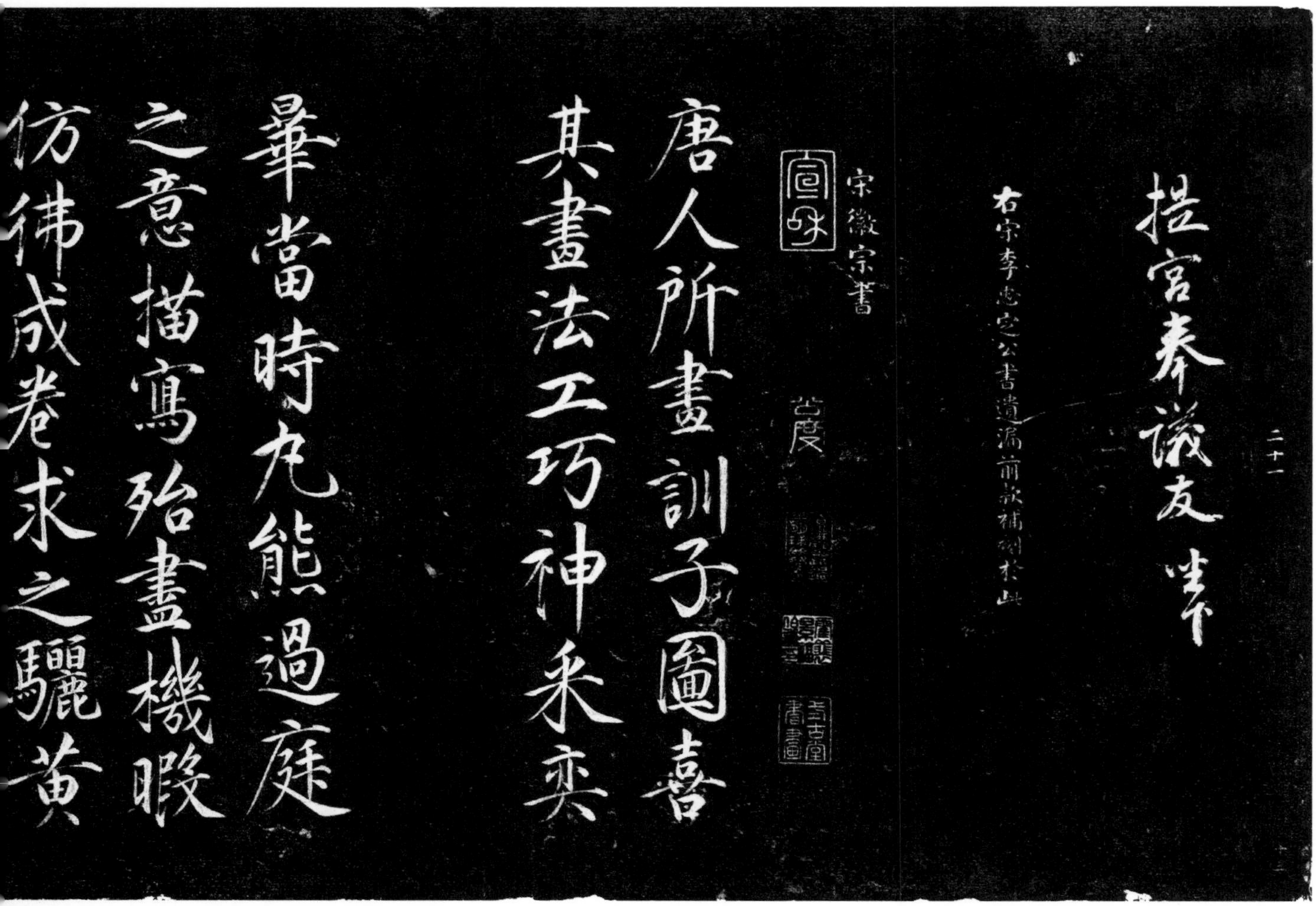
提宮奉議友生
右宋李忠定公書遺漏前次補刻於此
二十一
宋徽宗書
唐人所畫訓子圖喜
其畫法工巧神采奕
畢當時尤能過庭
之意描寫殆盡機暇
仿佛成卷求之驪黃

蘊真堂石刻二一

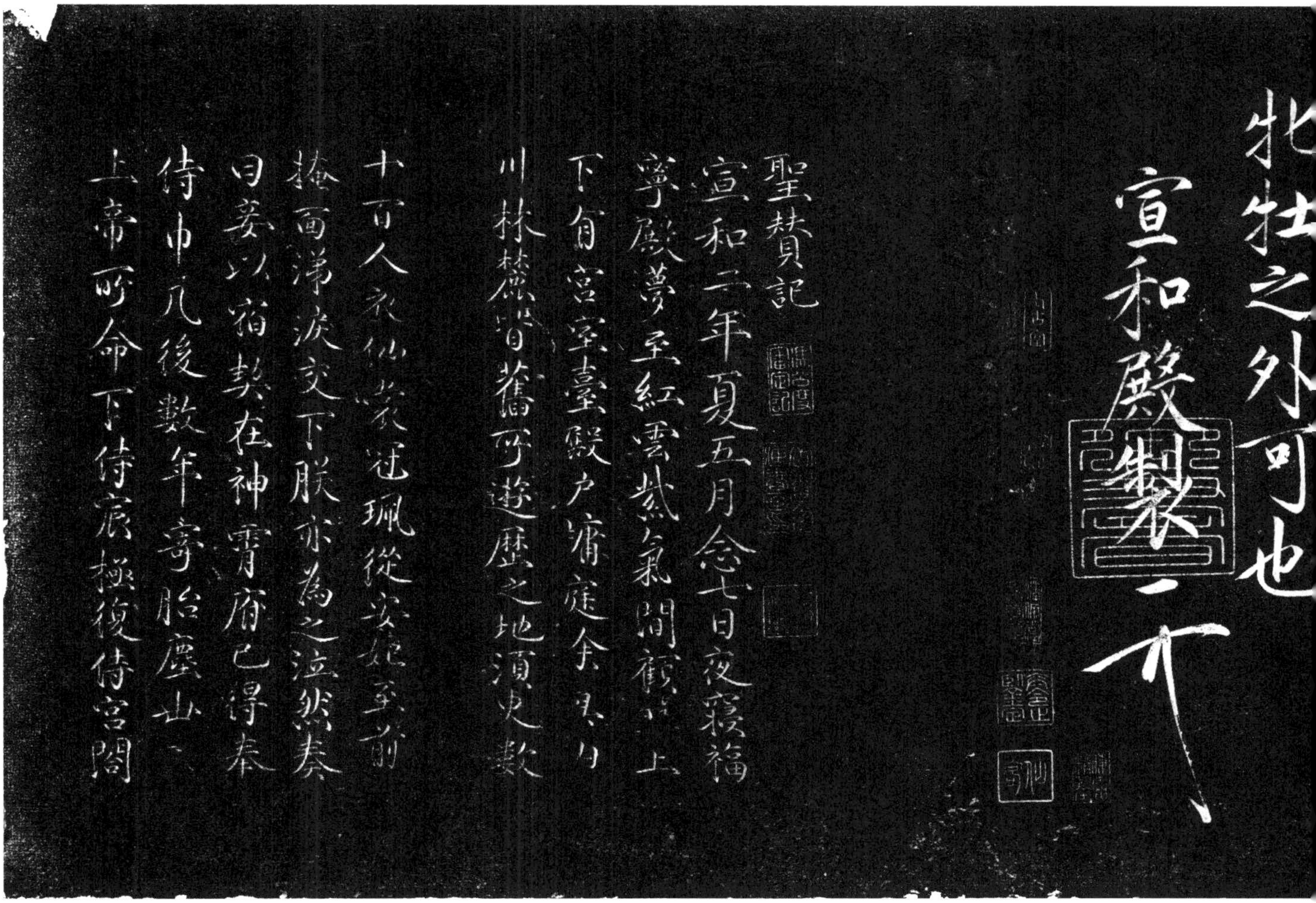
牝牡之外可也
宣和殿製
聖賛記
宣和二年夏五月念七日夜寢福
寧殿夢至紅雲紫氣間觀於上
下有宮室臺殿戶牖庭余具月
川林麓皆舊所遊歷之地須臾數
十百人衣仙衣冠珮從妾妃至前
掩面涕淚交下朕亦為之泣然奏
曰妾以宿契在神霄府已得奉
侍巾几後數年寄胎塵山
上帝所命下侍宸極復侍宮闈

遂獲與興道立教末議蒙被顧
盼寵冠嬪嬙銘刻心府不敢少
忘遠遠朝夕不勝情懷復潸落
被面又問何遽若此日妾奉承德
意晨昏殿寢未始少懈貴極富

二十三

滿非不戀戀人世去來悲歡時蹔
耳大期既至不可逃也病時已嘗
面奏雖盧扁無及矣又適當吳
越儆擾曠於南顧陛下憂形
宵旰妾亦豈得安枕因期至
遂行且將以為報耳又問自寢
疾就諸宮觀祈禱無不虔至
願賜天醫速至多藥不獲昭
答何也謝曰妾卧疾踰時陛下
憂見辭色祈禳備至顧妾何

蘊真堂石刻二二

以嘗充念無以稱謝非不盡
亦非不應也先時已有飛空神
吏輔文陽告陛下神霄之語曰
凡數足矣當歸神府妾安能辭
踰也若至天中隱秘之音至深至

妙與人間禍福之原有基有胎
離合聚散因緣契數亦嘗叱退
侍鬟一一具奏想今悉留聖心幸
毋深悼於妾也曰幼兒弱女能
無念乎曰此間系累無重於此

妾有同德之妹乃神府靈妃頃
在神府時以忠孝相當繼妾身
後矣付之而去愉然獨逝何復
可念又叙別曰妾已露章
青帝奏簡

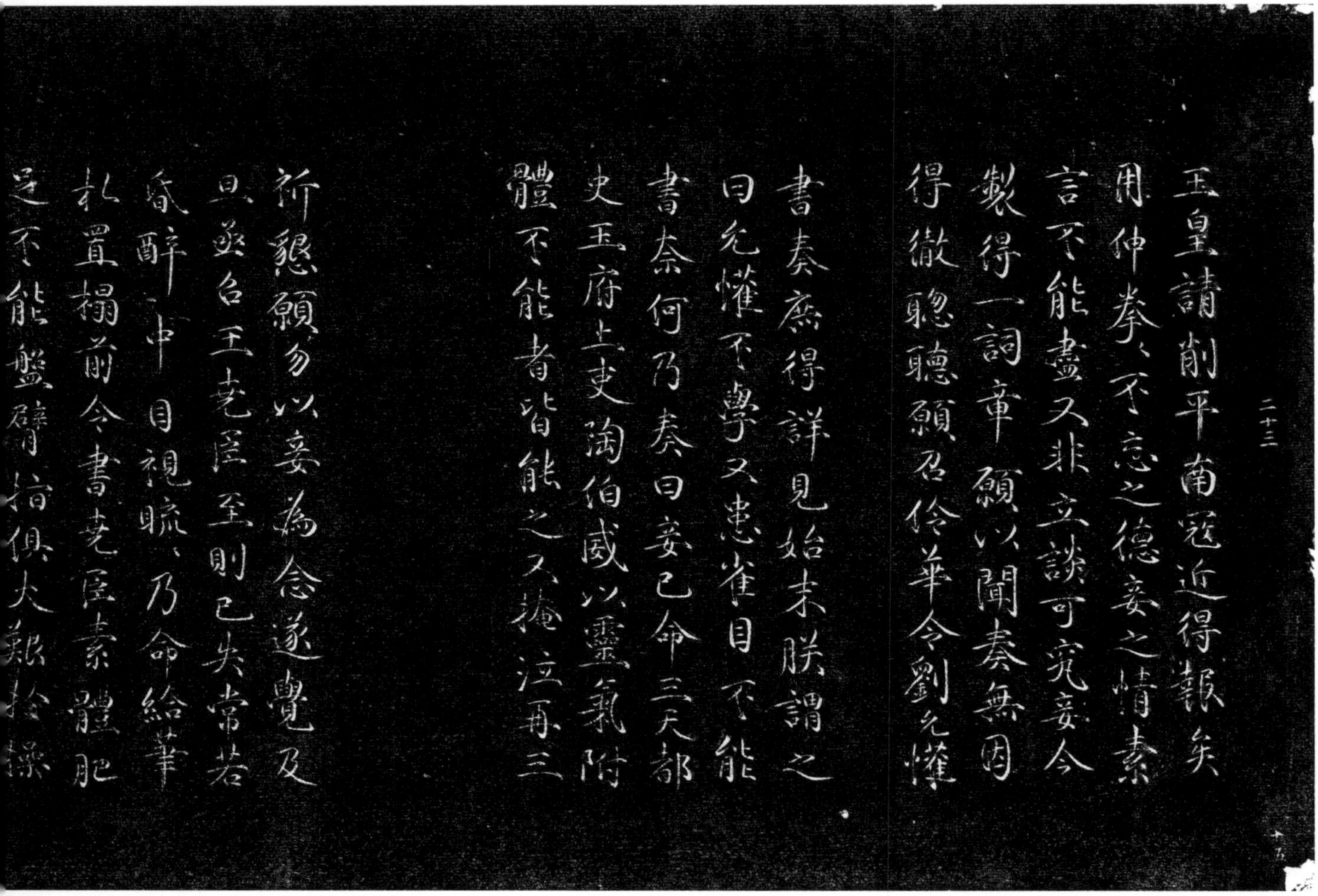
二十三
玉皇請削平南寇近得報矣
用仲拳拳不忘之德妾之情素
言不能盡又非立談可究妾今
製得一詞章願以聞奏無因
得徹聰聽願召伶華令劉允權
書奏庶得詳見始末朕謂之
曰允權不學又患雀目不能
書奈何乃奏曰妾已命三天都
史玉府上吏陶伯威以靈氣附
體不能者皆能之又掩泣再三
祈懇願多以妾為念遂覺及
旦亟召王老臣至則已失常若
昏醉中目視朕朕乃命給筆
札置榻前令書老臣素體肥
足不能盤辟指俱大贅拾攝
十五

蘊真堂石刻二三

筆録書未嘗得端楷即援
染濡墨口吻俱動若吟哦諷詠
亭若無人衆目環視且驚且笑
既而下筆落落如飛一揮已就
與常日所書萬萬相遠其詞非

堯臣平日所知者讀之再四非
世間語也始敘神霄以及被遇
至疾病祈禳稱謝之意甚悉
爲之悵然衆乃大愕吁呼歎
駭不已堯臣若醉醒使視所
書章詞不能讀且曰非我書
也堯臣奉道今爲都道録在
神府爲修華令劉名權所
書詞章附其記末
夫希之表何族於達觀眇綿之

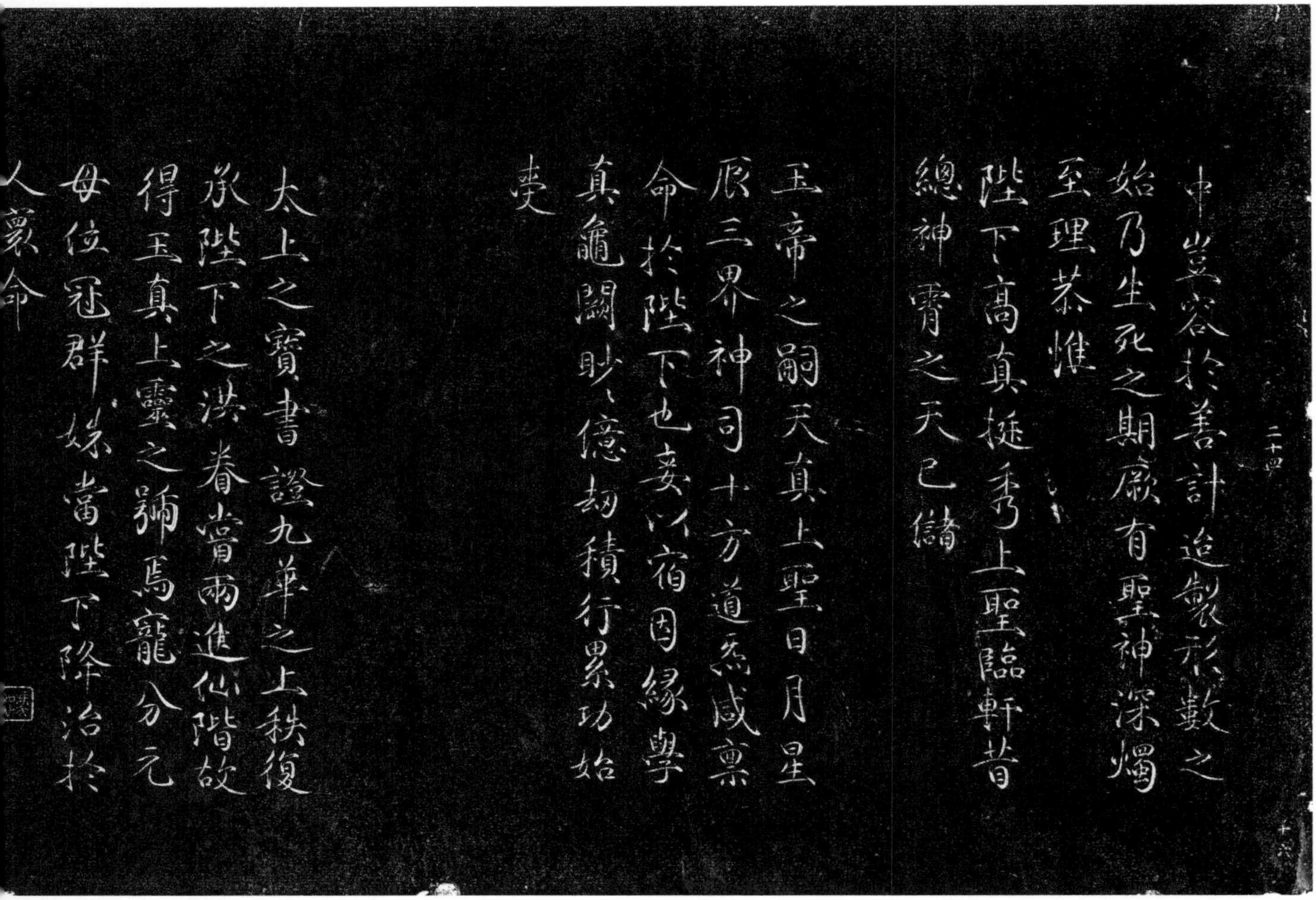
中宫容於善計追製形數之
始乃生死之期厥有聖神深燭
至理恭惟
陛下高真挺秀上聖臨軒昔
總神霄之天已儲
玉帝之嗣天真上聖日月星
辰三界神司十方道為咸稟
命於陛下也妾以宿因緣學
真龜闕眇眇億劫積行累功始
受
太上之寶書證九華之上秩復
承陛下之洪眷嘗兩進仙階故
得玉真上靈之號焉寵分元
母位冠群姝當陛下降治於
人寰命

蘊真堂石刻二四

青帝攝行於神府一道德之
俗振清淨之風妾幸侍寶雲
寄胎塵世後期八載誕於彭城
人莫究其所因妾獨念其宿命
獲親禁密再奉宸嚴歷歷真
機為其胳合胎胎大教英闡國
源固當依日月之光華同天
地之長久適在吳越稍曠私
臨玄會有期當還寥極而陛
下尚以丘山之念憐其壼則
之脩俯為勤留未賜俞允然
春懷雖重而忘憂無窮妾豈
敢交驂駟結樂人間之欲而違
上禁者哉於是假胎息之緣
戾退幃幙之寵私絕稻粱之腥

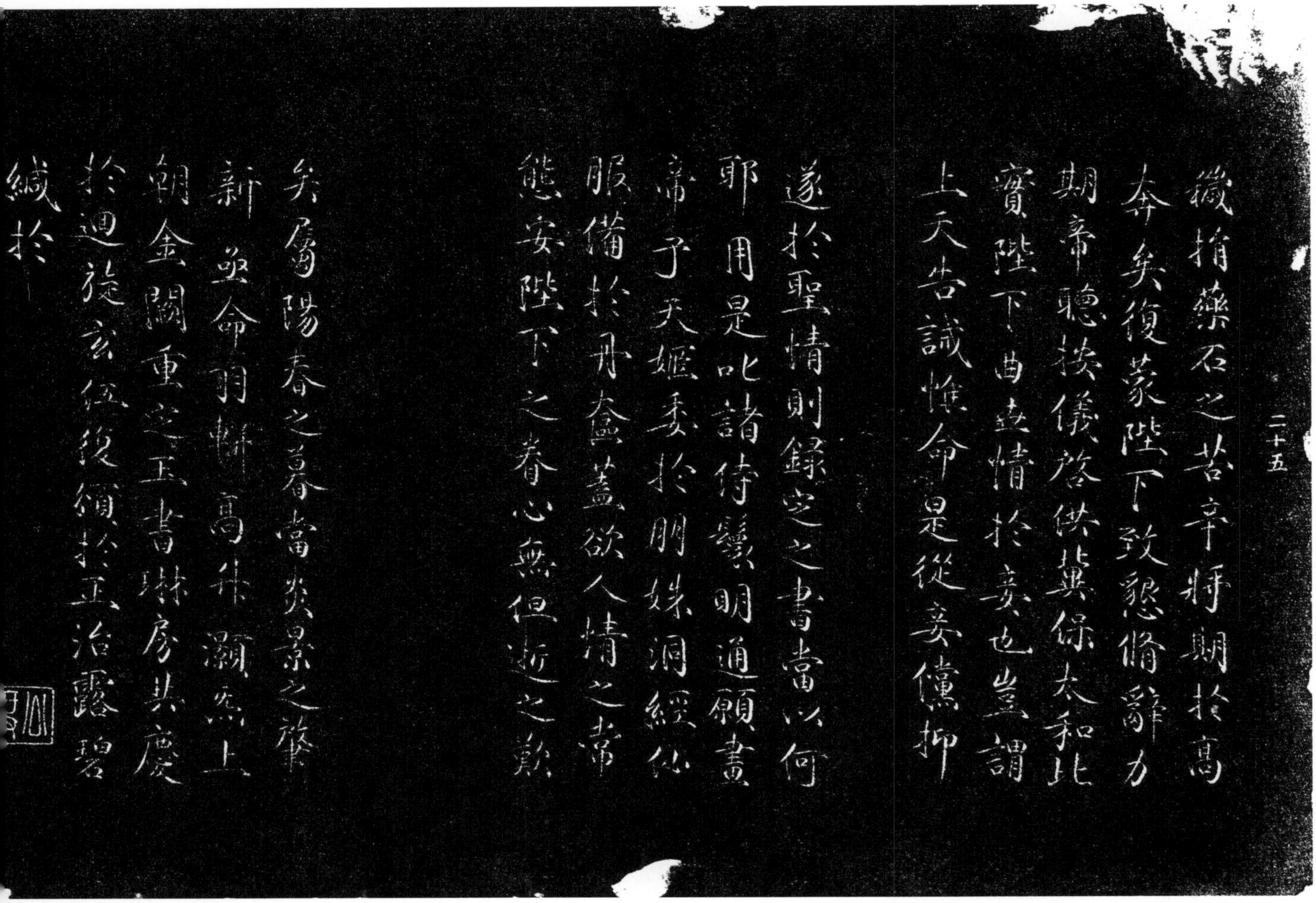
二十五
纖指藥石之苦辛將期於高
奔矣復蒙陛下致懇脩辭力
期帝聽掞儀啓供冀保太和比
寶陛下曲㳟情於妾也豈謂
上天告譴惟命是從妾儻抑
遂於聖情則錄定之書當以何
耶用是叱諸侍鬟明通顧畫
帝子天媛委於朋姝洞經仙
服備於丹奩蓋欲人情之常
態安陛下之春心無但近之歟
矣屬陽春之暮當炎景之參
新爰命羽轙高升灝氣上
朝金闕重定玉書琳房共慶
於迴旋玄位復循於玉治露碧
纖於

蘊真堂石刻二五

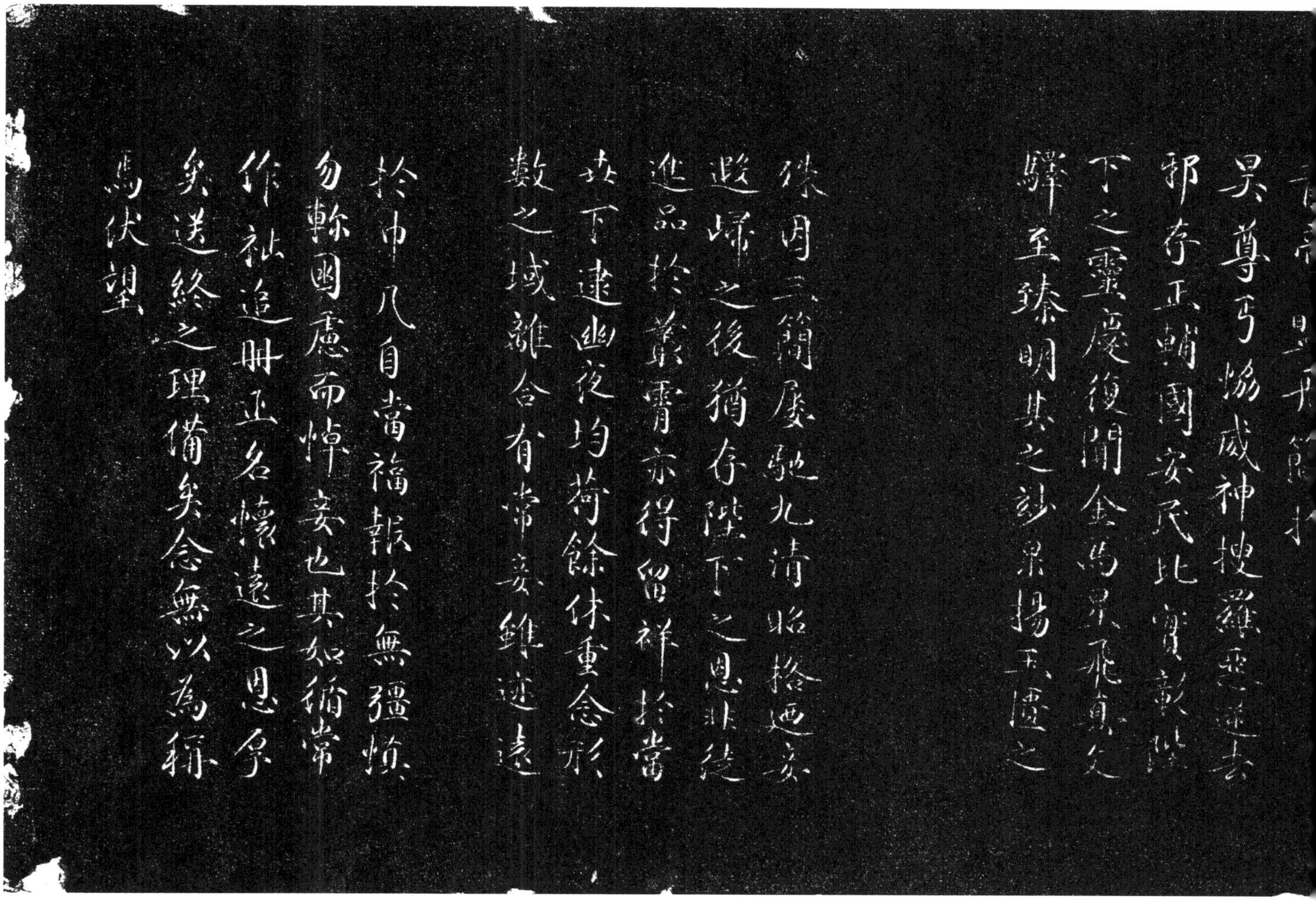

昊尊弓協咸神搜羅亟逝去
邦存正輔國安民比實歎陛
下之靈慶復聞金馬景飛真丈
驛至臻明其之妙果揚玉匣之
殊用三簡屢馳九清昭格遐衷
遐歸之後猶存陛下之恩非徒
進品於叢霄亦得留祥於當
世下逮幽夜均荷餘休重念形
數之域離合有常妾雖迹遠
於巾几自當福報於無疆慎
勿軫囹慮而悼妾也其如循常
作祉追冊正名懷遠之恩孚
矣送終之理備矣念無以為稱
焉伏望

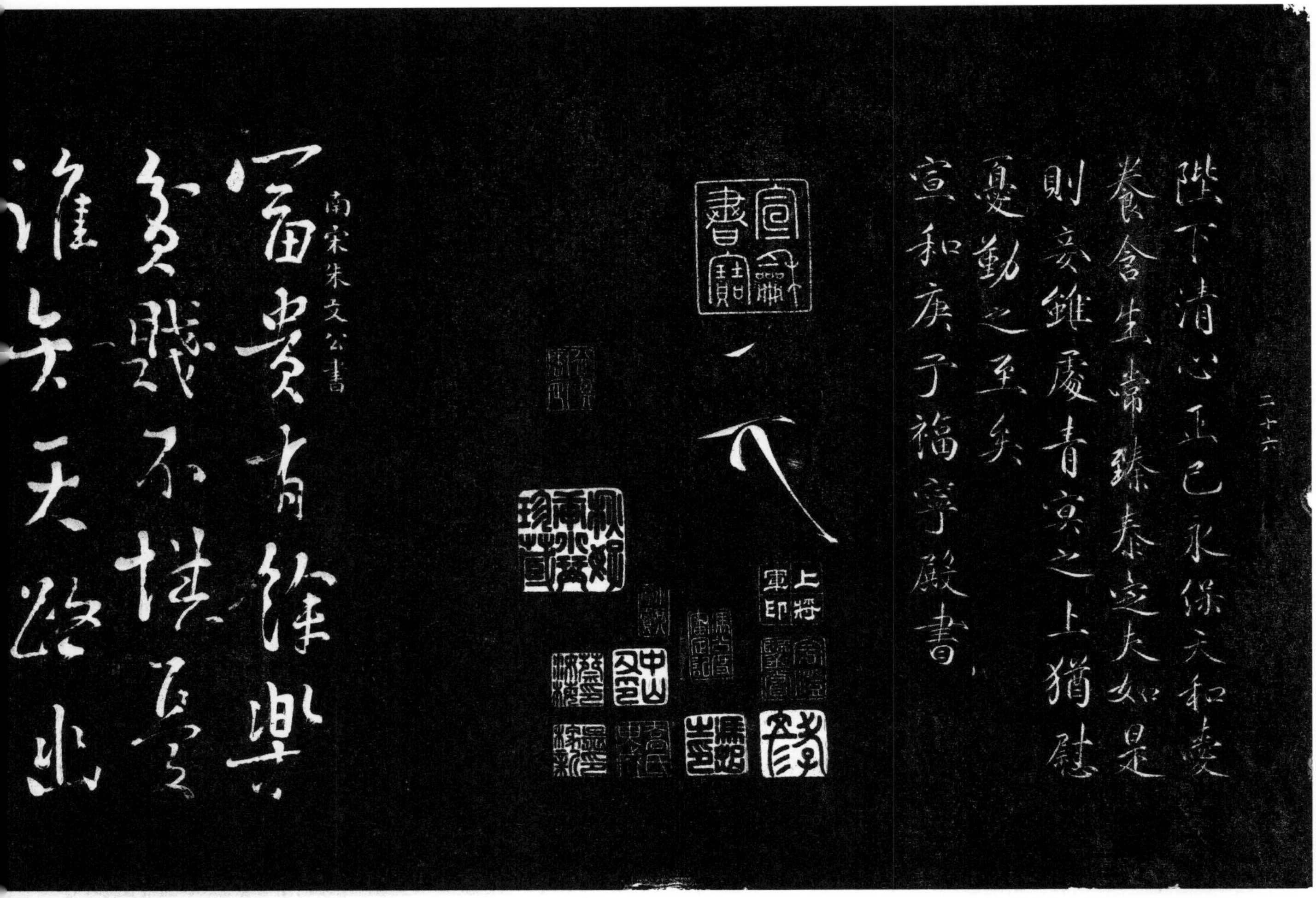
二十六
陛下清心正己永保天和燮
養含生常臻泰定夫如是
則妾雖處青宮之上猶慰
憂勤之至矣
宣和庚子福寧殿書
宣和書寶
南宋朱文公書
富貴有餘樂
貧賤不堪憂
誰知天路幽

蘊真堂石刻二六

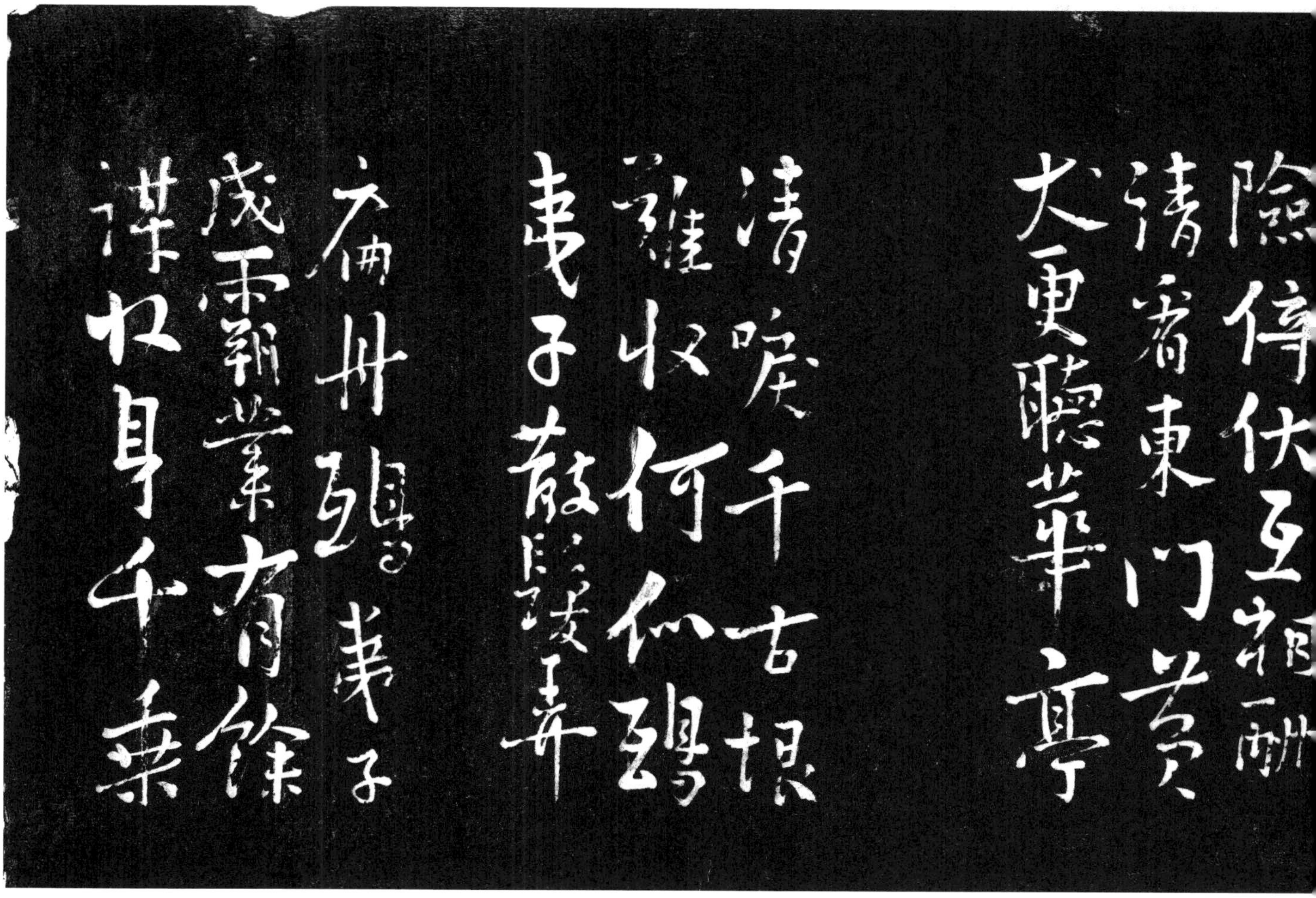

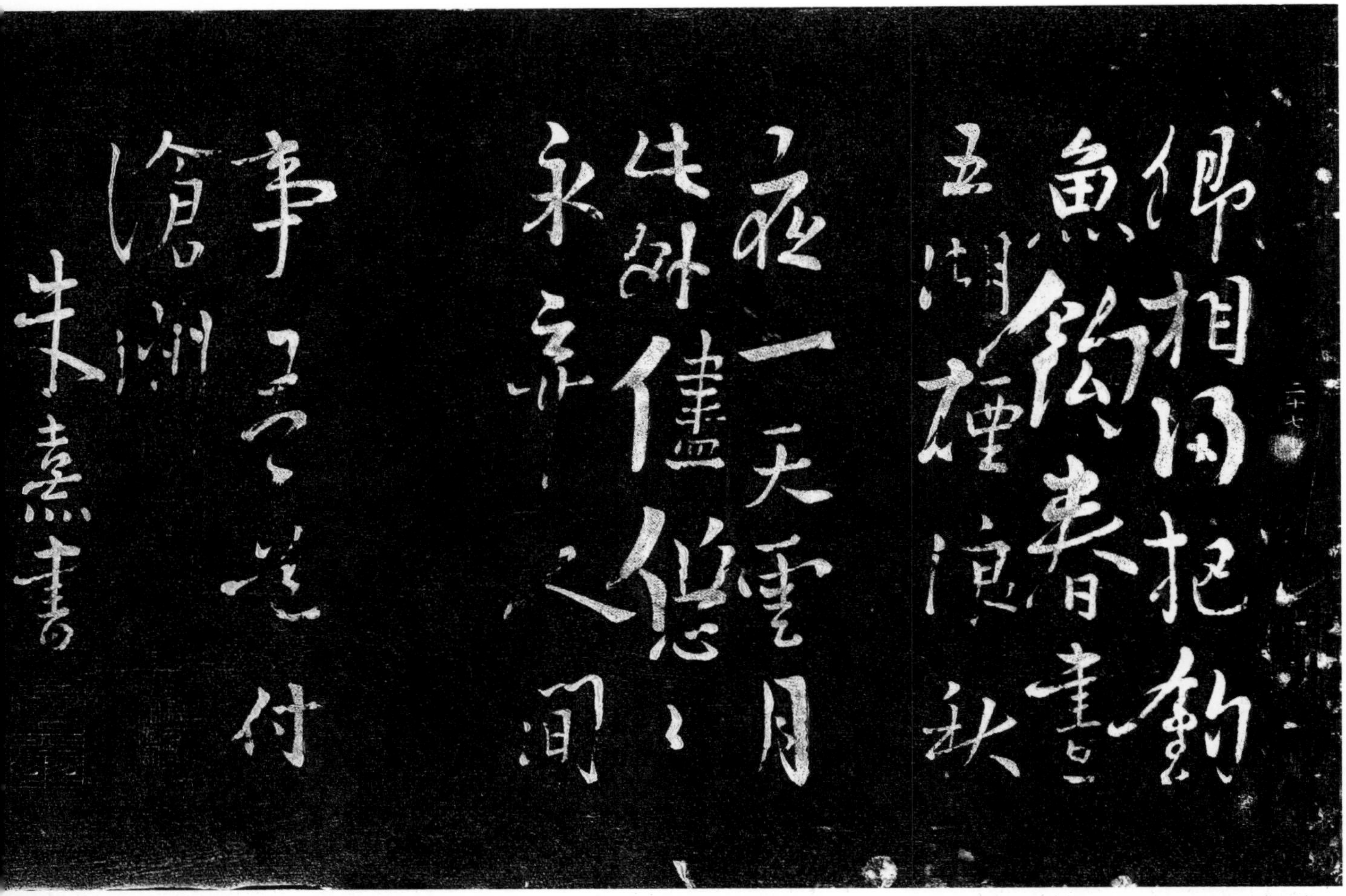

蘊真堂石刻二七

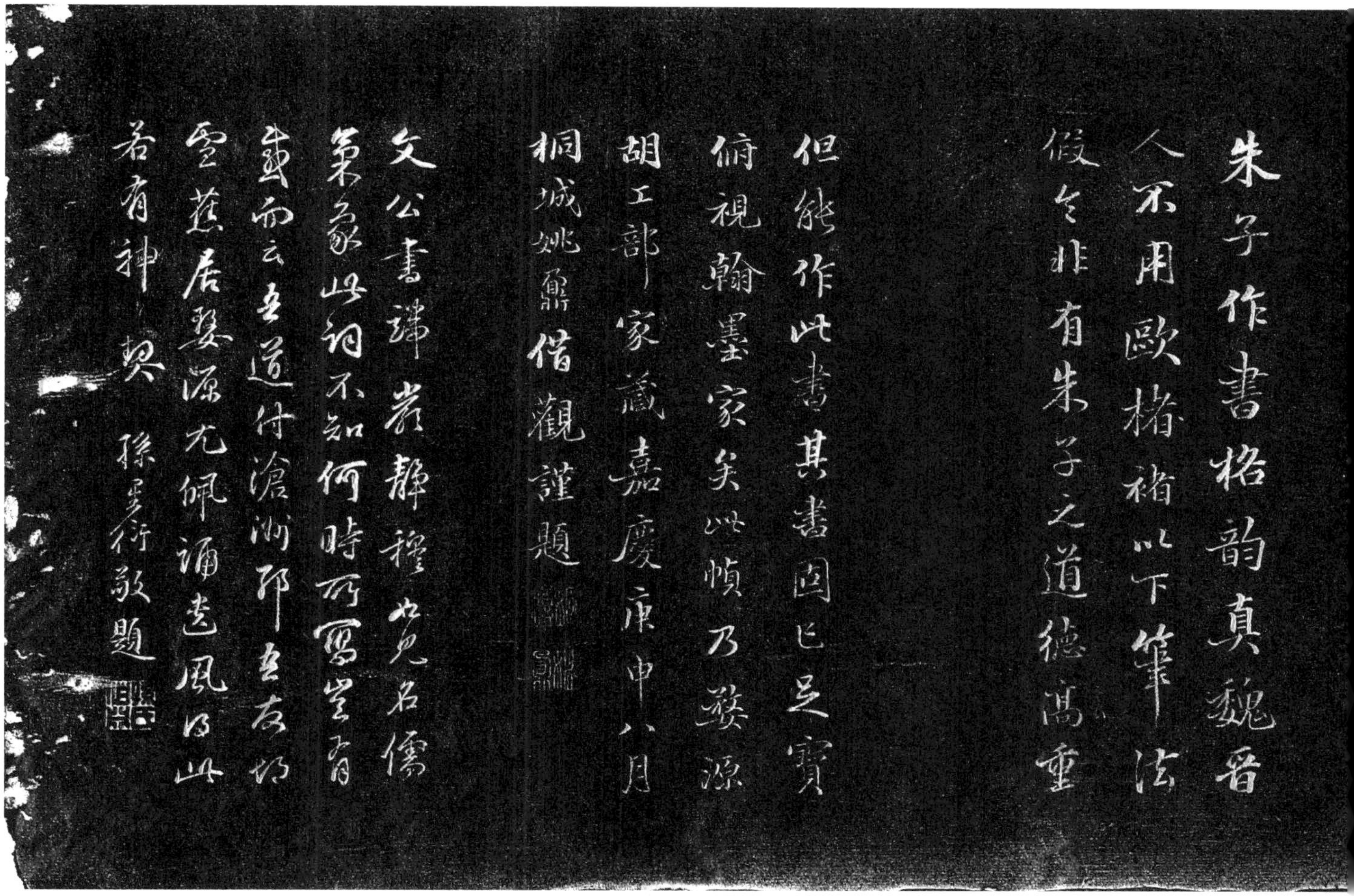
朱子作書格韻真魏晉
人不用歐褚以下筆法
假令非有朱子之道德高重
但能作此書其書固已足寶
俯視翰墨家矣此幀乃婺源
胡工部家藏嘉慶庚申八月
桐城姚鼐借觀謹題
文公書謹嚴靜穆如見名儒
氣象此詩不知何時所寫豈有
畫而云無道付滄洲耶吾友仍
雲蕉居婺源尤佩誦遺風得此
若有神契 孫多衍敬題

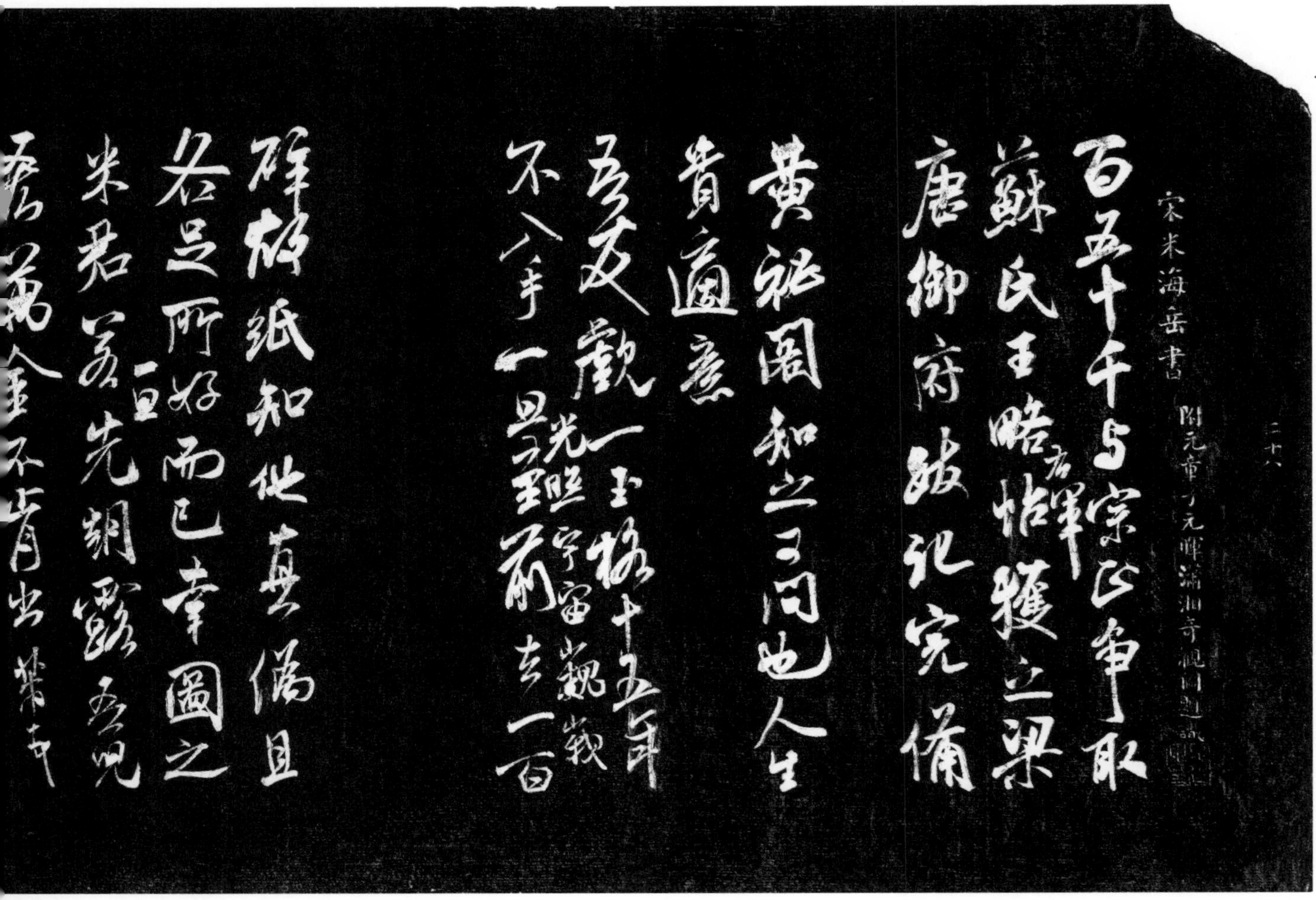

蘊真堂石刻二八

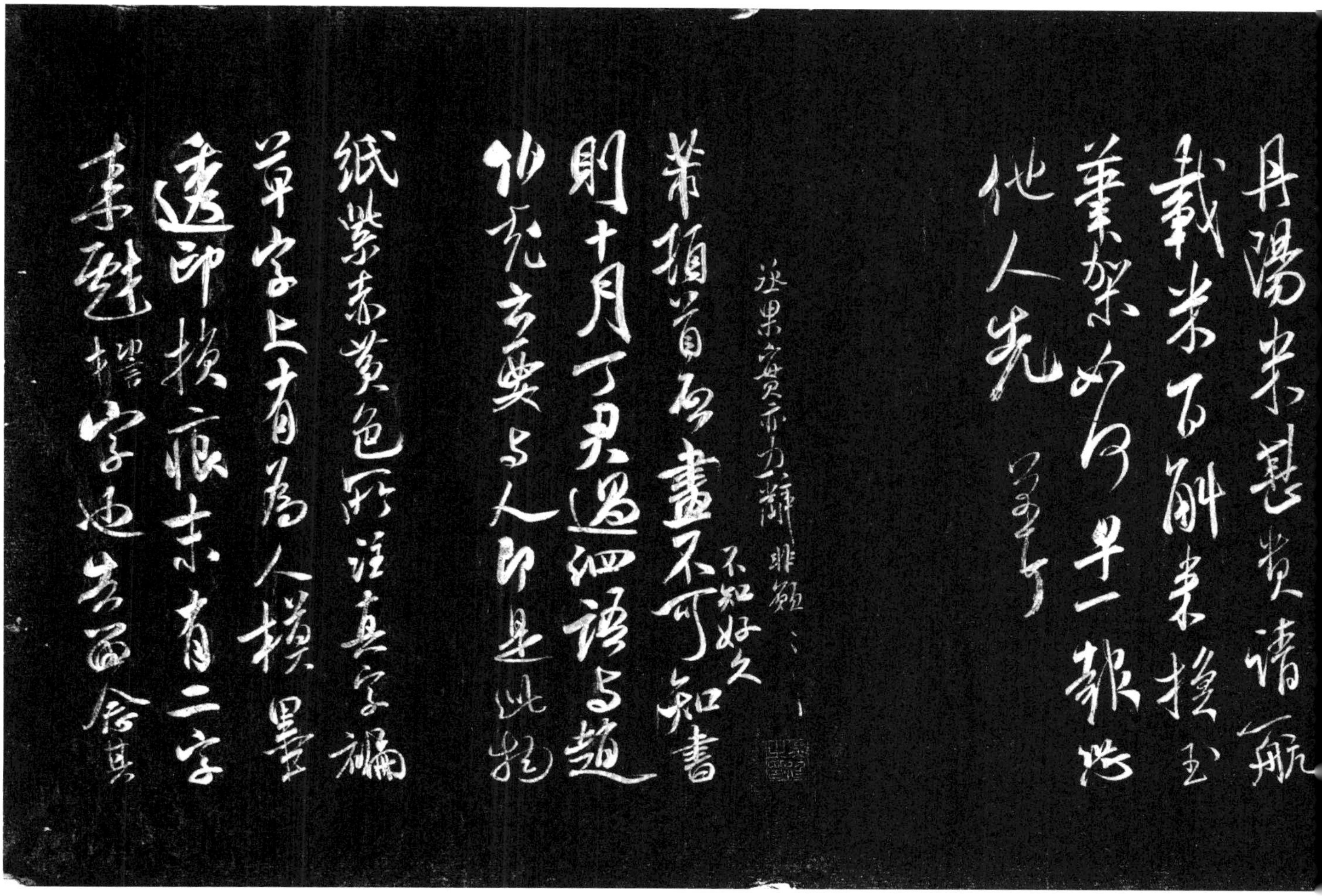
丹陽米甚貴請一航
載米百斛來換玉
筆架如何早一報恐
他人先

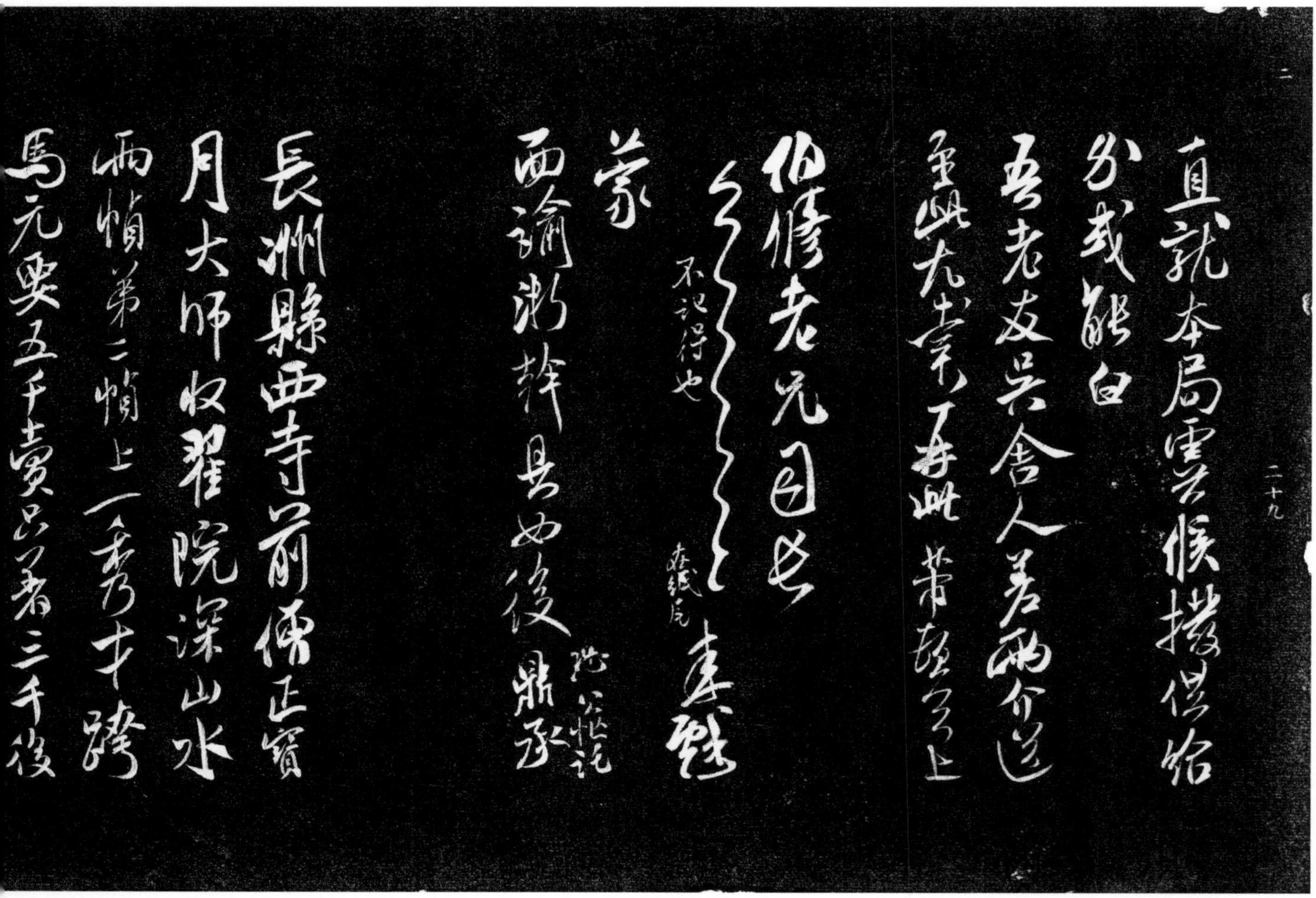

蘊真堂石刻二九

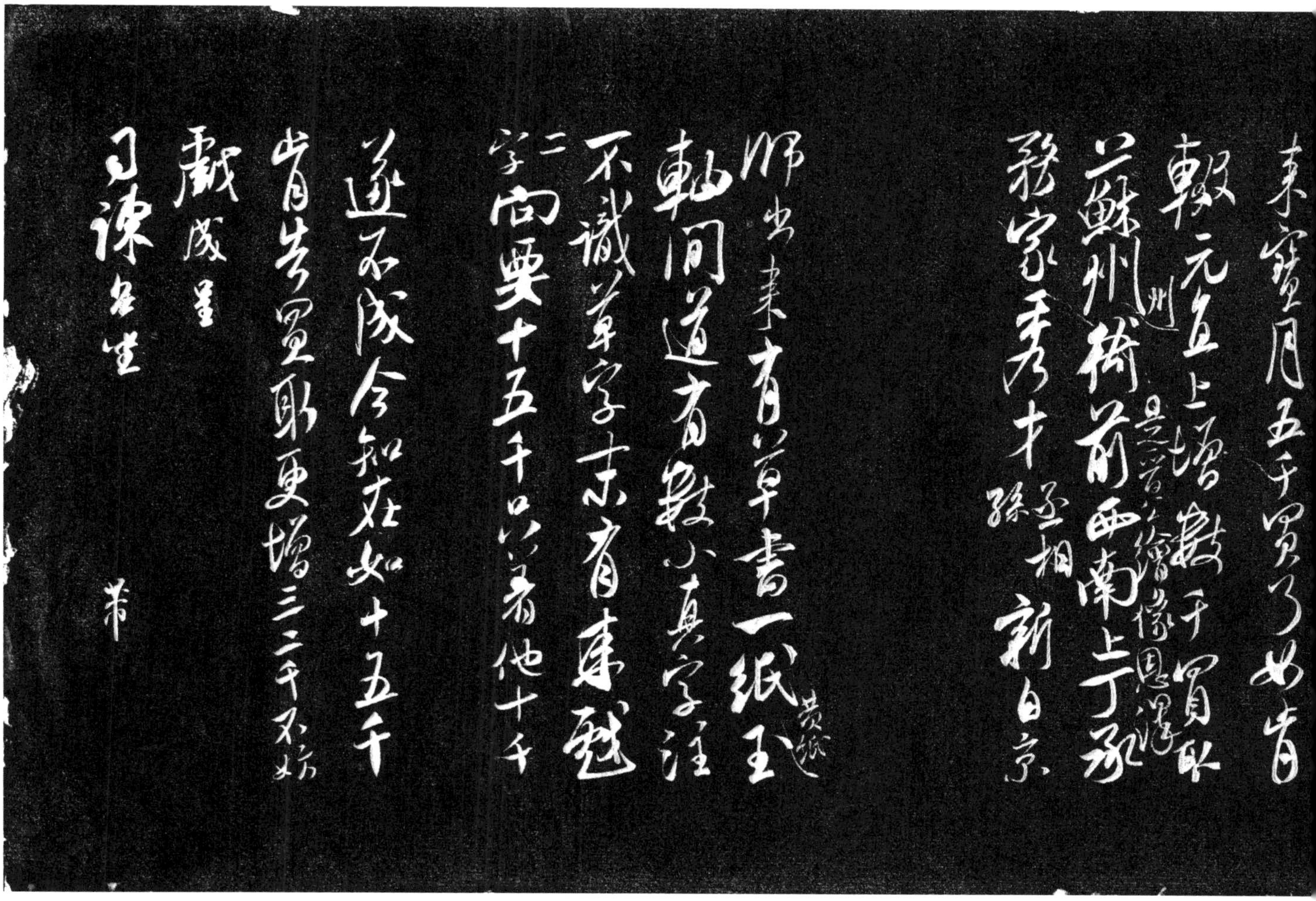

來寶月五千買乃如肯
輟元直上增數千買取
以蘇州楊前西南上丁承（州）（是曾公繪像恩澤）
務家秀才孫丞相新白京
師由來有草書一紙至（黃紙）
輒聞道有數小真字注
不識草字未有來歲
二字面要十五千以上有他十千
遂不成今知在如十五千
肯出置取更增三二千不妨
戲成呈
司諫台坐
芾

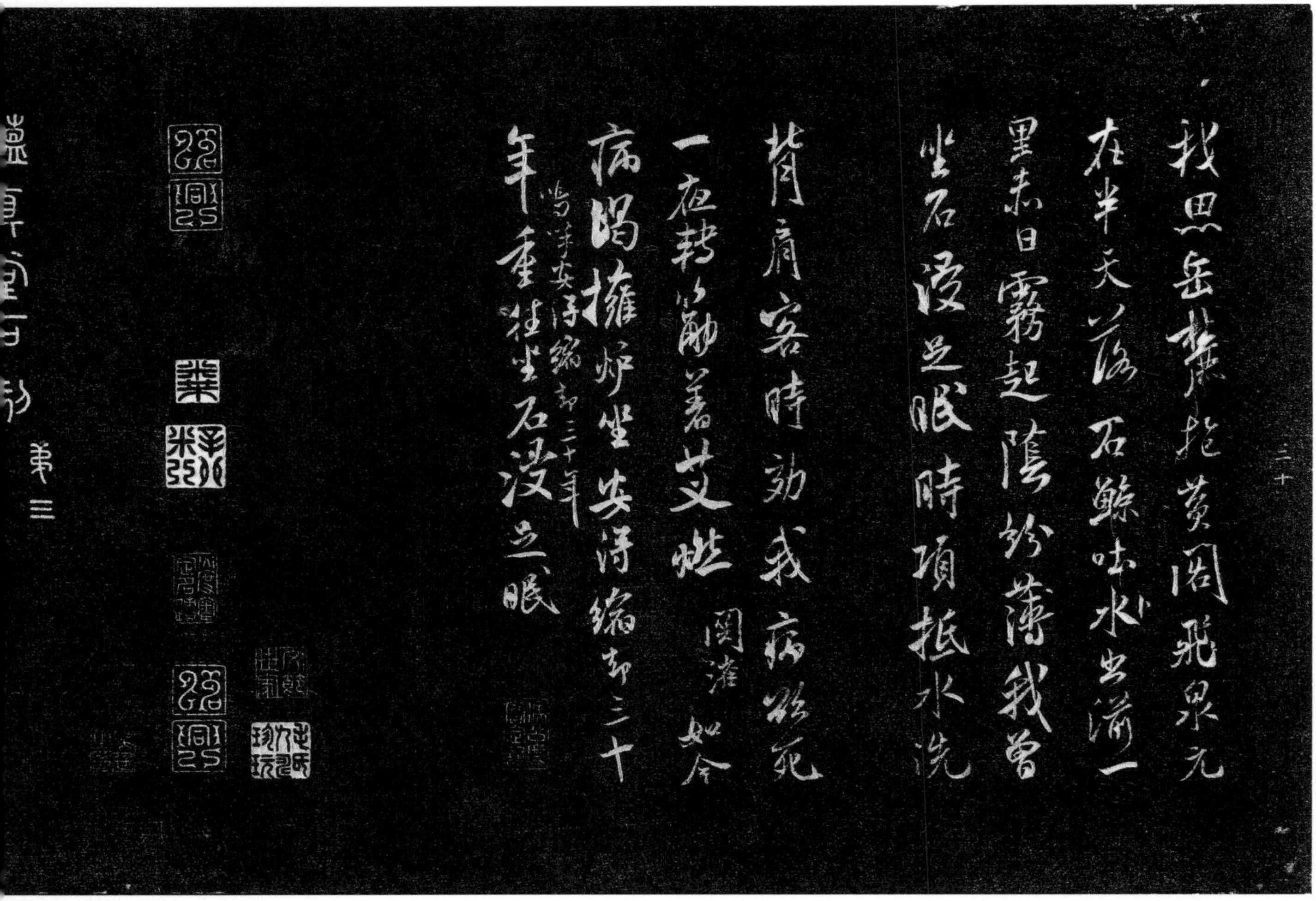

蘊真堂石刻三〇

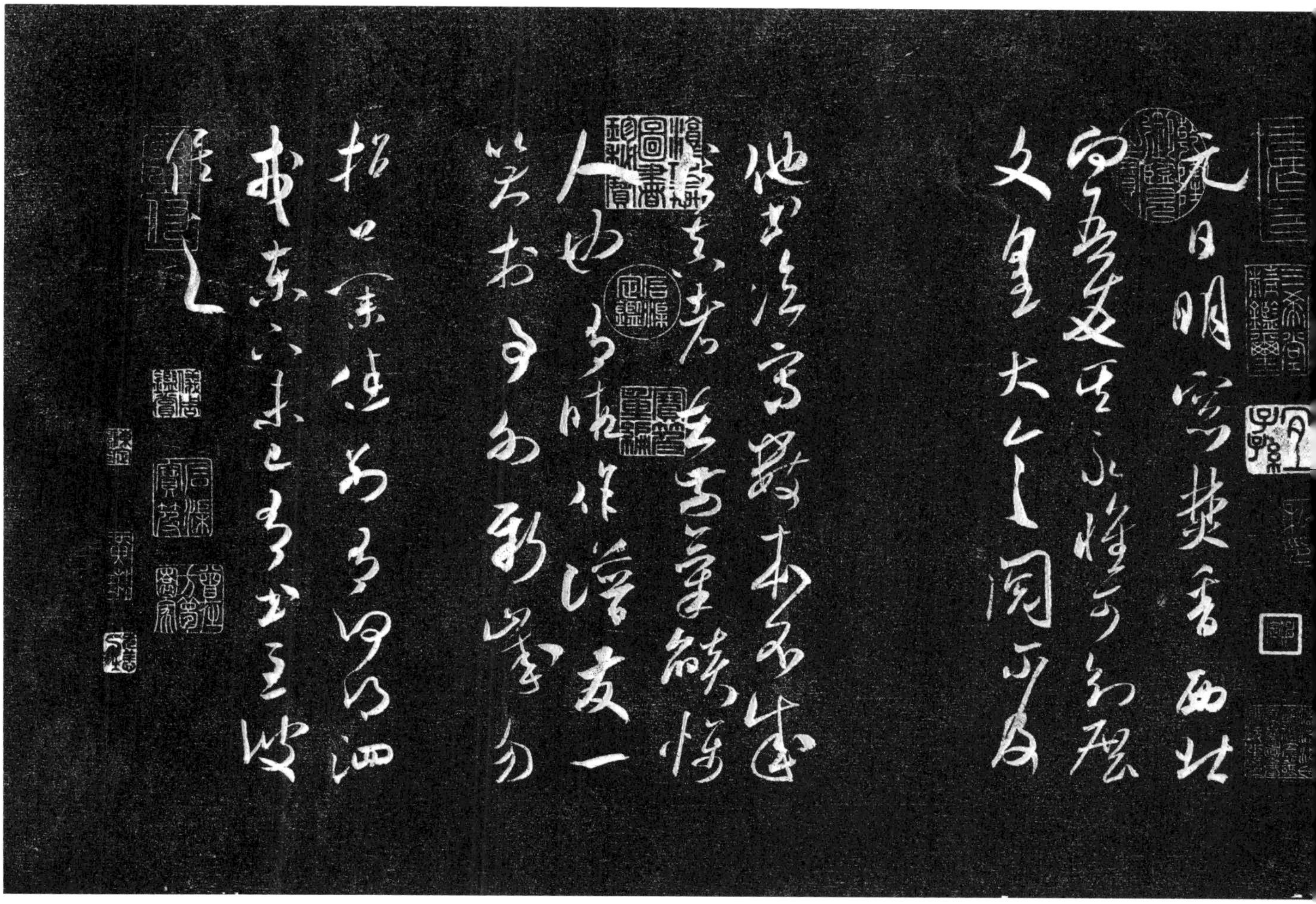

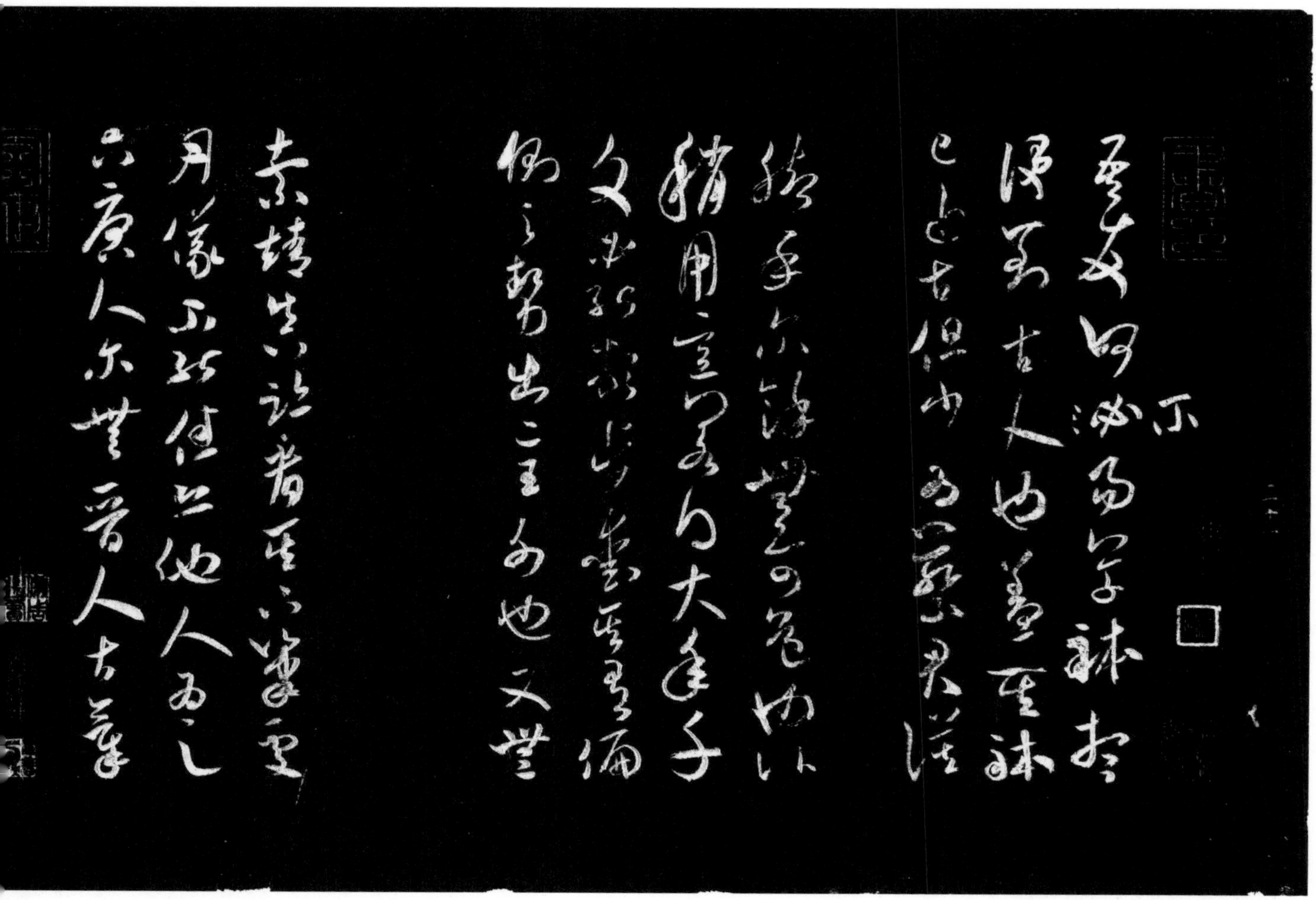

蕴真堂石刻三一

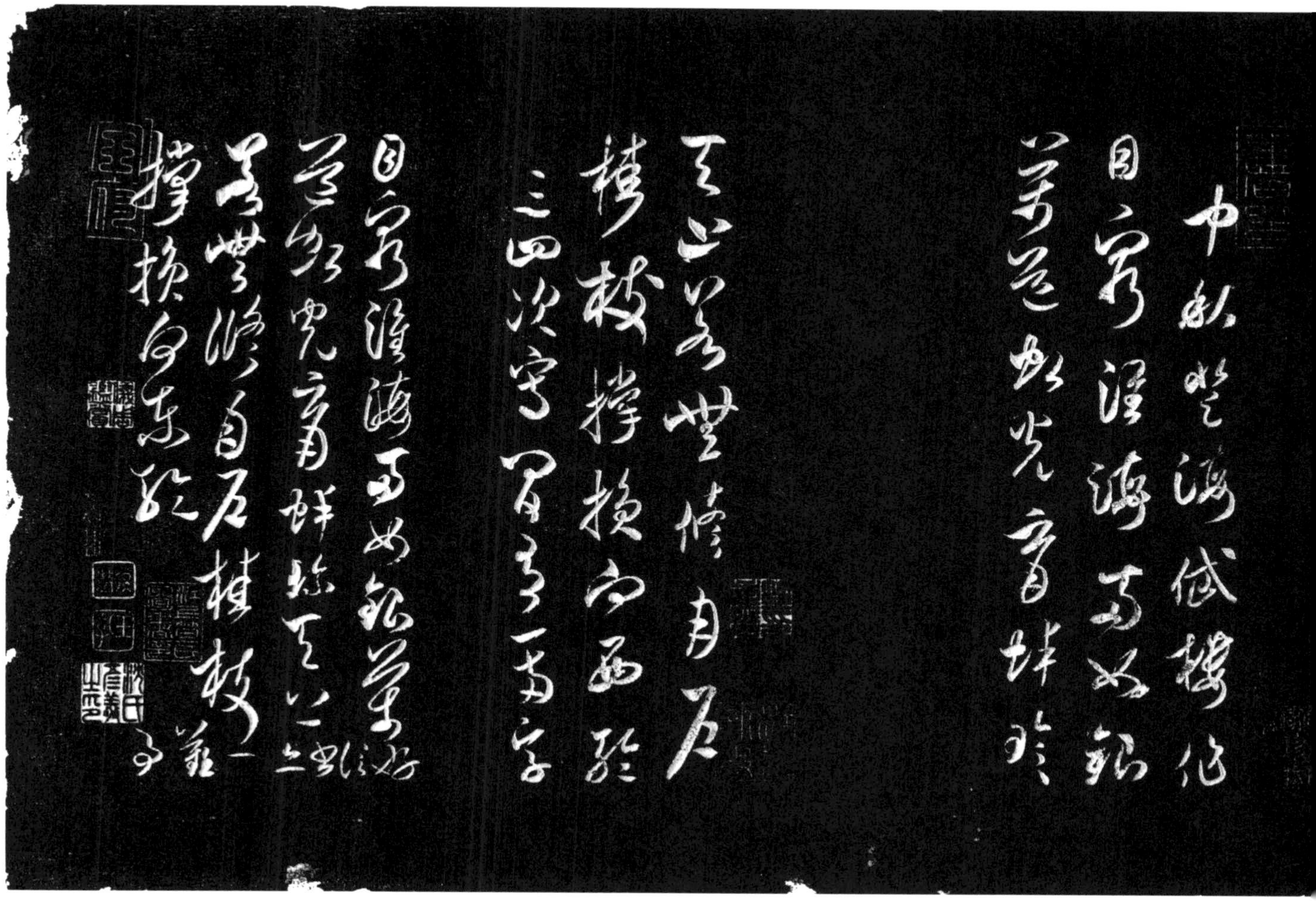

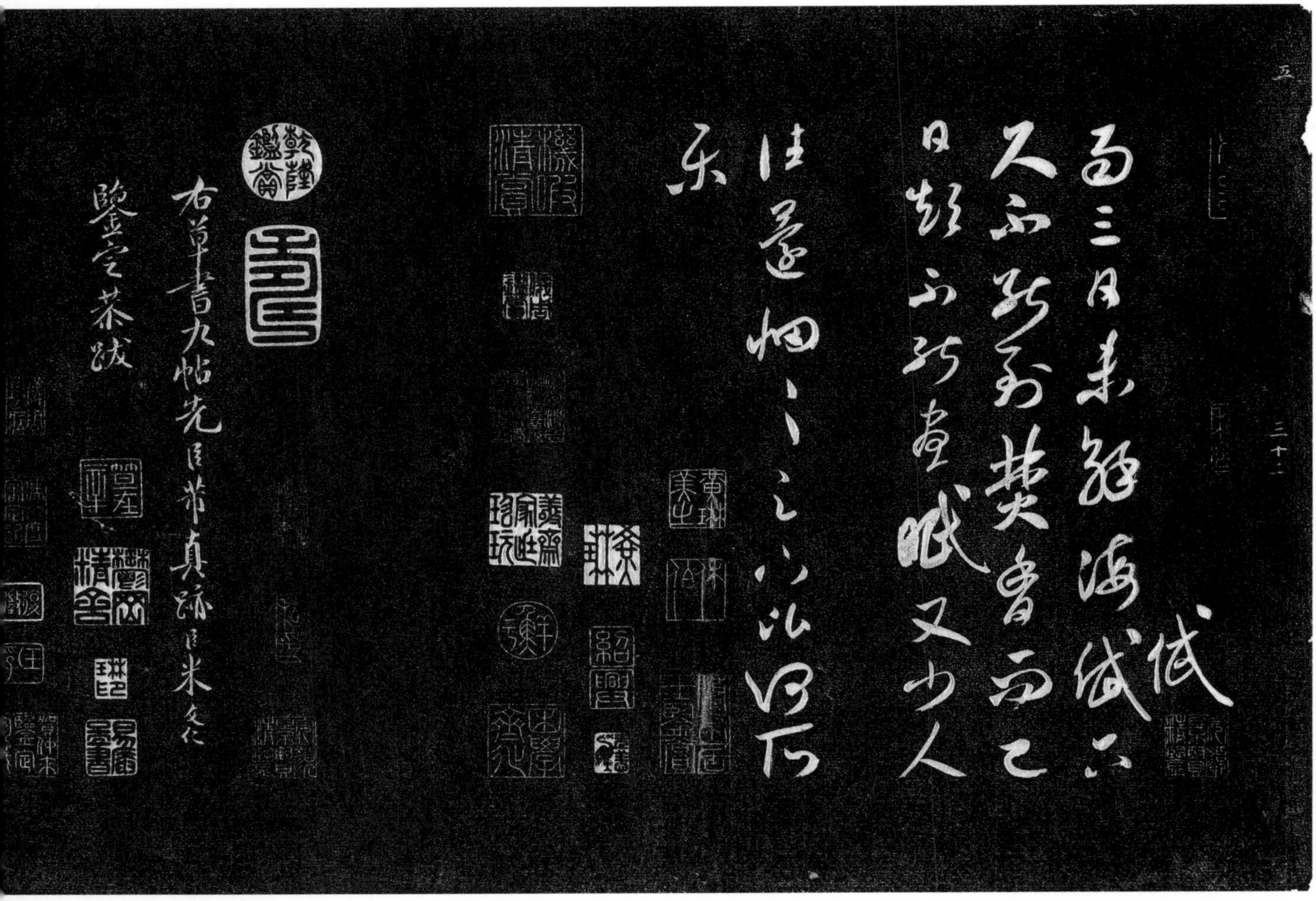

蘊真堂石刻三二

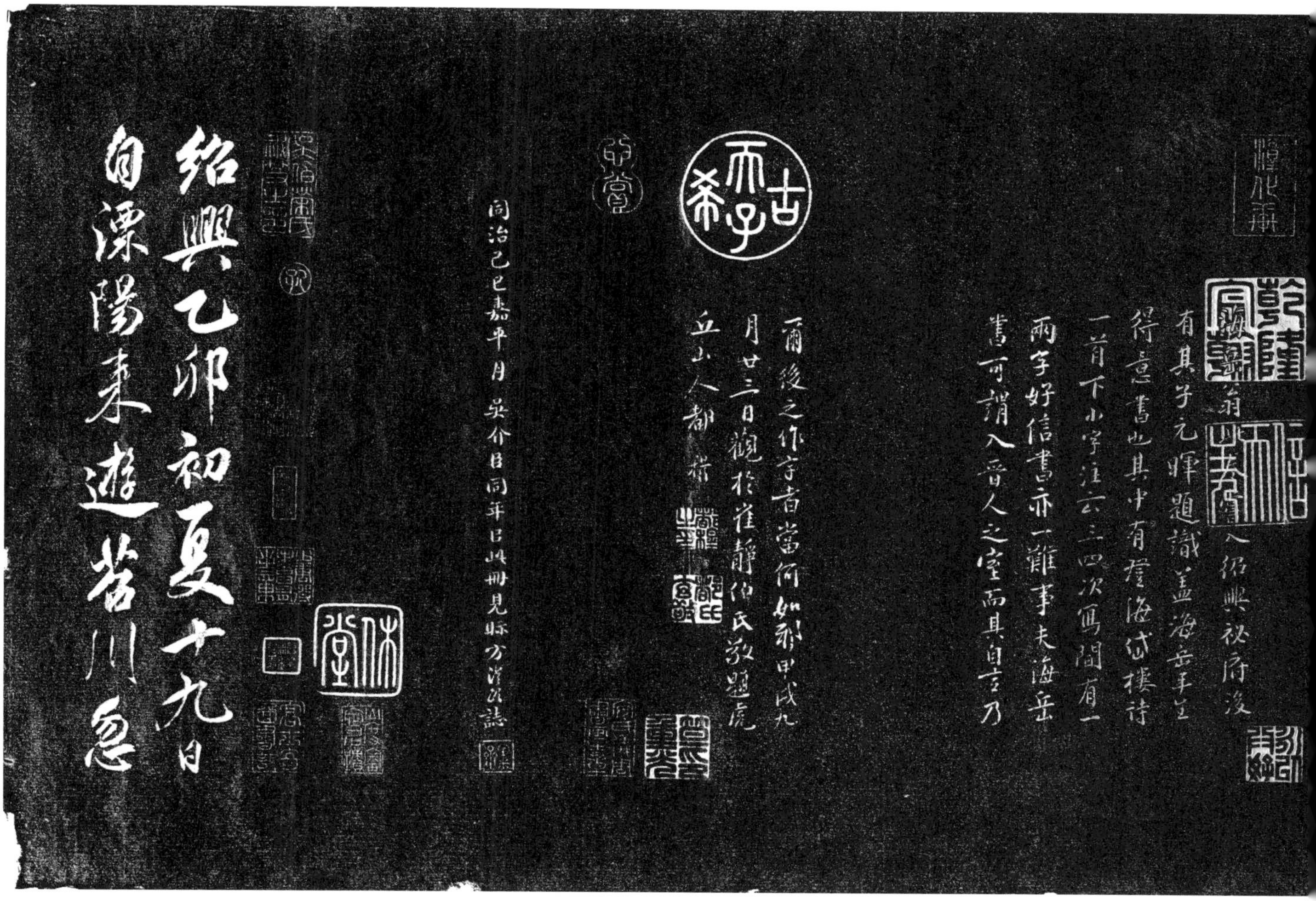

入紹興秘府後有其子元暉題識蓋海岳平生得意書也其中有登海岱樓詩一首下小字注云三四次寫間有一兩字好信書亦一難事夫海岳書可謂入晉人之室而其自言乃

一爾後之作字當何如邪甲戌九月廿三日觀於崔靜伯氏敬題虎丘山人都穆

同治己巳嘉平月吳介臣同年以此冊見眎方濬頤誌

紹興乙卯初夏十九日自溧陽來遊苕川忽

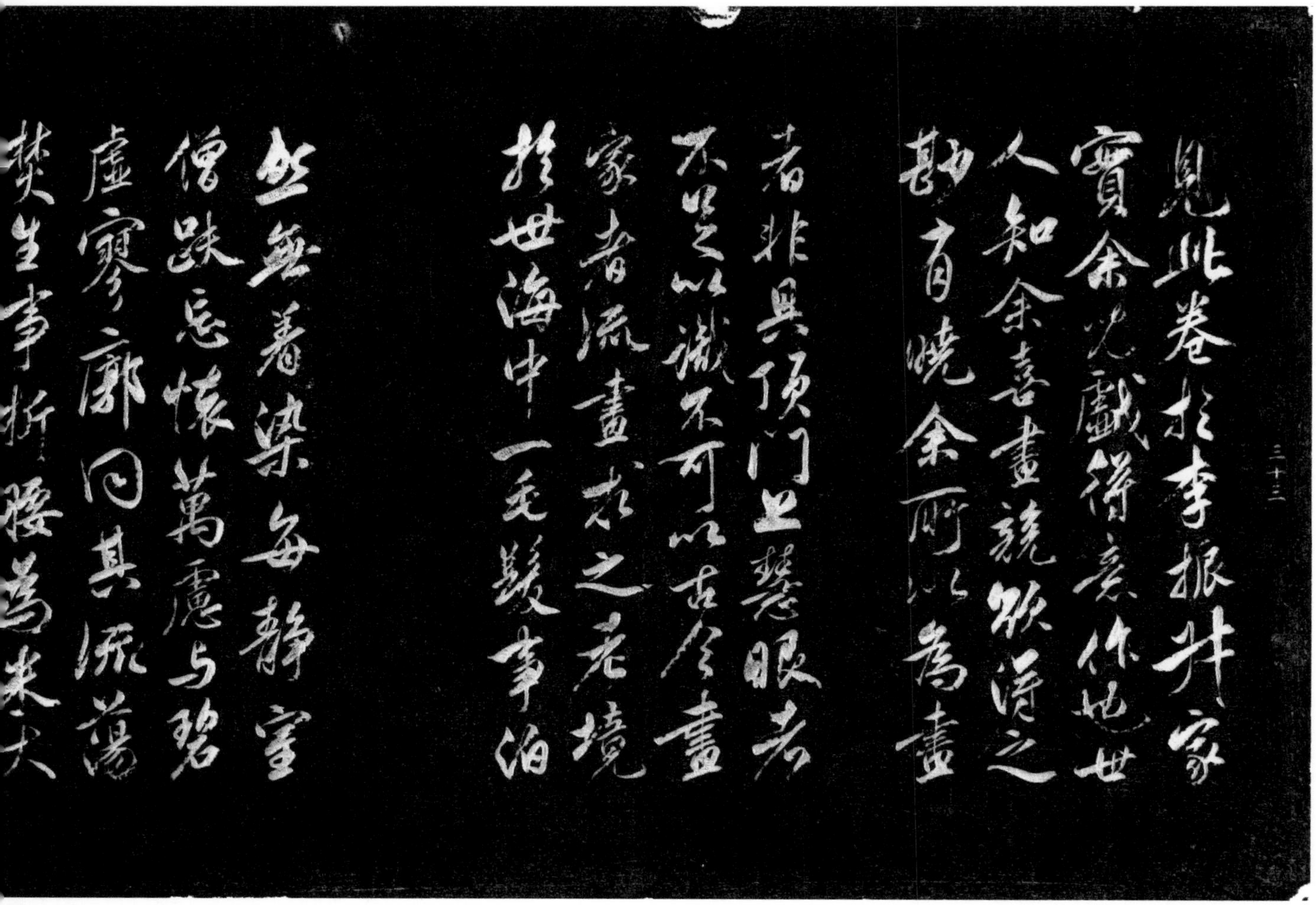
人知余喜畫競欲得之
鮮有曉余所以為畫
者非具頂門上慧眼者
不足以識不可以古今畫
家者流畫求之老境
於世海中一毛髮事泊
然無著染每靜室
僧趺忘懷萬慮與碧
虛寥廓同其流蕩
焚生事折腰為米大

蘊真堂石刻三三

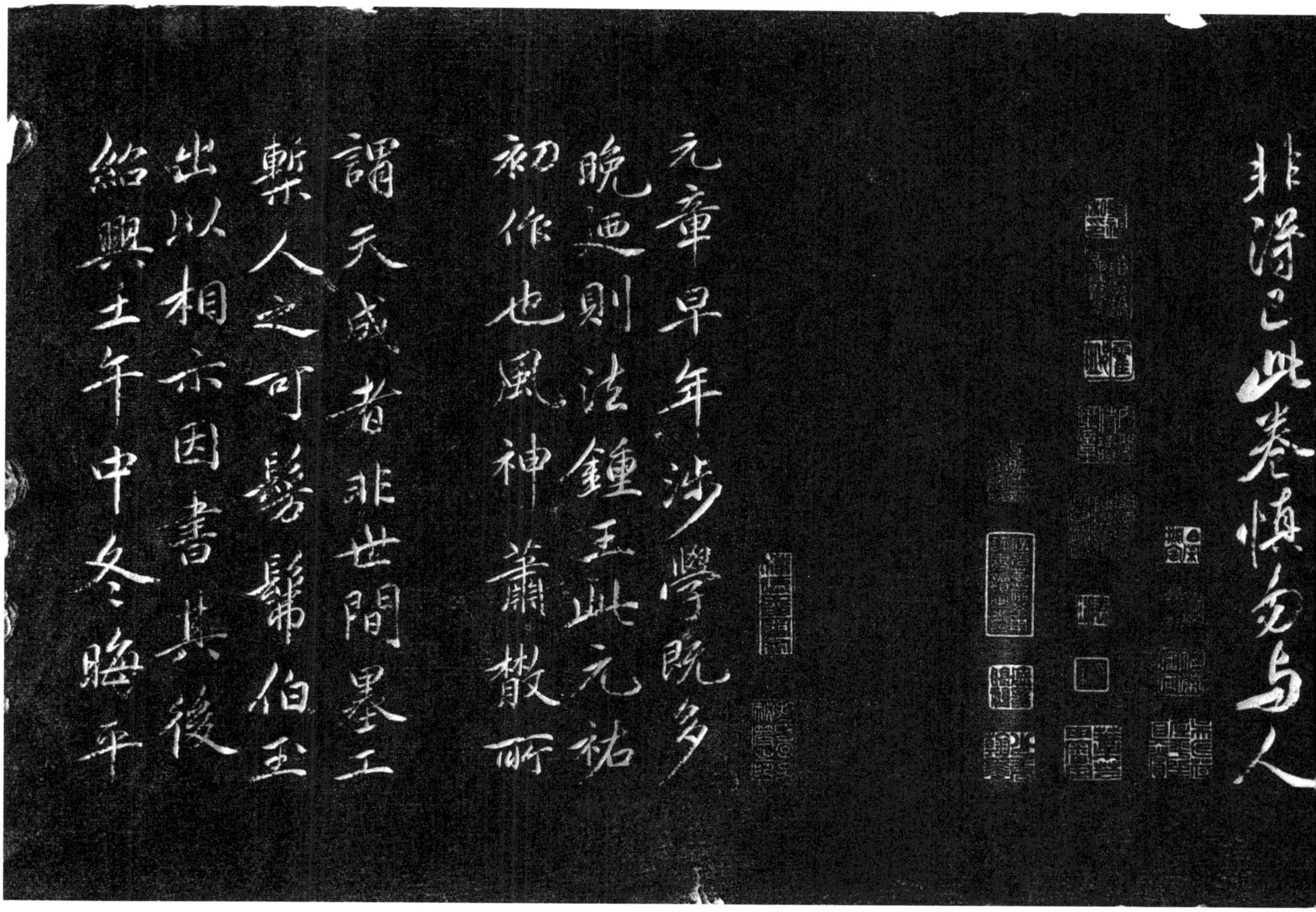
非得已此卷慎勿与人
元章早年涉學既多
晚迺則法鍾王此元祐
初作也風神蕭散所
謂天成者非世間墨工
槧人之可髣髴伯至
出以相示因書其後
紹興壬午中冬晦平

蘊真堂石刻三四

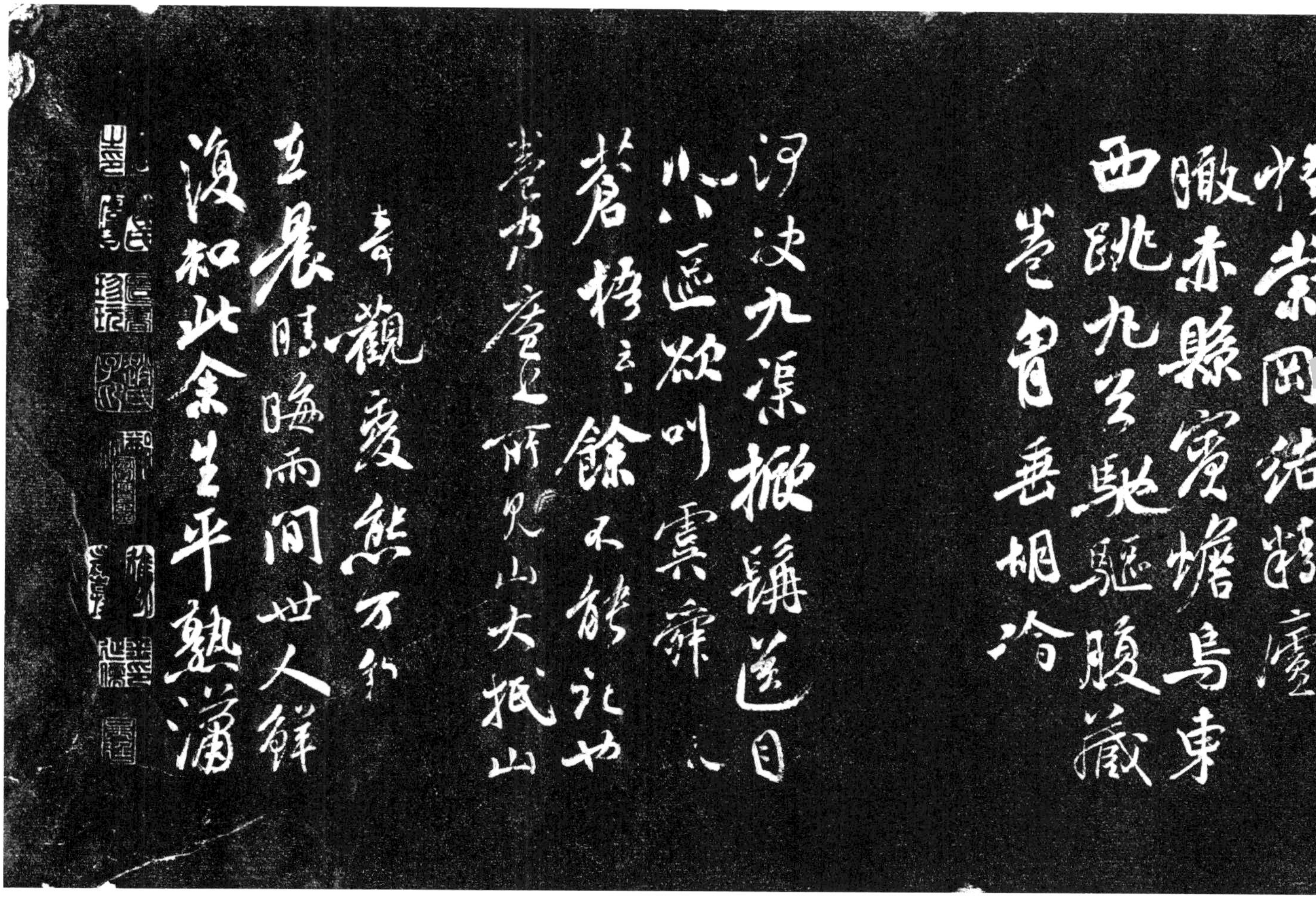

怪崇岡絡將廬
瞰赤縣窺[illegible]烏東
西跳九江馳驅腹藏
卷雷[illegible]垂胡冷
河決九渠擬踴送目
於匡[illegible]欲叫雲霹之
蒼梧之餘不能記也
嵩少廬霍所見山大抵山
壽觀處然萬物
在晨晴晦雨間世人鮮
復知此余生平熟藹

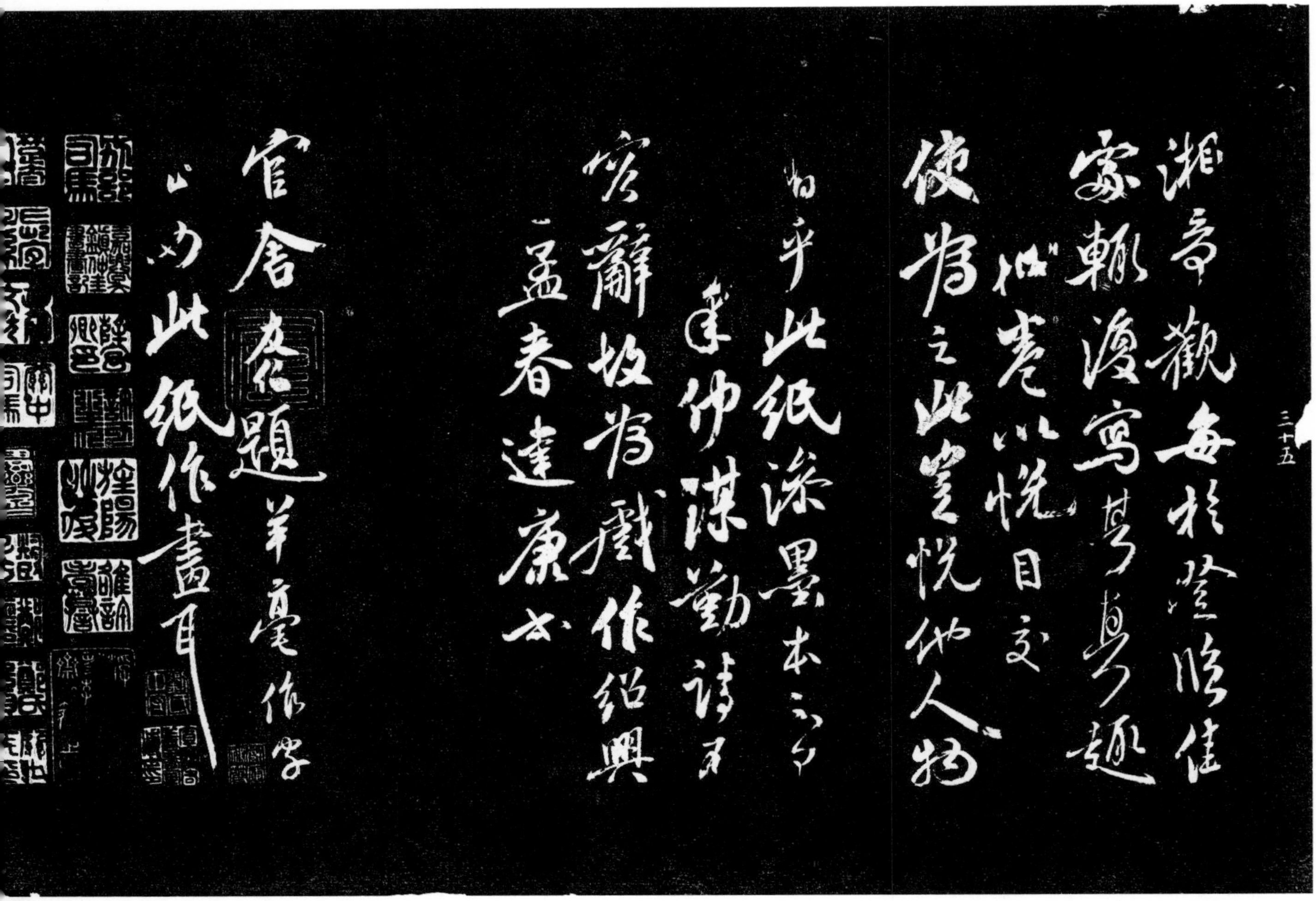

蕴真堂石刻三五

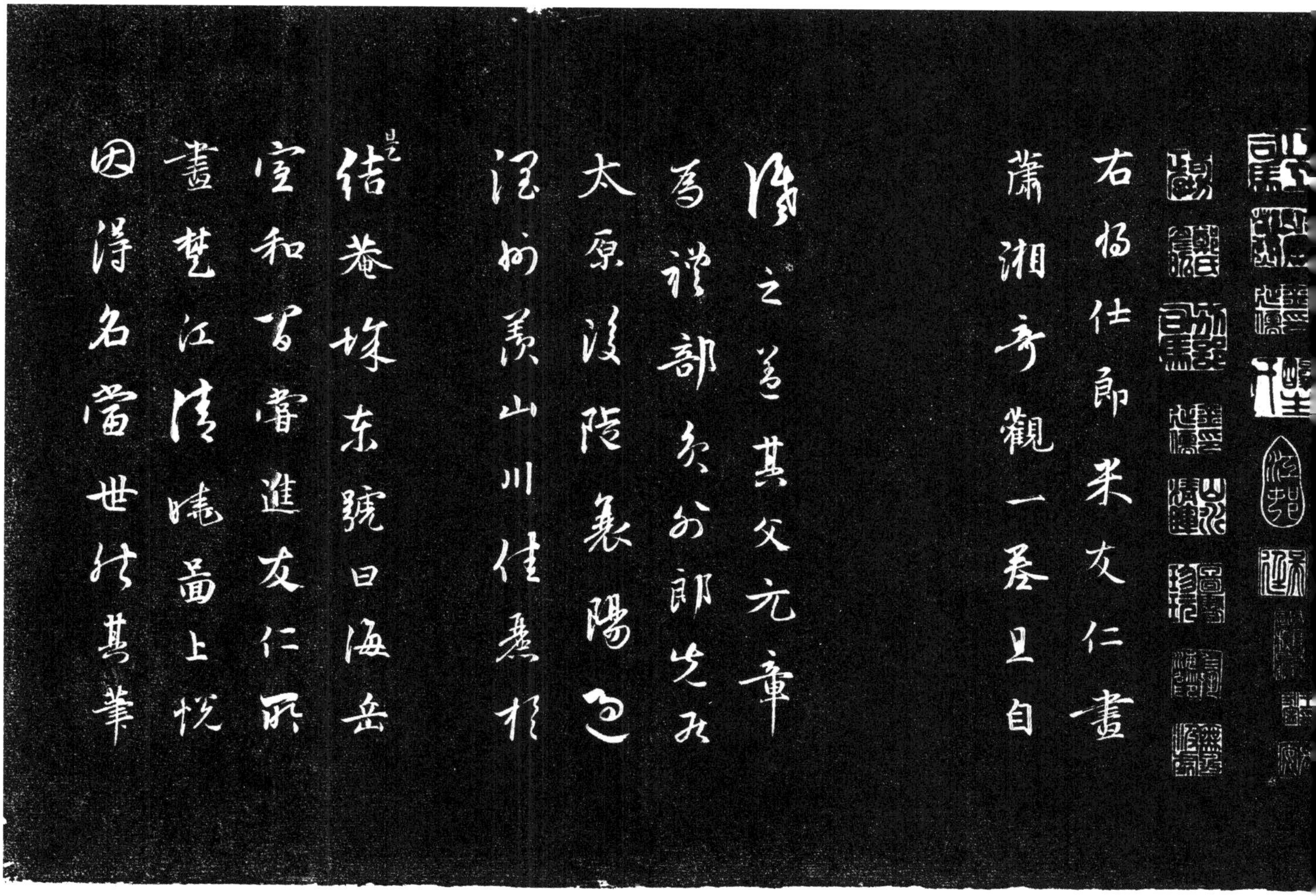

右承仕郎米友仁畫
瀟湘奇觀一卷且自
題之蓋其父元章
為禮部員外郎先世
太原後隨襄陽遂
潤州羨山川佳處於
是結庵城東號曰海岳
宣和間嘗進友仁所
畫楚江清曉圖上悅
因得名當世於其筆

三十六
意大率畫与奇觀於
以卻世畫工之習
故士大夫寶之若手
一門清逸自宗薦許
亦可以見其父子之能
上清外史薛羲題
米氏父子書畫擅當世是
卷沈着痛快字如其畫尤
合作也臨川葛元喆題
蘊真堂石刻三六

江南奇觀在北固諸山雨北固
奇觀又在東罔海岳晴雨晦
明中孰筆模寫非其人胷中
先有千巖萬壑者孰能神
融意會收景象於豪芒咫
尺之間哉米家父子何奪
天巧之多也

宣城貢師泰題

此卷友仁真跡無疑山川
浮紙烟雲滿前脫去唐宋
習氣別是一天胷次可謂

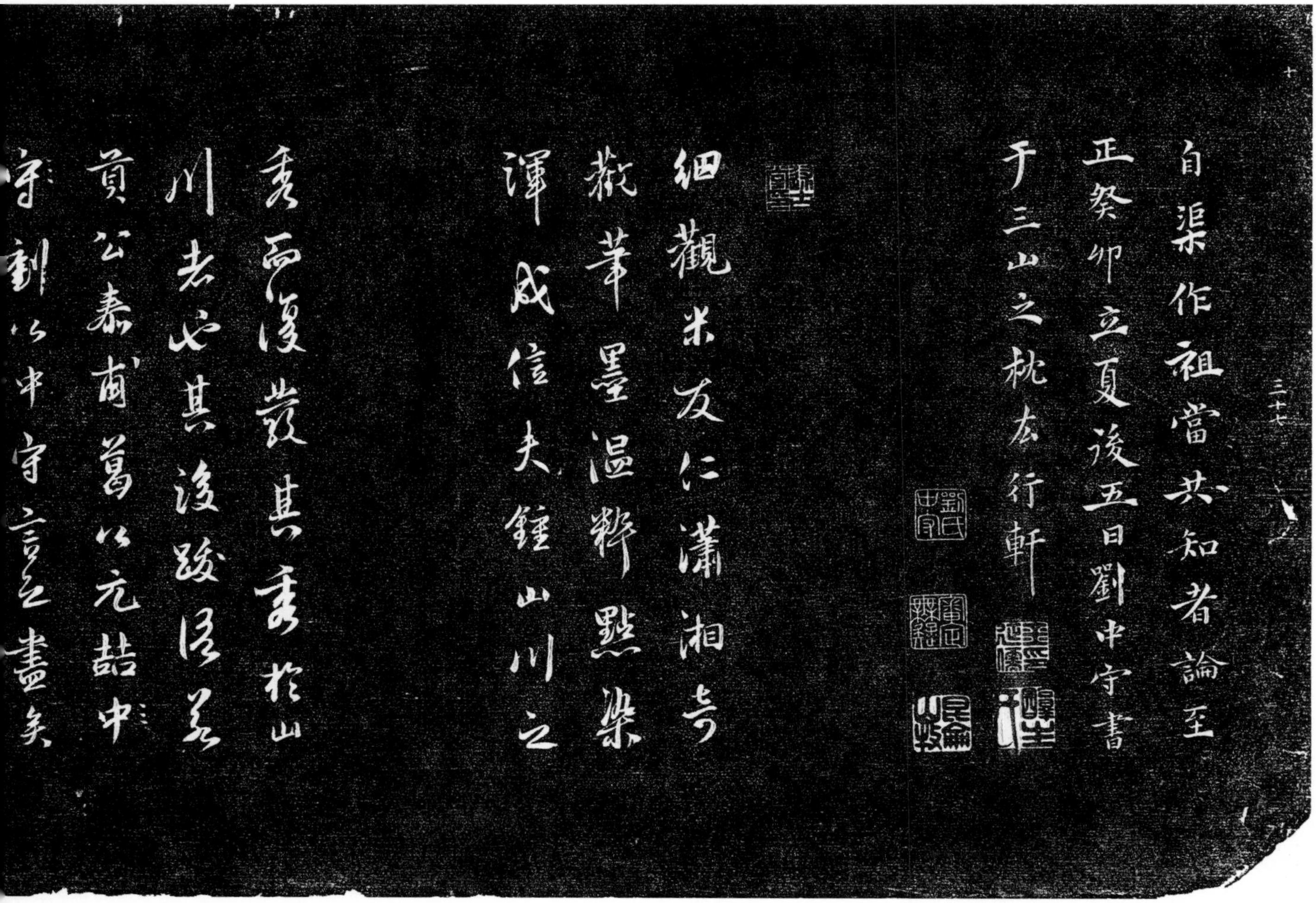
自渠作祖當共知者論至
正癸卯立夏後五日劉中守書
于三山之枕左行軒
細觀米友仁瀟湘奇
觀筆墨溫粹點染
渾成信夫鍾山川之
秀而復發其秀於山
川者必其後蹤隨至
貢公泰甫篤以元喆中
守劉以中守言之盡矣

三十七

蘊真堂石刻三七

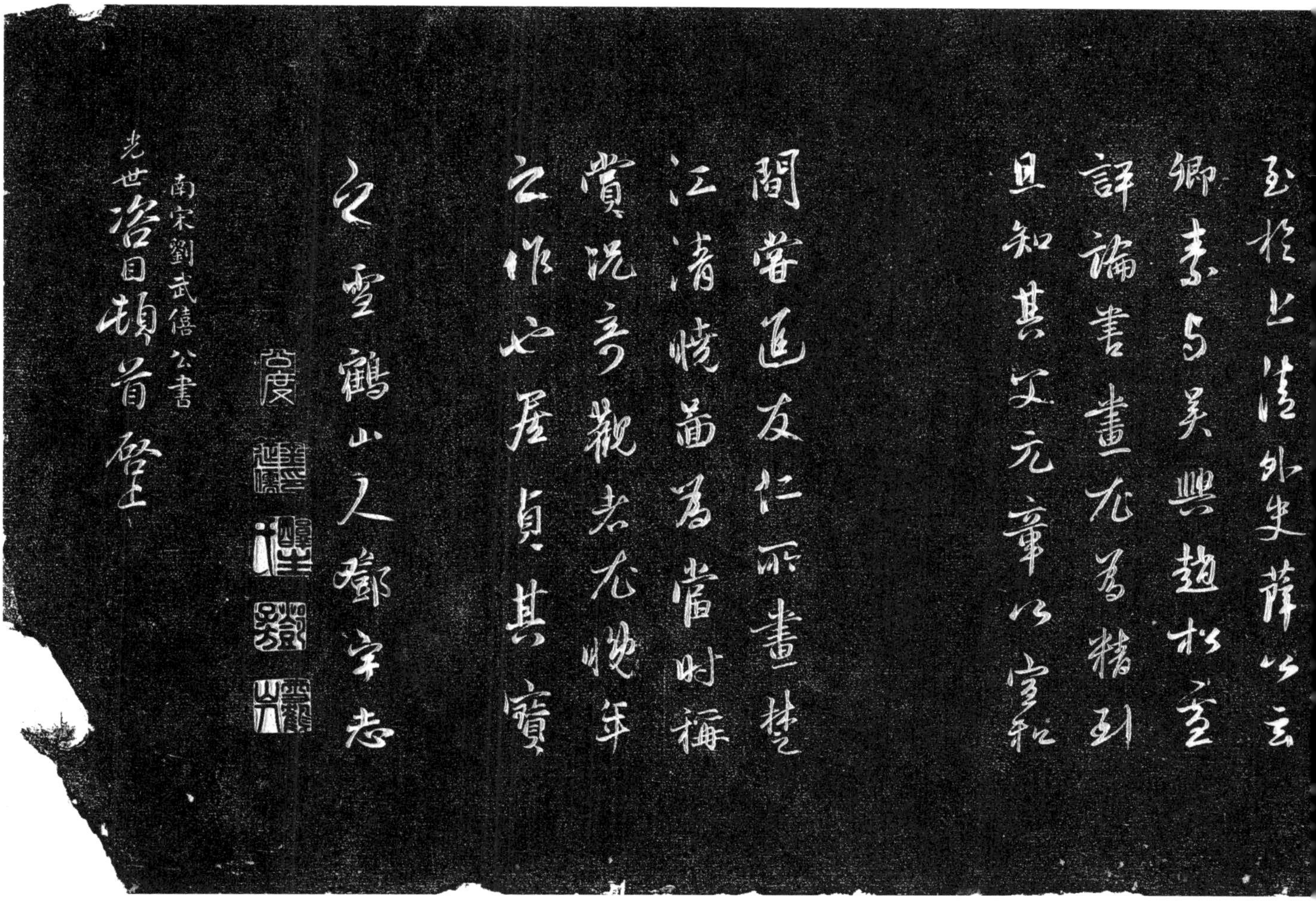
至於上清外史薛以玄
卿素與吳興趙松雪
評論書畫尤爲精到
且知其父元章以寫和
閣嘗臨友仁所畫楚
江清曉圖爲當時稱
賞況予觀者尤快年
之作必屋貞其寶
雲鶴山人鄭守志
南宋劉武僖公書
光世諮目頓首啓

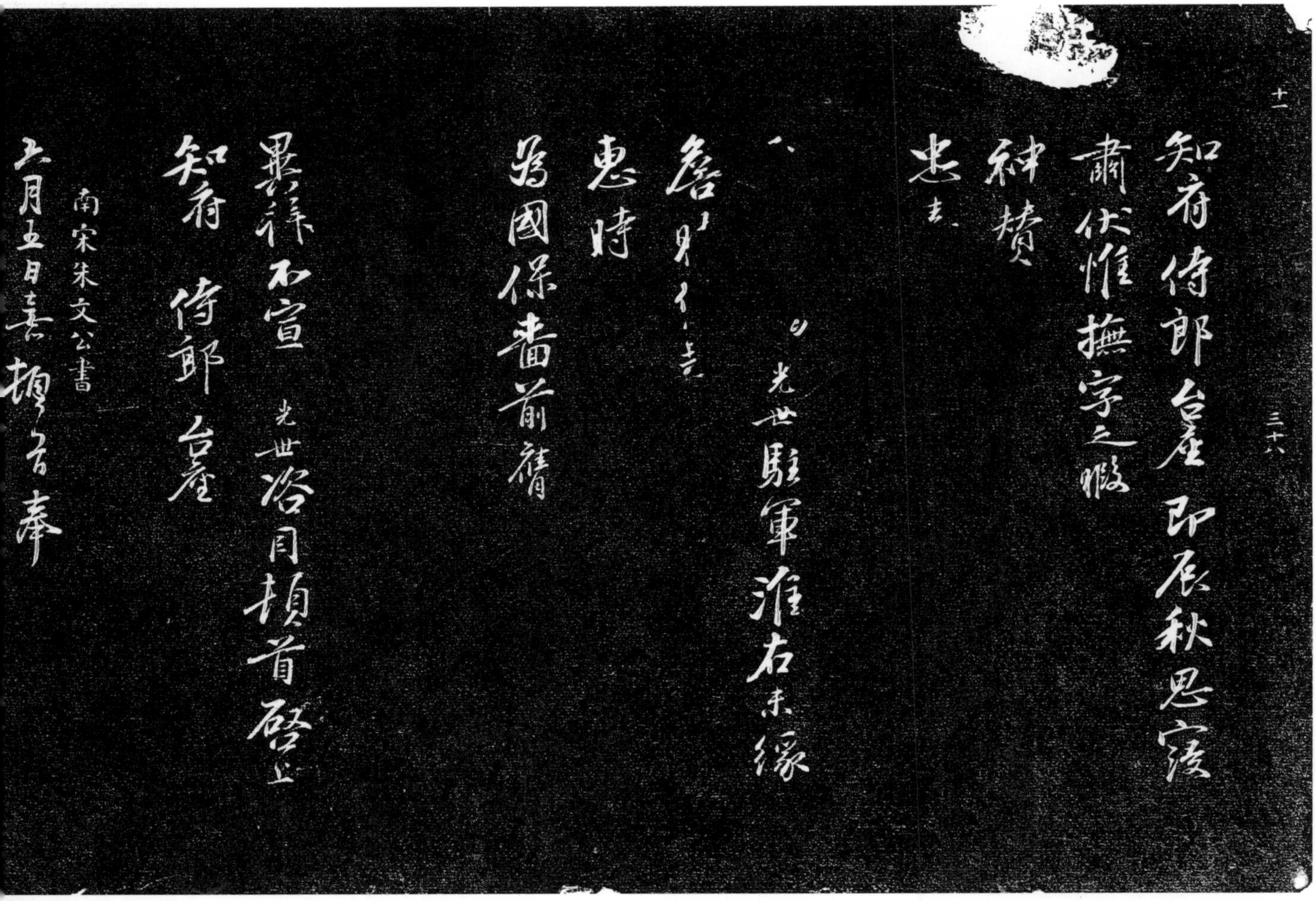

十二

知府侍郎台座即辰秋思寖

肅伏惟撫字之暇

衶贊

忠去

三十八

八日光世駐軍淮右未緣

詹見行去

惠時

爲國保嗇前脩

異祿不宣 光世浴月頓首啓上

知府侍郎台座

南宋朱文公書

六月五日嘉□頓首奉

蘊真堂石刻三八

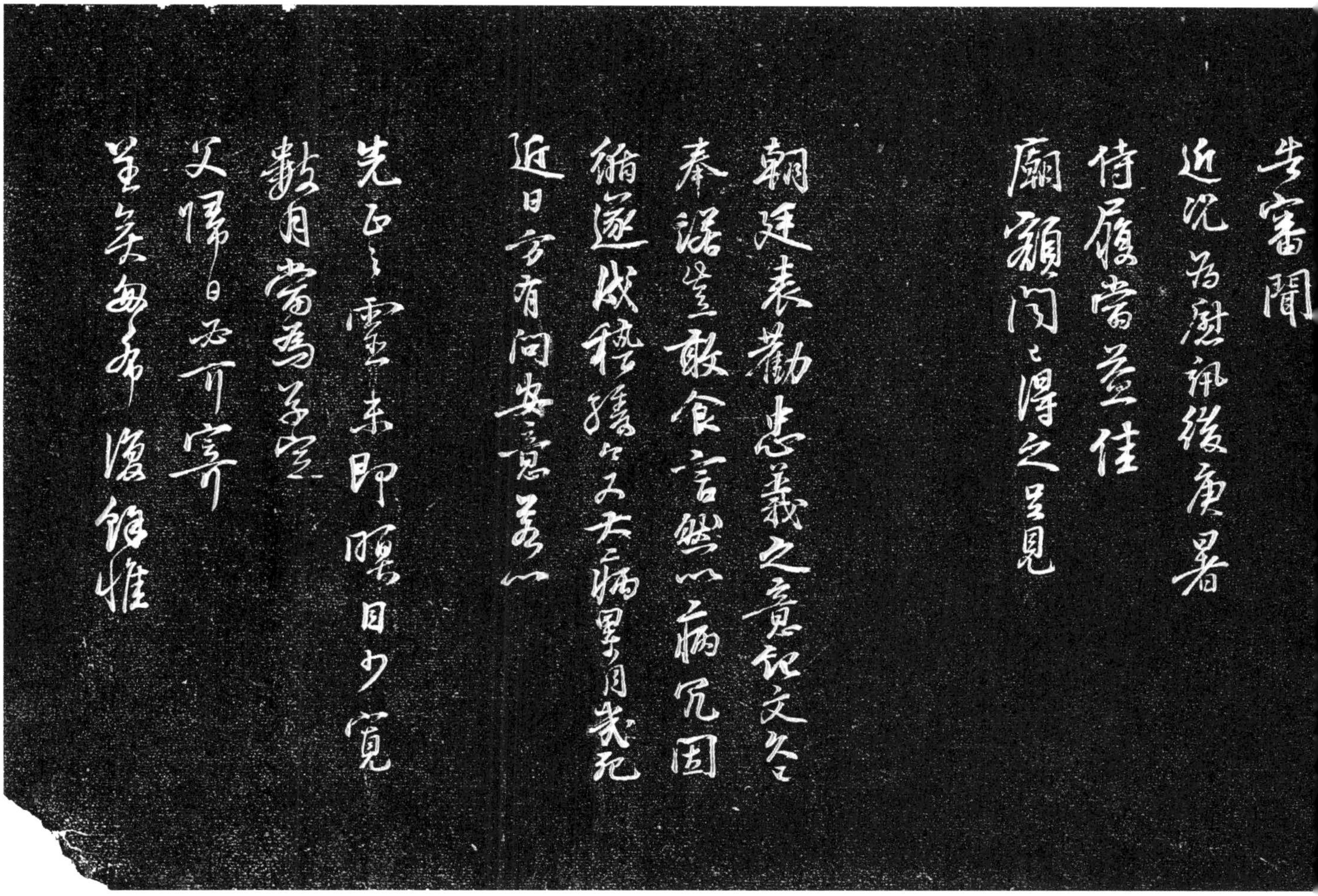

告審聞
近況為慰訊後庚暑
侍履當益佳
廟額聞〻得之呈見
朝廷表勸忠義之意紀文今
奉諾豈敢食言然以病冗因
循遂成稽緩〻又大〻病累月幾死
近日方有向安意若以
先正〻靈未即瞑目少寬
數月當為草定
又憚日不可寄
至矣無奈 後錄惟

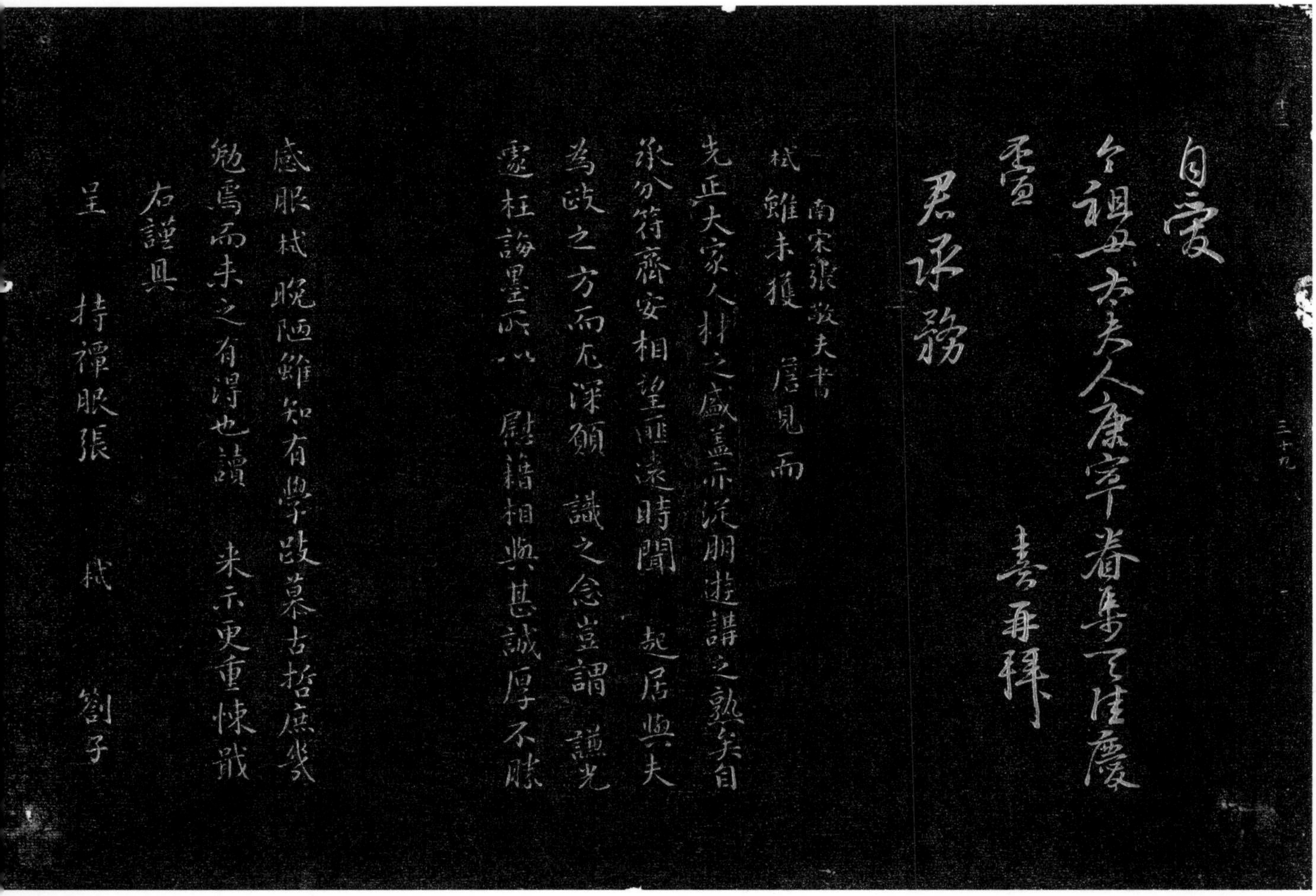
自愛
令祖母太夫人康寧眷集百佳慶
壹　熹再拜
君除務
南宋張敬夫書
栻雖未獲　詹見而
先正大家人物之盛蓋亦從朋遊講之熟矣自
承分符齋安相望匪遠時聞　起居與夫
為政之方而尤深願　識之念豈謂　謙光
遠枉誨墨所以　慰藉相與甚誠厚不勝
感服栻晚陋雖知有學跂慕古哲庶幾
勉焉而未之有得也讀　來示更重悚戢
右謹具
呈　持禪服張　栻　劄子

蘊真堂石刻三九

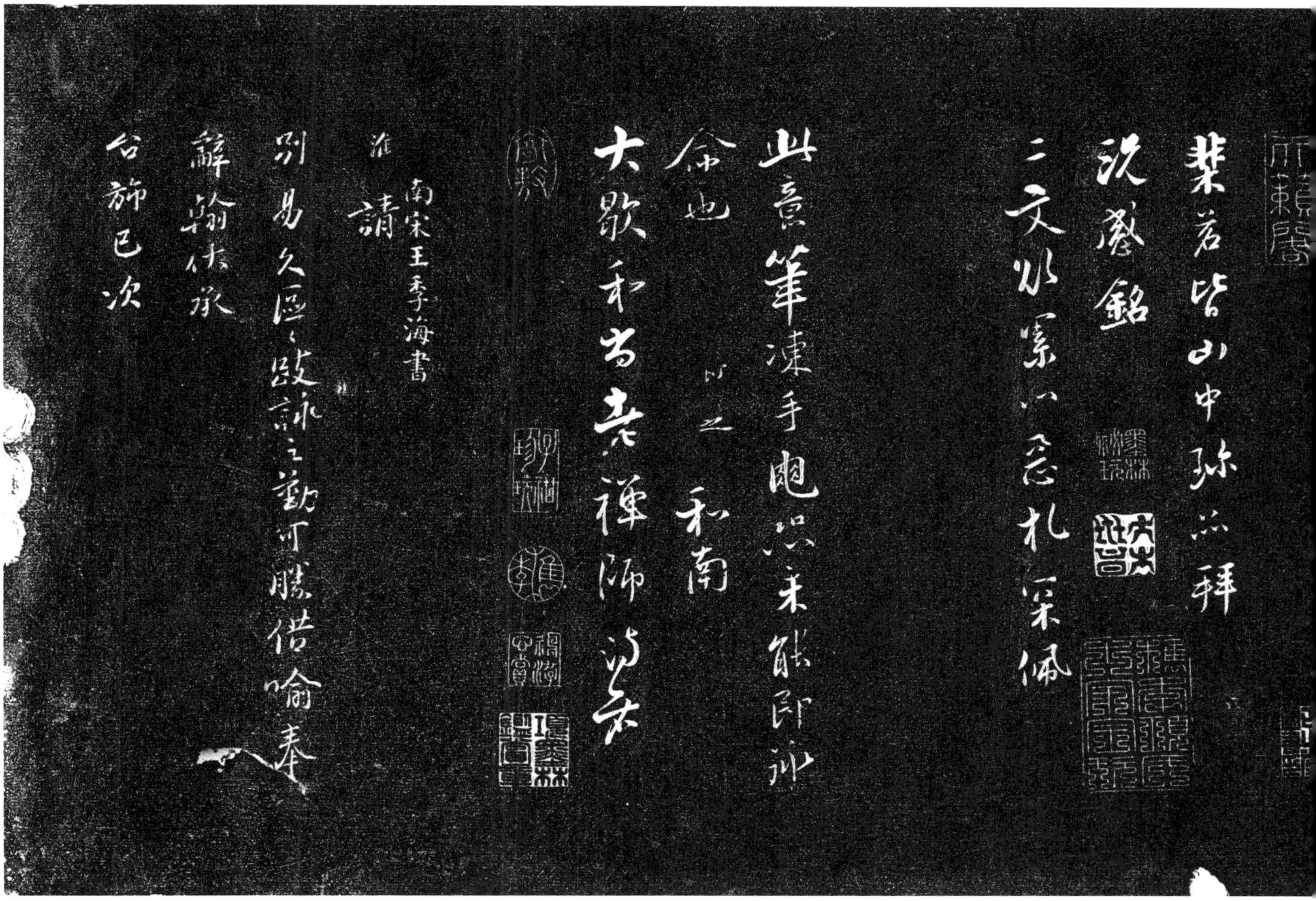

葉若皆山中珍品拜
況蒙銘
二文水寨以悉札采佩
此意筆涑手皴恐未能即郵
命也　所之　和南
大歇和尚老禪師法座
南宋王季海書
淮　請
別易久區區跂詠之勤可勝借喻奉
辭翰伏承
台旆已次

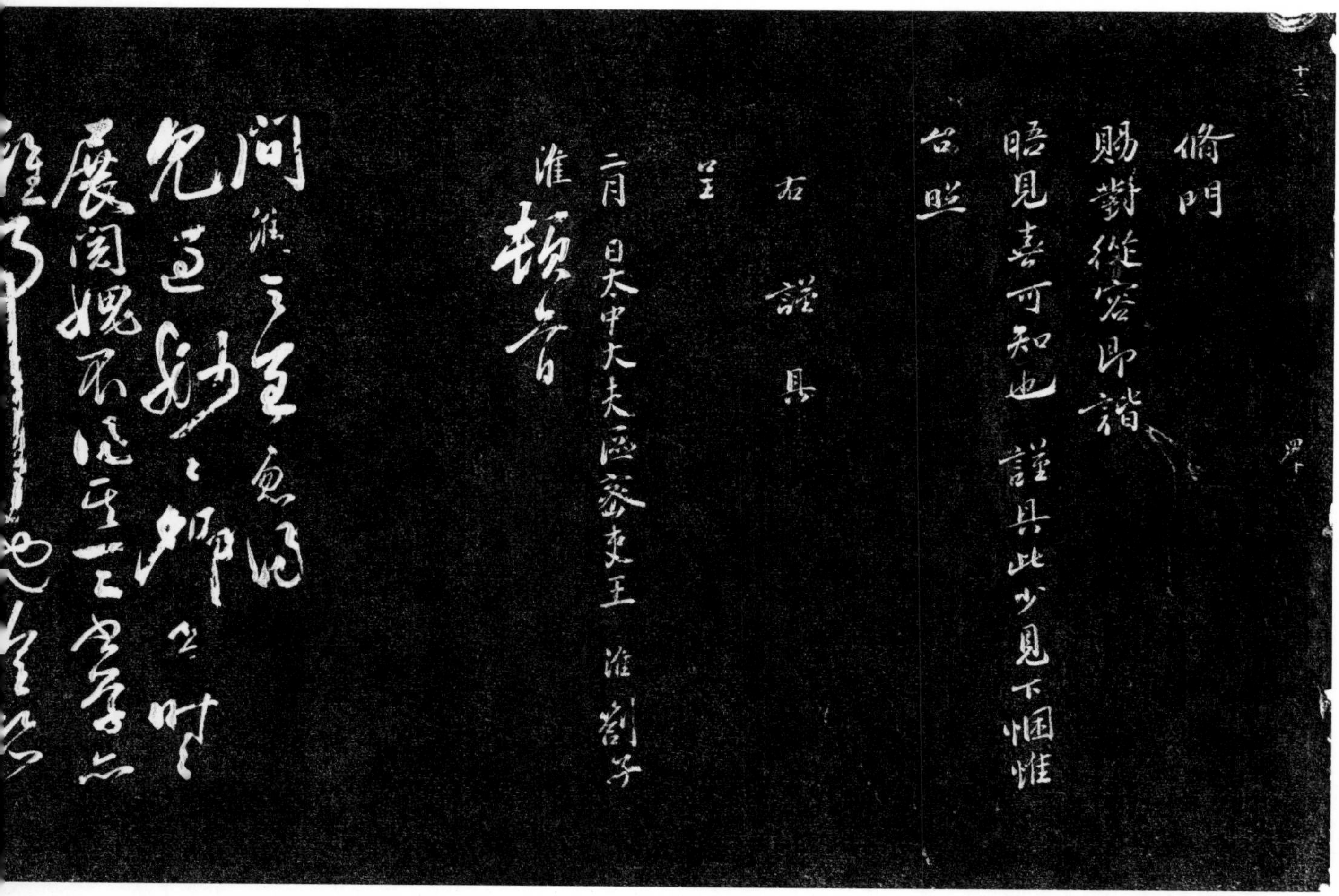

蘊真堂石刻四〇

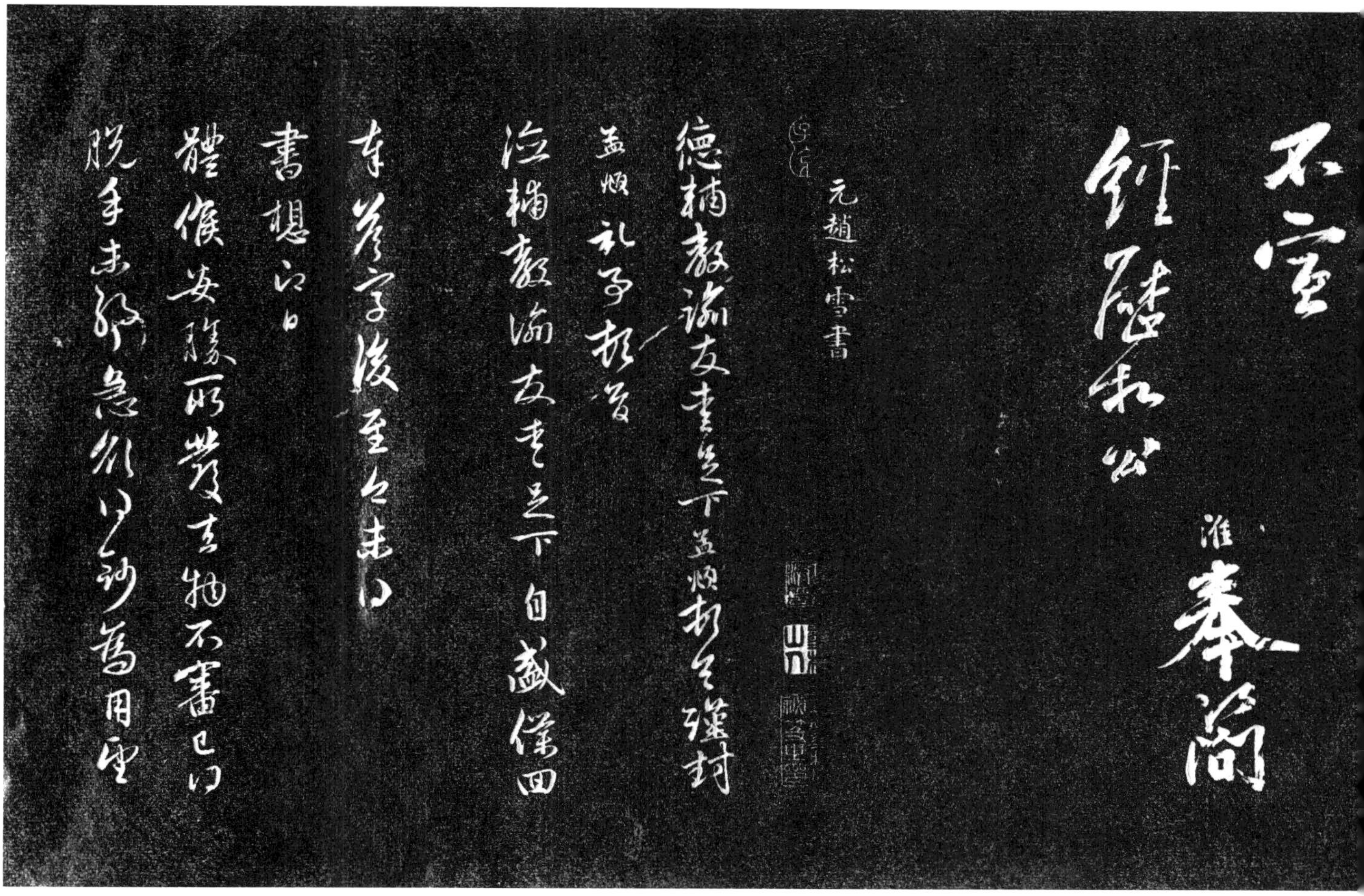
元趙松雪書

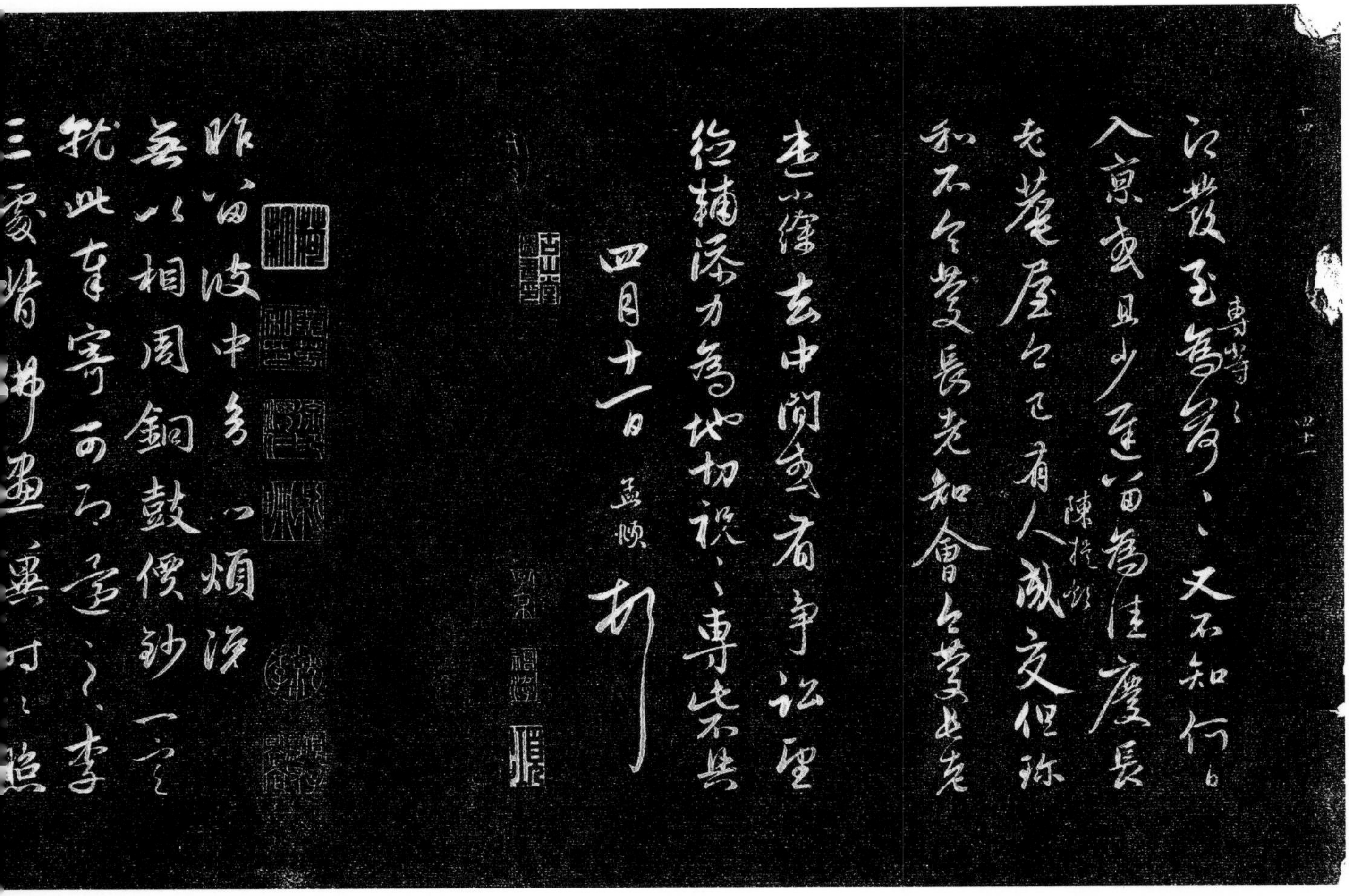

蘊真堂石刻四一

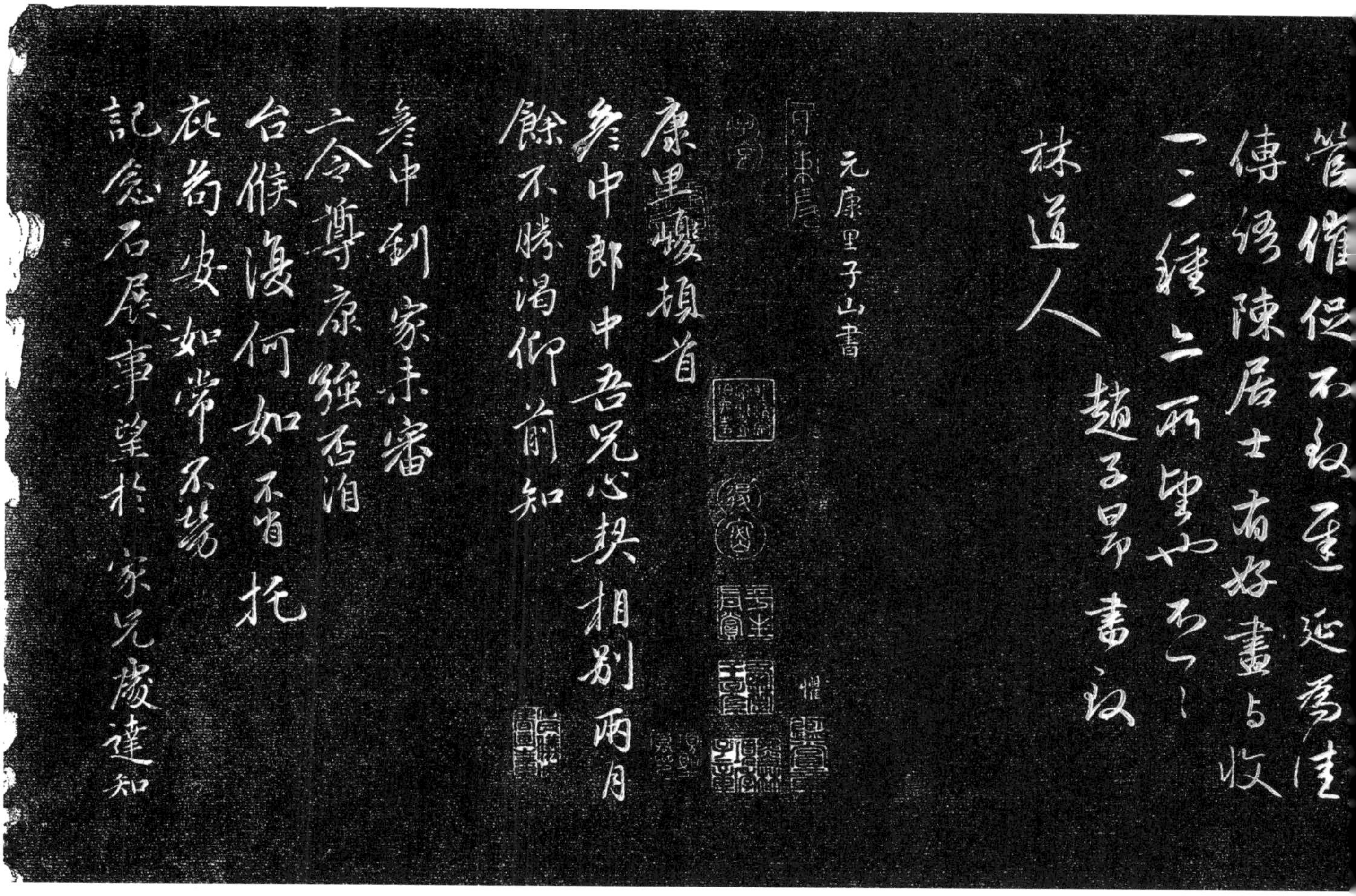
管催促不敢遲延為佳
傳得陳居士有好畫與收
一二種二兩望也不一一
趙子昂書啟
林道人
元康里子山書
康里巎頓首
參中郎中吾兄心契相別兩月
餘不勝渴仰前知
參中到家未審
令尊康強否泊
台候復何如不自托
庇均安如常不妨
記念石屋事望於家兄處達知

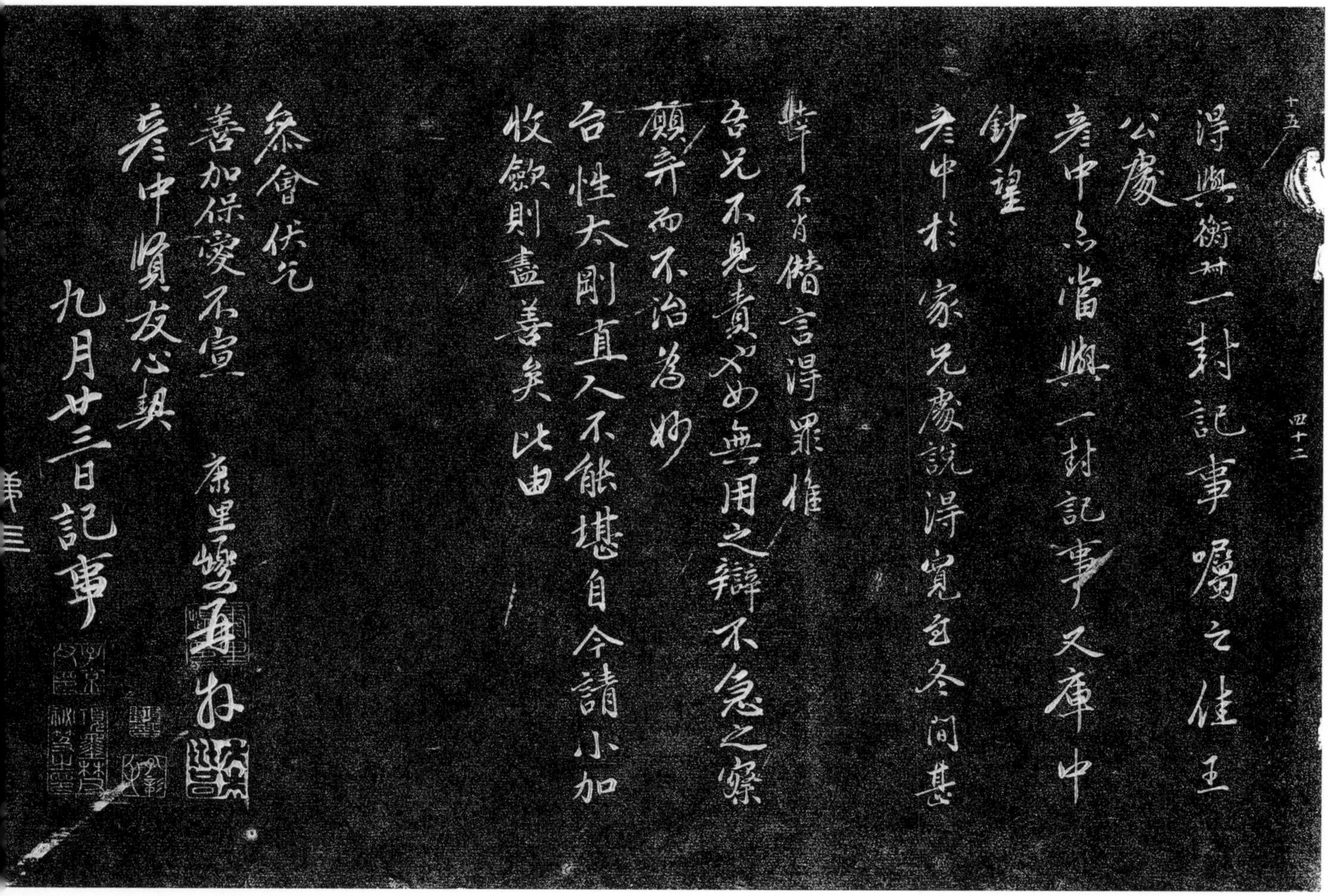
得與衡州一封記事囑之佳王
公慶
老中亦當與一封記事又庫中
鈔望
老中於家兄慶說得寬至冬間甚
幸不肖僭言得罪惟
令兄不是責之無用之辯不急之察
願亦而不治爲妙
台性太剛直人不能堪自今請小加
收斂則盡善矣比由
參會伏乞
善加保愛不宣 康里巙再拜
老中賢友心契
九月廿三日記事

蘊真堂石刻四二

妙湛摠持不
動尊首楞嚴王
世希有消我億
劫顛倒想不歷
僧祇獲法身願
今得果成寶王
還度如是恒沙
衆將此身心奉

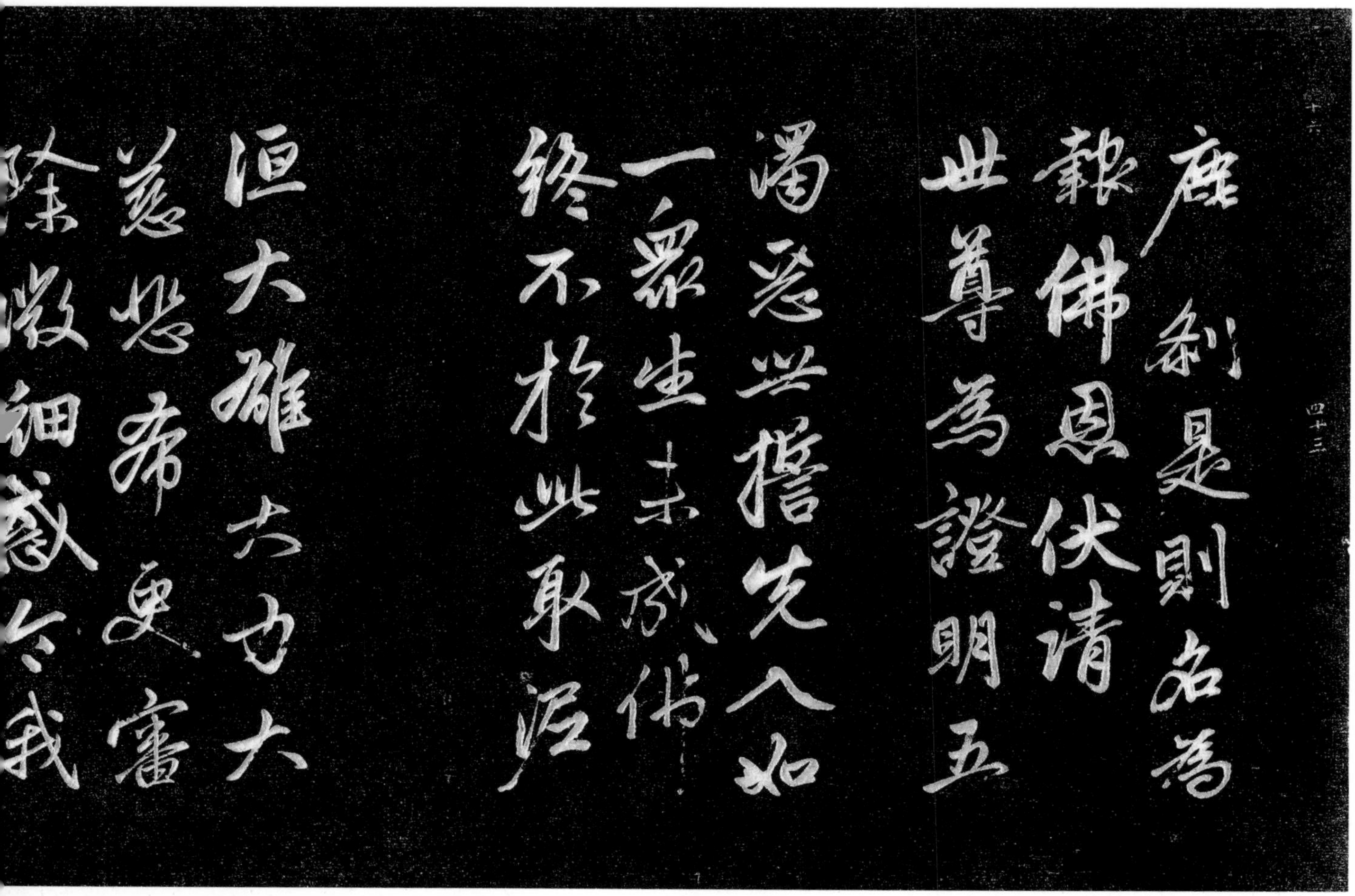
應剎是則名為
報佛恩伏請
世尊為證明五
濁惡世誓先入如
一眾生未成佛
終不於此取泥
洹大雄大力大
慈悲希更審
除微細惑令我
蘊真堂石刻四三

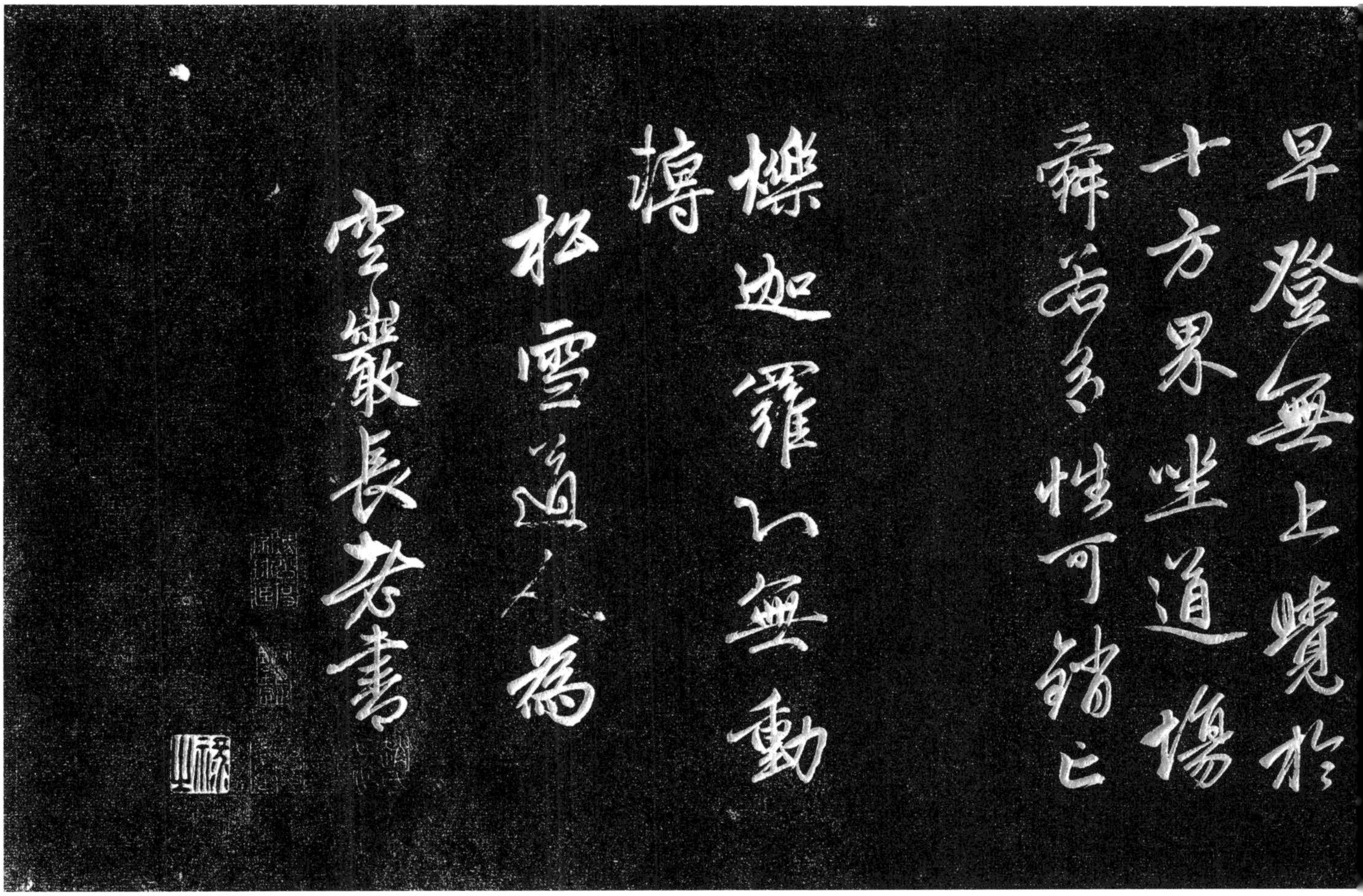
早登無上覺於
十方界坐道場
舜若多性可銷亡
爍迦羅心無動
轉
松雪道人為
雲巖長老書

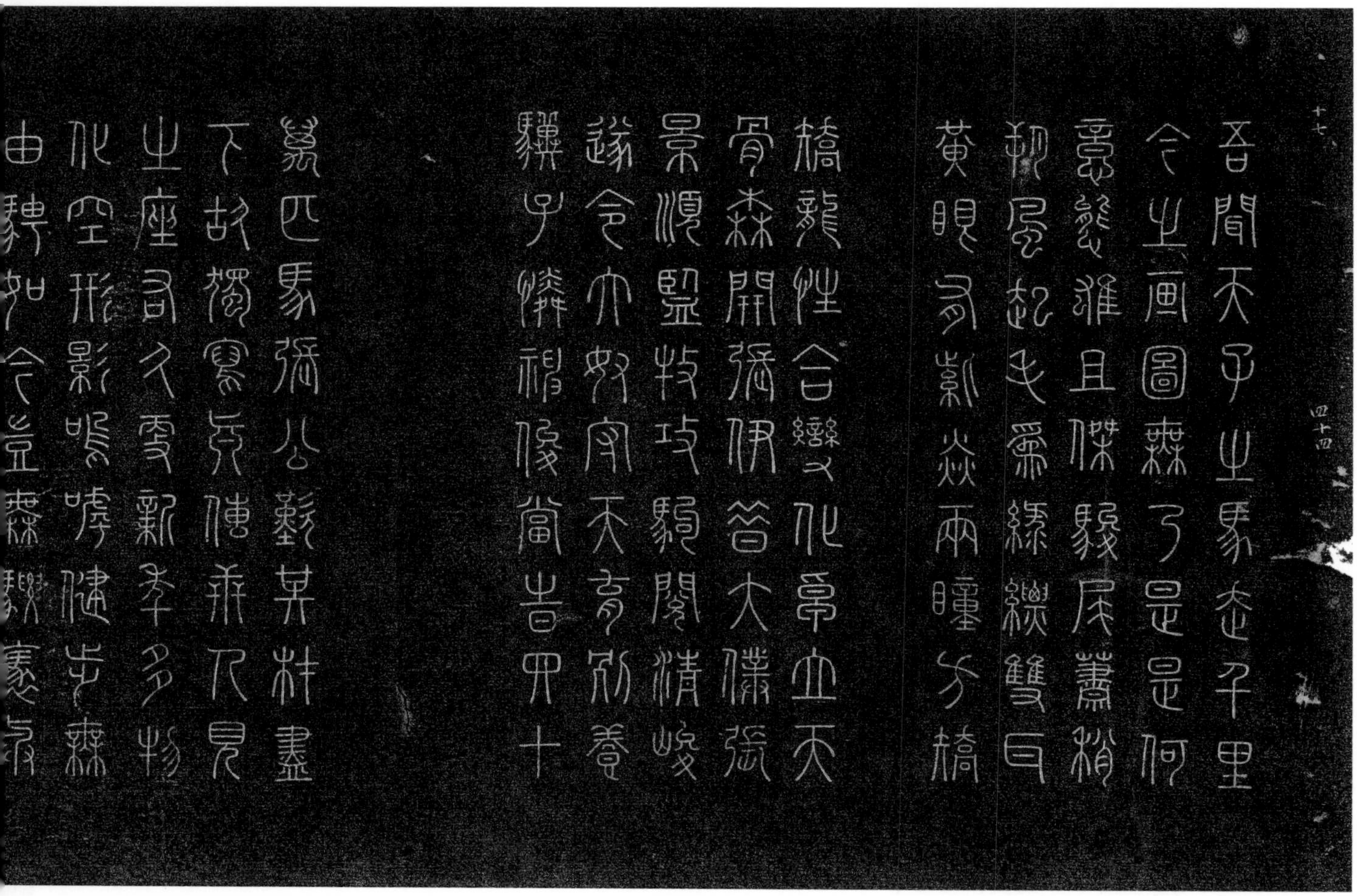
十七
四十四
吾聞天子之馬走千里
今之畫圖無乃是是何
意態雄且傑駿尾蕭梢
朔風起毛爲綠縹雙耳
黃眼有紫焰兩瞳方矯
矯龍性合變化卓立天
骨森開張伊昔太僕張
景順監牧攻駒閱清峻
遂令大奴守天育別養
驥子憐神俊當時四十
萬匹馬張公歎其材盡
下故獨寫真傳世人見
之座右久更新年多物
化空形影嗚呼健步無
由騁如今豈無騕褭與
蘊真堂石刻四四

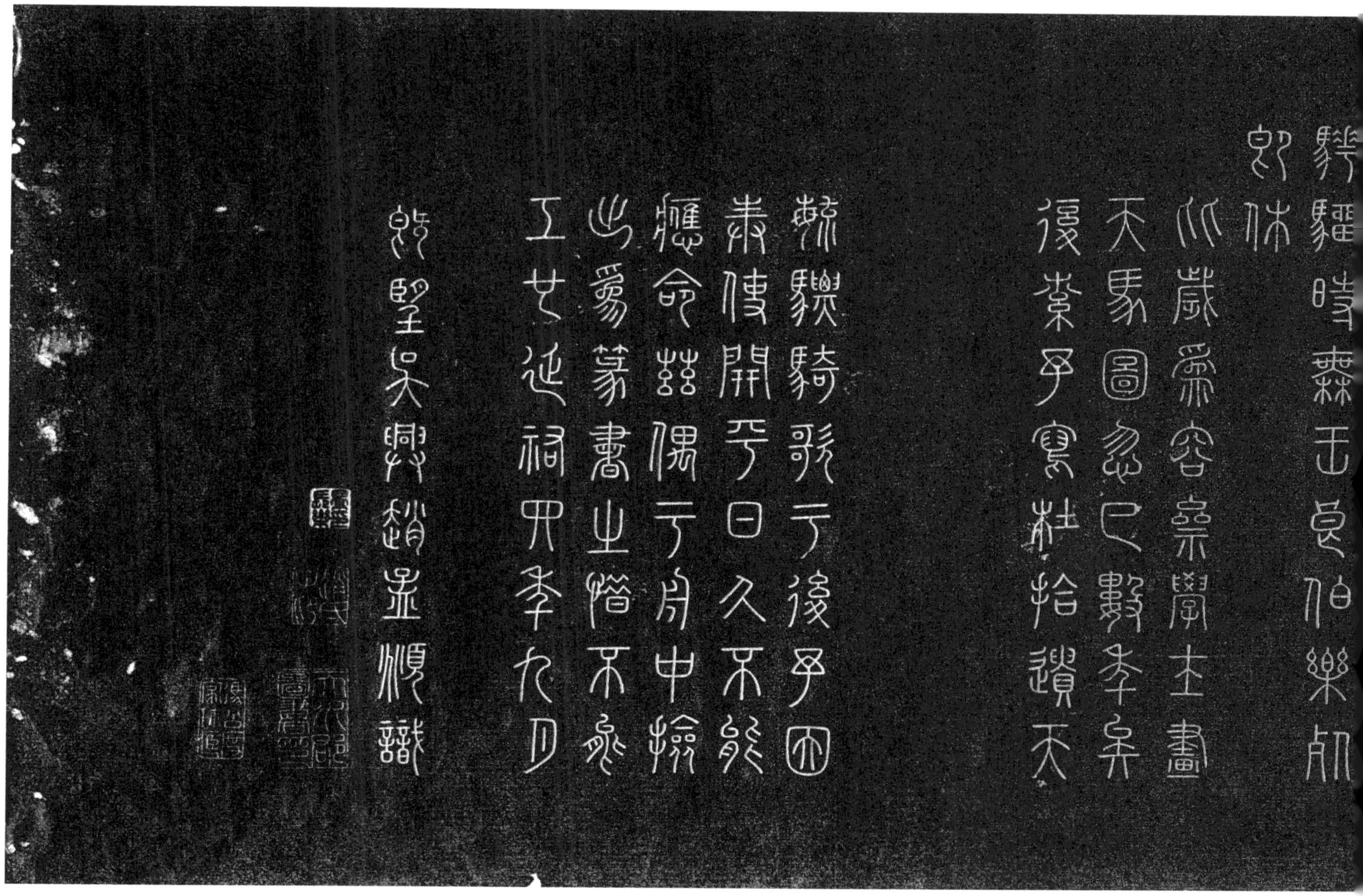
驊騮時無王良伯樂死
即休
此歲為容齋學士畫
天馬圖忽已數年矣
復榮予寫杜拾遺天
育驃騎歌于後予因
素使開卷日久不能
應命茲偶于舟中檢
出為篆書之猶不忘
工也延祐四年九月
既望吳興趙孟頫識

蘊真堂石刻四五

普慈廣
照無上
帝師院

大元勅賜龍興寺
大覺普慈廣照無
上帝師之碑
集賢學士資德
大夫臣趙孟頫
奉勅撰并書篆
皇帝即位之元年
有詔 金剛上
師膽巴賜謚大覺

蘊真堂石刻四六

普慈廣照無上帝
師　勅臣孟頫
爲文并書刻石大
都　寺五年真
定路龍興寺僧迭
凡八奏師本住其
寺乞刻石寺中復
勅臣孟頫爲
文并書臣孟頫額

議賜謚大覺以言
乎師之體普慈以
言乎師之用廣照
以言慧光之所照
臨無上以言為帝
者師既奏有
旨於義甚當謹按
師所生之地曰突
甘斯旦麻童子出

蘊真堂石刻四七

家事
聖師綽理哲哇爲
弟子受名膽巴梵
言膽巴華言微妙
先受秘密戒法繼
遊西天竺國徧參
高僧受經律論繇
是深入法海博采
道要顯密兩融空

實兼照獨立三界
示衆標的至元七
年与 帝師巴
思八俱至中國
帝師者乃
聖師之昆弟子也
帝師告歸西
蕃以教門之事屬
之於師始於五臺

四十八

蘊真堂石刻四八

山建立道場行秘
密呪法作諸佛事
祠祭摩訶伽剌持
戒甚嚴晝夜不懈
屢彰神異赤然流
聞自是德業隆盛
人天歸敬
武宗皇帝　皇
伯晉王及

四十九

令
皇帝
皇太后皆從受戒
法下至諸王將相
貴人委重寶爲施
身執弟子禮不可
勝紀龍興寺建於
隋世寺有金銅大
悲菩薩像五代時
契丹入鎮州縱火

蘊真堂石刻四九

梵寺像毁於火周
人取其銅以鑄錢
宋太祖伐河東像
已毁為之歎息僧
可傳言寺有復興
之讖於是為降詔
復造其像高七十
三尺建大閣三重
以覆之旁翼之以

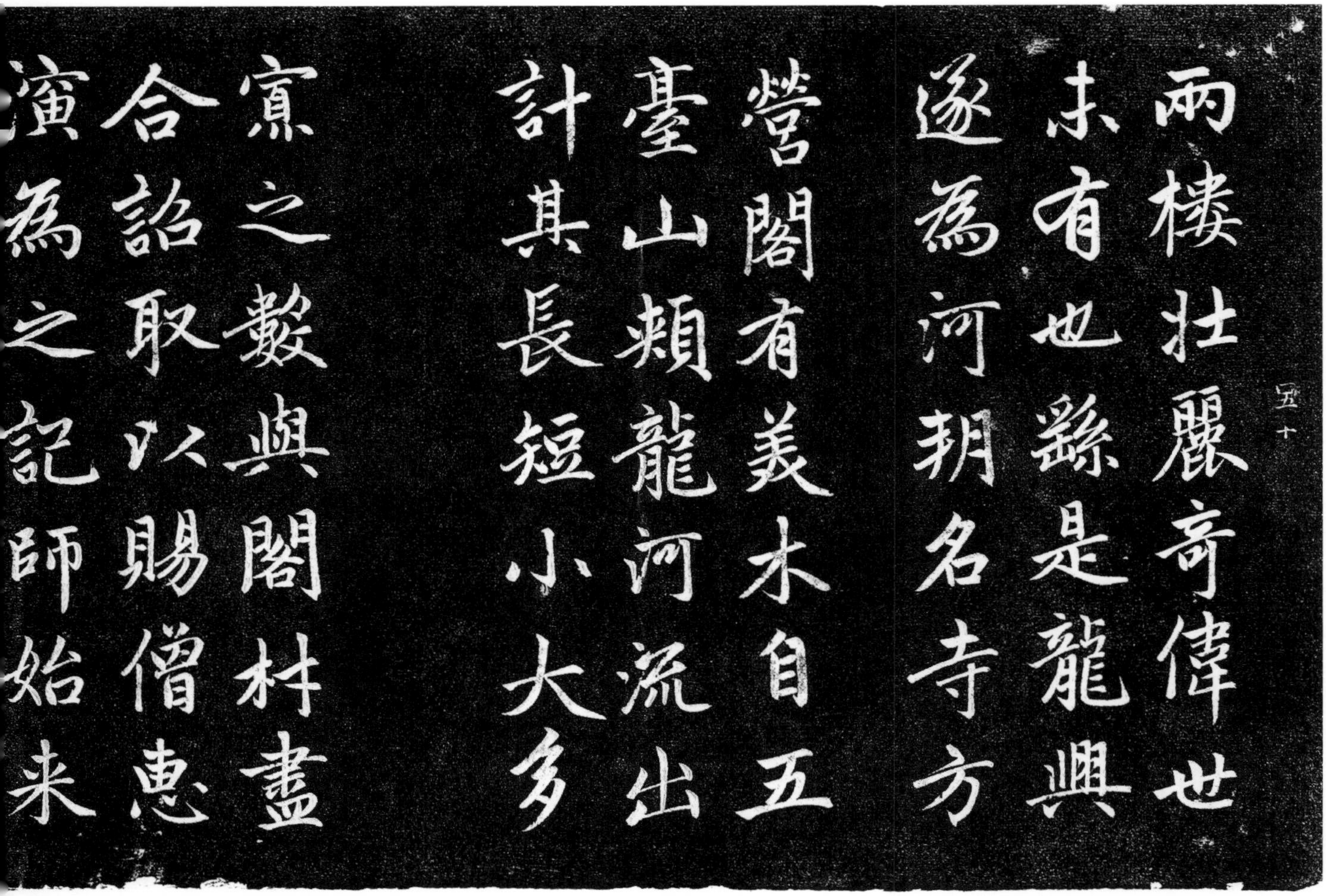

兩樓壯麗奇偉世
未有也縣是龍興
遂為河朔名寺方
營閣有美木自五
臺山頰龍河流出
計其長短小大多
寡之數與閣材盡
合詔取以賜僧惠
演為之記師始來

蘊真堂石刻五〇

東土寺講主僧宣
徽大師普懃雄辯
大師永安等即禮
請師為首住持元
貞元年正月師忽
謂衆僧曰將有聖
人興起山門即為
梵書奏
徽仁裕聖皇太后

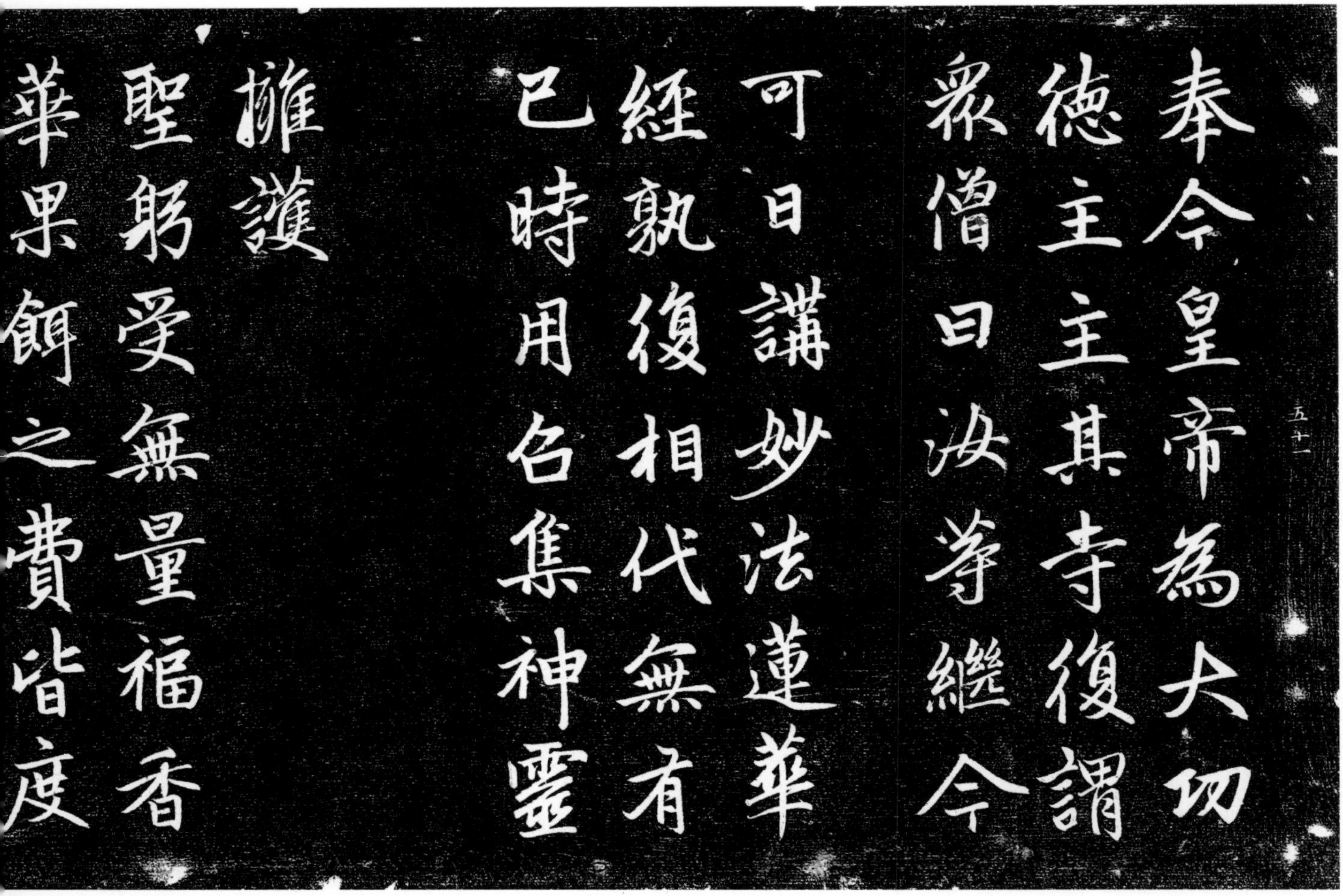
奉今皇帝為大功
德主主其寺復謂
衆僧曰汝等繼今
五十一
可日講妙法蓮華
經孰復相代無有
已時用名集神靈
擁護
聖躬受無量福香
華果餌之費皆度

蘊真堂石刻五一

我私財且預言
聖德有受命之符
至大元年東宮既

建以舊邸田五十
頃賜寺為常住業
師之所言至此皆
驗大德七年師在
上都彌陀院入般
涅槃現五色寶光

五十二

獲舍利無數
皇元一統天下西
蕃上師至中國不
絶操行謹嚴具智
慧神通無如師者
臣孟頫為之頌曰
師從無始刻學道
不退轉十方諸如
来一〻所受記未

蘊真堂石刻五二

世必成佛住娑婆
世界演說無量義
身為

帝王師度脫一切
衆黃金為宮殿七
寶妙莊嚴種種諸
珍異供養無不備
建立大道場邪魔
及外道破滅無蹤

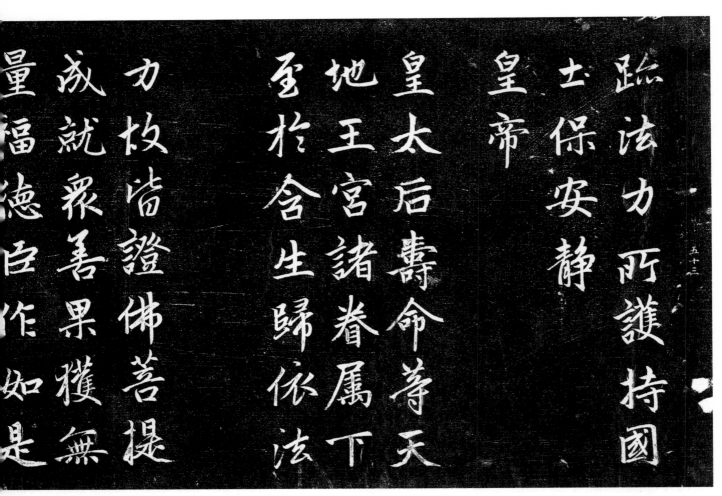

蹤法力所護持國

土保安靜

皇帝

皇太后壽命等天

地王宮諸眷屬下

至於含生歸依法

力故皆證佛菩提

成就衆善果獲無

量福德臣作如是

五十三

蘊真堂石刻五三

言傳布於十方下
及未來世贊歎不
可盡

延祐三年　月
立石

吳興書此碑年已六十有三去卒時祇
七年用筆猶綽約饒風致而神力
完健如悅隱者矯矯往令人見之氣增一倍
道光二十有三年歲次癸卯七月大
暑後十日姚元之拜觀

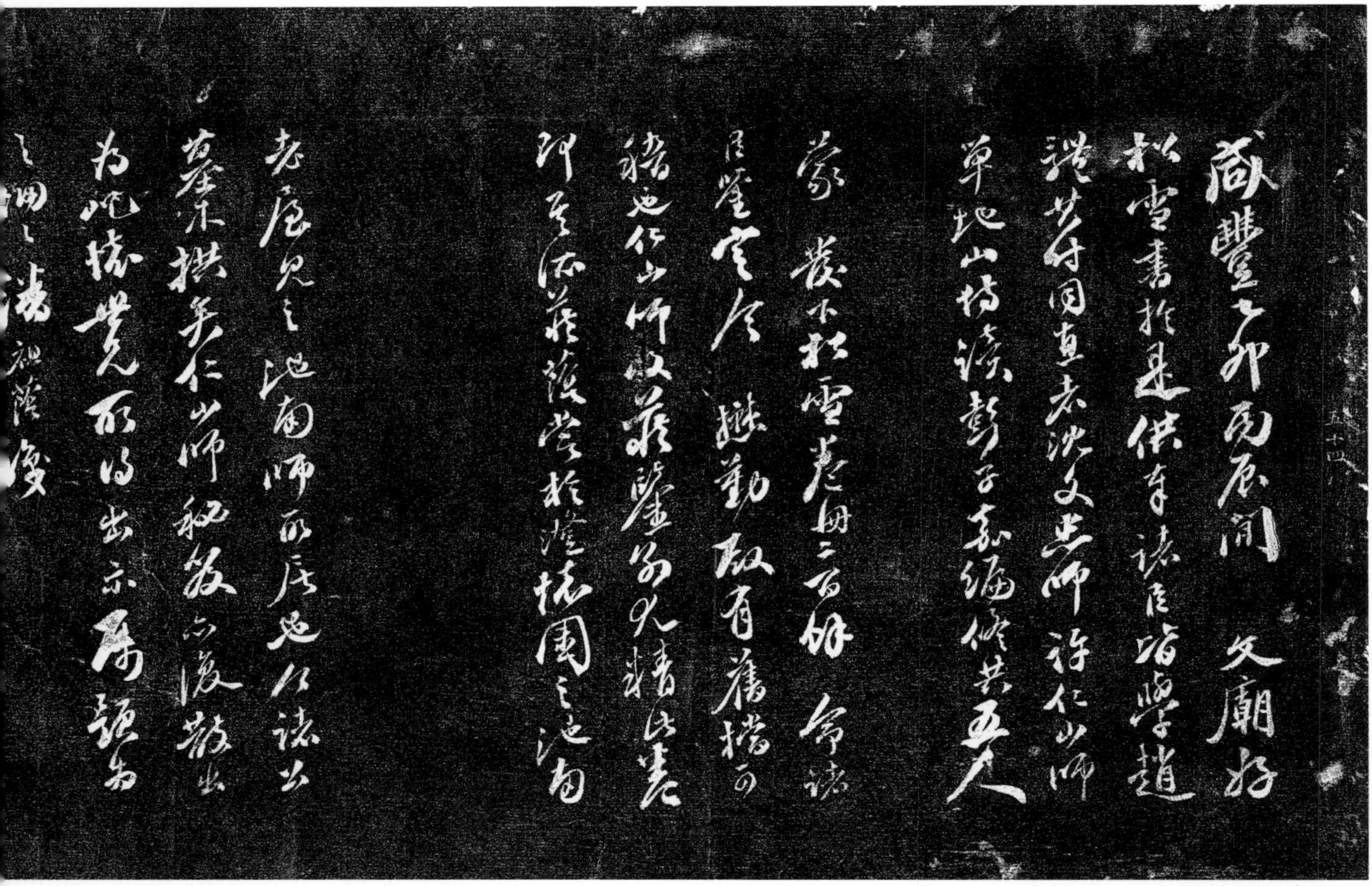

蘊真堂石刻五四

恕學殖荒落功業無聞垂老值鼎革居閒處獨
於人海者好泊然無染惟潛心於書畫鼎彝以
消歲月所聚漸多擇元以前墨跡未嘗刻石或
石已滅沒者三十餘種乞諸同好若袁中丹之
米書向太后挽詞虹縣詩若苿遊笲之趙書臙
已碑又三數種選工精鐫龕置家祠東廡闢閒
都五十四石使齋中之華惠及無遠致足意也
閒嘗以謂生千載下聚古名賢手跡羅之几席
若得與其精神謦欬相通誠為快事惟人事無
常今所羅列能卜其常聚寒齋否不聚而散必
歸於好者之手否抑毀擲於刀兵毀棄於水火
齧蝕黴浣於蟲鼠熱溼或賈胡細載以去皆不
可知今茲是舉蓋具有無涯之欣戚焉尤深惜
手僅能從事於書而不能施于畫也其序次錯
綜以得之有先後故藏石之室曰蘊真謂昔拜
御書蘊真愜遇楊書之賜以顏其額紀
恩也功既訖乃書其大都如此丁卯夏日大興
馮恕公度記兒子大可大生大正女烒懿季懿
孫忠淩忠涑忠澤侍

閩中郭希安刻石起壬戌秋訖丁卯秋凡六十三閱月刻竟

蕴真堂石刻一（局部一）

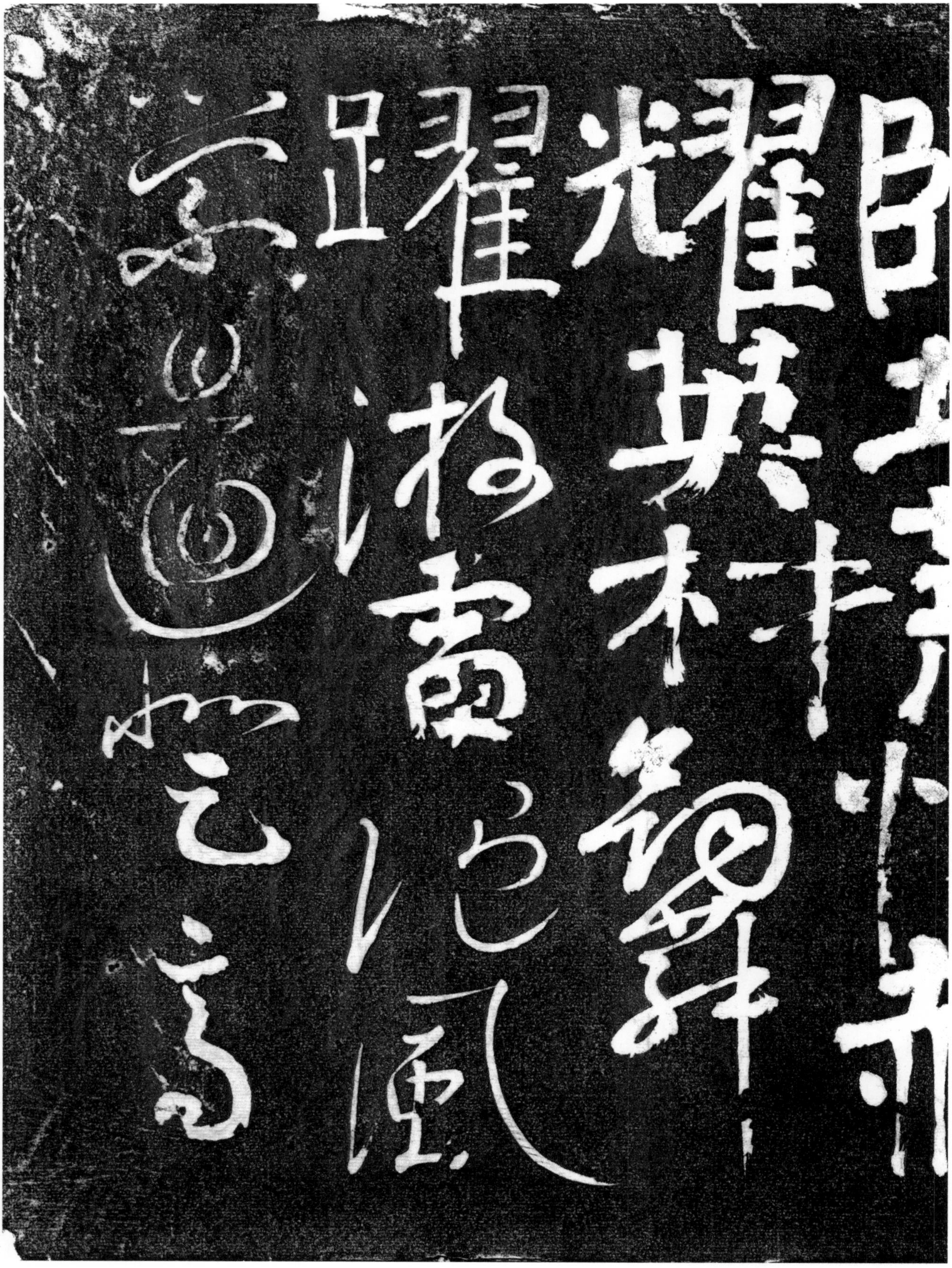

蕴真堂石刻一（局部二）

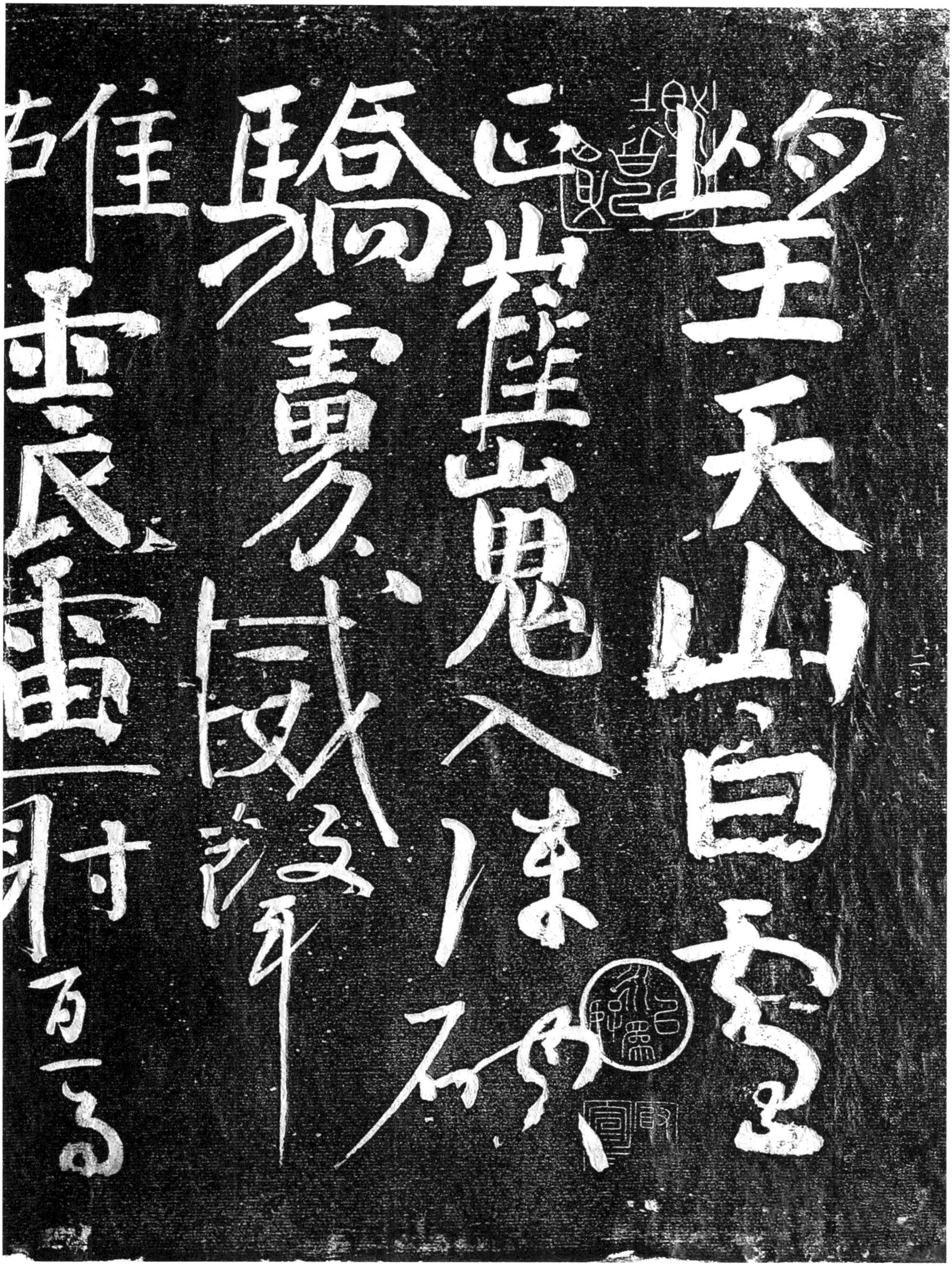

蕴真堂石刻二（局部一）

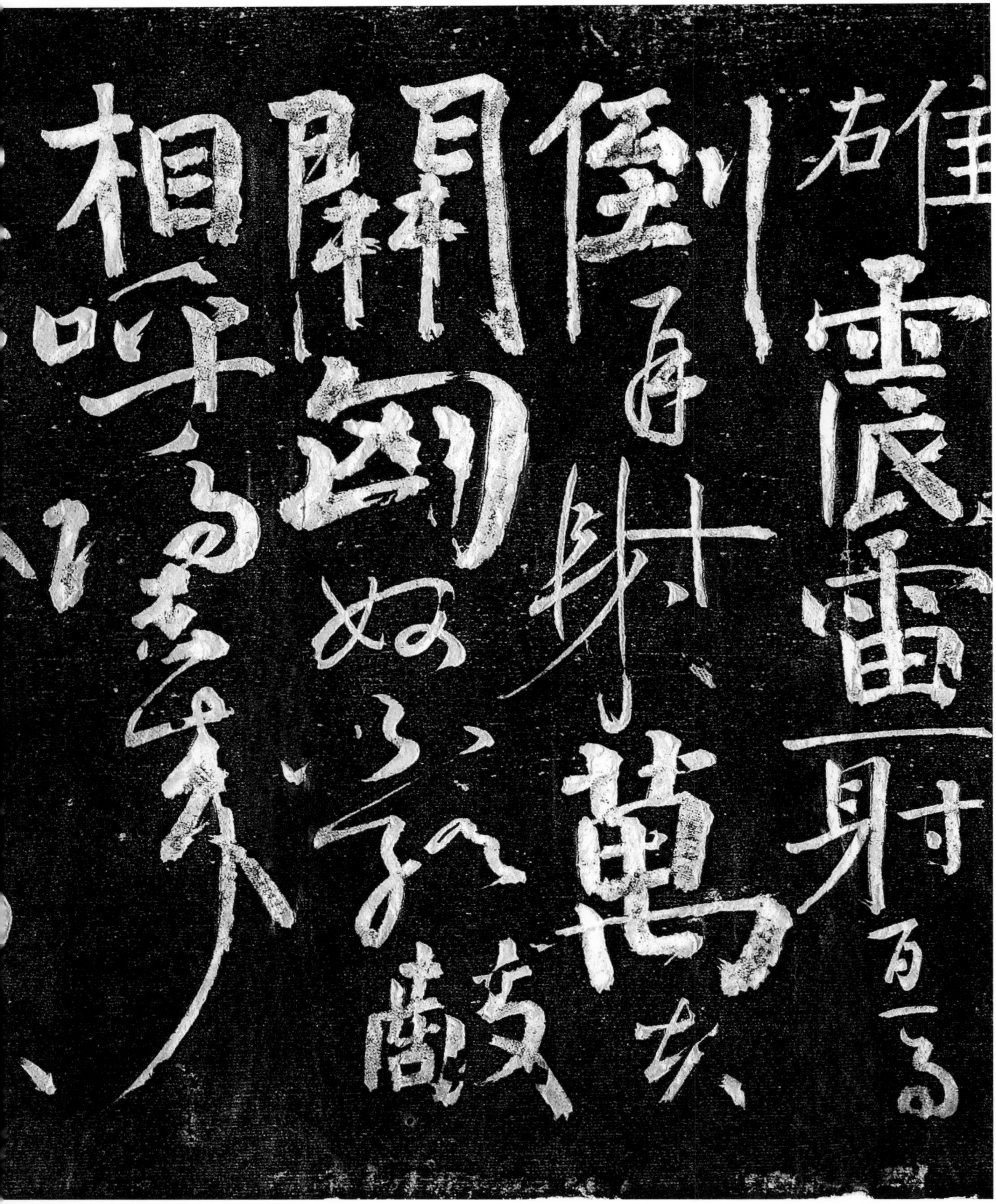

蘊真堂石刻二（局部二）

乾隆鑑賞
五福五代堂古稀天子寶
八徵耄念之寶
太上皇帝之寶
古希天子

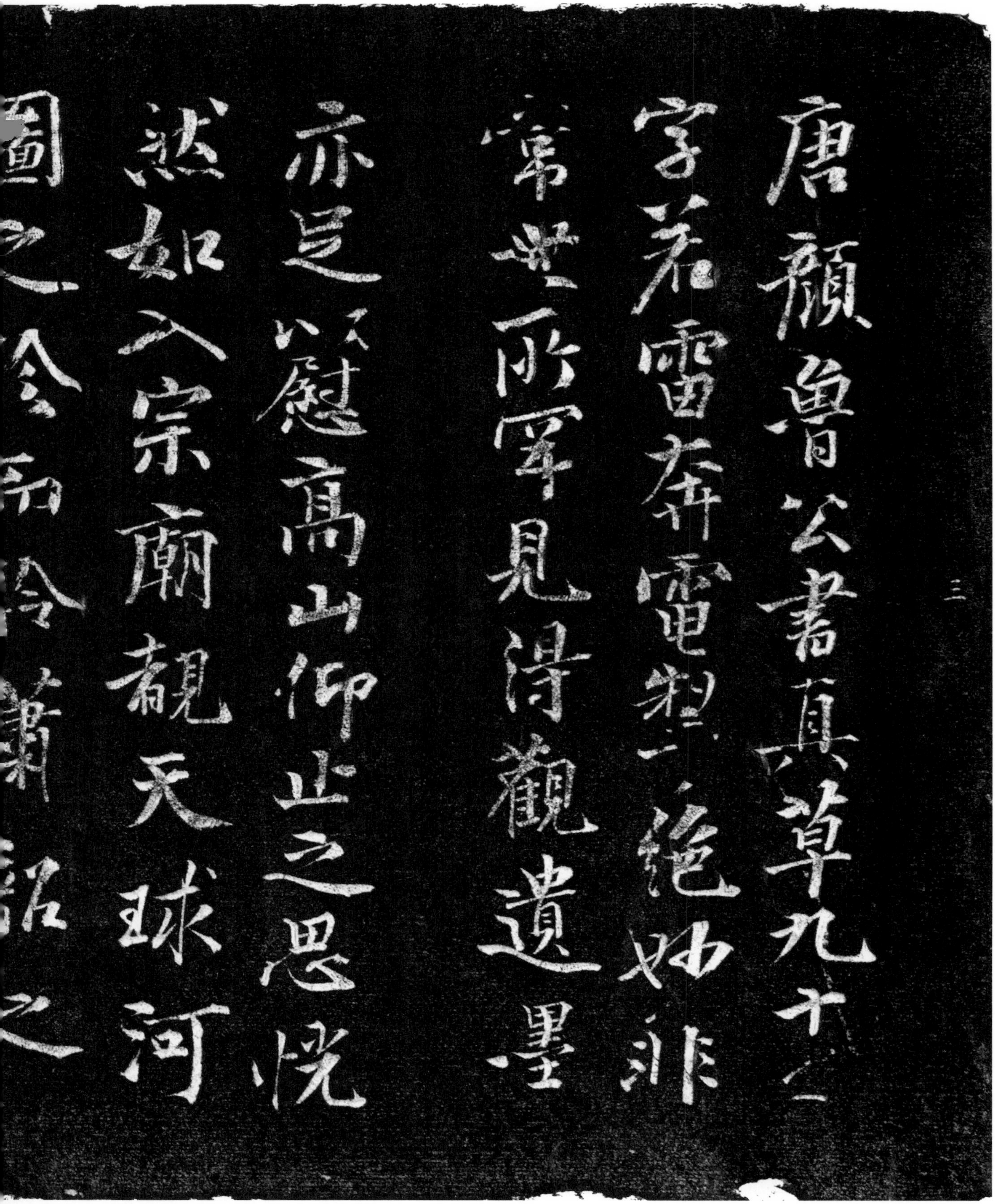
唐顏魯公書真草九十
字若雷奔電掣絕妙非
常世所罕見得觀遺墨
亦足以慰高山仰止之思悅
然如入宗廟觀天球河

蘊真堂石刻三（局部一）

奏甚大𦍒也乾德二年
四月丁巳開封曹机題

顏魯公書藁辭意可與

蘊真堂石刻三（局部二）

庚再拜上問
尊夫人即日共惟
壽體益康寧
門中上下均休老姪婦華敬承
起居兒子百事万万
留示
庚再拜

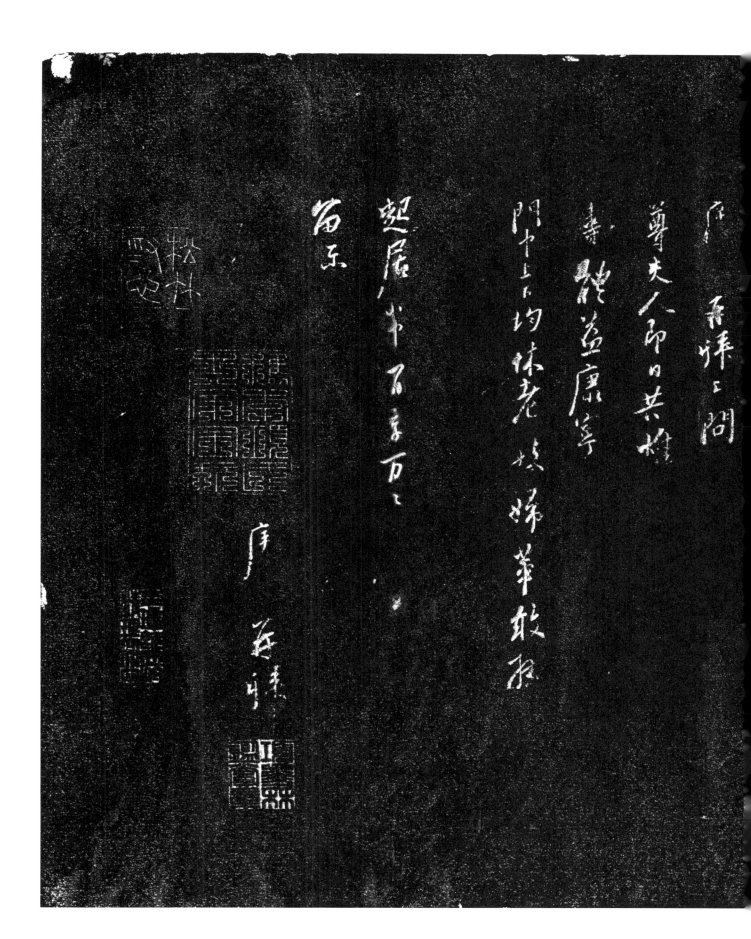

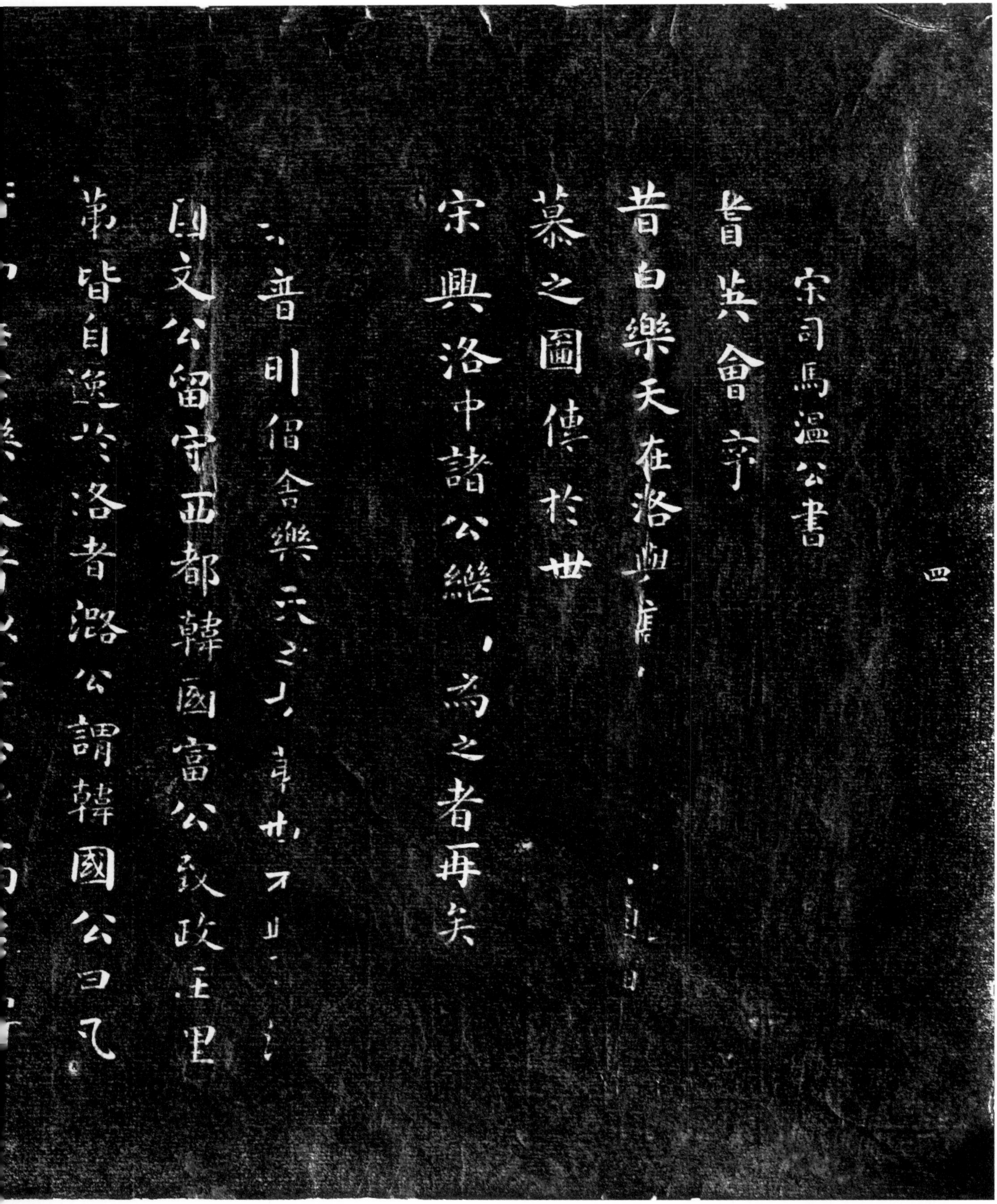
四
宋司馬溫公書
耆英會序
昔白樂天在洛與
慕之圖傳於世
宋興洛中諸公繼，為之者再矣
普明僧舍樂天之
國文公留守西都韓國富公致政在里
第皆自逸於洛者潞公謂韓國公曰
蘊真堂石刻四（局部一）

以[illegible]與地之遠為一[illegible]兵[illegible]集[illegible]老[illegible]
賢者於韓公之第置酒相樂賓主凡
有二人圖形妙覺僧舍時人謂之洛陽耆
英會孔子曰好賢如緇衣取其敝又
為興善無厭也二公寅亮
[illegible]為國元老入贊萬機出綏四
上賢圖
社稷尊

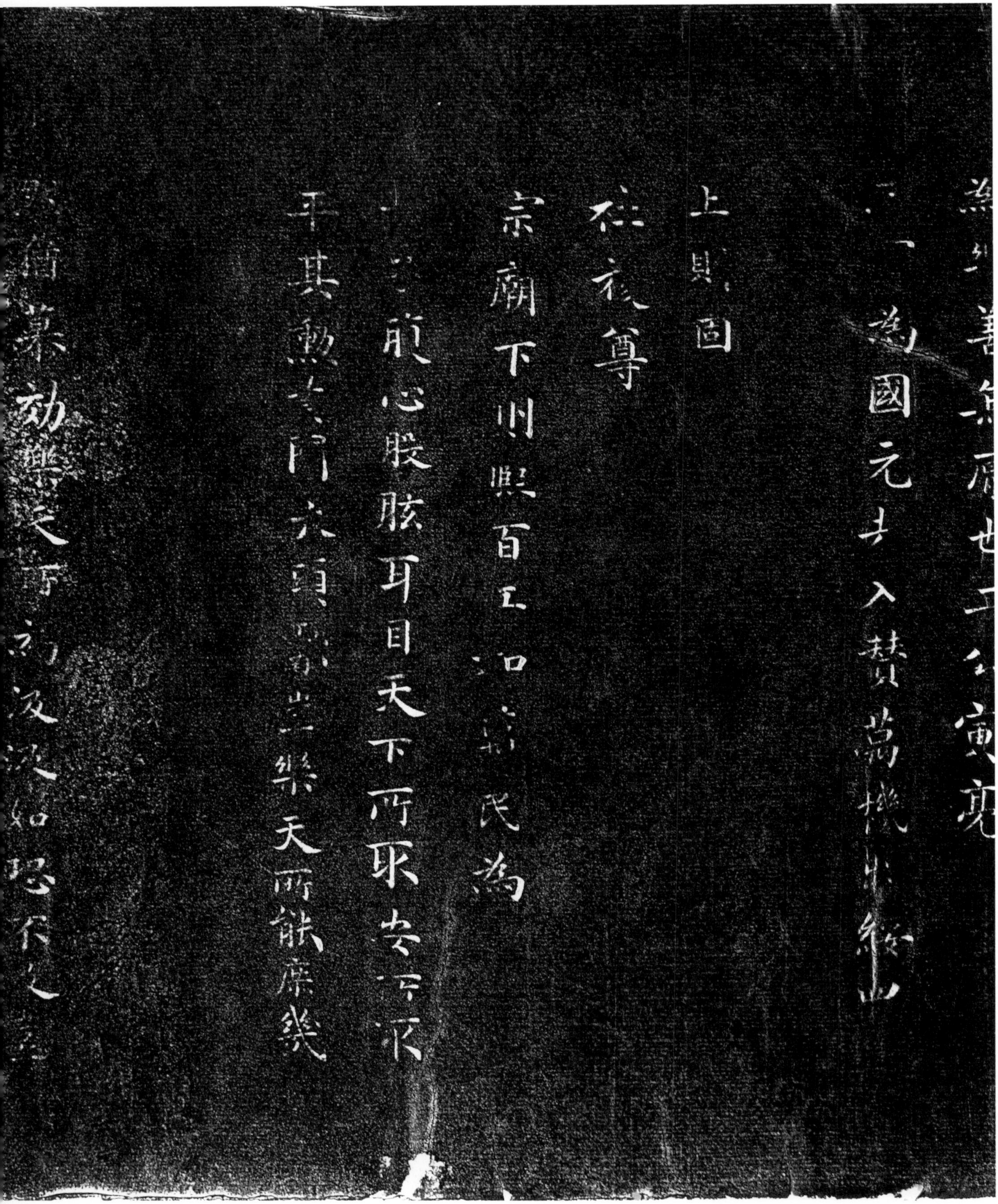

蕴真堂石刻四（局部二）

聚尚齒不尚官自樂天之會已然是日
復行之斯乃風化之本可頌也宣徽王
公方留守北都聞之以書請于潞公曰
亦家洛位與年不居數客之後顧以官
守不得執卮酒在坐席良以為恨願
名其間幸無我遺其為諸公嘉羨如此
光未七十用狄監盧尹故事亦預于會
潞公命光序其事光不敢辭時元豐

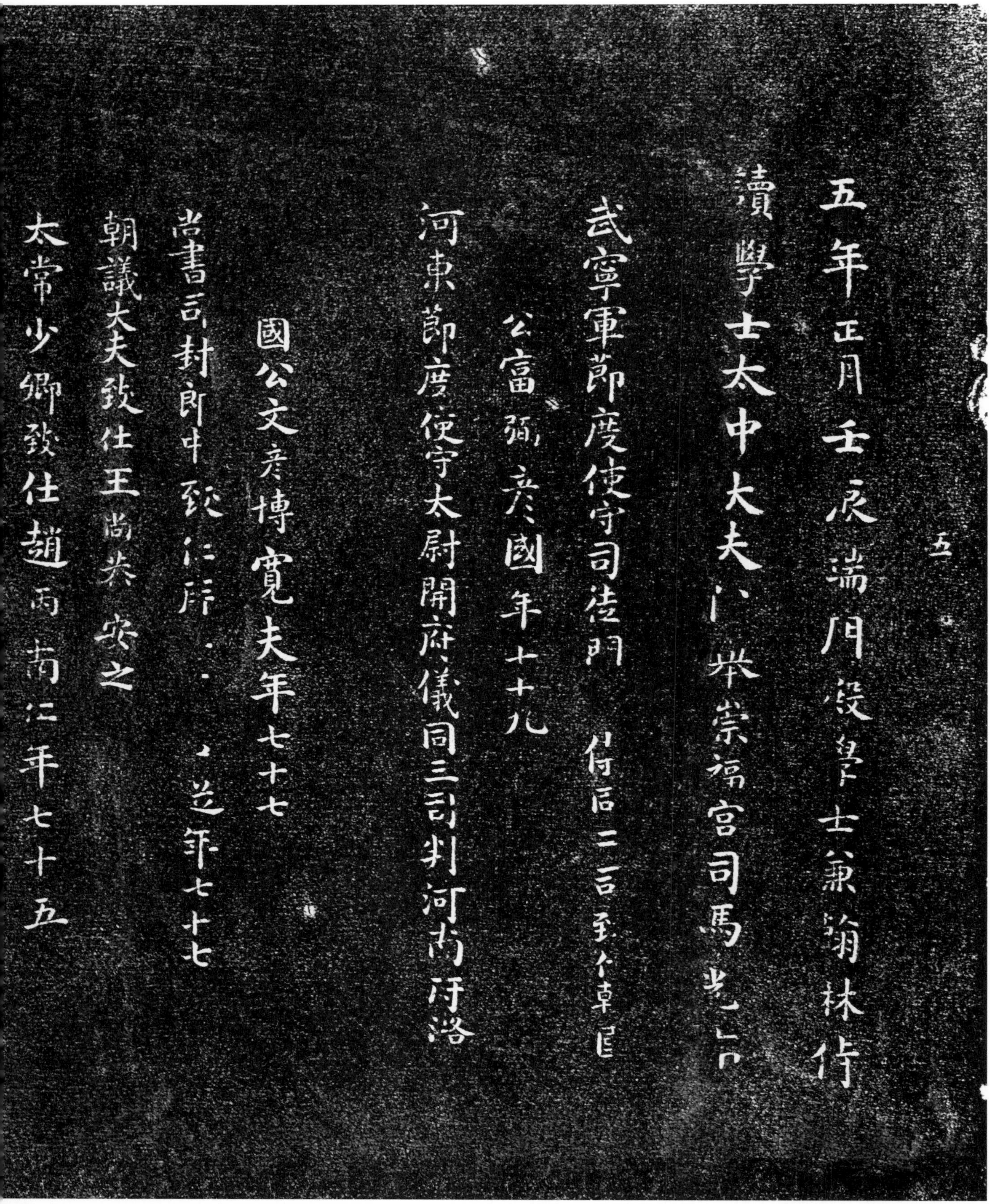
五
五年正月壬辰端明殿學士兼翰林侍
讀學士太中大夫提舉崇福宮司馬光序
武寧軍節度使守司徒
公富弼彥國年七十九
河東節度使守太尉開府儀同三司判河南府潞
國公文彥博寬夫年七十七
尚書司封郎中致仕
朝議大夫致仕王尚恭安之
太常少卿致仕趙丙
年七十五
蘊真堂石刻五（局部一）

衛州防禦使致仕馮行己肅之年七十

太中大夫充天章閣待制提舉崇福宮楚建中正叔年七十

司農少卿致仕王慎言不疑年七十

宣徽南院使檢校太尉判大名府王拱辰君貺年七十一

太中大夫提舉崇福宮張問昌言年七十

龍圖閣直學士通議大夫提舉崇福宮張燾景元年七十

端明殿學士兼翰林侍讀學士太中大夫提舉崇

福宮司馬光君實年六十四

端明殿學士兼翰林侍讀學士太中大夫提舉崇
福宮司馬光君實年六十四
會約
序齒不序官
為具務簡素
朝夕食各不過五味
菜果脯醢之類共不過二十器

蘊真堂石刻五（局部二）

勸客亦不辭
逐巡無下酒時作菜羹不禁
召客共用一簡客注可否於字下不
別作簡
會日早赴不待速
右有違約者每事罰一巨觥

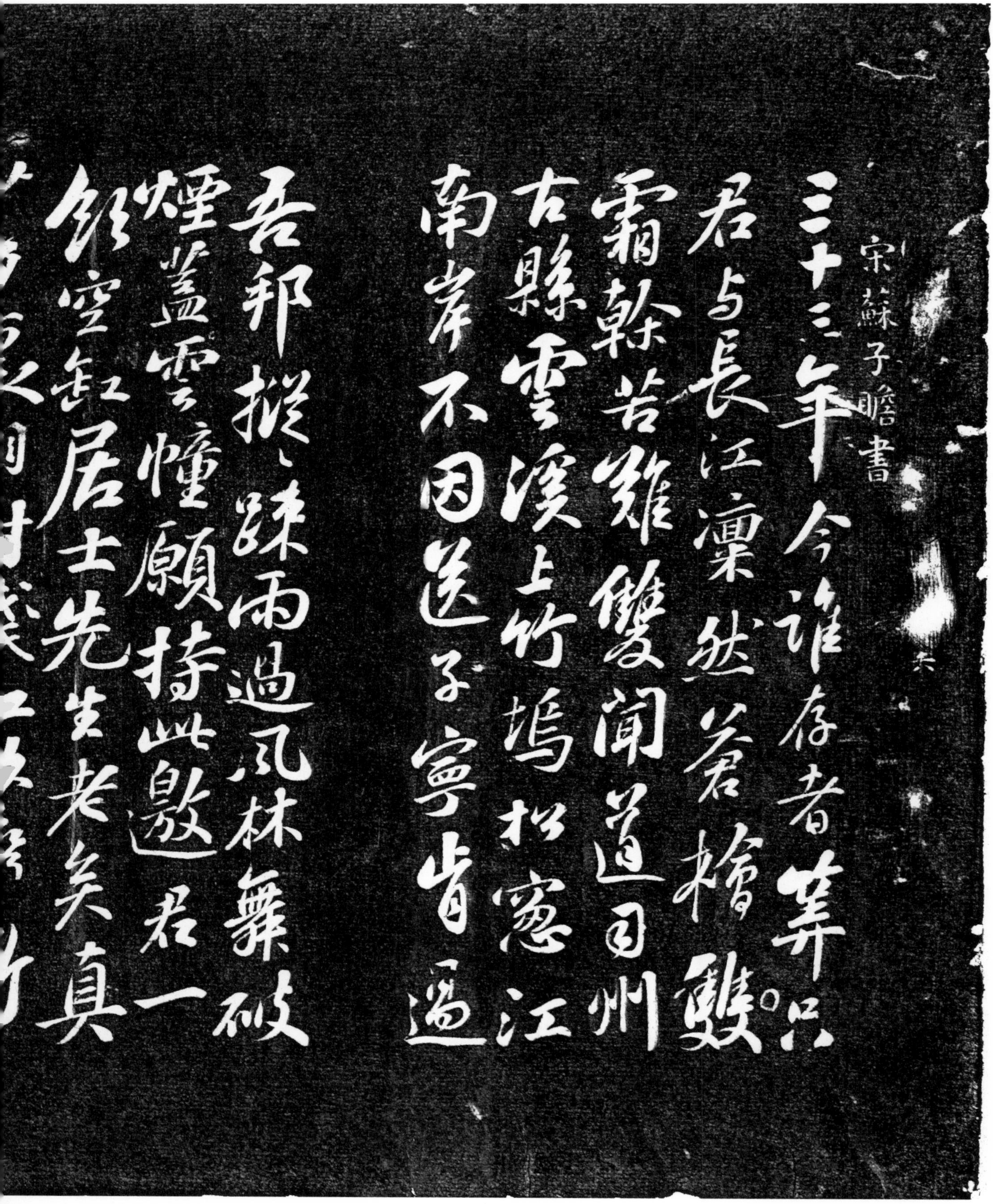
宋蘇子瞻書
三十三年今誰存者算只
君与長江凛然蒼檜雙
霜榦苦難雙聞道司州
古縣雲溪上竹塢松窗江
南岸不因送子寧肯過
吾邦摐摐疏雨過風林舞破
煙蓋雲幢願持此邀君一
飲空缸居士先生老矣真

蘊真堂石刻六（局部一）

宋米海岳書

明道觀壁記

大中祥符既降

天子奉尊祖之義範

金為容奉于玉清縣

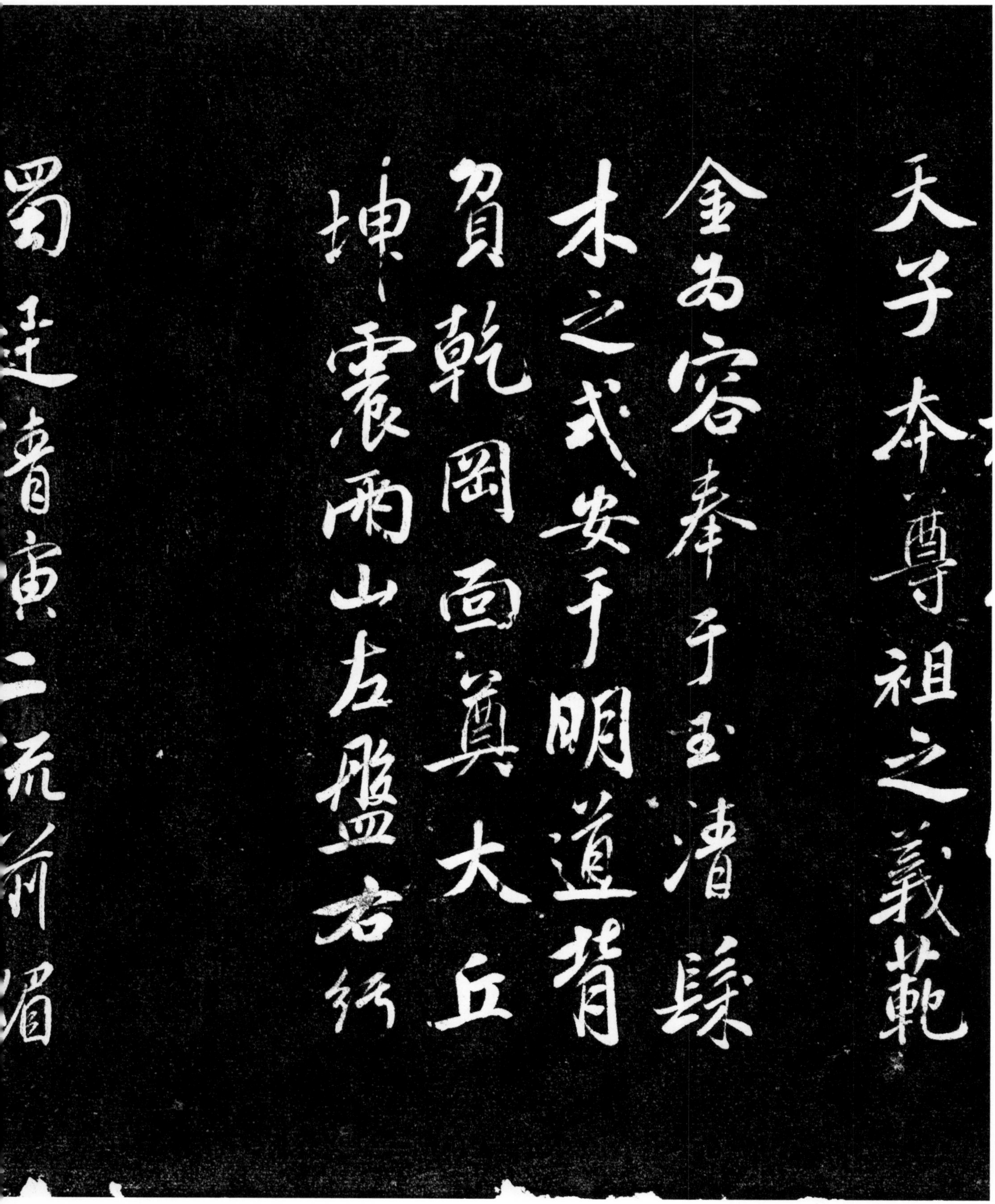

蘊真堂石刻六（局部二）

趣坊新異美哉吉
士後八十三年觀
守隨隳徒弗度更恭
視壬申八月作圖以
請明年九月始得
錢卅萬乃完元祐
甲戌正月五日令臣

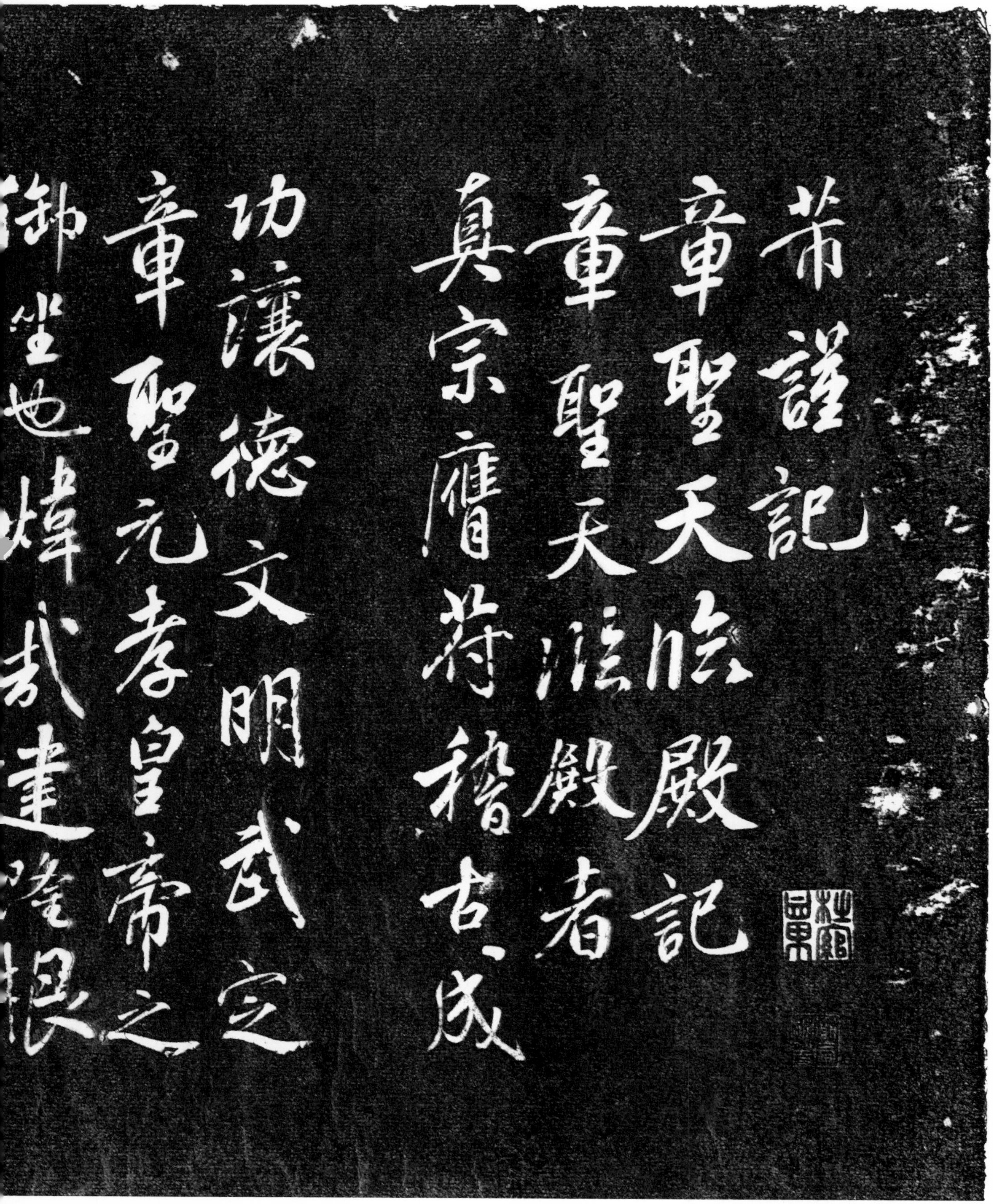
芾謹記
章聖天臨殿記
章聖天臨殿者
真宗膺符稽古成
功讓德文明武定
章聖元孝皇帝之
御坐也煒哉建

蕴真堂石刻七（局部一）

之後蔚垂蔭太
平休氣被于無垠
天子於是講漢唐之
弥文紹帝皇之絶業
升岱報天臨汾礼地

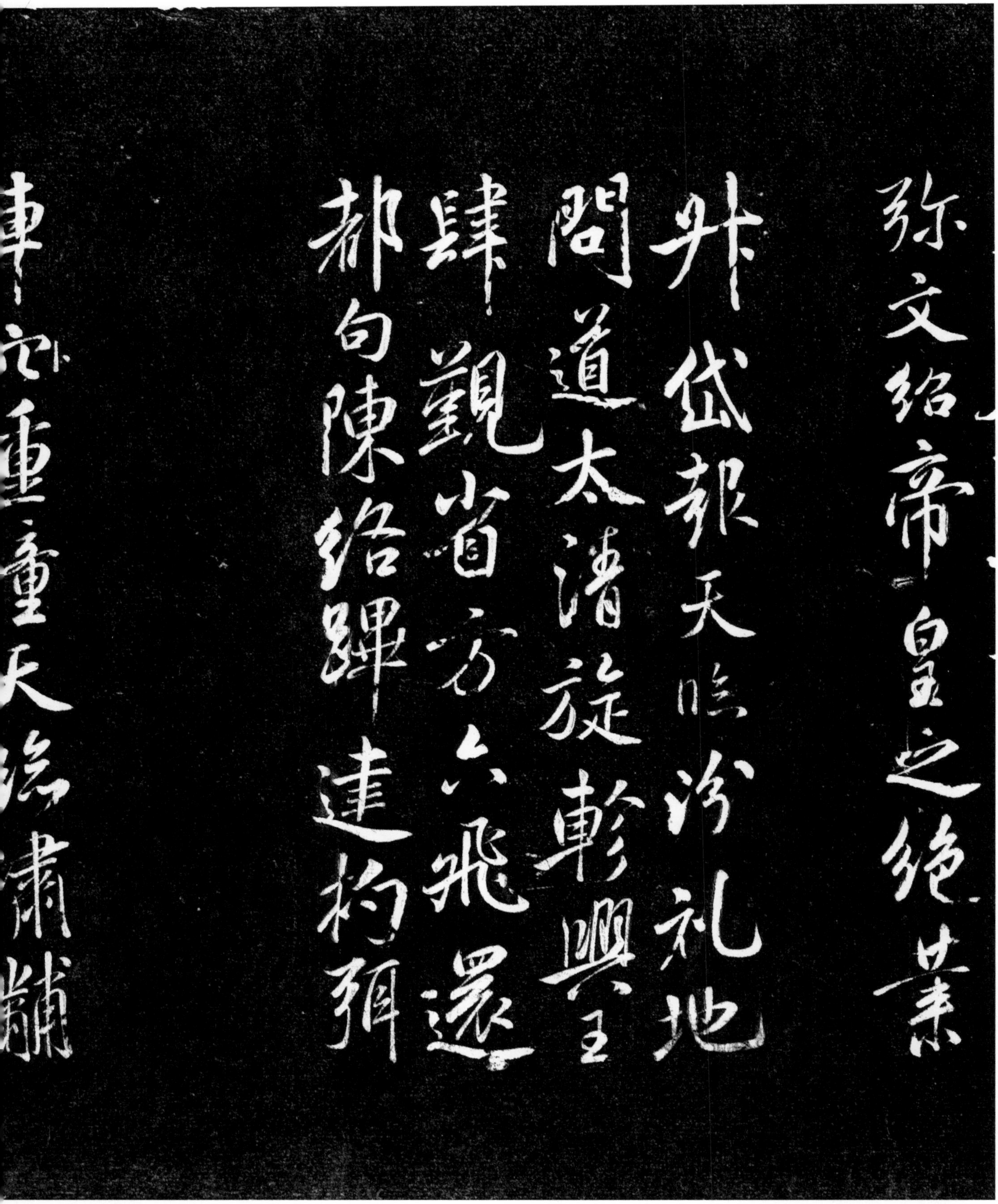

蘊真堂石刻七（局部二）

下照慶賜是邑也其
所也已而雲氣常繞
神靈密衛天德有
響皇威凜然及臣之至
者八十三年矣方今加
惠萬靈蕃字育蒼
以增方來之隆而欲追

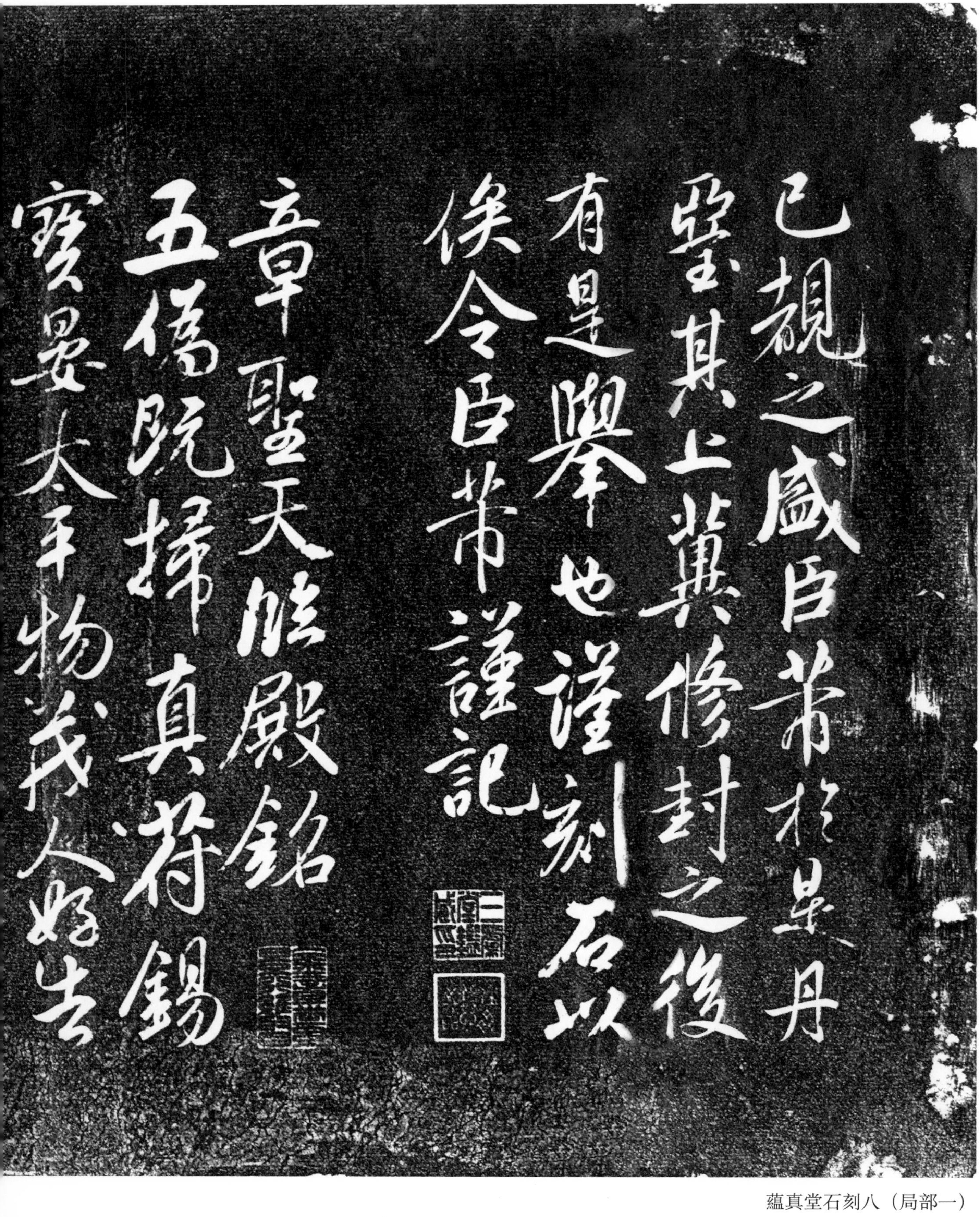

蘊真堂石刻八（局部一）

[illegible]

所及澤浹植動我

先大夫頒慶觀酺年

藉載酒乎太平華

帝功不宰衍〻于〻年

流恩任臣職司謹不

[illegible]

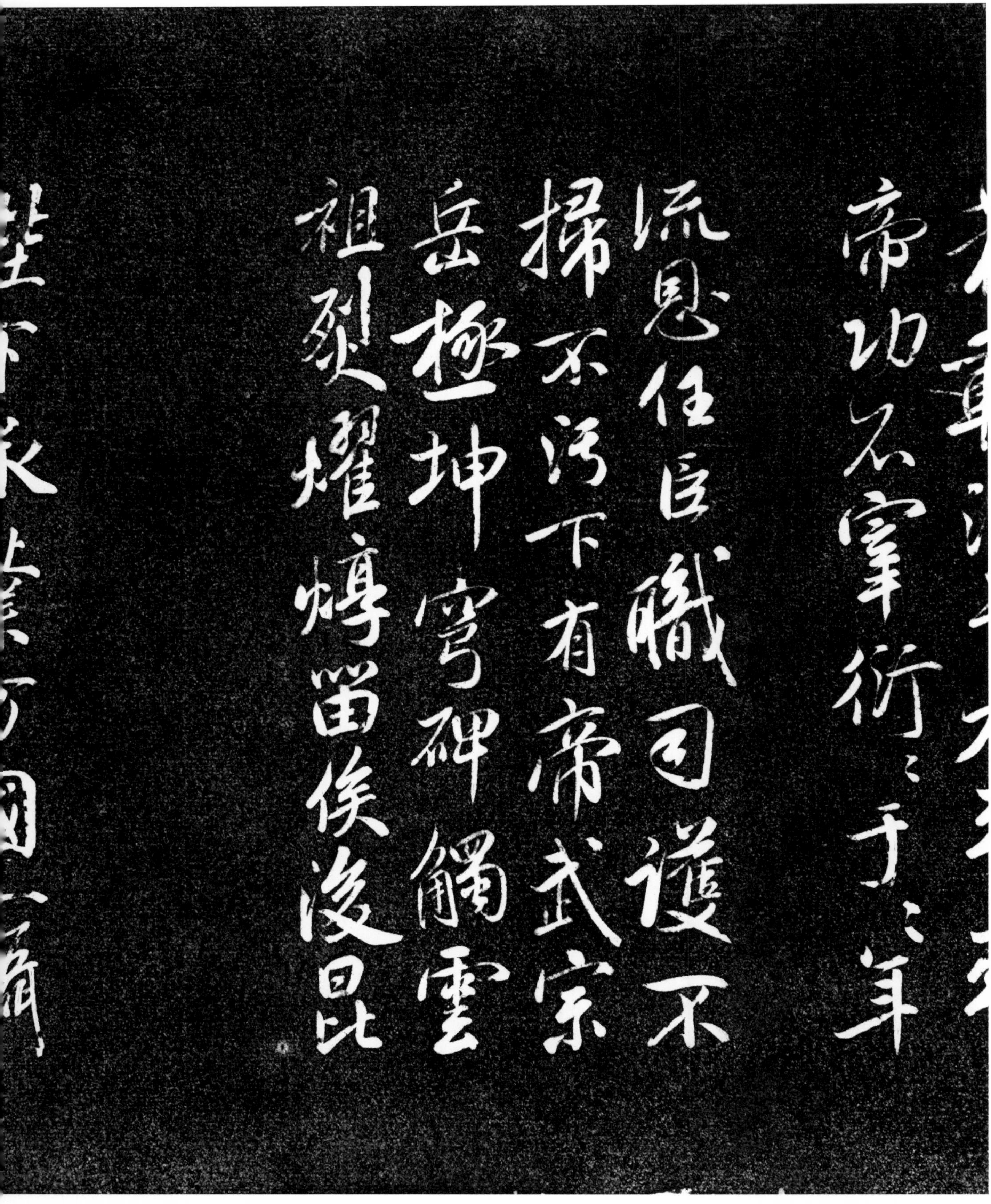

蕴真堂石刻八（局部二）

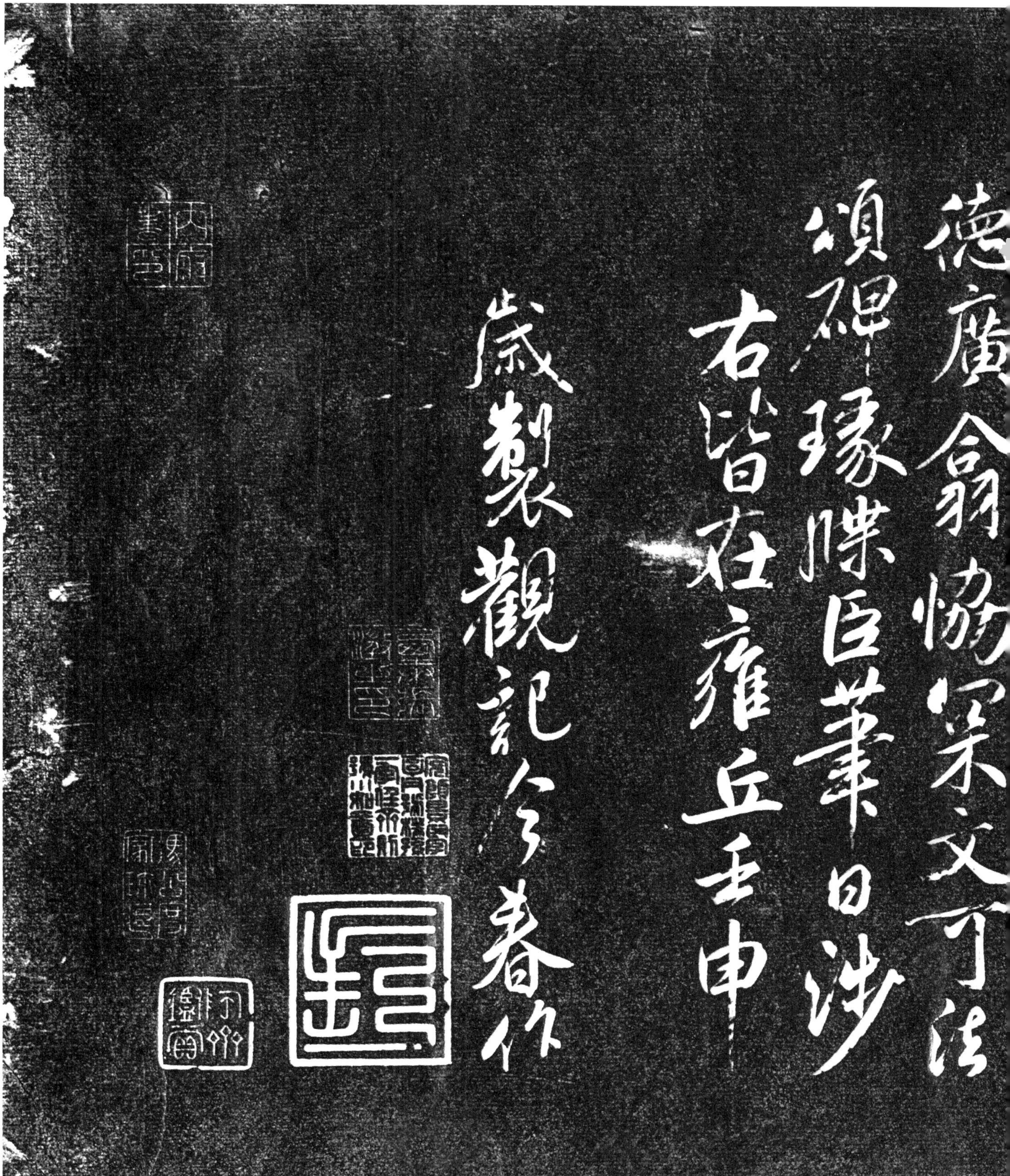
德廣翕協寀文可法
頌碑瑑牒臣筆日涉
右皆在雍丘壬申
歲製觀記今春作

蕴真堂石刻九（局部一）

云
使

蕴真堂石刻九（局部二）

蘊真堂石刻一〇（局部一）

里

蕴真堂石刻一〇（局部二）

書畫

蕴真堂石刻一一（局部一）

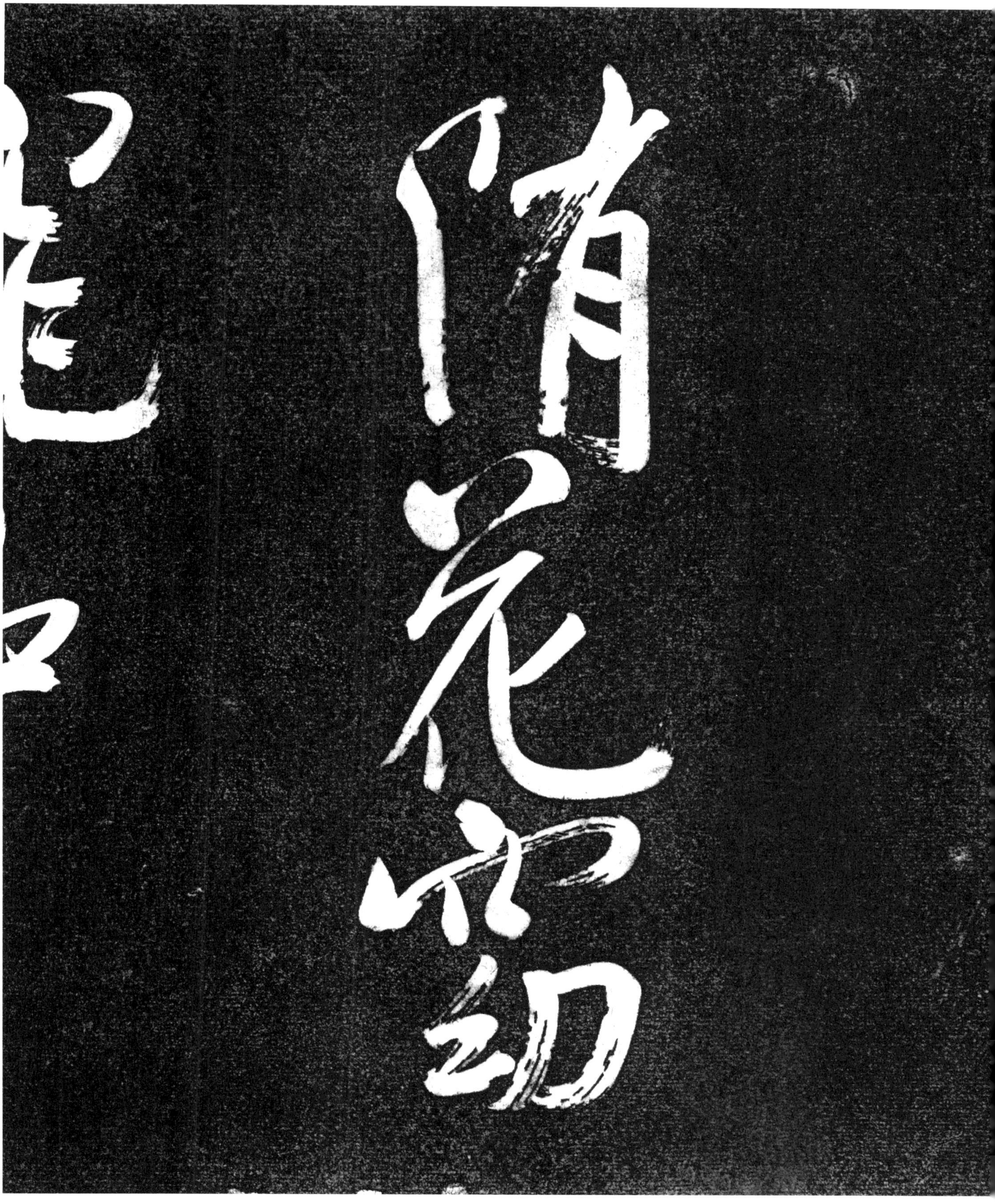

蘊真堂石刻一一（局部二）

再題
碧榆綠

蘊真堂石刻一二（局部一）

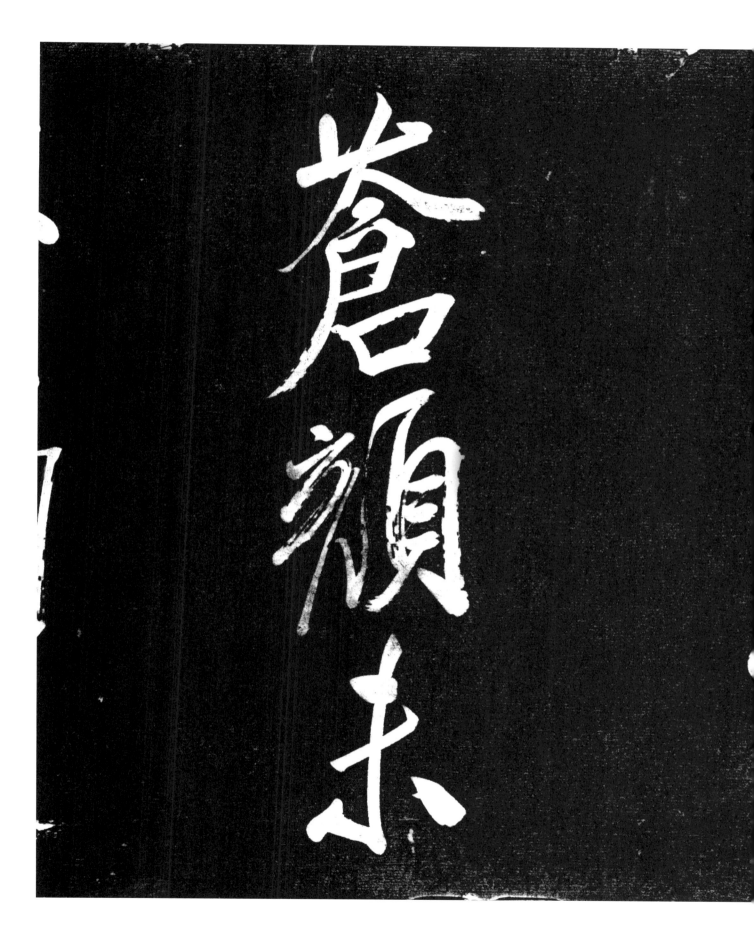

蒼頡求

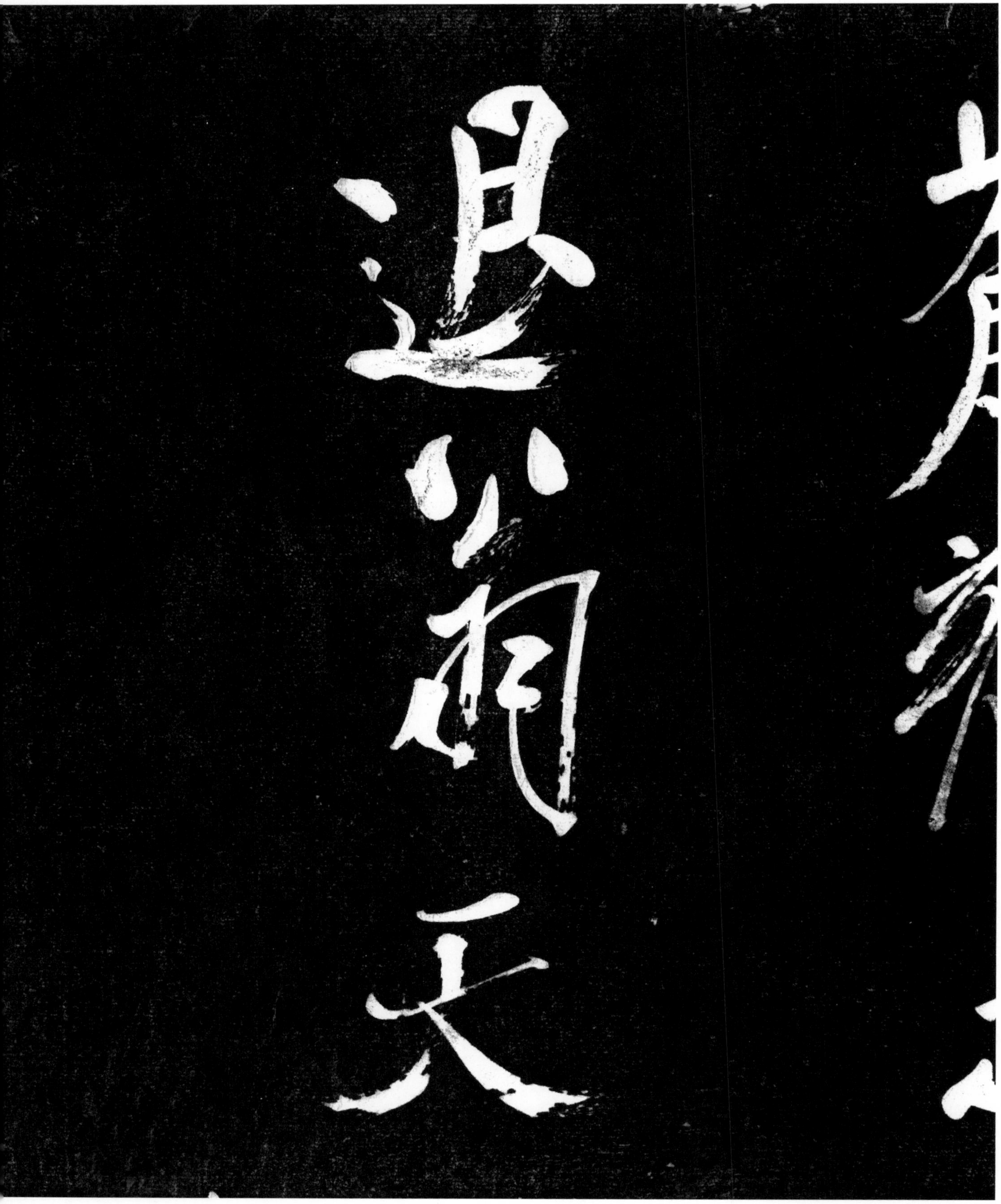

蕴真堂石刻一二（局部二）

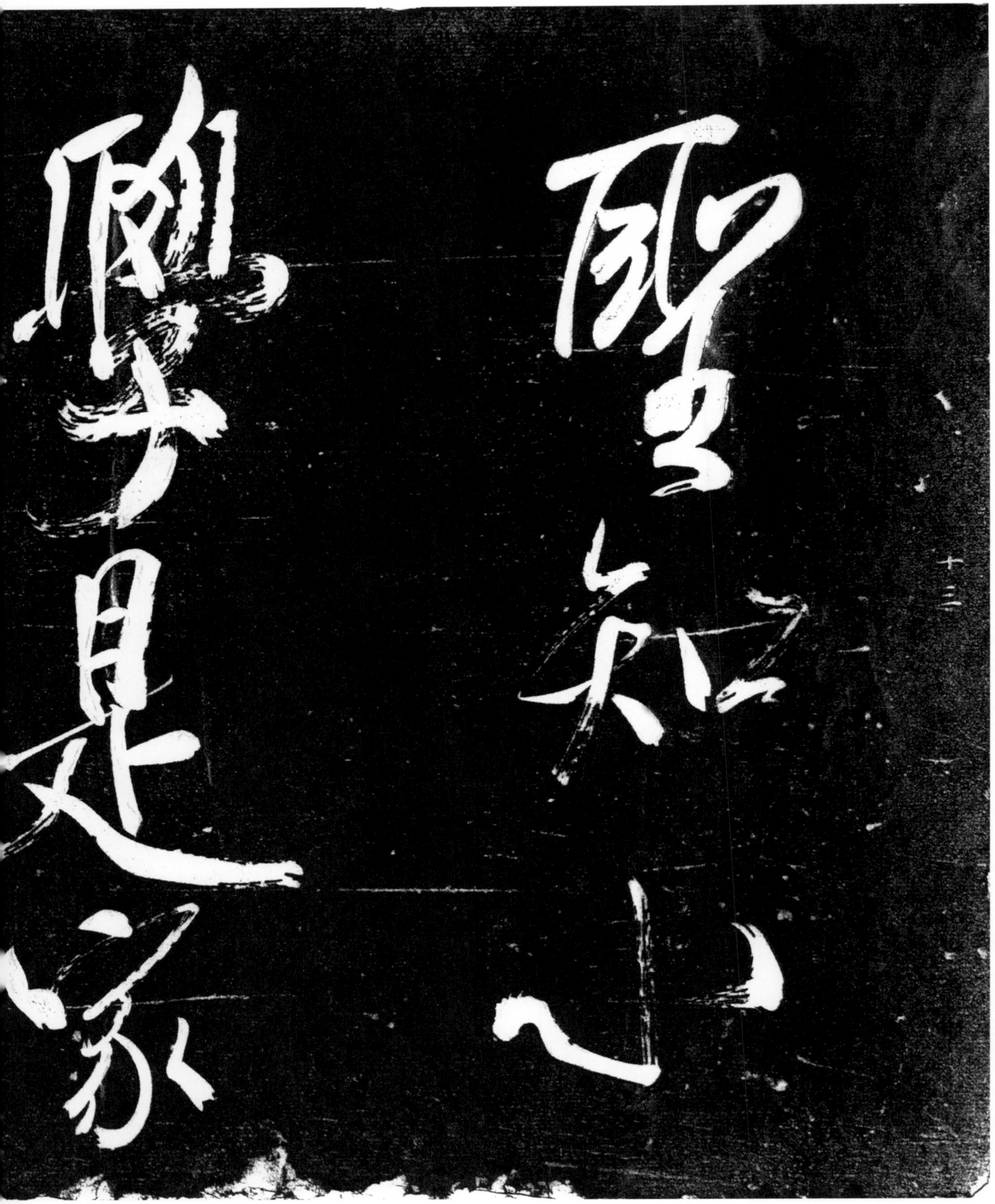

蕴真堂石刻一三（局部一）

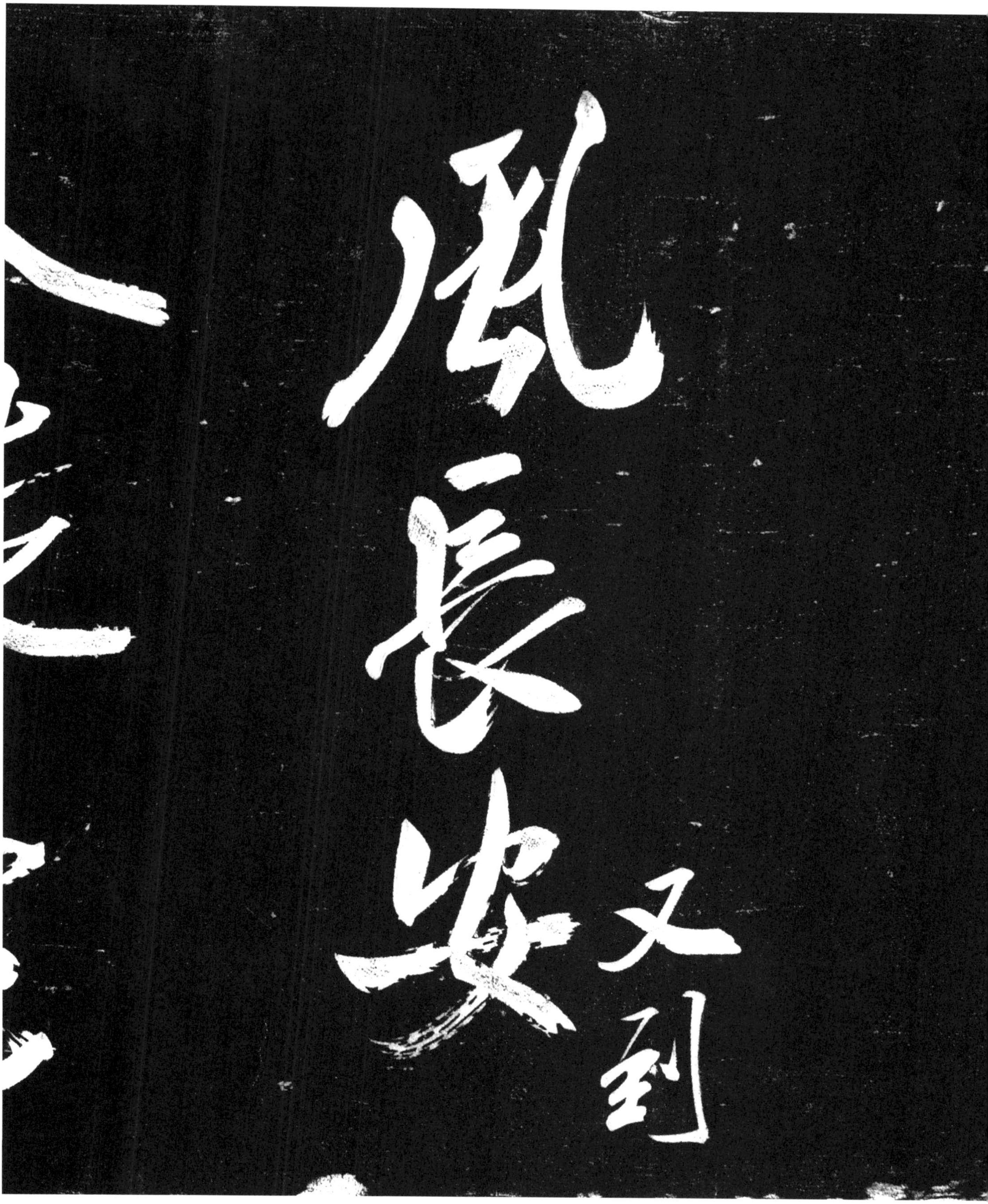
風長安
又到

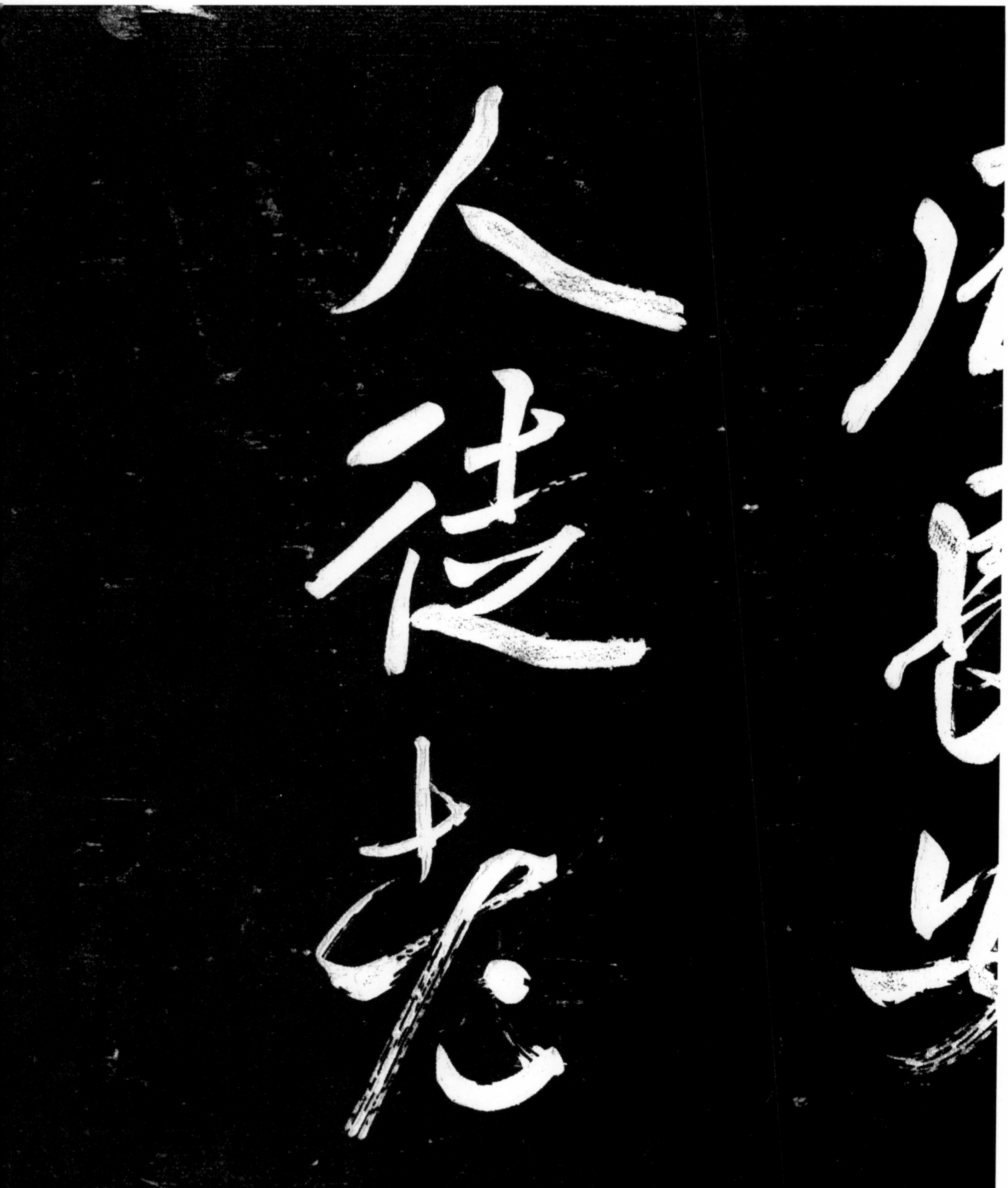

蕴真堂石刻一三（局部二）

為道何

時從復

蕴真堂石刻一四（局部一）

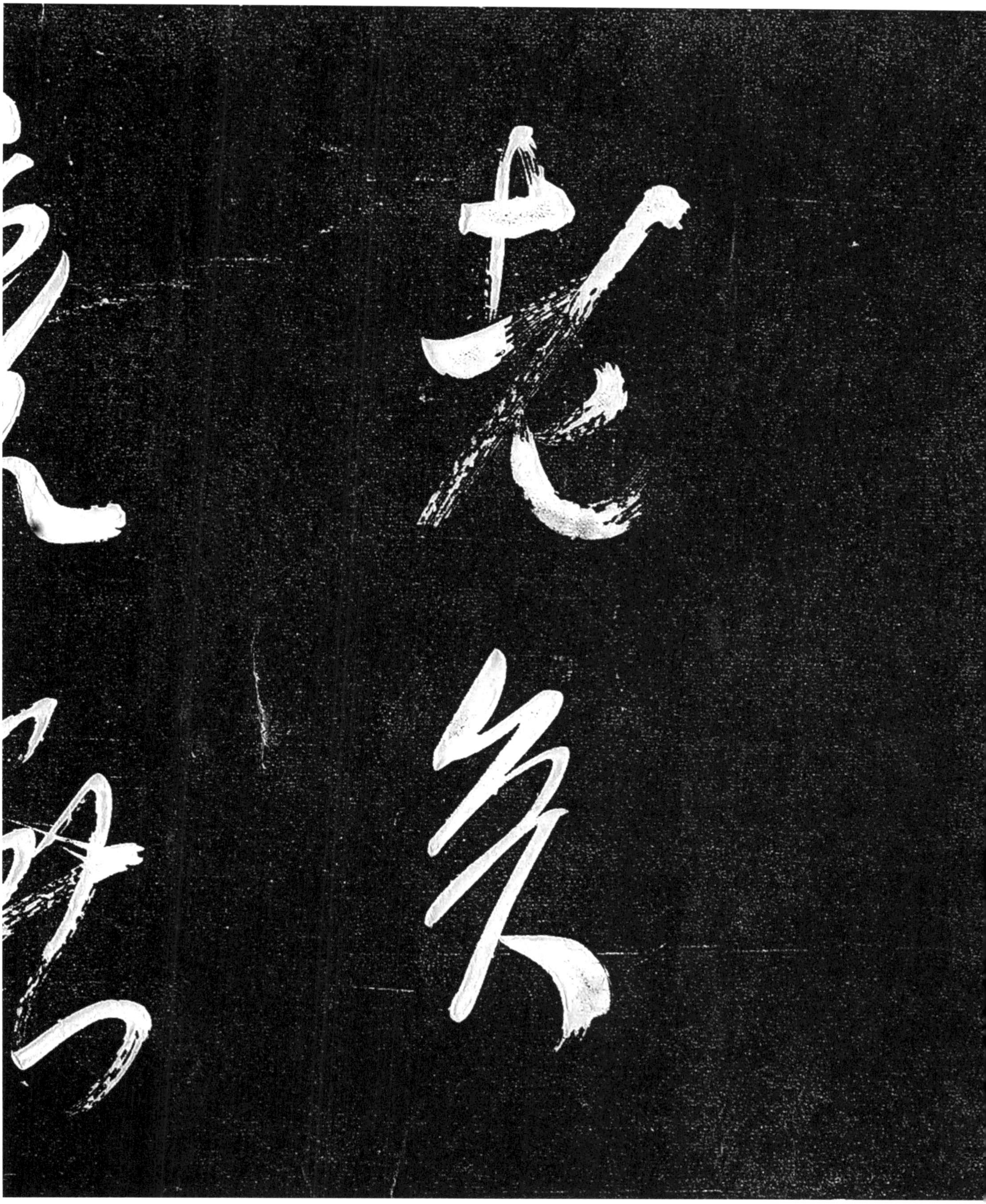

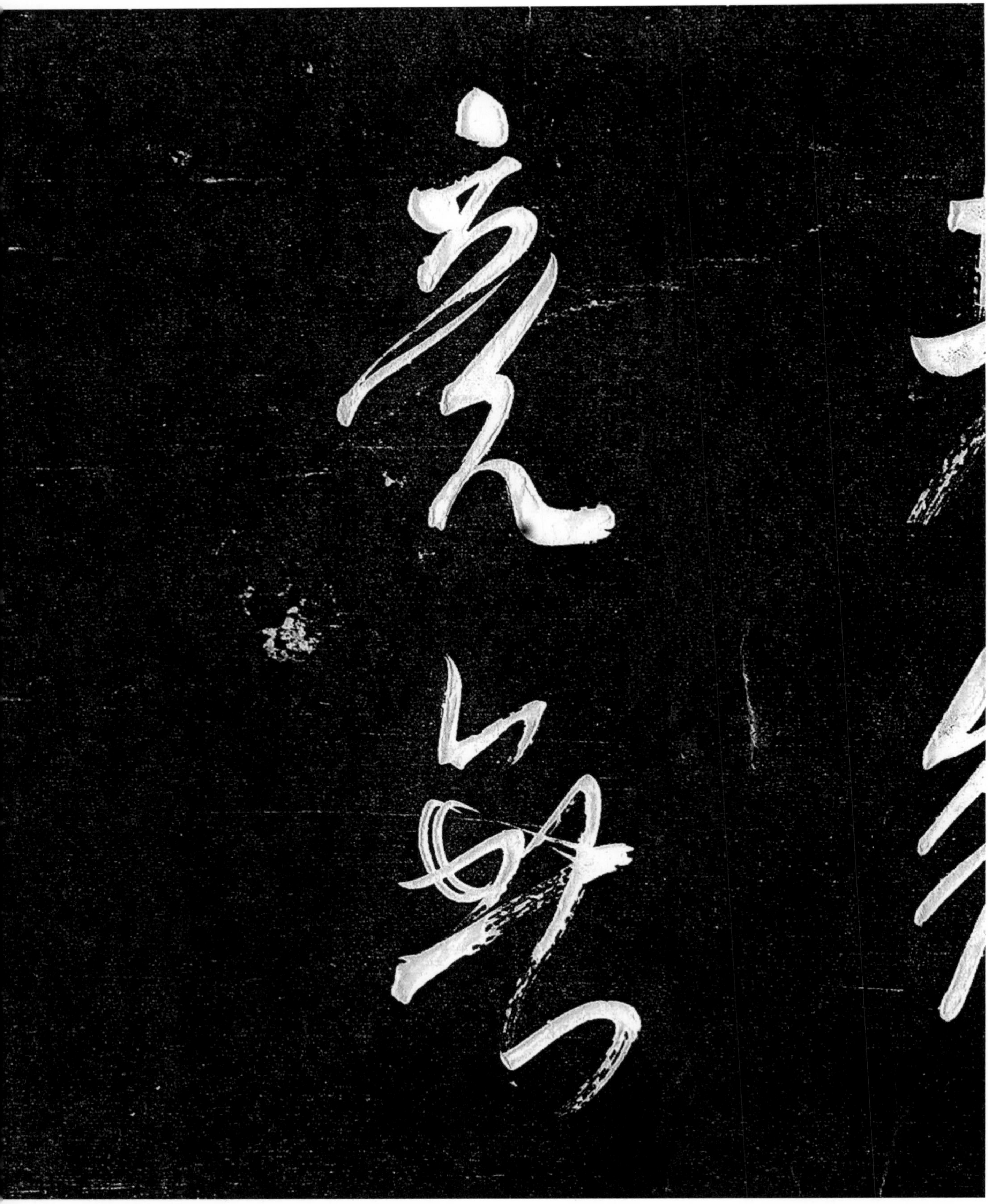

蕴真堂石刻一四（局部二）

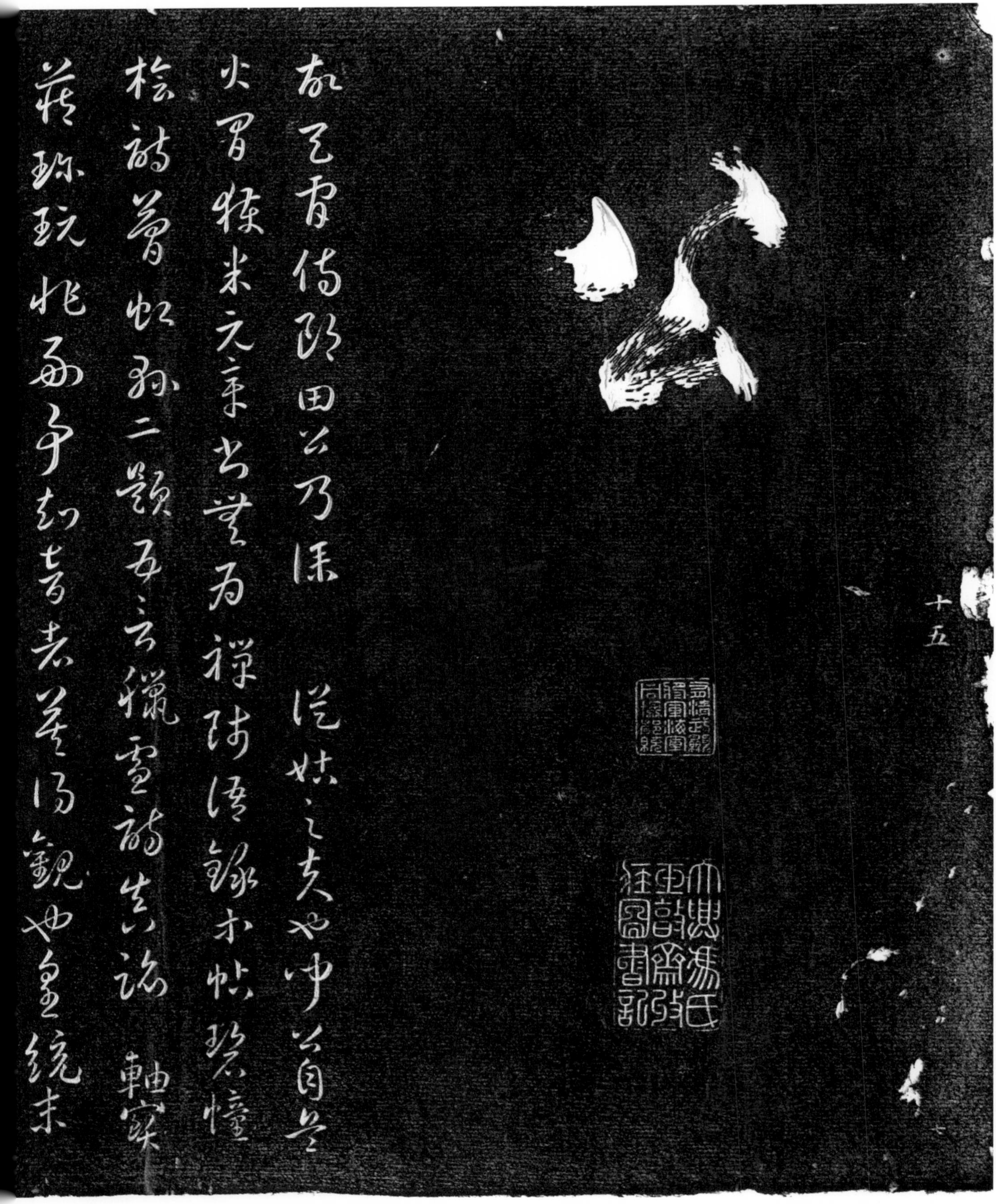

蘊真堂石刻一五（局部一）

蘊真堂石刻一五（局部一）

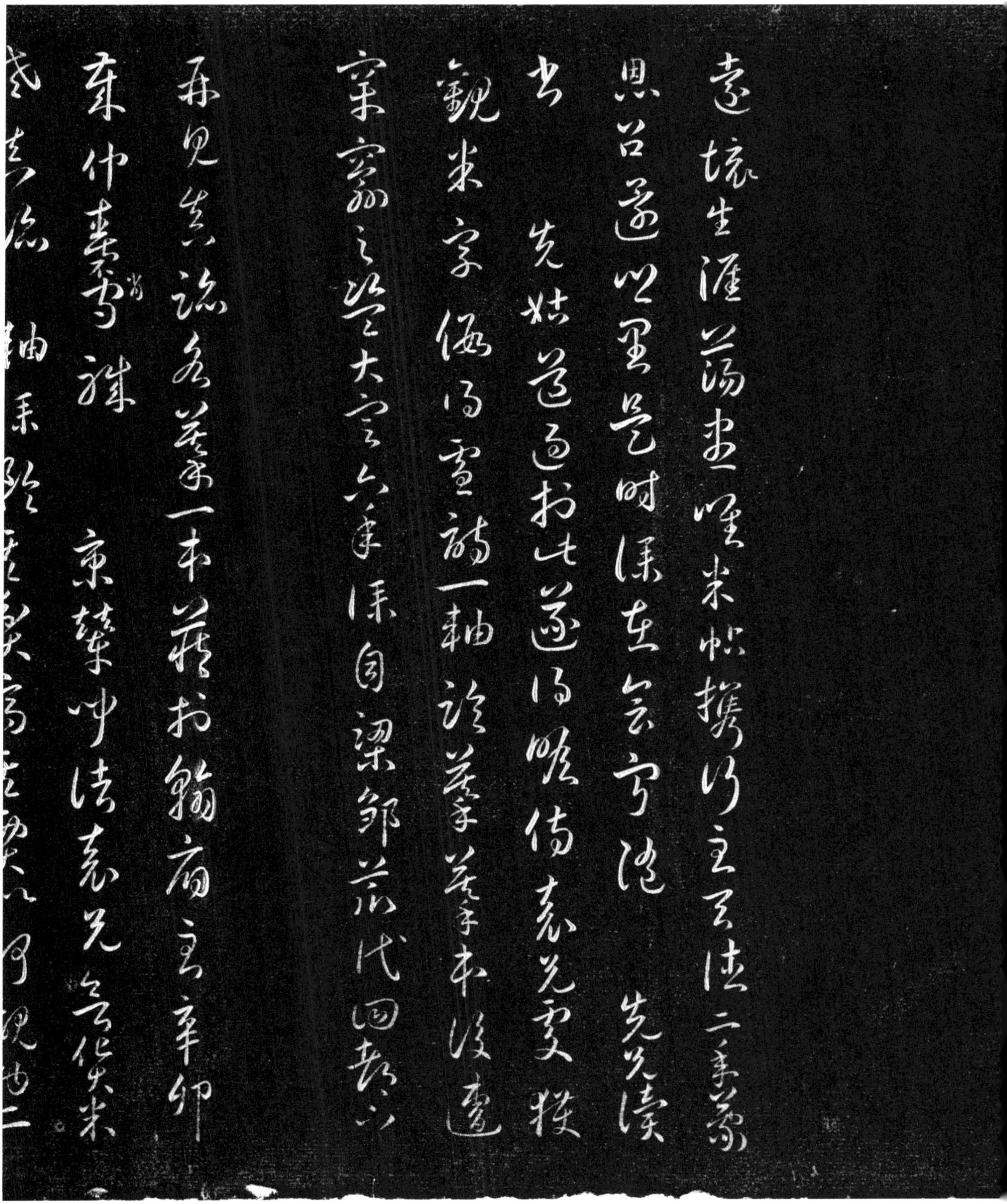

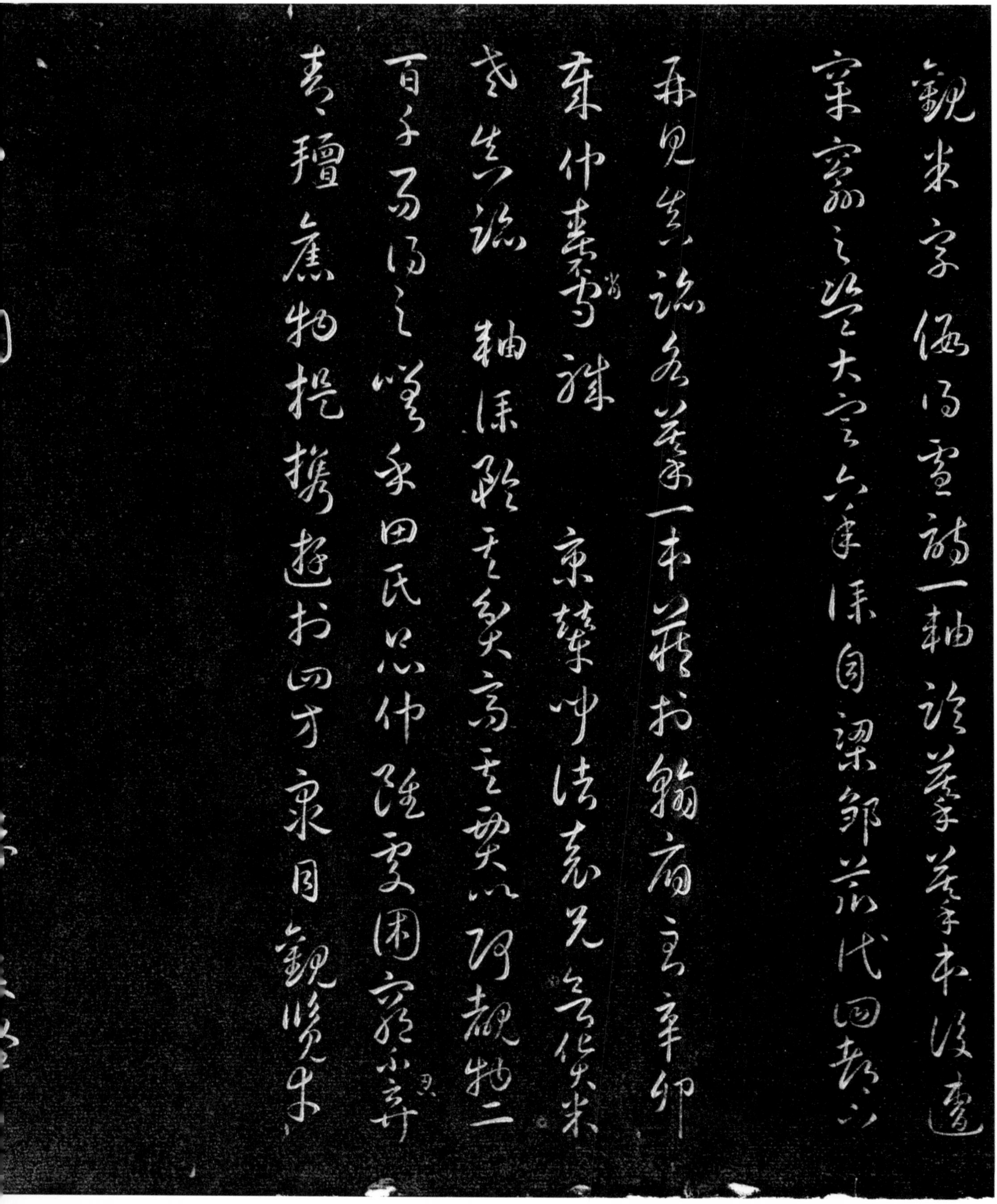

蕴真堂石刻一五（局部二）

家所得皆此地理自吾海嶽大元十三年丁
亥廿三日燕臺劉仲游蕭文書

東坡愛海嶽翁有云元章書如以快劍
斫蒲葦無不如意信乎予藏以來一人而已又
云清雄絕俗之文超邁入神之字其備道如
此後世更無可言許可言者其天資高筆
墨工夫到學至於無學耳歲乙卯九日銜閻謹書

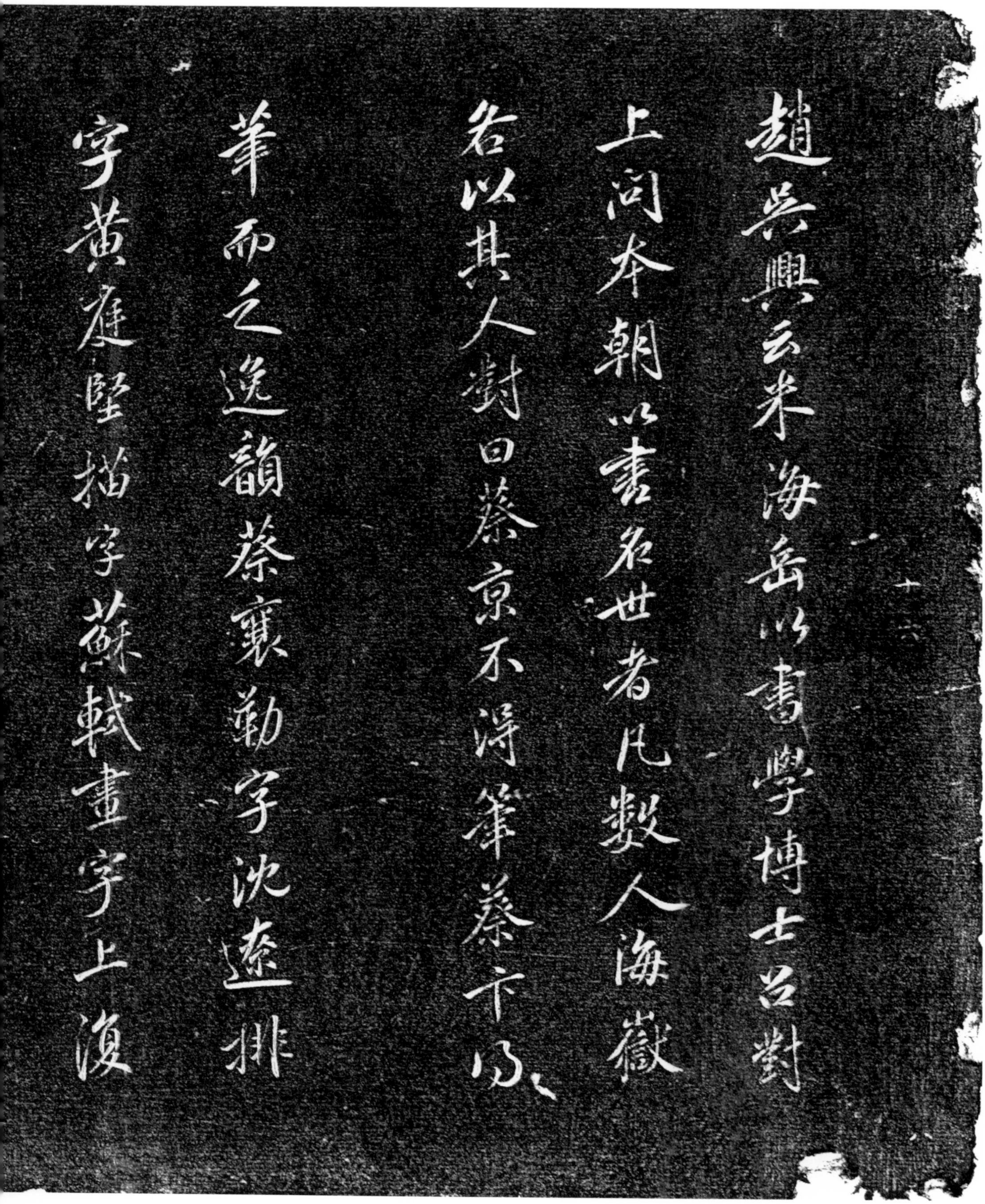

趙吳興云米海岳以書學博士召對
上問本朝以書名世者凡數人海嶽
各以其人對曰蔡京不得筆蔡卞得
筆而乏逸韻蔡襄勒字沈遼排
字黃庭堅描字蘇軾畫字上復

蘊真堂石刻一六（局部一）

其運筆之迅動耳今觀虹縣詩
恬動處有柔態迅變有婉致具
超塵絕世之姿饒神明規矩之奇
筆端雲湧如羣帝之驂龍墨氣

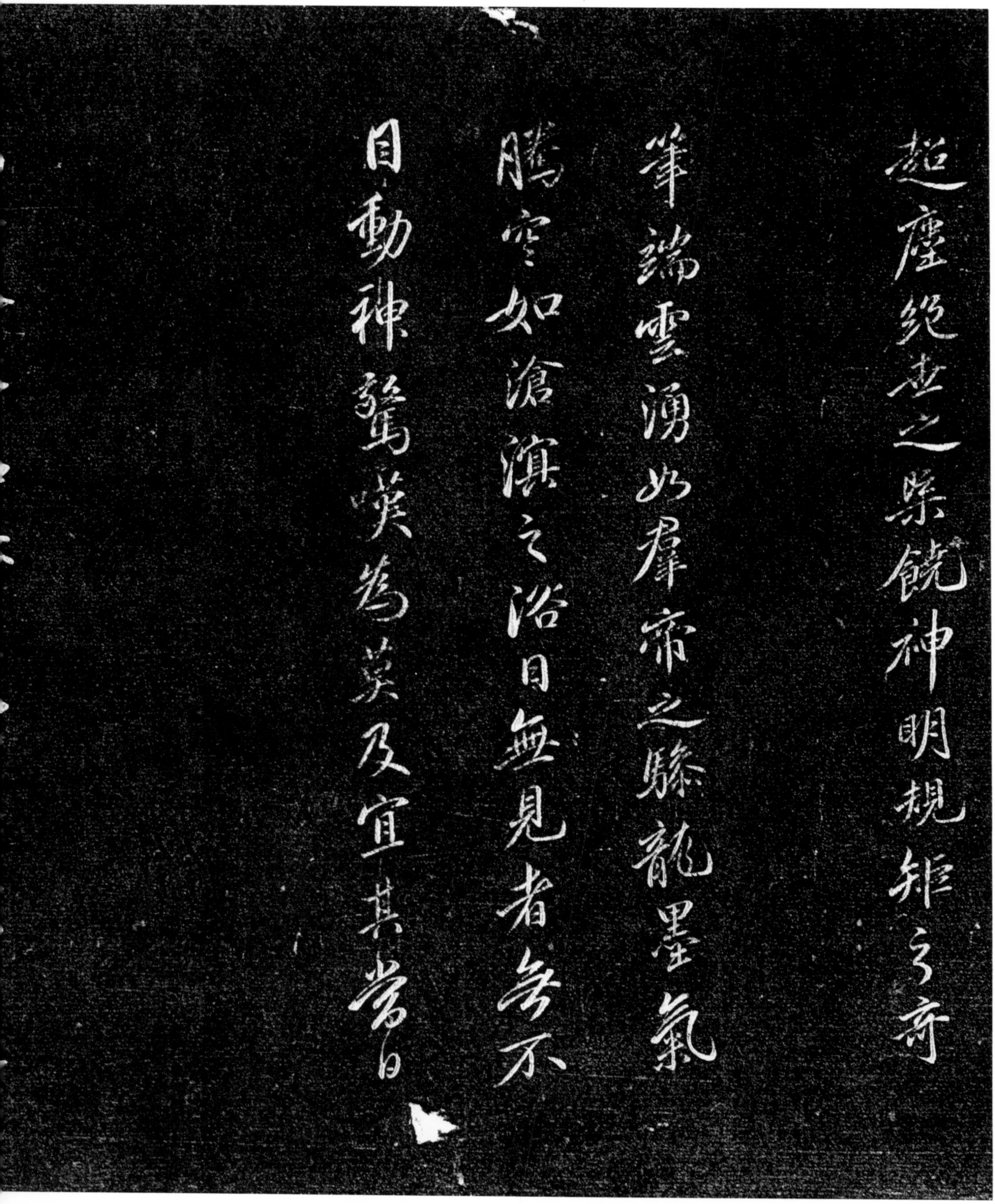
超塵絕世之槩饒神明規矩之奇
筆端雲湧如羣帝之驂龍墨氣
騰空如滄溟之浴日無見者無不
目動神驚嘆為莫及宜其當日

蘊真堂石刻一六（局部二）

歲戊戌冬十月長至前二日樸雲
山人王鴻緒題
右將軍金紫光祿大夫王羲之書 六十二行
贊
昭回于天垂英光蹟積歷籀化大荒煌之華漢摽
動彷徉一蘧万古稀天章鴦奔虬舉鶼序行洞
天九九通寥廓莊莊十二小劫長爾光神詞

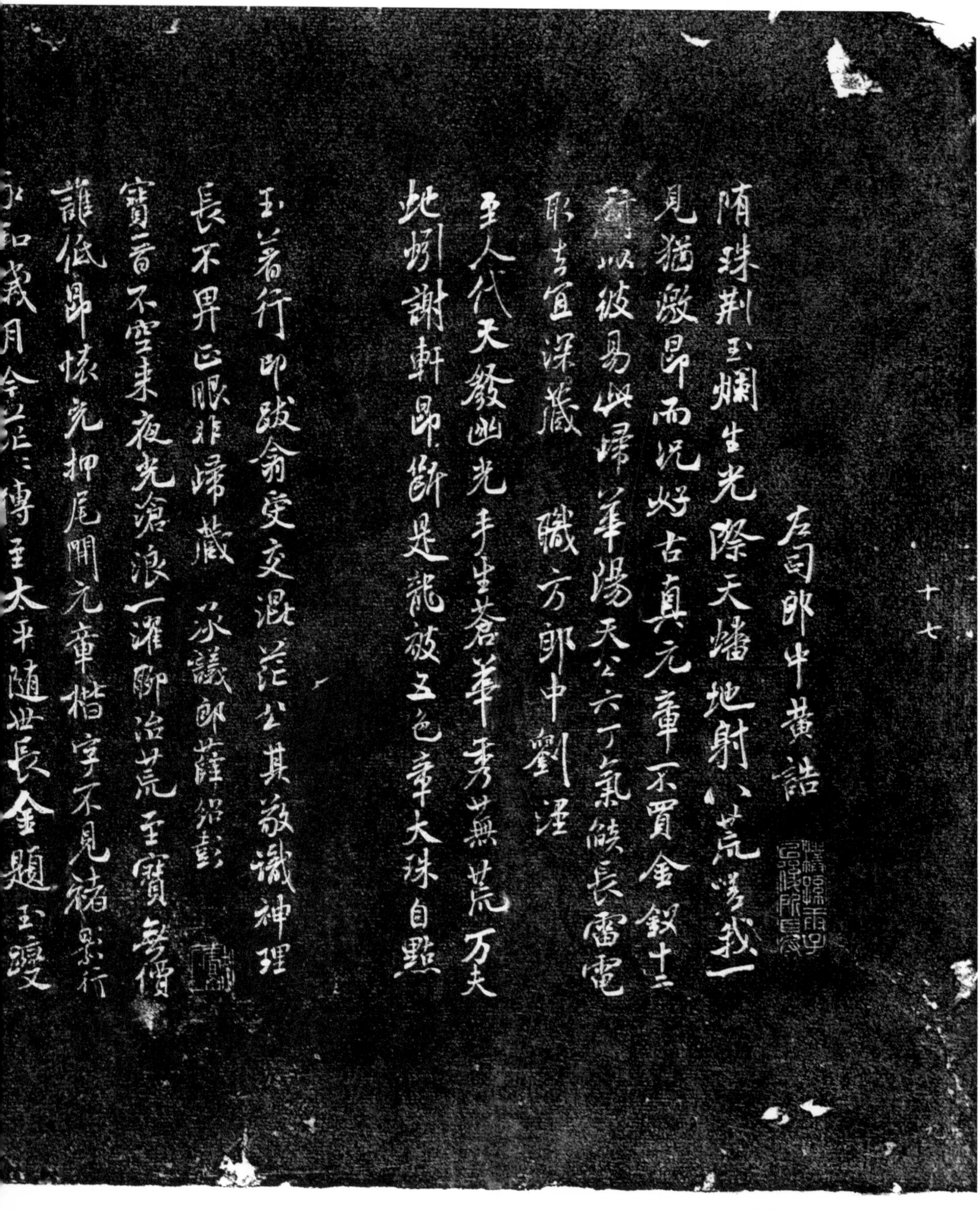
十七
右司郎中黄誥
隋珠荆玉爛生光際天蟠地射八荒湯武一
見猶激昂而況好古真元章不買金釵十二
行以彼易此歸華陽天公六丁氣饒長雷電
取去宜深藏 職方郎中劉涇
至人代天發幽光手出蒼華秀無荒万夫
虵蚓謝軒昂斷是龍被五色章大珠自照
玉著行即跋翁受交濺花公其敬識神理
長不畀正眼非歸藏 承議郎薛紹彭
寶音不空來夜光滄浪一濯聊治荒至寶無價
誰低昂懷光抑尾開元章楷字不見褚影行
永和歲月今芒芒傳至太平隨世長金題玉躞

蘊真堂石刻一七（局部一）

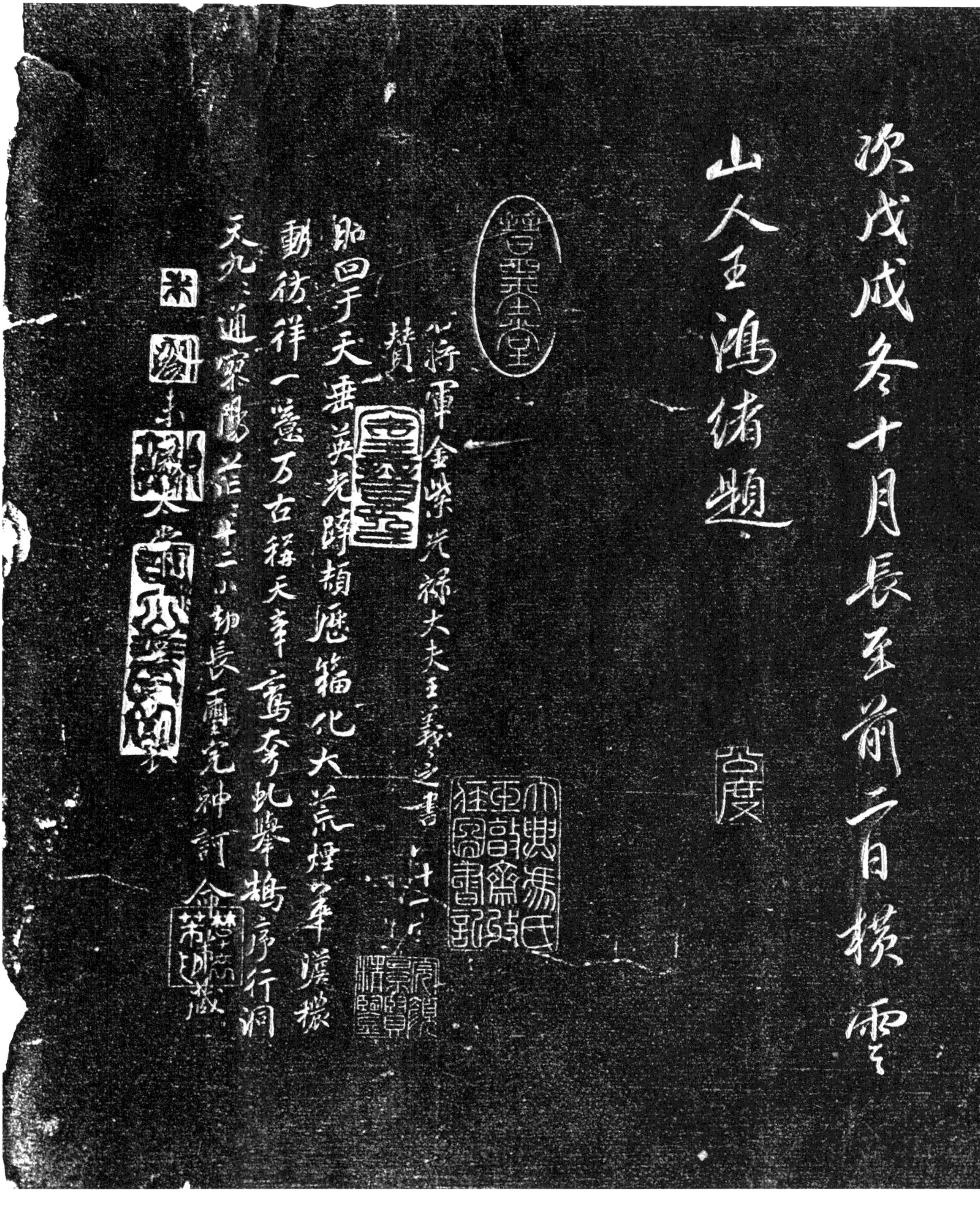

歲戊戌冬十月長至前二日撥雲

山人王鴻緒題

小將軍金紫光祿大夫王羲之書

贊

斟回于天垂英光躋頡遞籀化大荒煙華漢撥

動彷徉一篆万古稱天章萬奇虬攀螭序行洞

天九九道察陽萑三十二小劫長靈光神訂

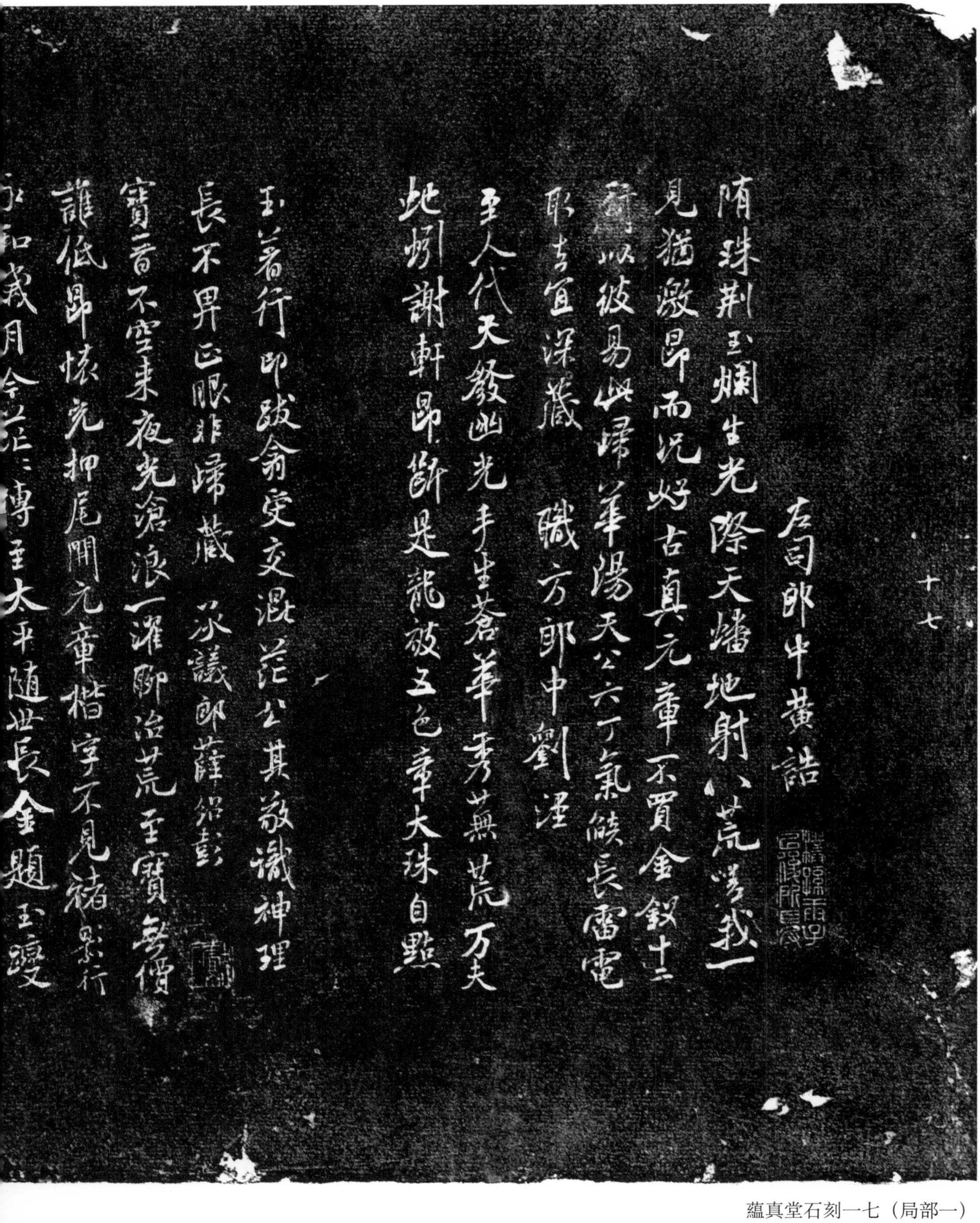
十七
右司郎中黃誥
隋珠荊玉爛生光際天蟠地射八荒嗟我一
見猶激昂而況好古真元章不買金釵十二
行以彼易此歸華陽天公六丁氣饒長雷電
取去宜深藏
職方郎中劉涇
至人代天發幽光手出蒼華秀無荒万夫
蚍蜉謝軒昂斷是龍被五色章大珠自照
玉著行即跋翁受交戲莊公其敬識神理
長不昇已眠非歸藏
承議郎薛紹彭
寶音不空來夜光滄浪一濯聊治荒至寶無價
誰假歸懷光抑尾聞元章楷字不見褚影行
永和歲月今茫茫專至太平隨世長金題玉躞
蕴真堂石刻一七（局部一）

金十五萬一色光平生好奇非破荒神明損還

兒昂昂冠佩肅給鑿寶章曉趨大庭動鵷

行但笑不與見者忙北窗卷舒且日長何必

絕人洗而藏 紹彭

晉大司馬至洛陽廢略已著摧破先聲馳

江左傳國光右軍筆陣爭堂堂妙用作意

驅後鋌驚鴻乍起游龍翔仁祖無奕烏

衣郎掛名蕭末流遺芳闡光散落天涯

蔵雖翩翩飛動茂密行斜簡嚴峯賞識

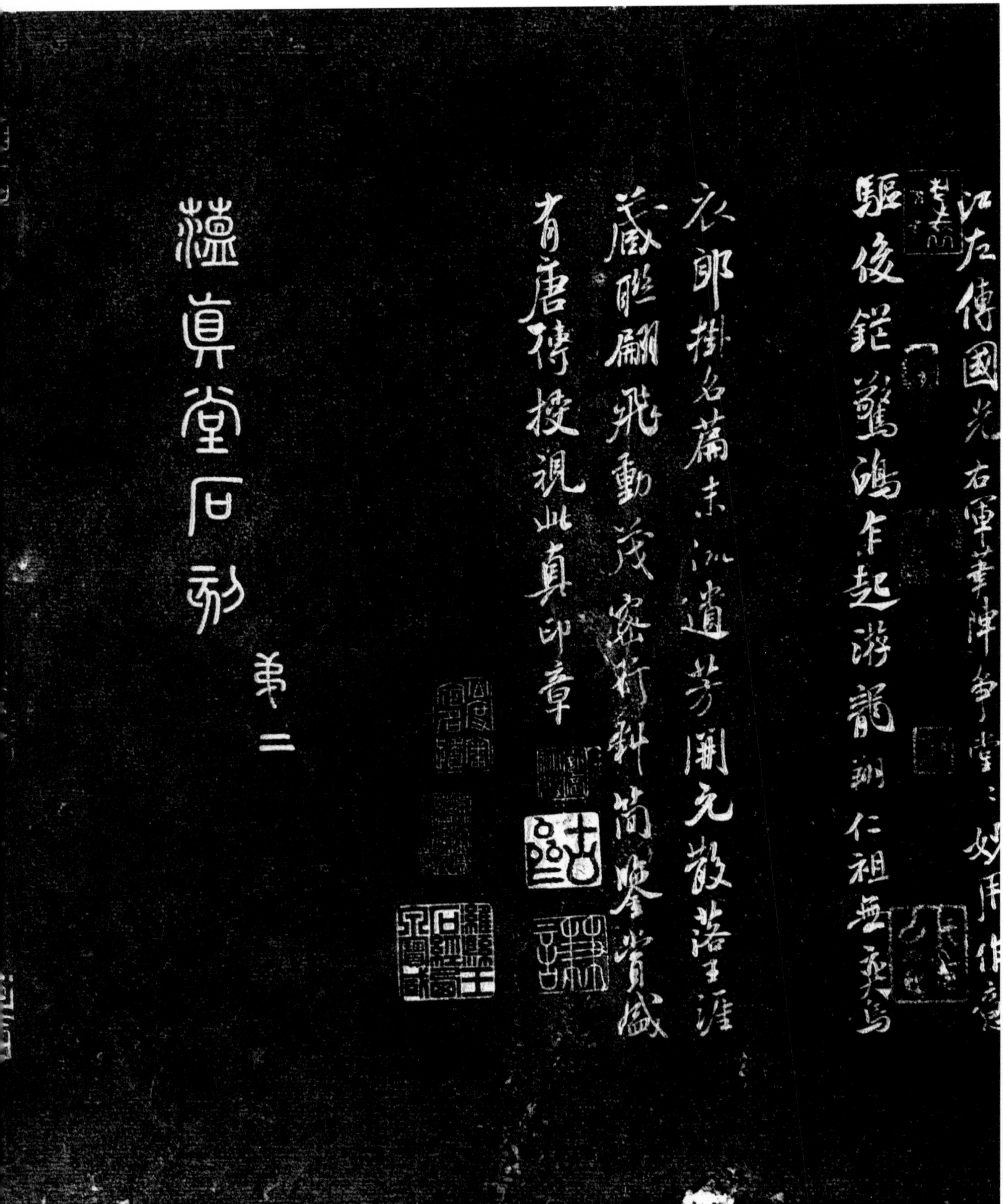

蕴真堂石刻一七（局部二）

餘慶源真相求賢佐
裕陵
知幾捲箔早
戡變叱
龍升
靜德群邪震
清心後世矜
大恩知欲報
聖孝已踰曾

右一

温厚同
光獻
剛廣法
寶慈擁扶樂推
聖照徹訖公欺南紀歸忠愧
東朝之
素規
仁明存
舊幄常似
補天時

蘊真堂石刻一八（局部一）

神先告夢曰法王来也翌旦師至
衆咸異之嘗在雙林聞講經云應
無所住而生其心師乃問曰既所住何
處生心講師歎曰此非吾義學能
解汝必大禪宗速須求度遂景德
寺落染願執下將徒已多遠詣頭
嘗入俊請為翠峰水恁麼也室顯
當曰言去華不得不恁麼也不得

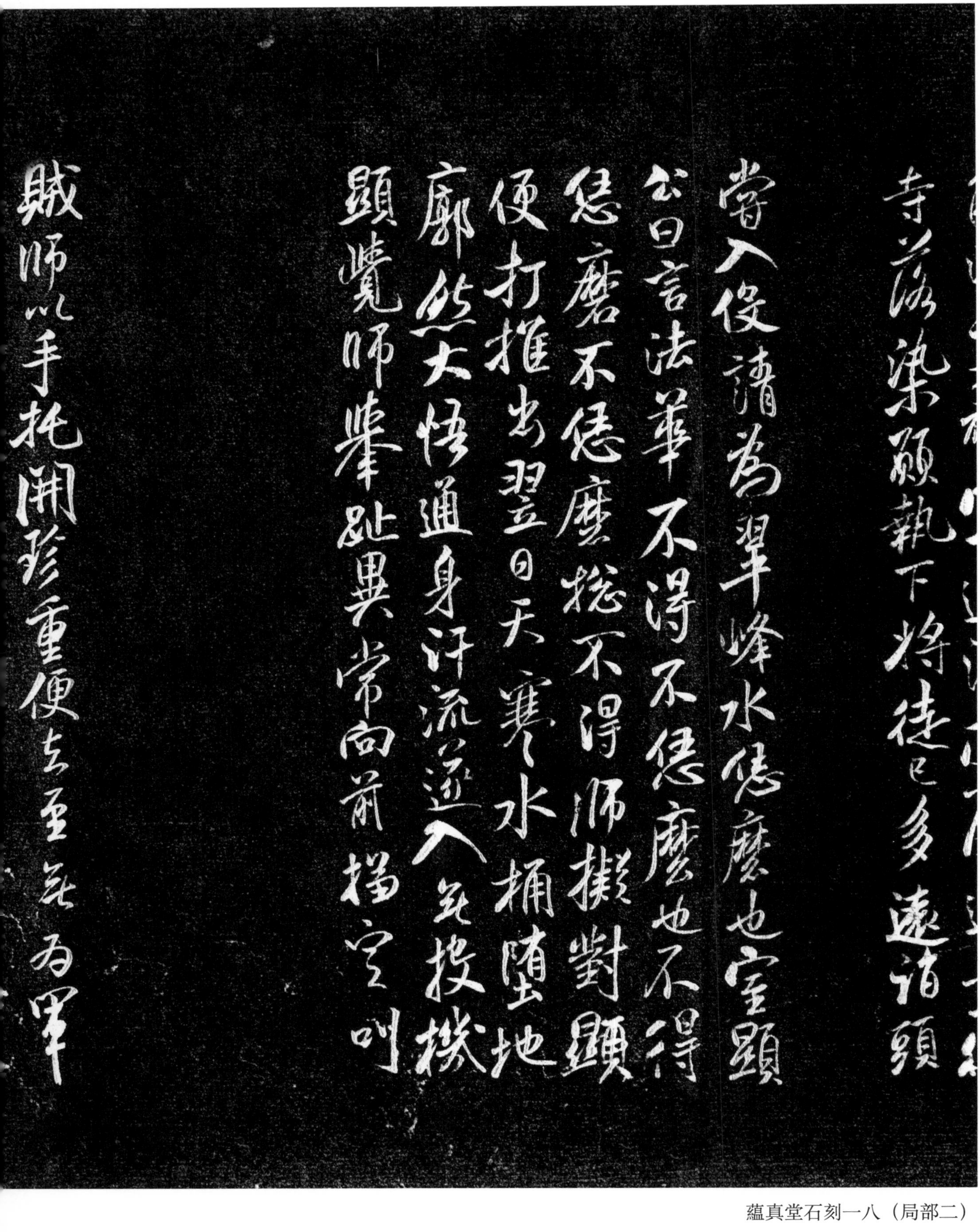
嘗入僧請為峯水恁麼也室顯
公曰言法華不得不恁麼也不得
恁麼不恁麼總不得師擬對顯
便打推出翌日天寒水桶墮地
廓然大悟通身汗流遂入禮拜
顯覺師峯趾異常向前攔定叫
賊師以手托開珍重便去至晚為眾

蘊真堂石刻一八（局部二）

舉揚曰鴈過法乳長空影沉寒
水留影之心鴈無遺蹤之意若能
如是方解異類中行顯公聞之令書
于塔下謂衆曰大吾宗時瑯琊覺禪
師並王化大行每指學者曰懷公古
佛可去問看一旦示疾山石晝鳴林
木色瘁師謂門人智才曰吾今行矣
為說偈云紅日照扶桑白雲封華岳
三更過鐵圍拶驪龍角智才曰後
有何事師扣枕三下推枕便行住世七

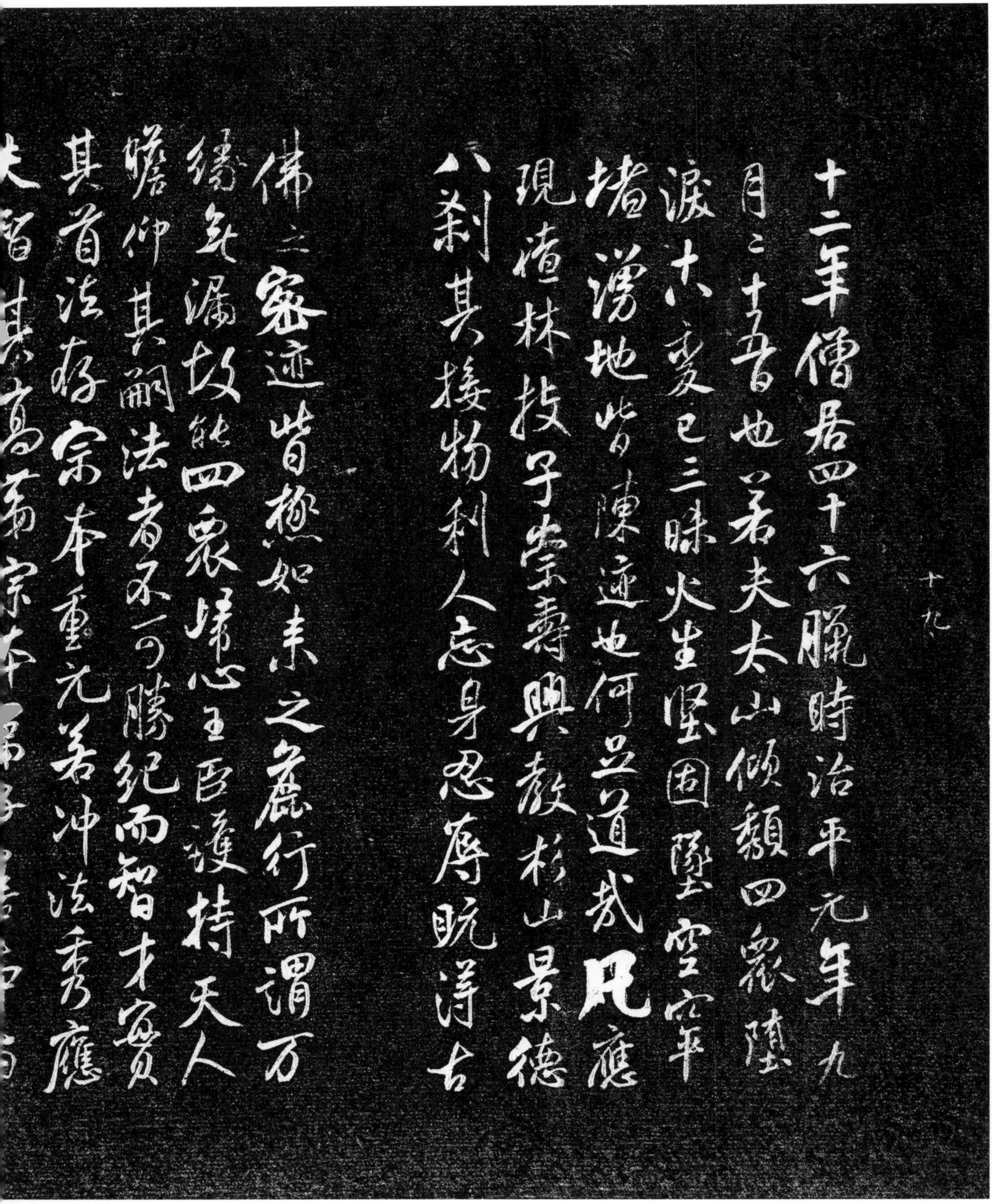
十九
十二年僧居四十六臘時治平元年九
月二十五日也若夫太山傾頹四衆墮
淚六變已三昧火生堅固墜空塔
堵湧地皆陳迹也何足道哉凡應
現積林拔子崇壽興教杉山景德
八刹其接物利人忘身忍辱既滂古
佛之密迹皆極如來之麁行所謂万
緣無漏故能四衆歸心王臣護持天人
瞻仰其嗣法者不可勝紀而智才寶
其首法存宗本重元若冲法秀應

蘊真堂石刻一九（局部一）

真林下相逢謂襄陽漫仕曰如來
數百万言皆真實諦假託一語
人有眼目蓋道緣偽表派遂濫
觴名道所聞願刊樂石子其
執筆為我直書帶曰然南嶽
二碑書溪四碣述修厥德稽
首讚云稽首歸依無上尊
清淨圓滿千億化三身俱現

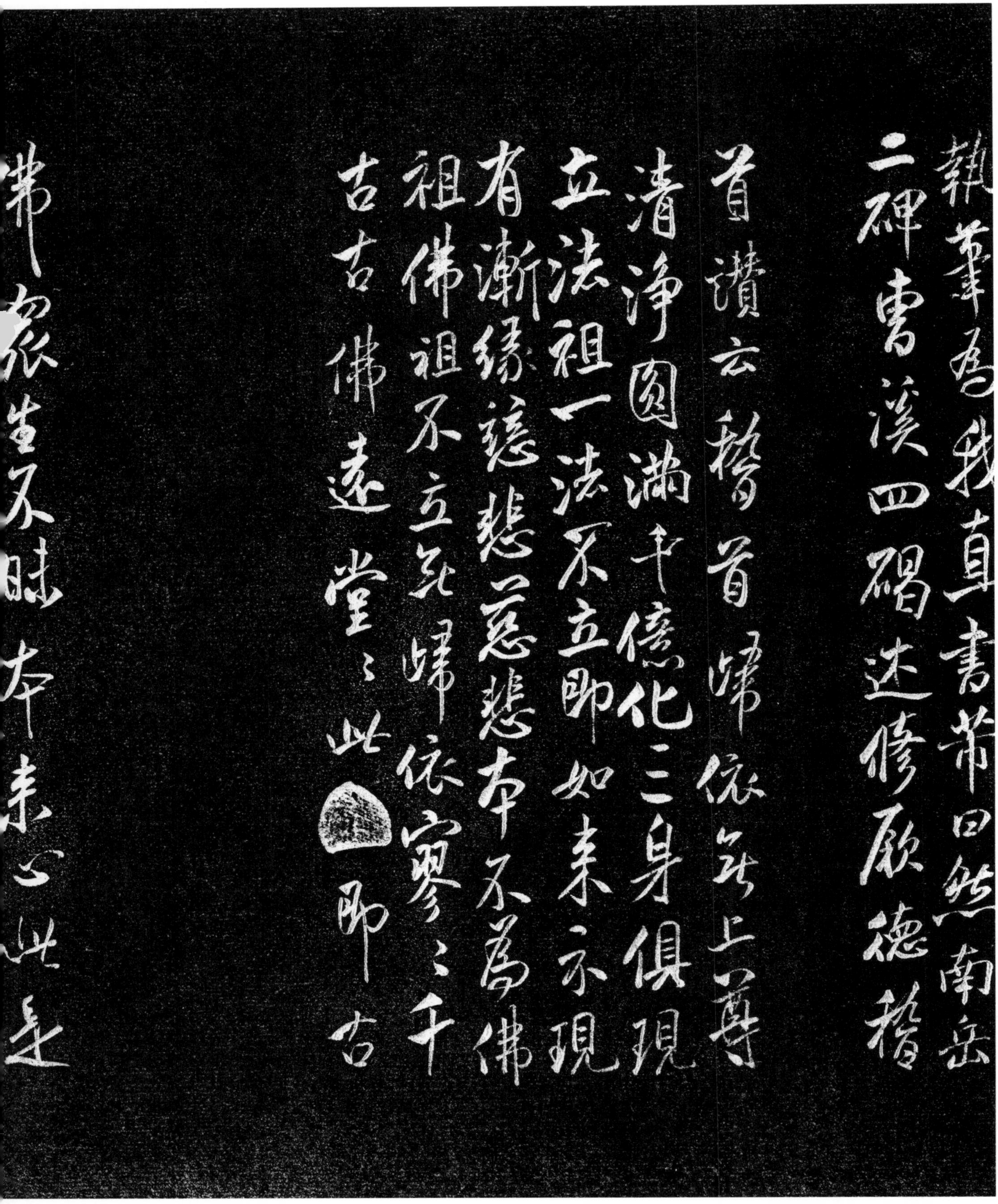
執筆爲我直書帶曰然南岳
二碑曹溪四碣述修厥德稽
首讚云稽首歸依無上尊
清淨圓滿千億化三身俱現
立法祖一法不立即如來不現
有漸緣慈悲慈悲本不爲佛
祖佛祖不立死歸依寥寥千
古古佛遠堂堂此即古
帶衆生不昧本來心此是

蕴真堂石刻一九（局部二）

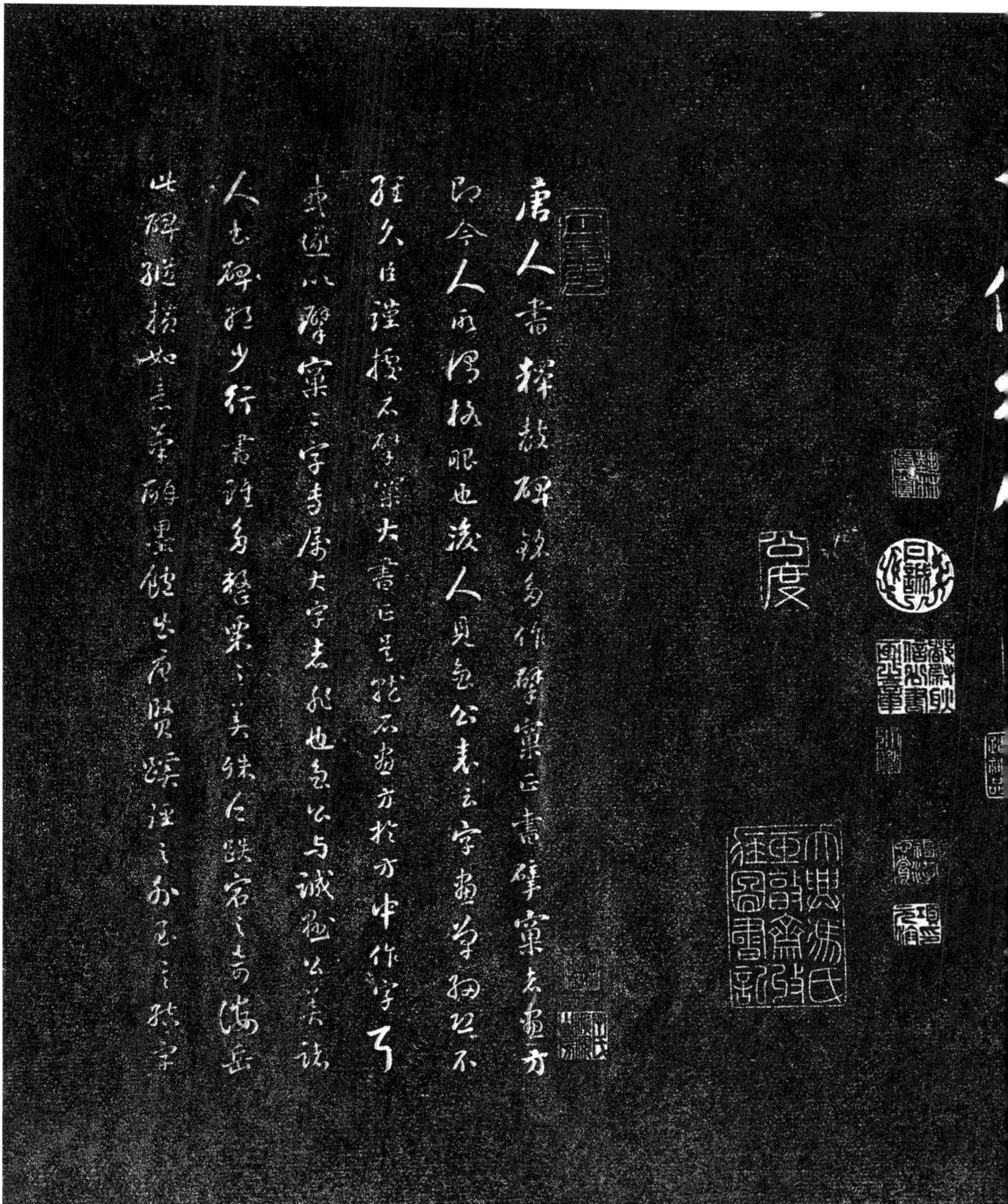

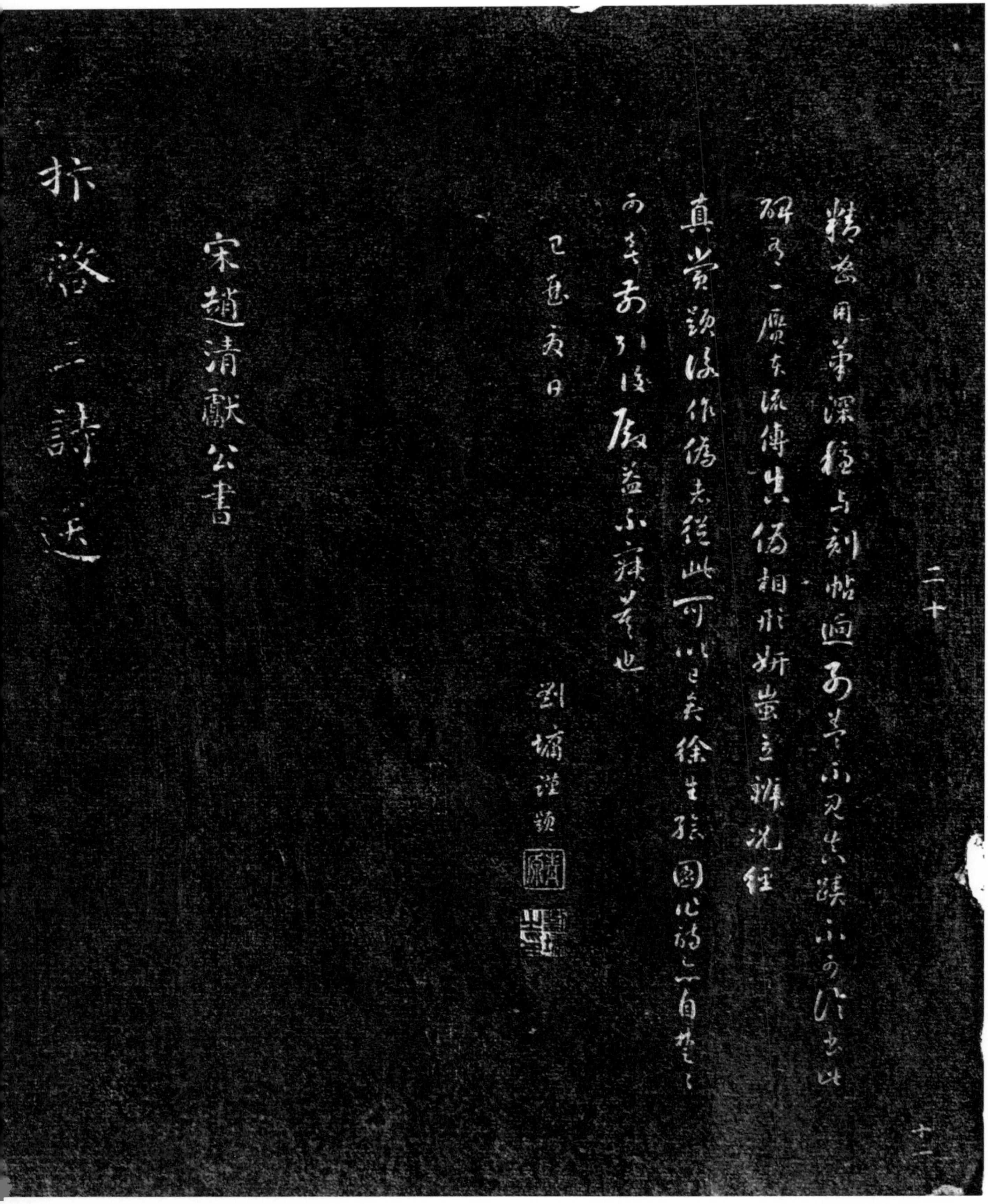

蕴真堂石刻二〇（局部一）

公才美有餘何待言而後

進同僚皆曰

安道赴

闕必新除此衆議所同也　抃頓首

綱頓首再拜

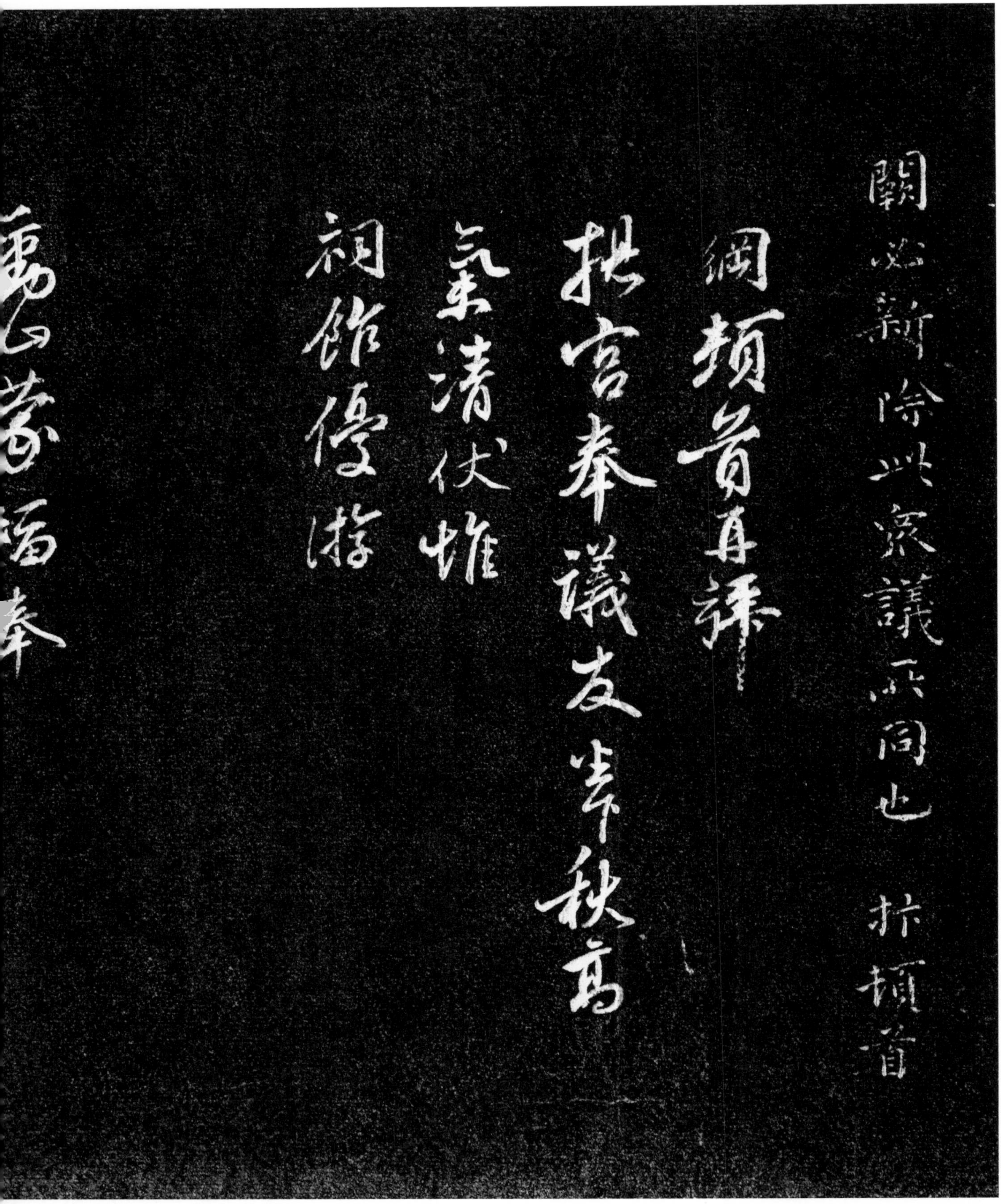

蕴真堂石刻二〇（局部二）

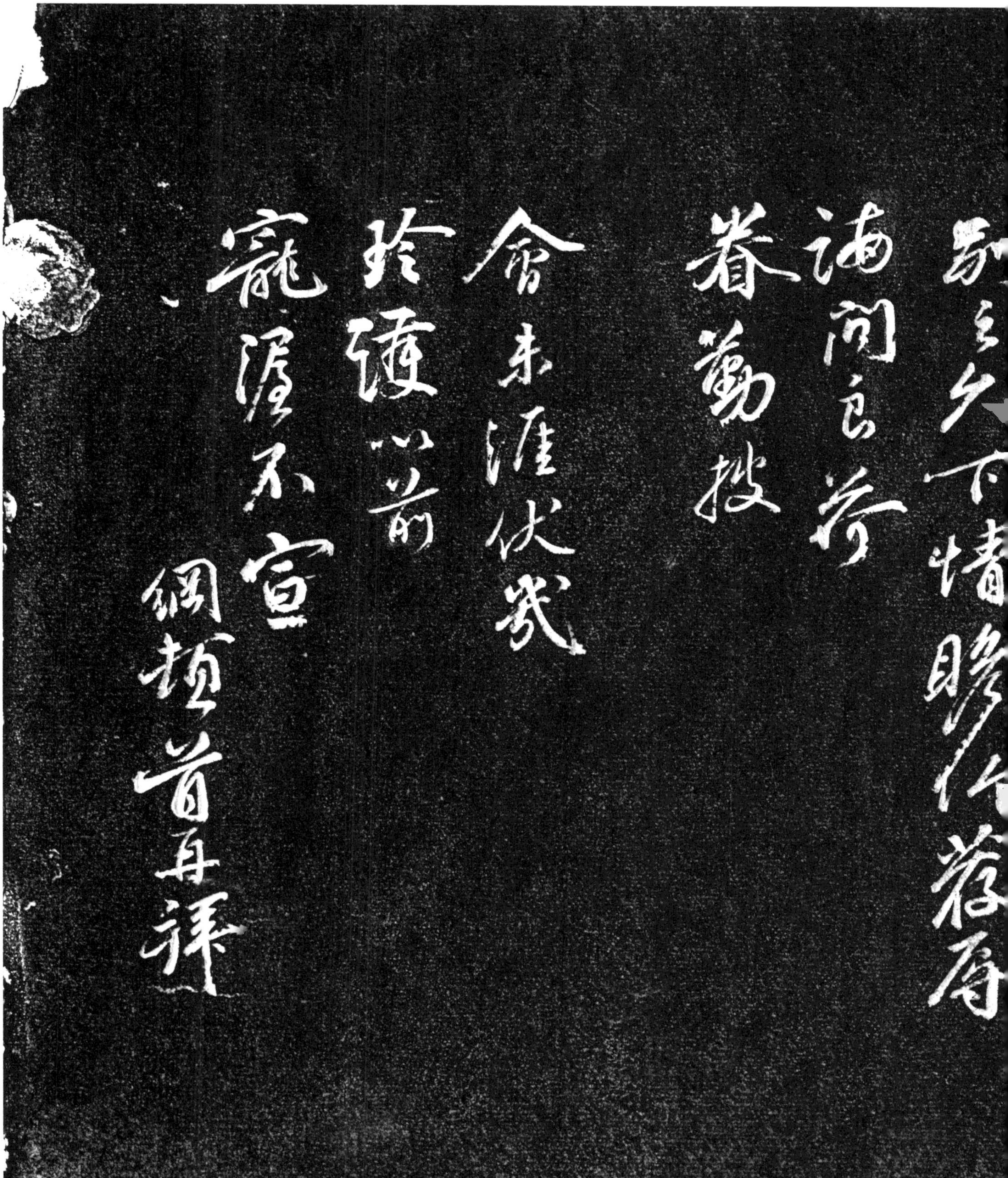
別之久下情瞻仰荐辱
諭問良勞
眷勤拔
會未涯伏冀
珍護以副
寵渥不宣
綱頓首再拜

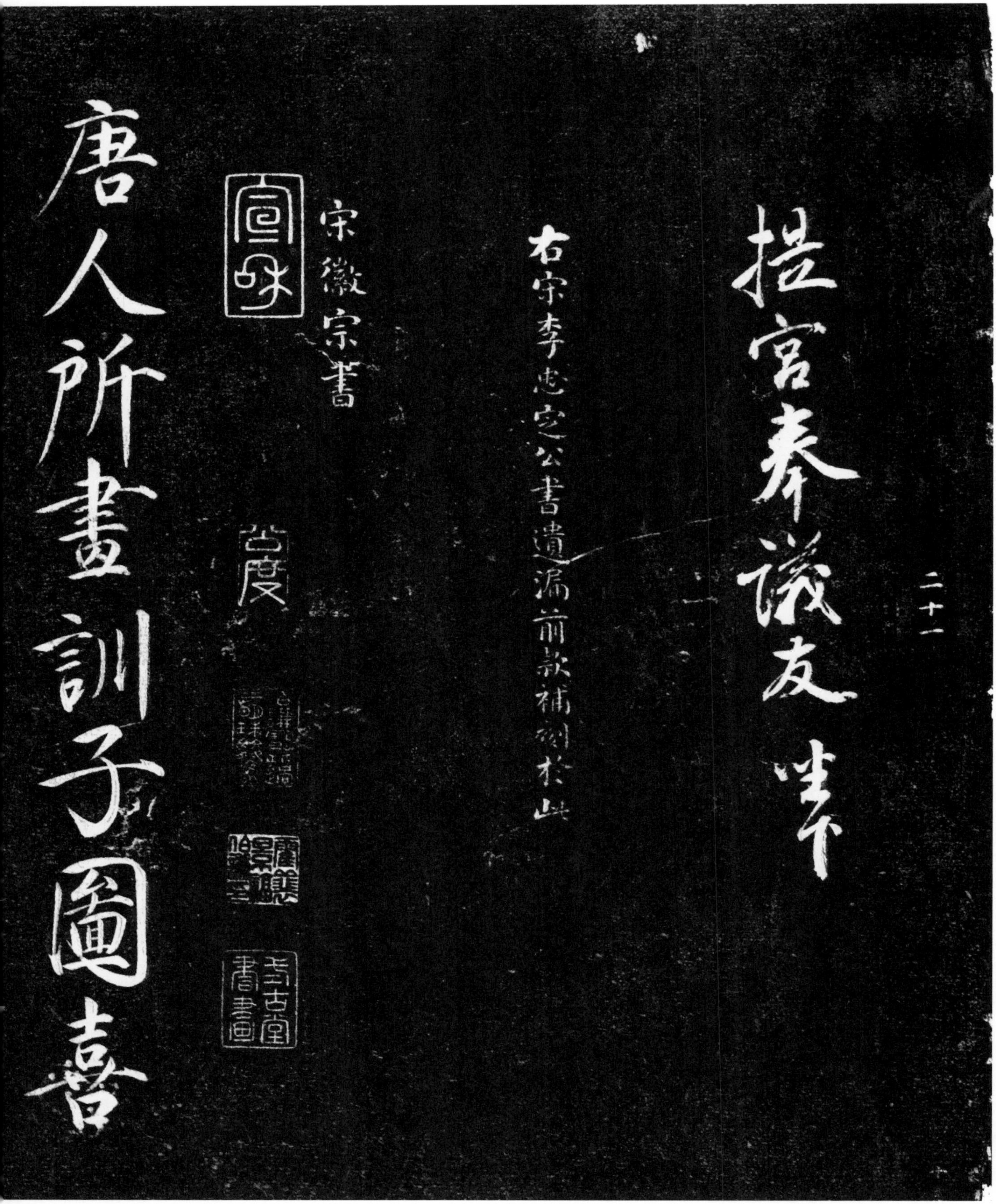
右宋李忠定公書遺漏前款補刻於此
宋徽宗書
唐人所畫訓子圖書

蘊真堂石刻二一（局部一）

其畫法工巧神采奕

筆當時尤能過庭

之意描寫殆盡機暇

彷彿成卷求之驪黃

牝牡之外可也

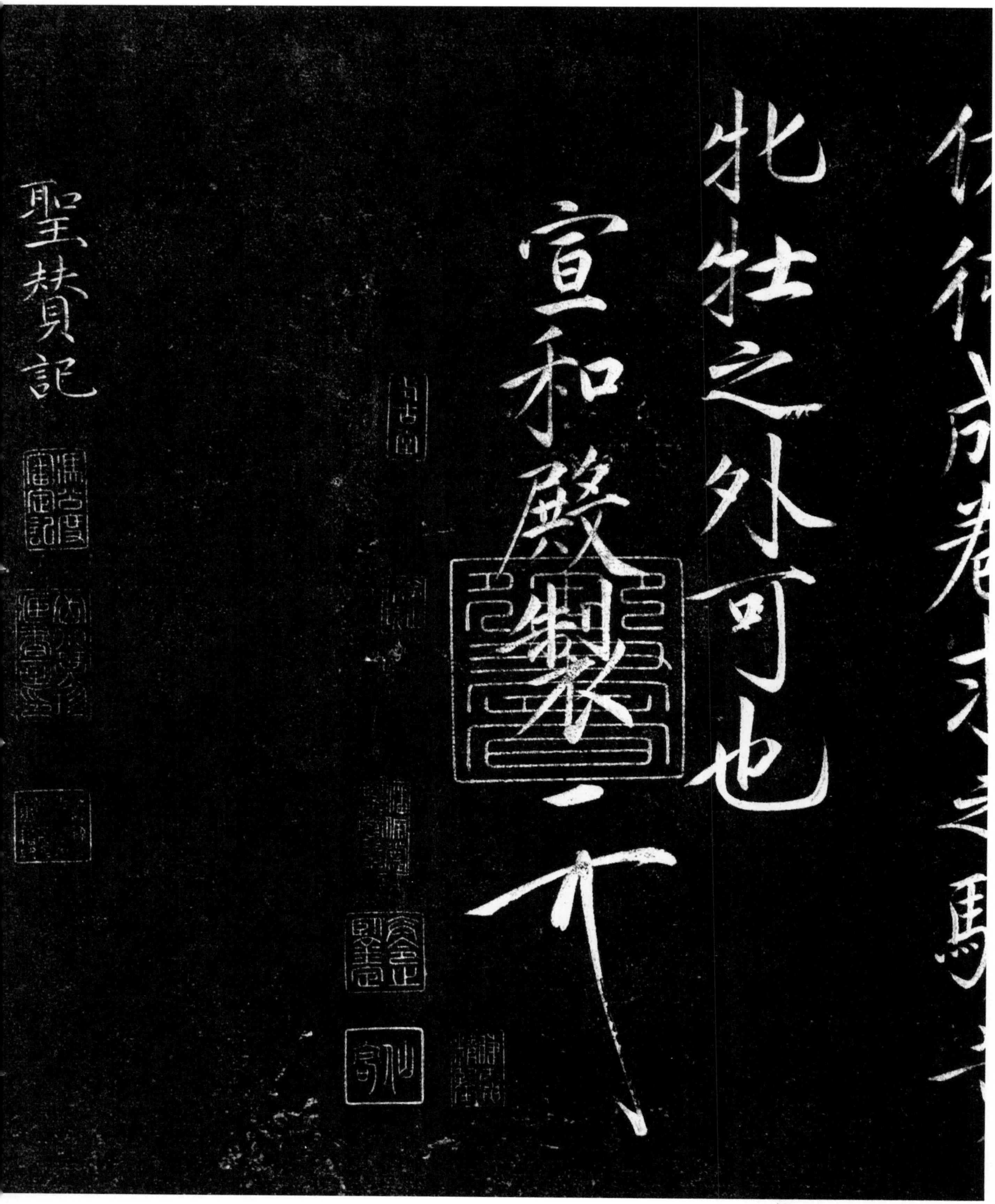

蘊真堂石刻二一（局部二）

寧殿夢至紅雲紫氣間衢上
下有宮室臺殿戶牖庭余見丹
川林麓皆舊所遊歷之地須臾數
十百人衣仙裳冠珮從安妃至前
掩面涕淚交下朕亦為之泣然奏
曰妾以宿契在神霄府已得奉
侍巾几後數年寄胎塵世
上帝所命下侍宸極復侍宮闈

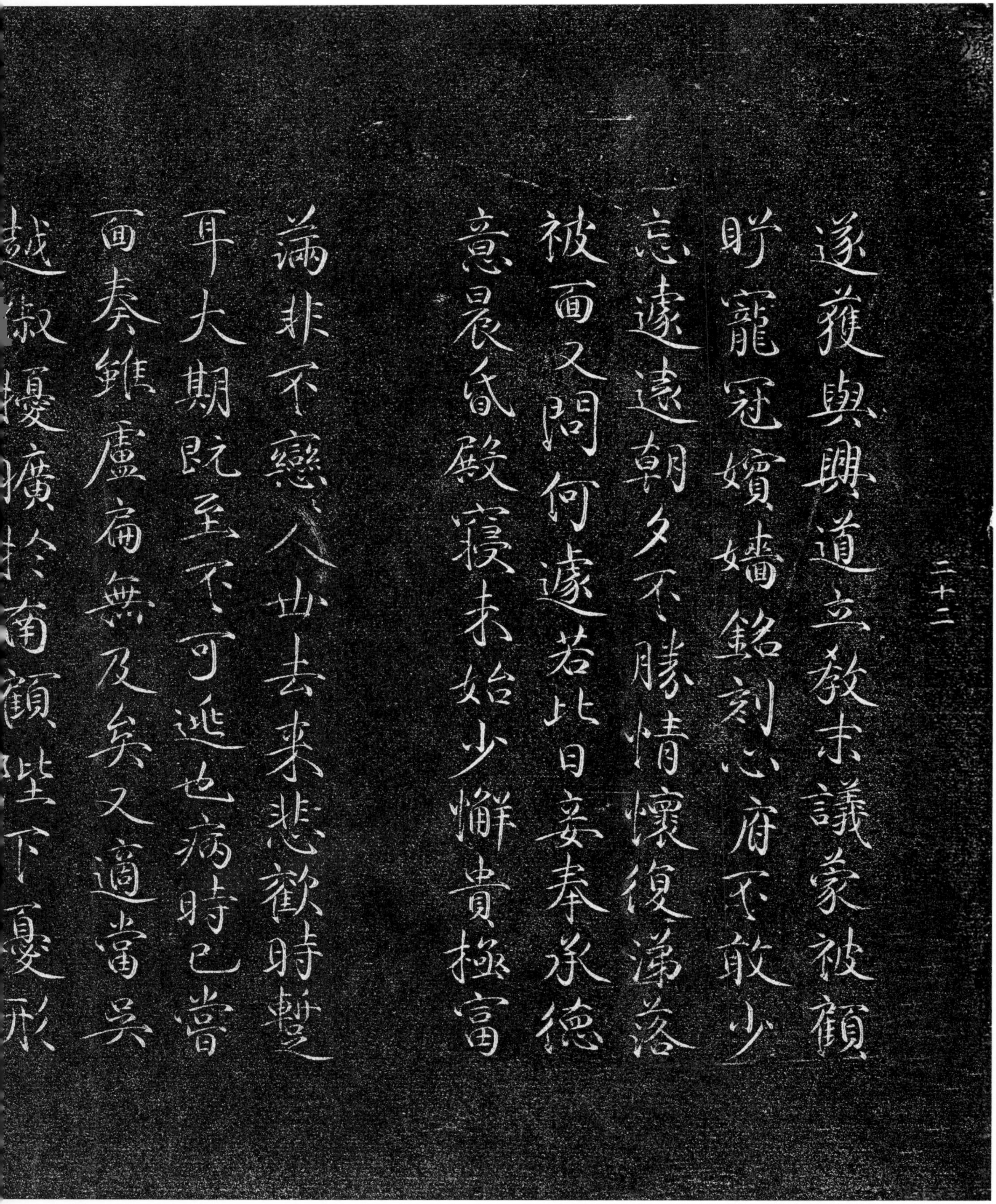
二十二
遂獲輿興道立教未議蒙被顧
盼寵冠嬪嬙銘刻心府不敢少
忘遽遠朝夕不勝情懷復淪落
被面又問何遽若此日妾奉承德
意晨昏殿寢未始少懈貴極富
滿非不戀人世去來悲歡時暫
耳大期既至不可逃也病時已嘗
面奏雖盧扁無及矣又適當吳
越叔擾攘於甯顧陛下憂形

蘊真堂石刻二二（局部一）

遂行且將以為報耳又問自寢
疾就諸宮觀祈禱無不虔至
願賜天醫速至多藥不獲昭
荅何也謝曰妾臥疾踰時陛下
憂見辭色祈禳備至顧妾何
以當克念無以稱誠非不盡
亦非不應也先時已有飛空神

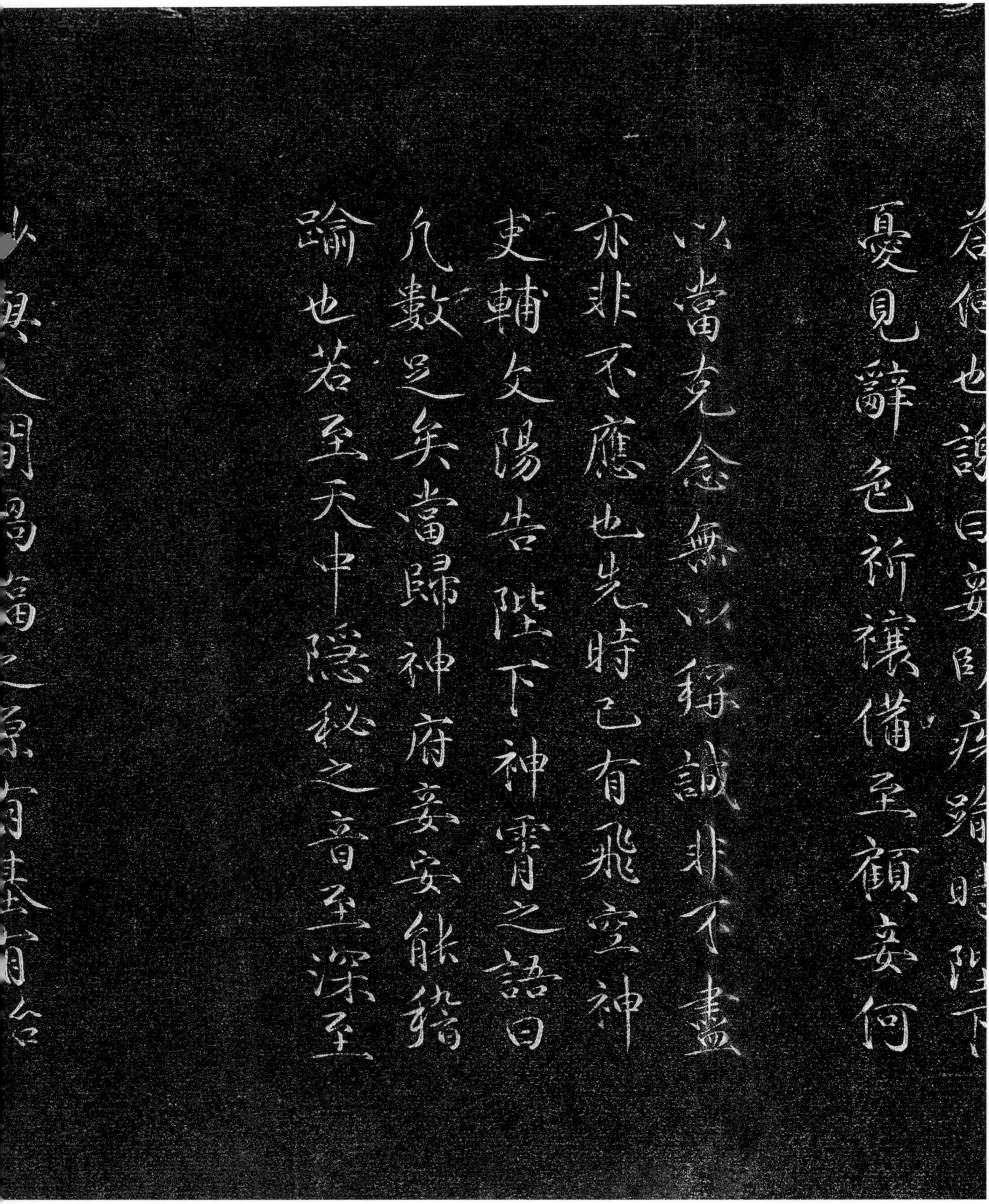
答何也謂曰妾臥疾殆時陛下
憂見辭色祈禳備至顧妾何
以當克念無以稱誠非不盡
亦非不應也先時已有飛空神
吏輔文陽告陛下神霄之語曰
凡數足矣當歸神府妾安能躋
踰也若至天中隱秘之音至深至

蘊真堂石刻二二（局部二）

鸞合聚背因總孝婁尤嘗曰追
侍鬟一一具奏想令悉留聖心幸
毋深悼於妾也曰幼兒弱女能
無念乎曰此間系累無重於此
妾有同德之妹乃神府靈妃頃
在神府時以忠孝相當繼妾身
後矣付之而去倫然獨逝何復
可念又叙別曰妾已露章
青帝奏簡

古度

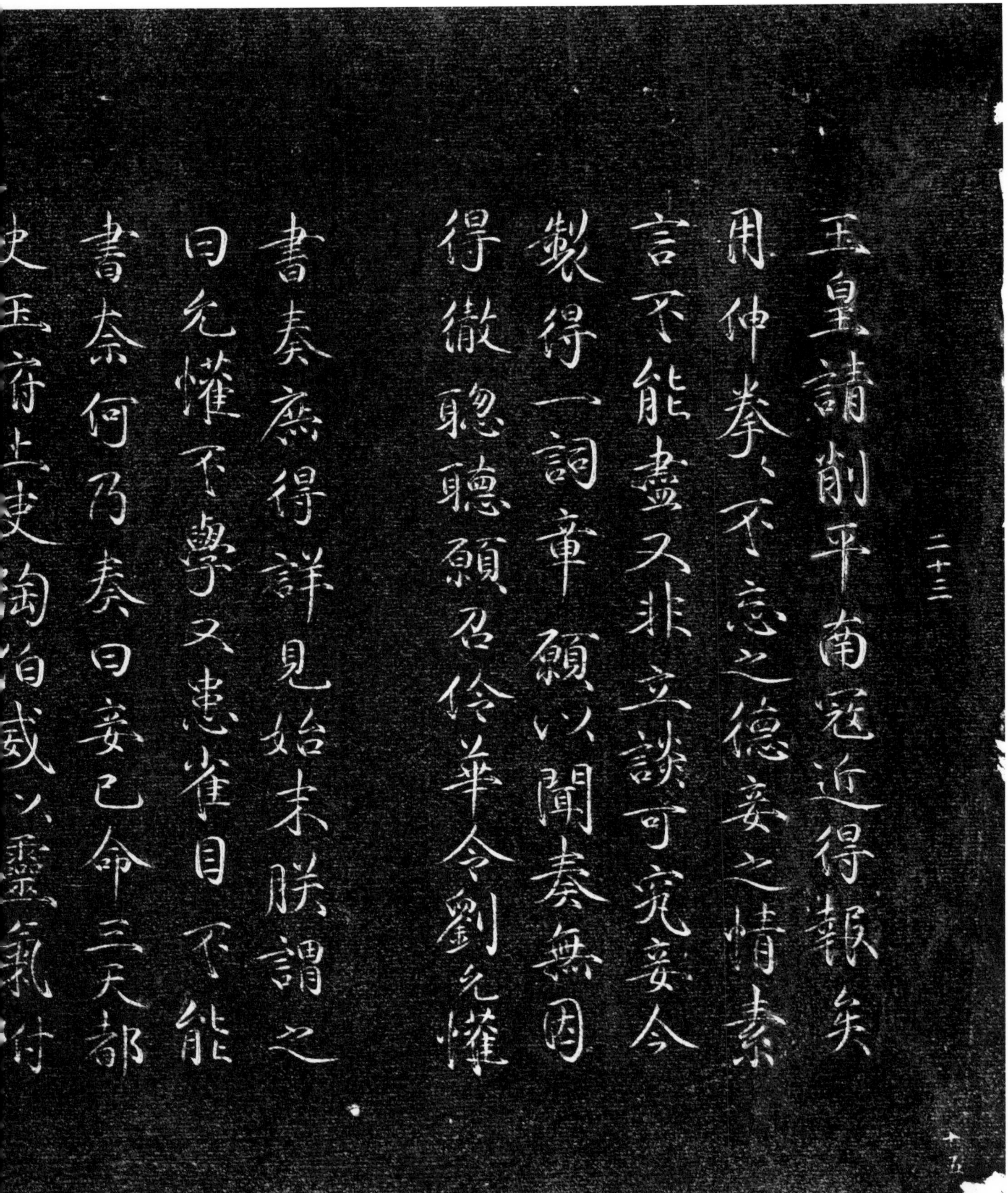

二十三
玉皇請削平南寇近得報矣
用仲拳〻不忘之德妾之情素
言不能盡又非文談可究妾今
製得一詞章願以聞奏無因
得徹聰聽願召伶華令劉允懽
書奏庶得詳見始末朕謂之
曰允懽不學又患雀目不能
書奈何乃奏曰妾已命三天部
吏玉府上吏陶滔威以靈氣付
十五

蘊真堂石刻二三（局部一）

祈懇願多以妾爲念遂覺及
旦亟召王老臣至則已失常若
昏醉中目視睆、乃命給筆
札置榻前令書老臣素體肥
足不能盤辟指俱大鄭拴操
筆雖書未嘗得端楷即撓
紙濡墨口吻俱動若吟哦諷詠

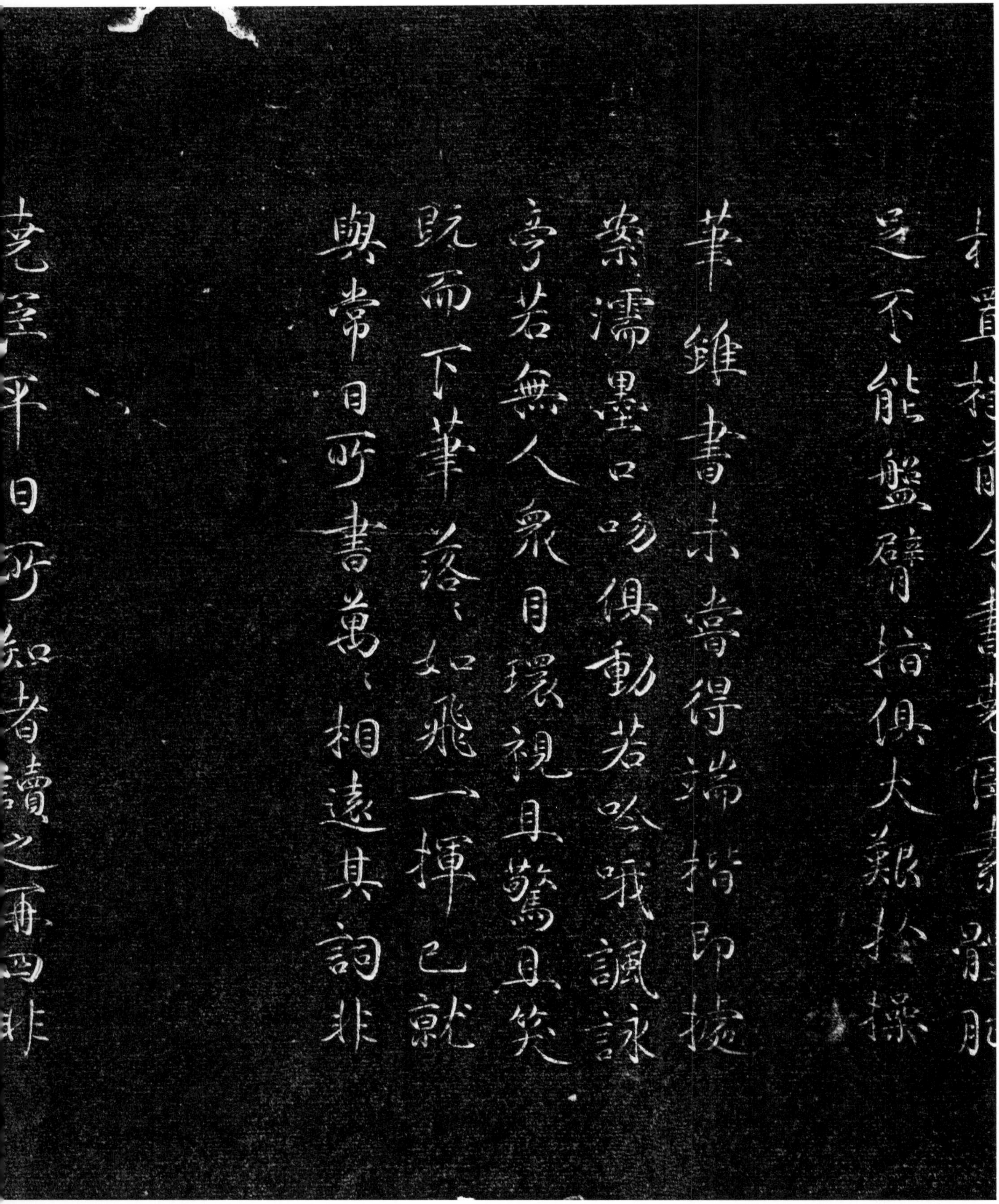
筆雖書未嘗得端措即撓
紫濡墨口吻俱動若吟哦諷詠
亭若無人衆目環視且驚且笑
既而下筆落落如飛一揮已就
興常日所書萬萬相遠其詞非

蕴真堂石刻二三（局部二）

之限言也如余[illegible][illegible]又祈[illegible]
至夜病祈禳稱謝之意甚悉
為之悵然象乃大愕叫呼歎
駭不已克臣若醉醒使視所
書章詞不能讀且曰非我書
也克臣奉道今為都道録在
神府為伶華令劉名權所
書詞章附其記末
夫希之表何族於達觀耶綿之

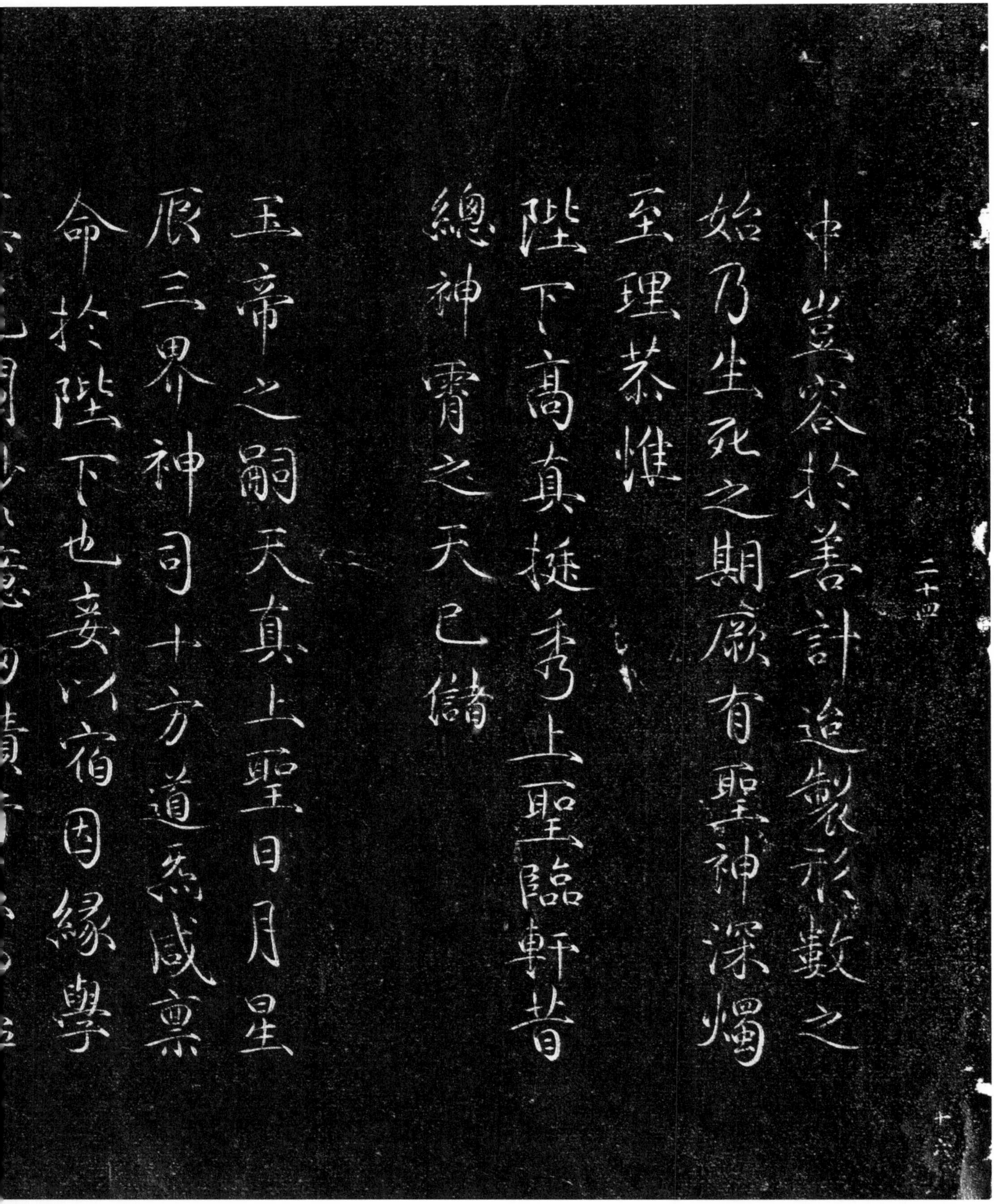
中豈容於善計追製形數之
二十四
始乃生死之期厥有聖神燭
至理茶惟
陛下高真挺秀上聖臨軒昔
總神霄之天已儲
玉帝之嗣天真上聖日月星
辰三界神司十方道為咸稟
命於陛下也妾以宿因緣學
十六

蘊真堂石刻二四（局部一）

受

太上之寶書證九華之上秩復

承陛下之洪眷嘗兩進仙階故

得玉真上靈之號焉寵分元

母位冠群姝當陛下降治於

人寰命

青帝攝行於神府一道德之

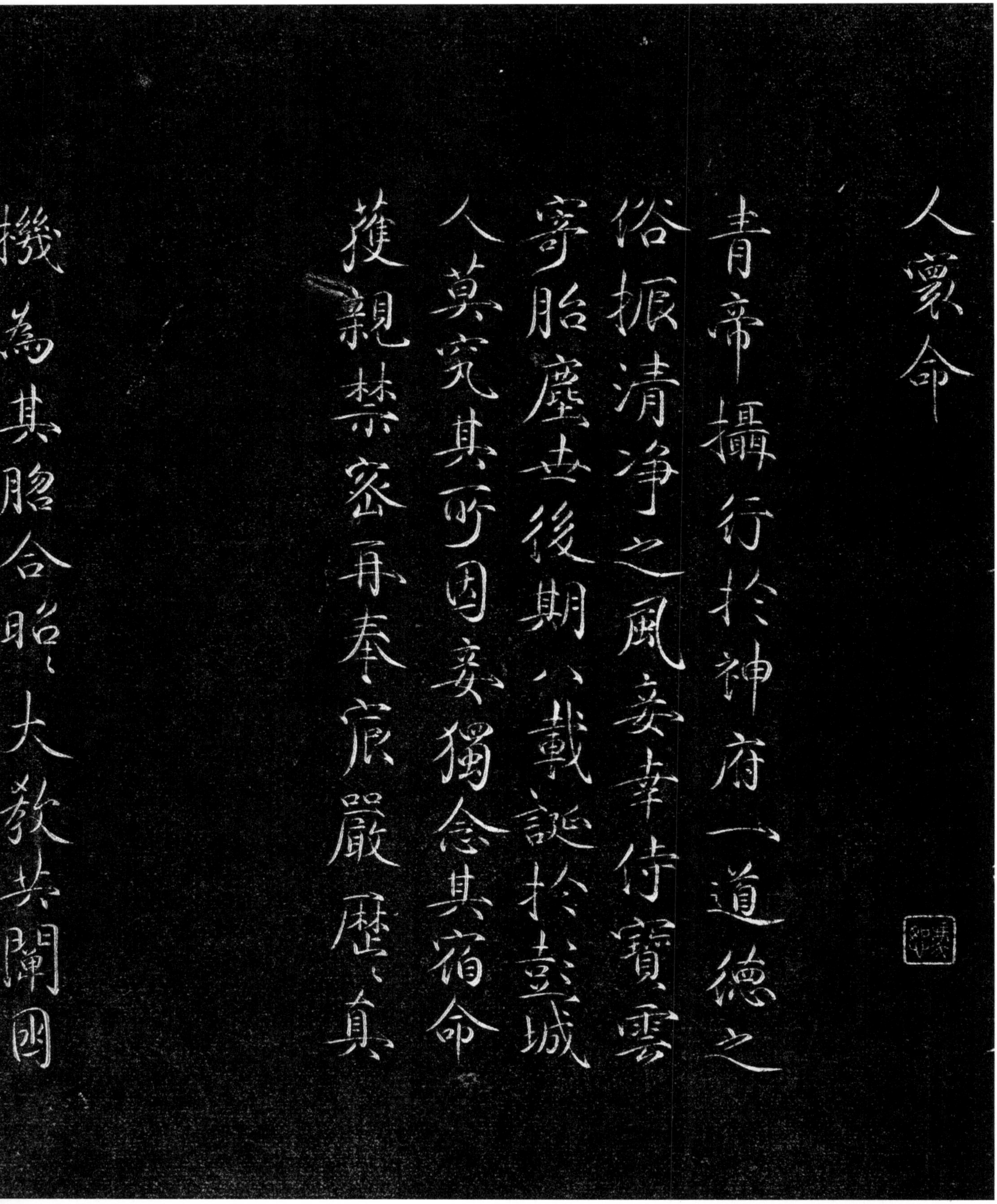
人寰命
青帝攝行於神府一道德之
俗振清淨之風妥幸侍寶雲
寄胎塵世後期八載誕於鼓城
人莫究其所因妥獨念其宿命
獲親禁密再奉宸嚴歷歷真
機為其胎合昭昭大教其闡國

蘊真堂石刻二四（局部二）

地之長久適在吳越猶曠私
臨玄會有期當還寡極而陛
下尚以丘山之念憐其壼則
之脩俯爲勤留未賜俞允然
眷懷雖重而忘憂無窮妾豈
敢交覈駟結樂人間之欲而違
上禁者哉於是假胎息之緣
庚退幃幙之寵私絕稻粱之腥

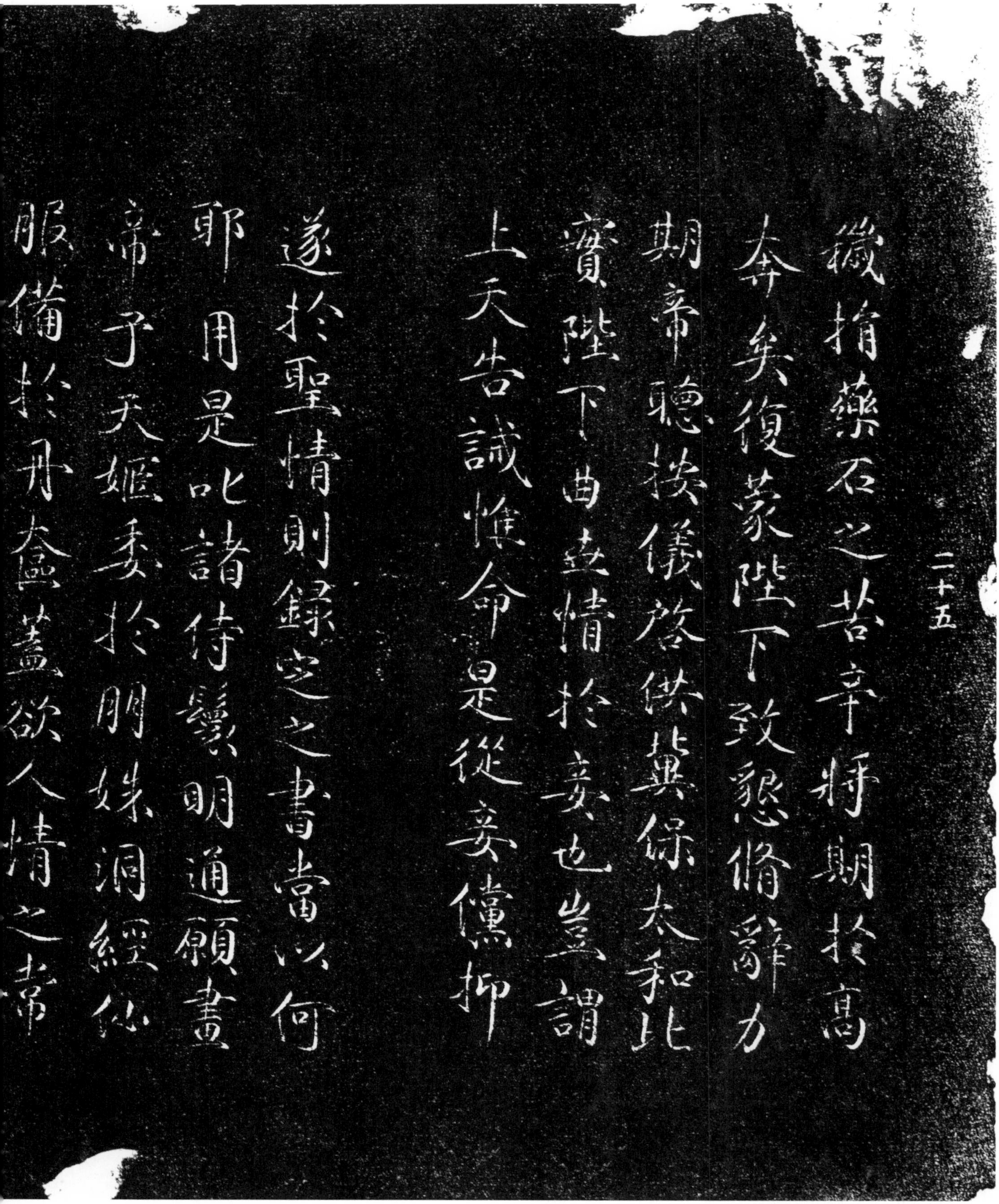

二十五

纖指藥石之苦辛將期於高

年矣復蒙陛下致懇脩辭力

期帝聽接儀容供箕帚太和比

賓陛下曲垂情於妾也豈謂

上天告誡悛命是從妾儻抑

遂於聖情則録定之書當以何

耶用是叱諸侍鬟明通顧畫

帝子天姬委於朋姝洞經似

服備於丹奩蓋欲人情之常

蘊真堂石刻二五（局部一）

矣屬陽春之暮當炎景之肇
新並命羽軿高升灝爲上
朝金闕重之玉書琳房共慶
於迴旋玄伍後須於玉治露碧
緘於

青帝盟丹簡於
昊尊丐協咸神披羅惡遊去

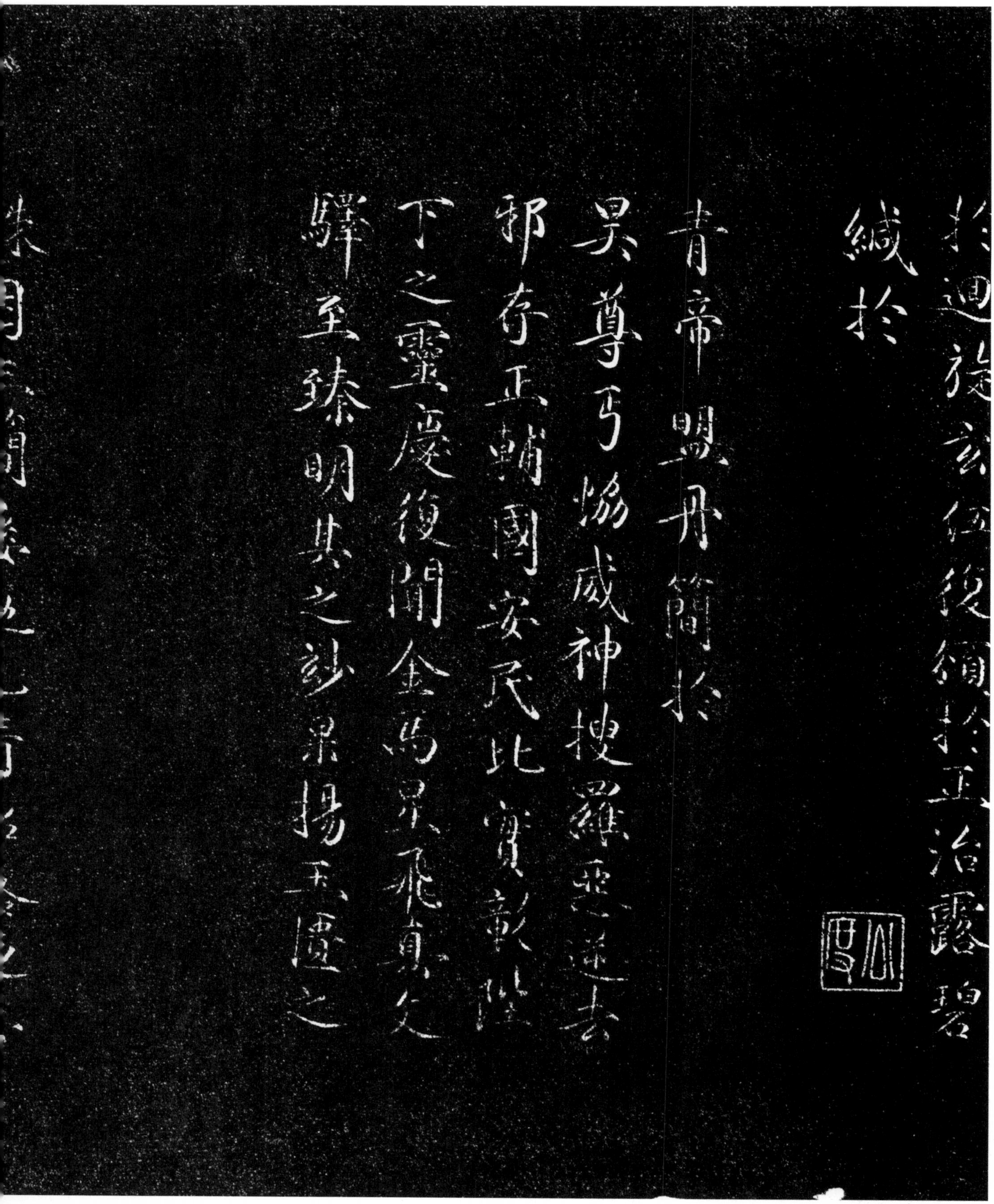

蘊真堂石刻二五（局部二）

遐歸之後猶存陛下之恩非徒
進品於叢霄亦得留祥於當
世下逮幽夜均荷餘休重念形
數之域離合有常妾雖遠
於巾几自當福報於無彊慎
勿慚國處而悼妾也其如循常
作祔追冊正名懷遠之恩厚
矣送終之理備矣念無以為稱
焉伏望

蘊真堂石刻二六（局部一）

南宋朱文公書

富貴有餘樂
貧賤不堪憂
誰知天路幽
險倚伏互相酬

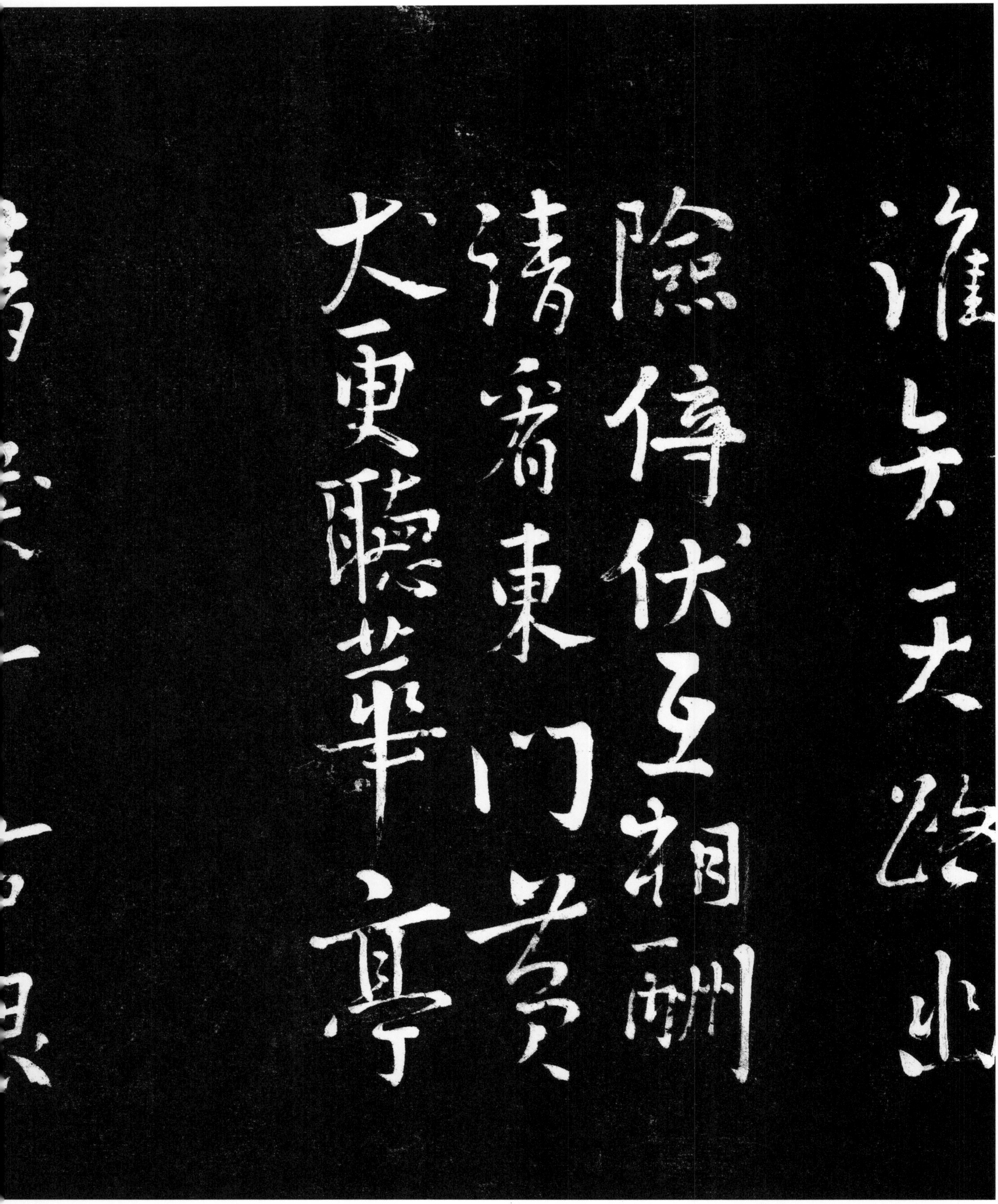

蕴真堂石刻二六（局部二）

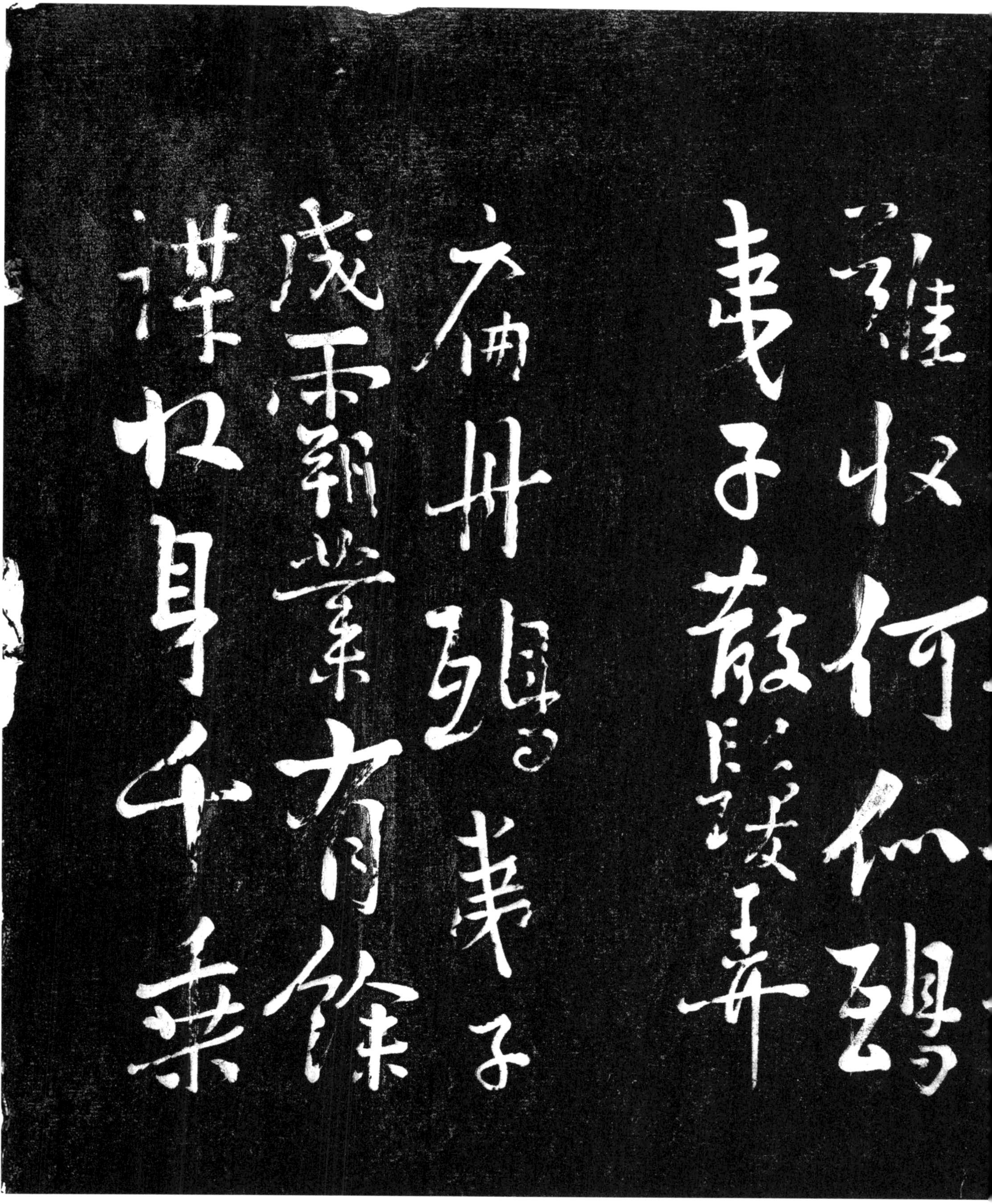

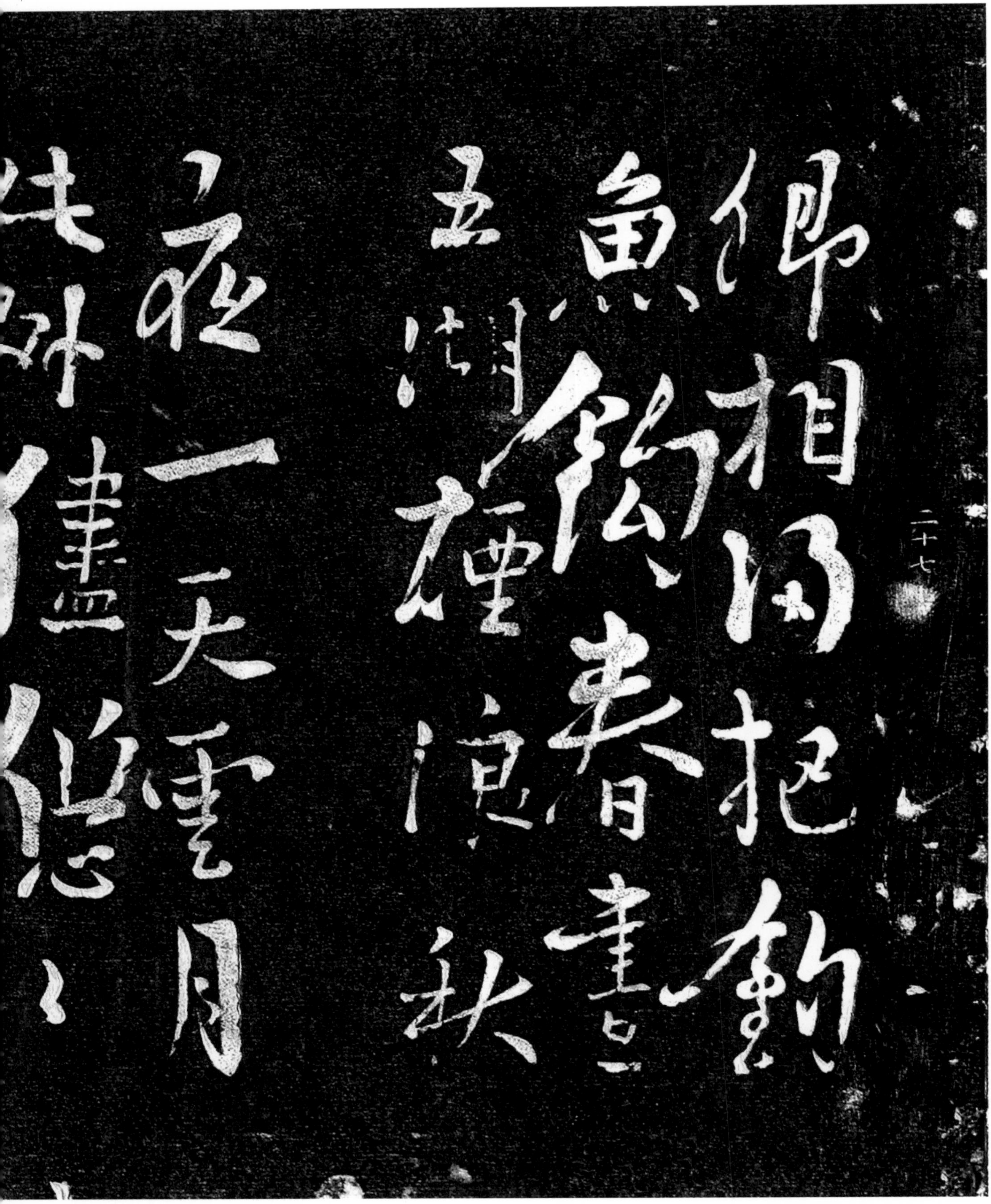

蘊真堂石刻二七（局部一）

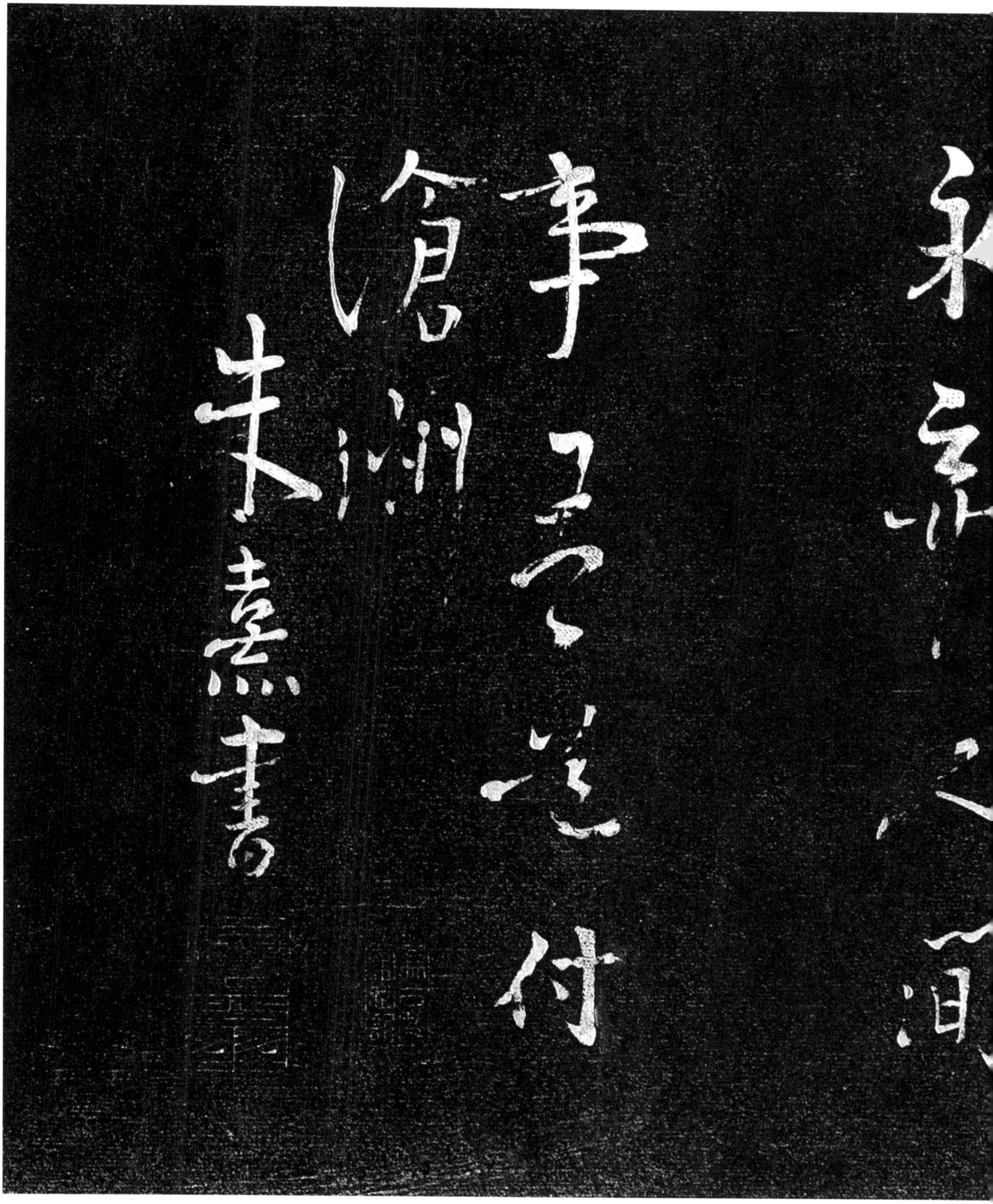
事了遂付
滄洲
朱熹書

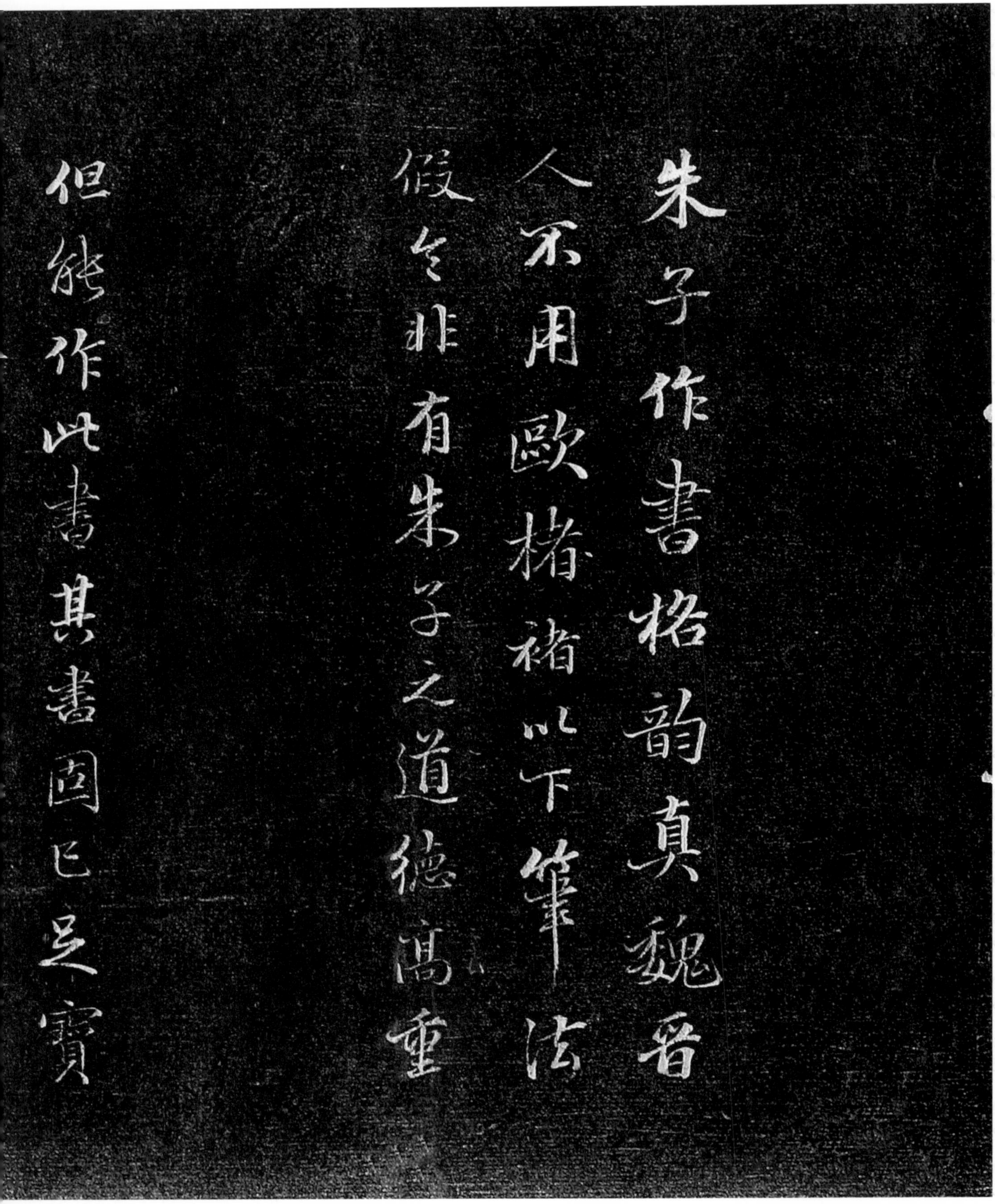
朱子作書格韻真魏晉
人不用歐楮褚以下筆法
假令非有朱子之道德高重
但能作此書其書固已足寶

蕴真堂石刻二七（局部二）

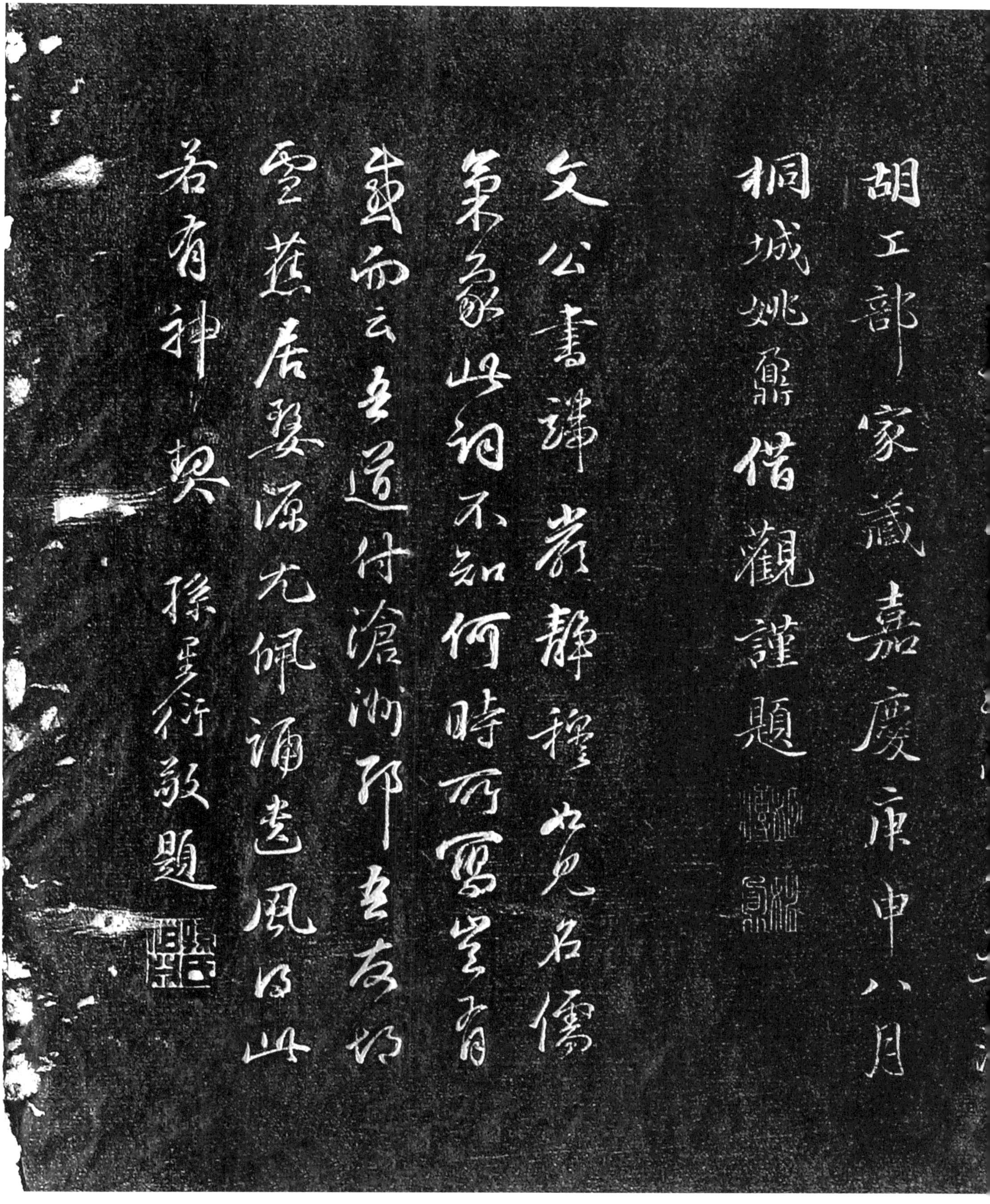

胡工部家藏嘉慶庚申八月
桐城姚鼐借觀謹題

文公書韡巖靜穆如見名儒
氣象此幅不知何時所寫豈有
歲而云吾道付滄洲耶吾友胡
雪蕉居婺源尤佩誦遺風得此
若有神契　孫星衍敬題

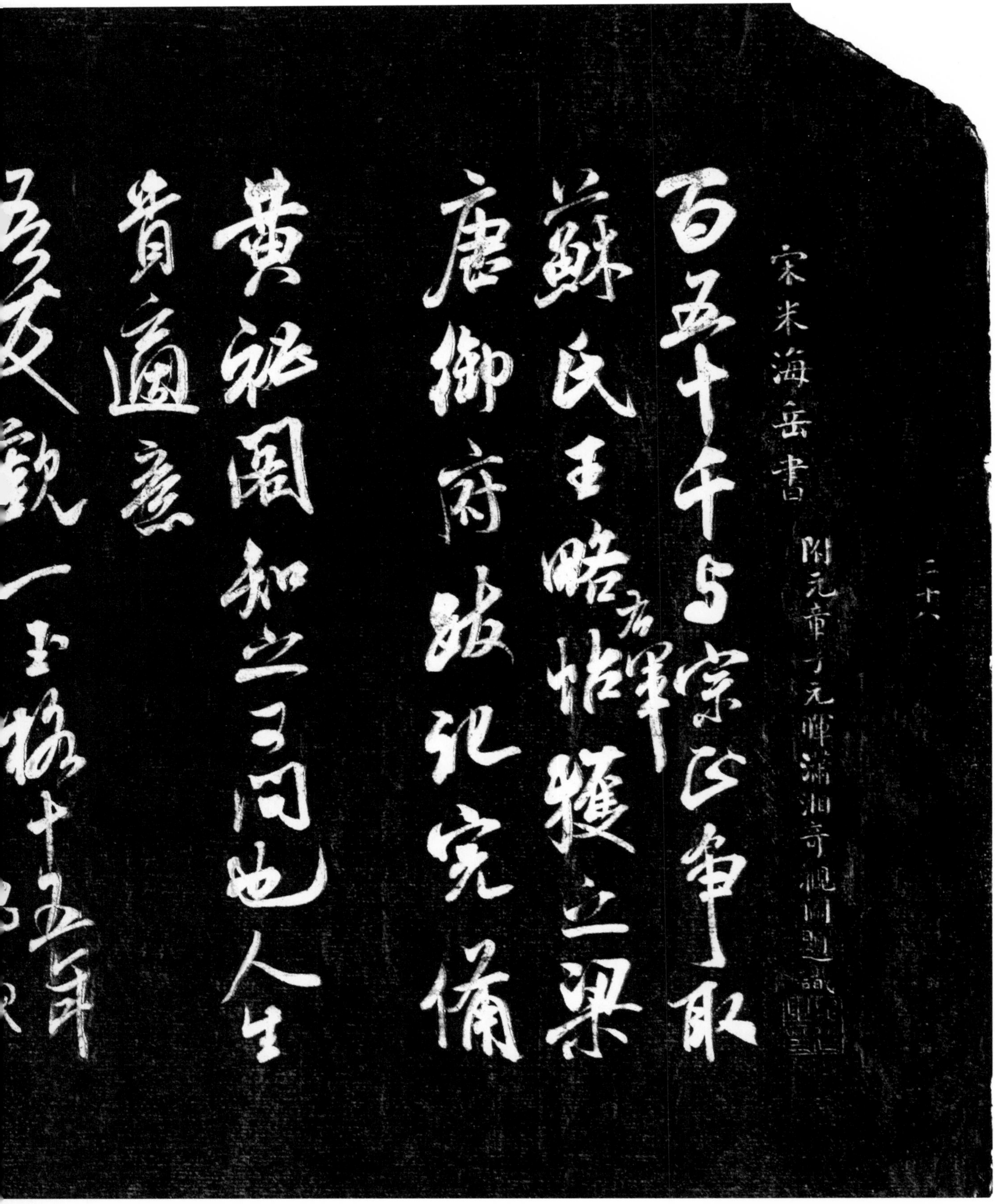
宋米海岳書
附元章子元暉瀟湘奇觀圖題識
二十六
百五十千与宗正争取
蘇氏王略帖右軍
唐御府跋記完備
黄祕閣知之可問也人生
貴適意

蘊真堂石刻二八（局部一）

砑板紙和他無偽且
各是所好而已章圖之
米君若一旦先朝露兒
孫萬金不肯出　芾頓
丹陽米甚貴請一航

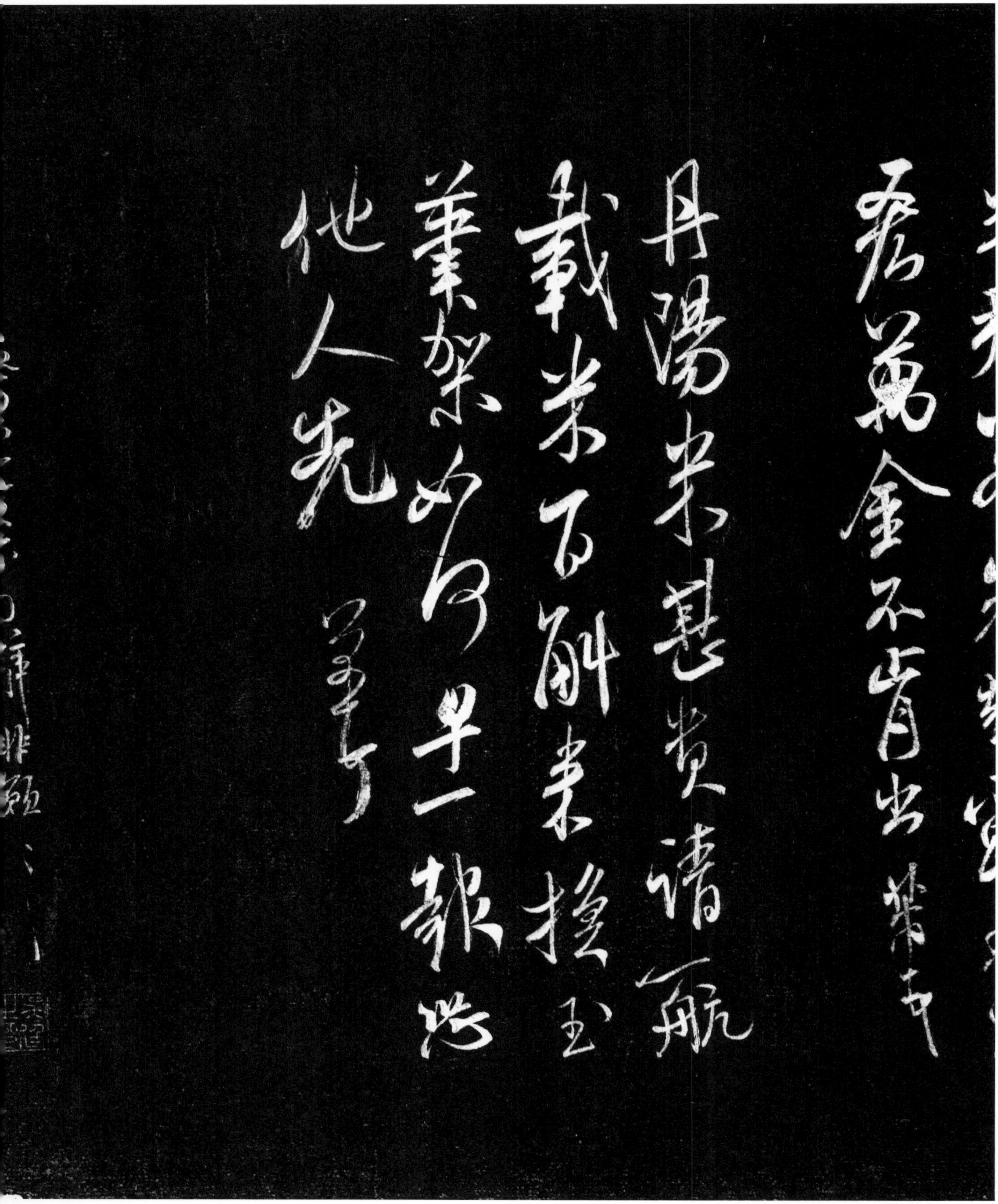

蘊真堂石刻二八（局部二）

芾頓首啟畫不可知書
則十月丁巳過細語與趙
仲充言要與人印是此物
紙紫赤黄色所注真字褊
草字上有爲人模墨
遂印模痕未有二字
李瑋（增）字速出爲念其

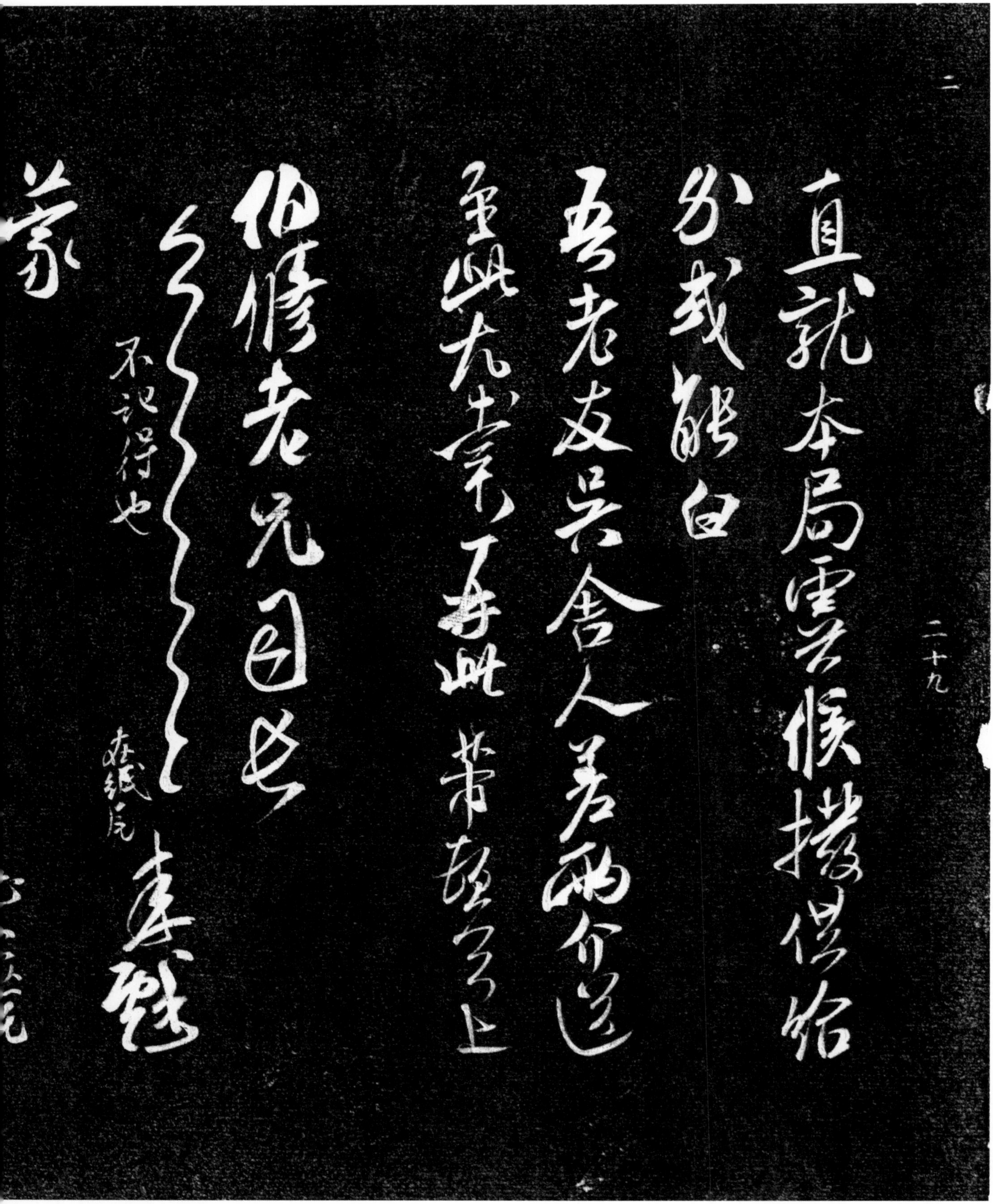

蕴真堂石刻二九（局部一）

長洲縣西寺前僧正寶
月大師收翟院深山水
兩幀第二幀上一秀才騎
馬元要五千貫只著三千後
來寶月五千貫了也肯

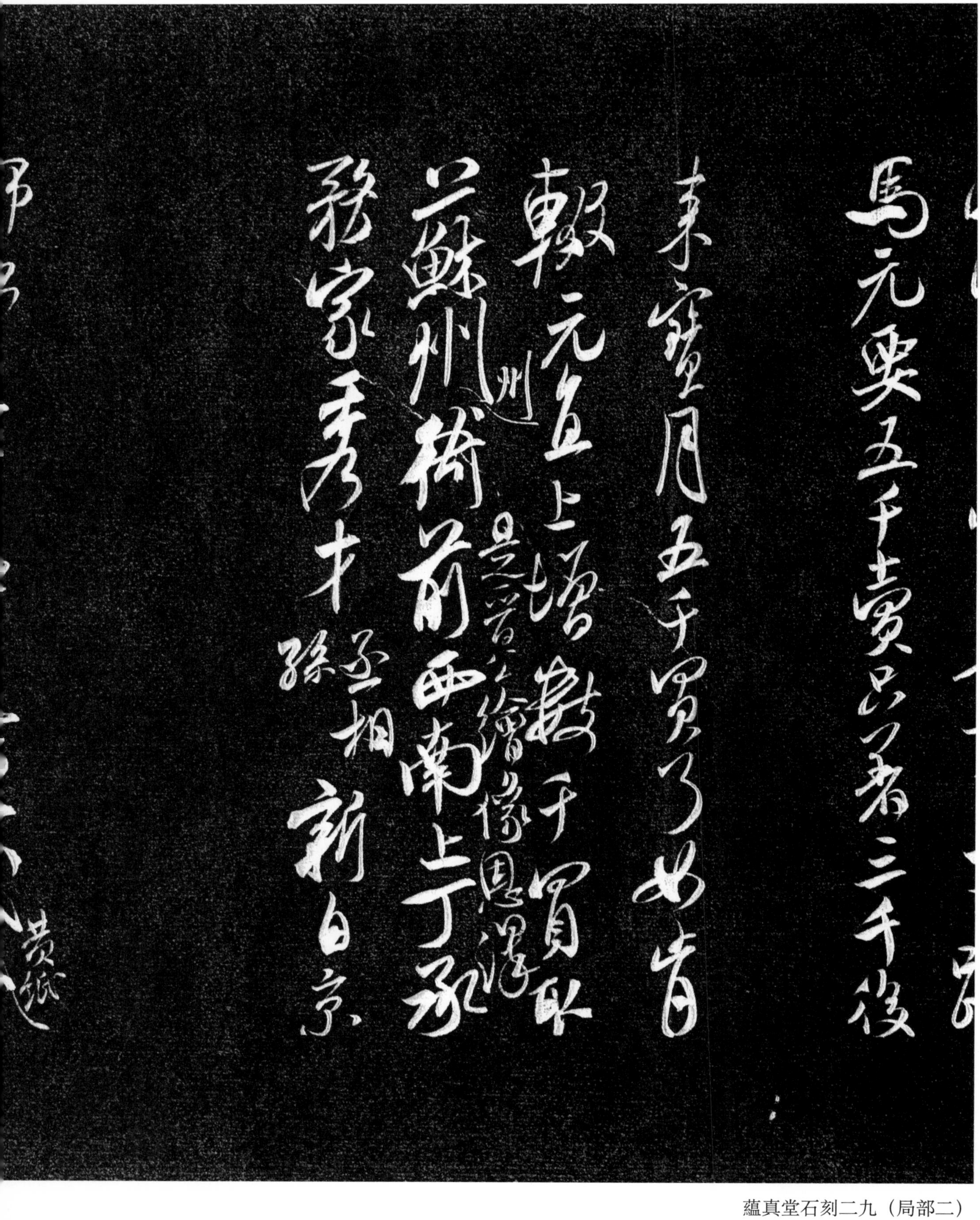

蕴真堂石刻二九（局部二）

輒聞道有數小真字注
不識草字未有奪戲
二字向要十五千只以為他十千
遂不成今知在如十五千
肯告買取更增三二千不妨
戲成呈
司諫台坐
芾

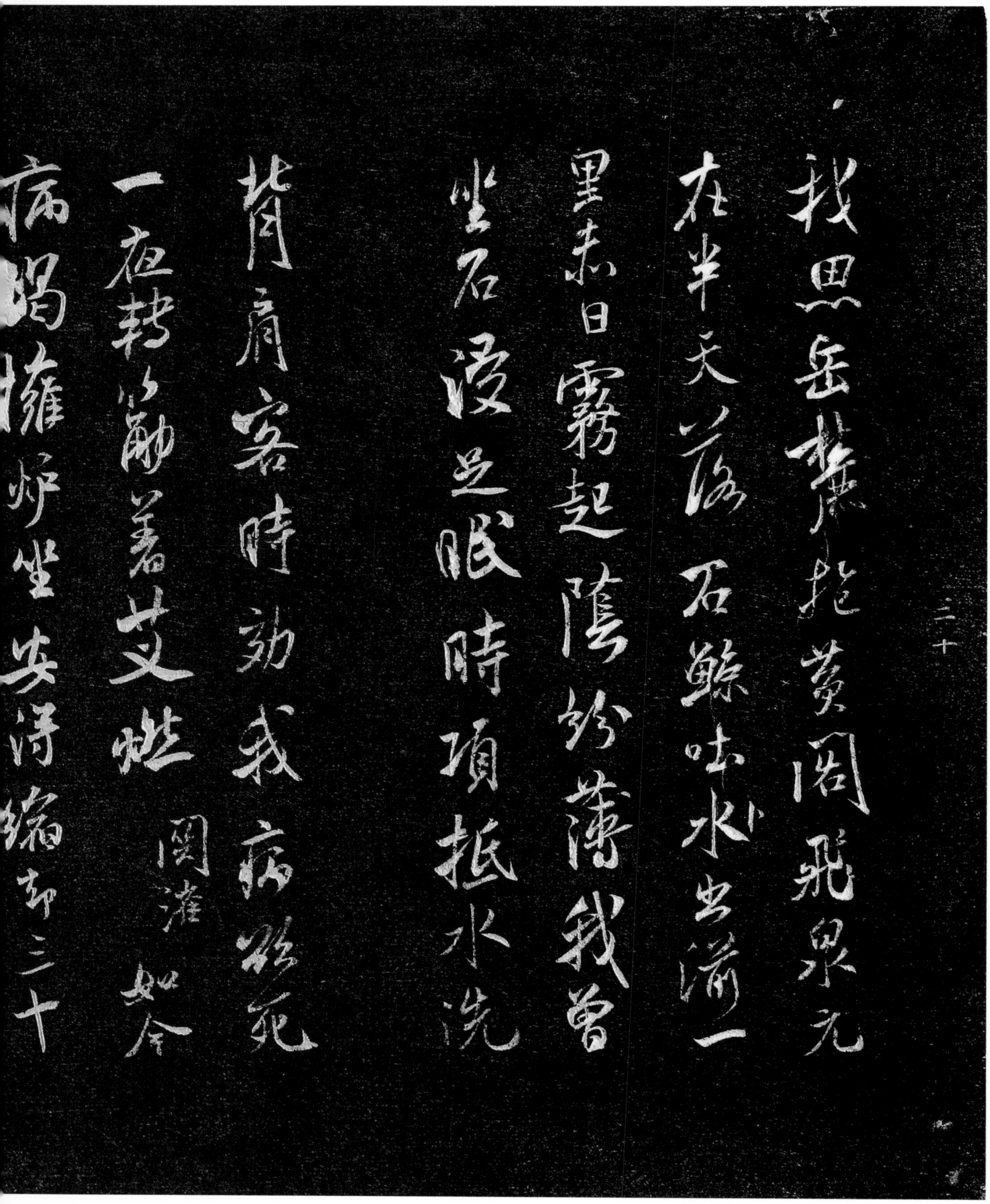

蕴真堂石刻三〇（局部一）

蘊真堂石刻
第三

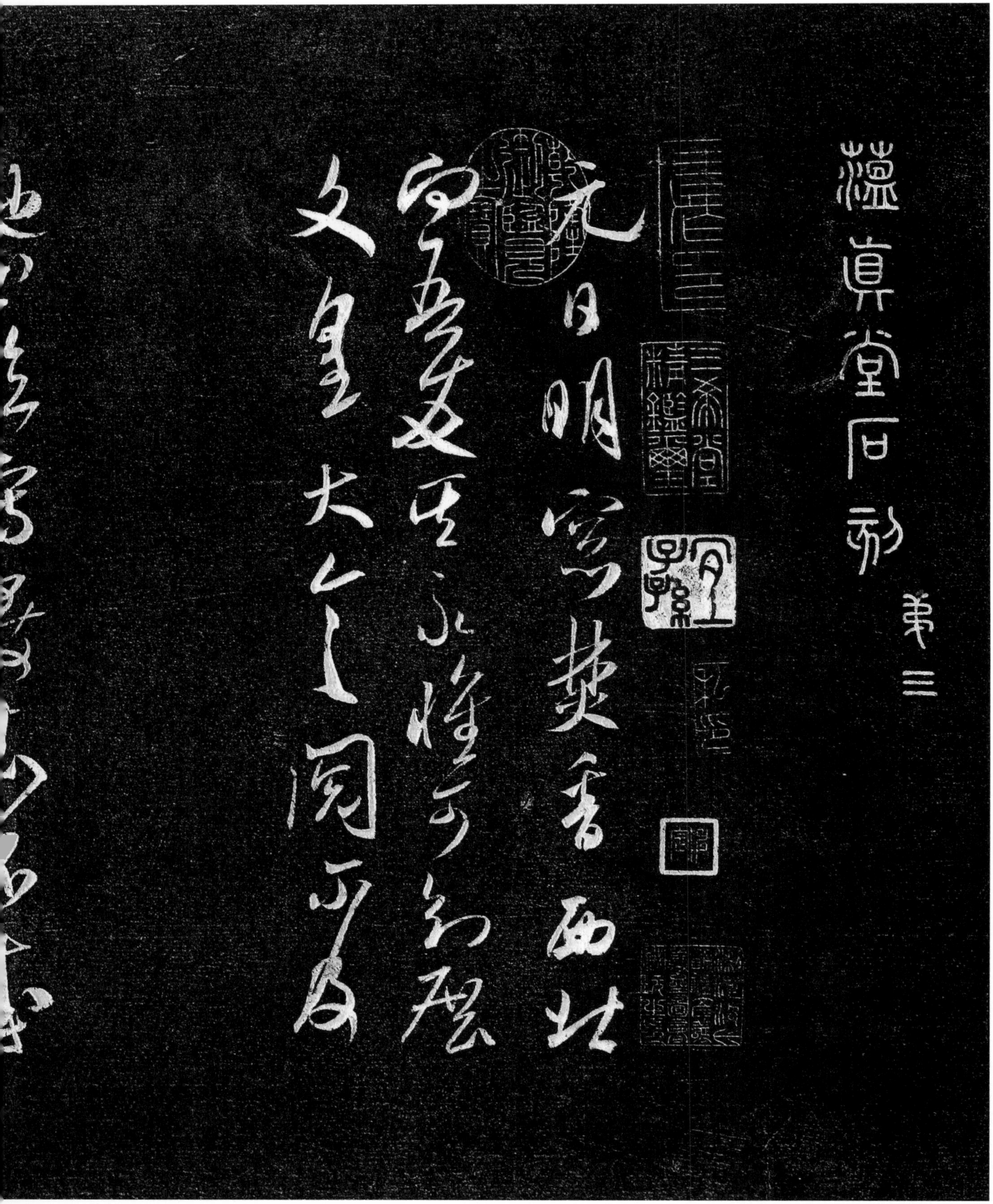

蘊真堂石刻三〇（局部二）

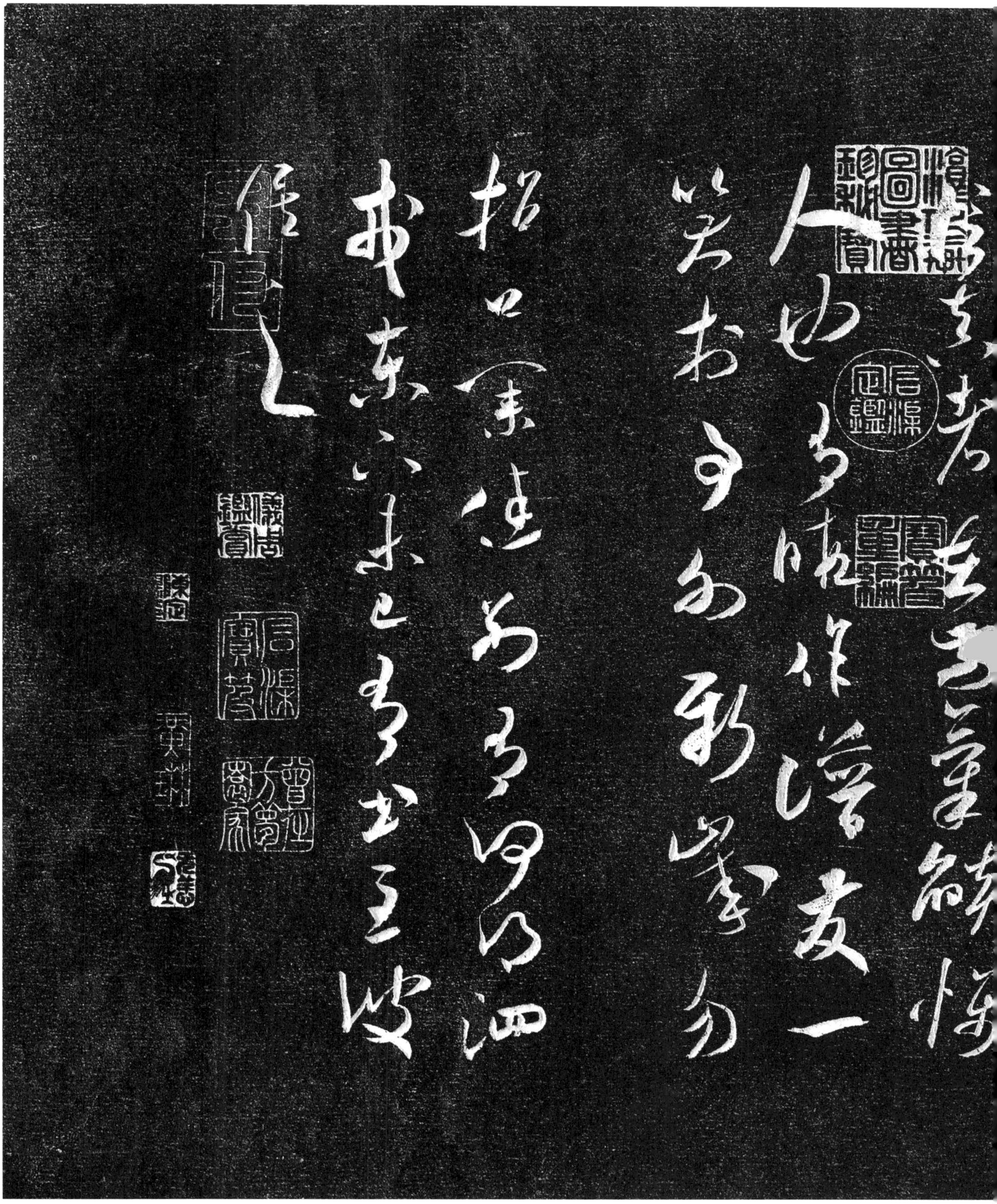

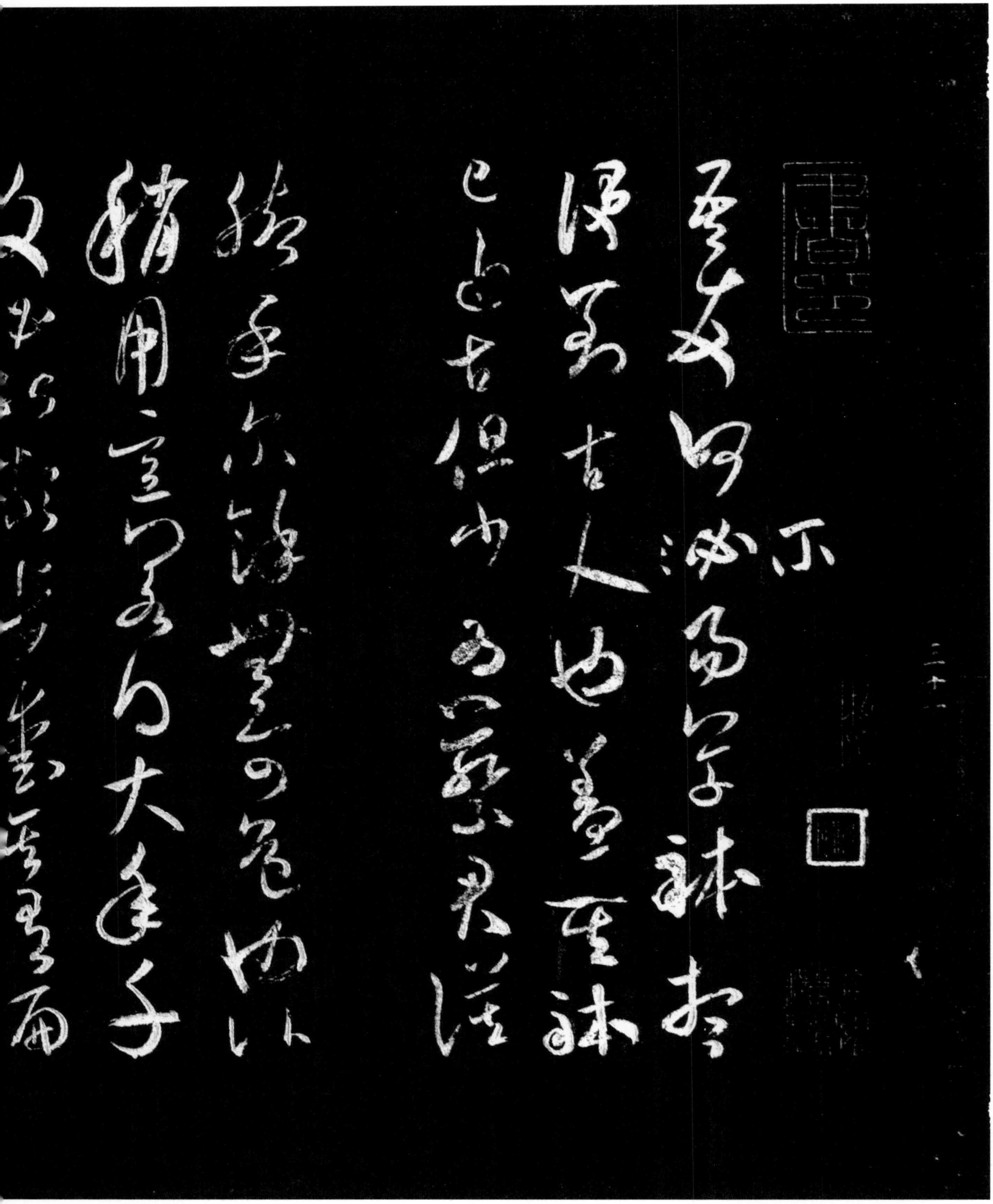

蕴真堂石刻三一（局部一）

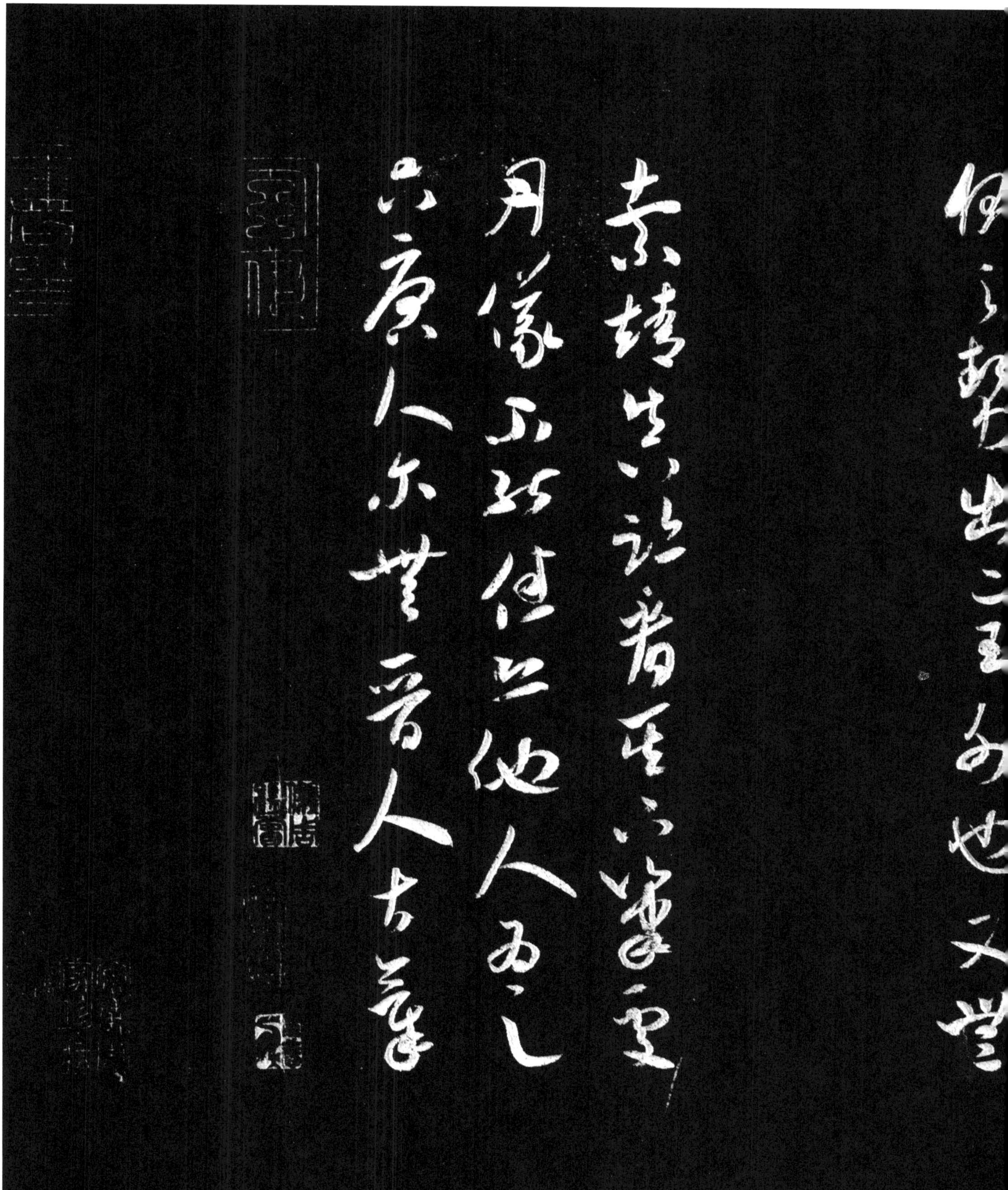

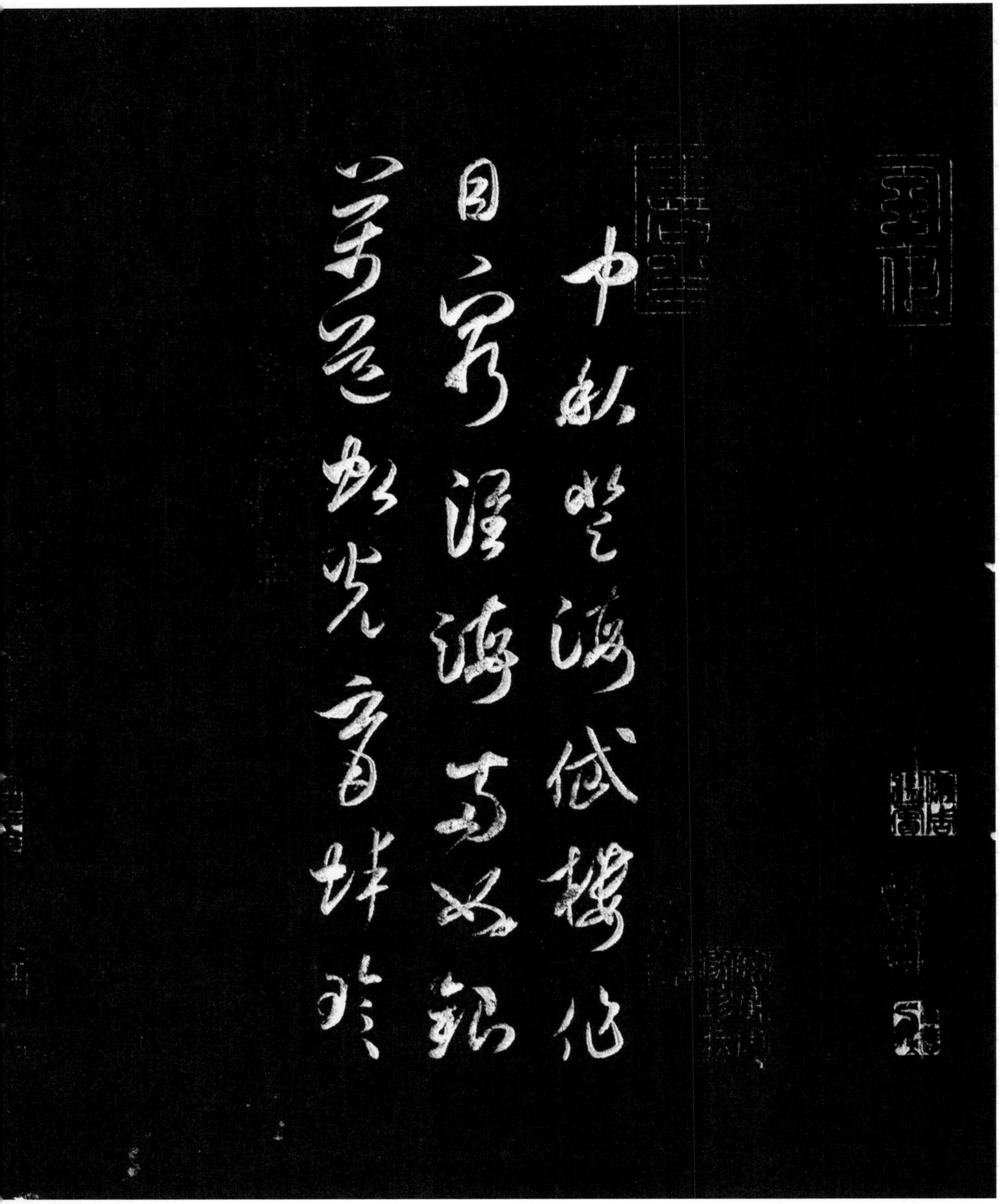

蕴真堂石刻三一（局部二）

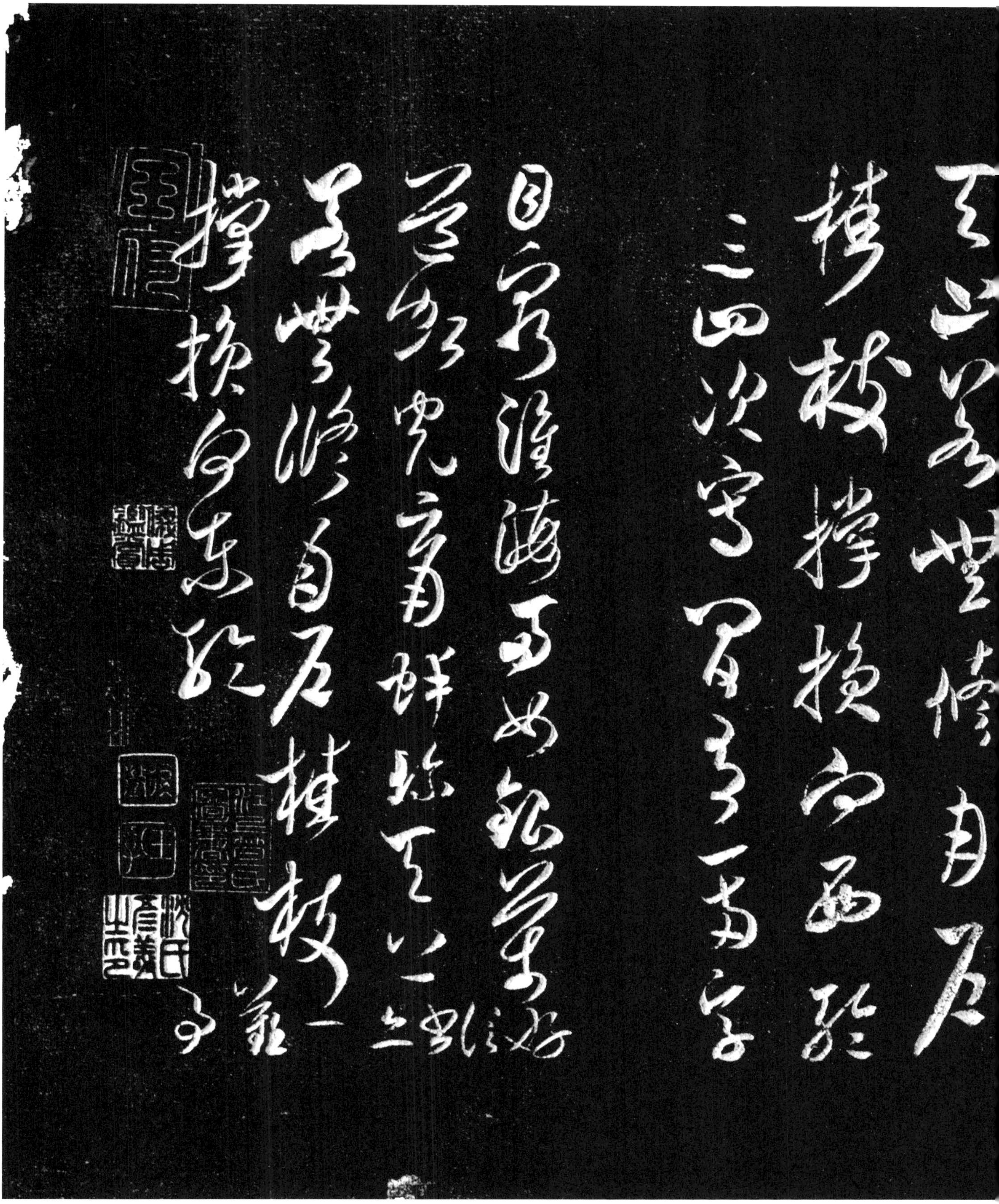

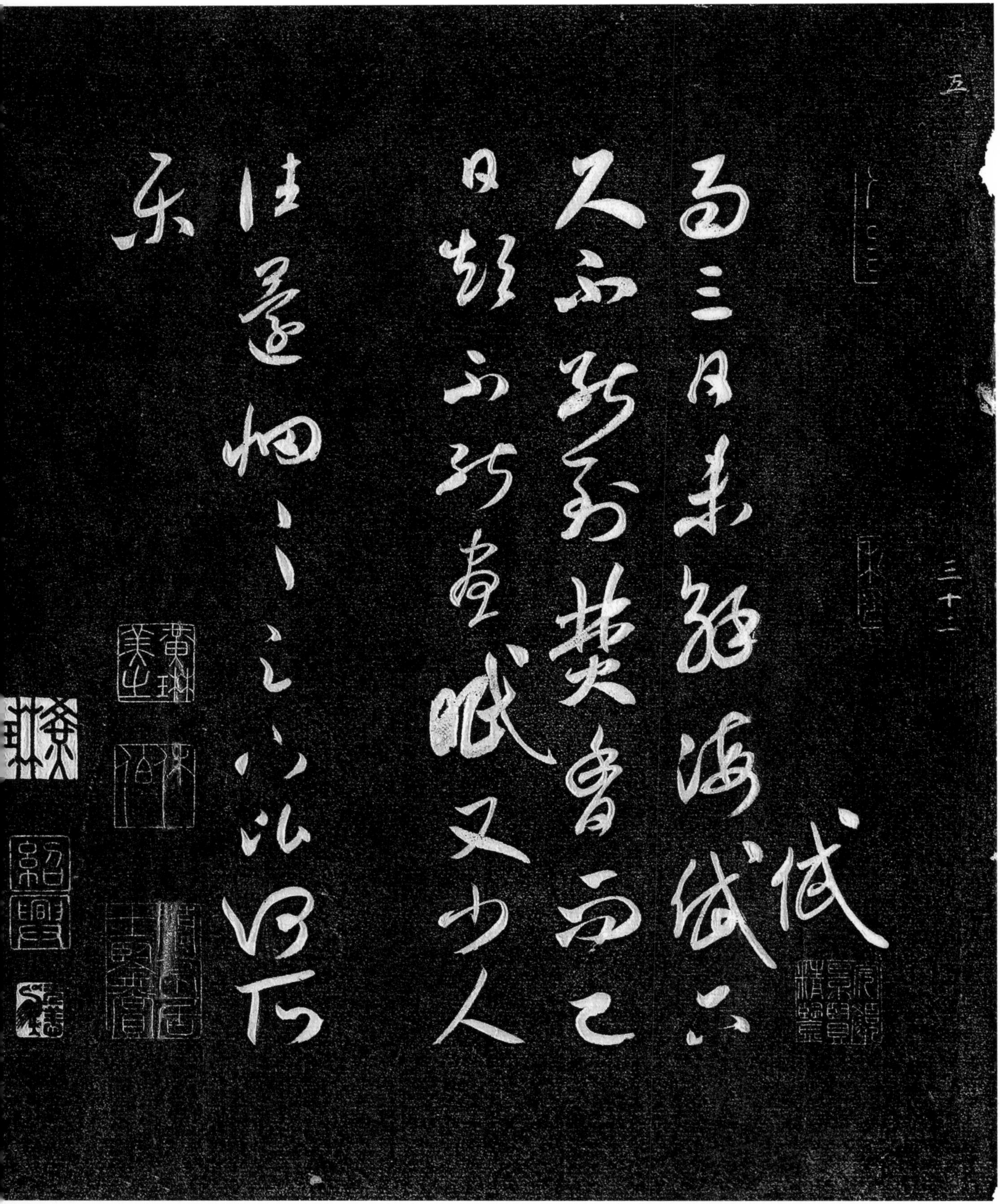

蕴真堂石刻三二（局部一）

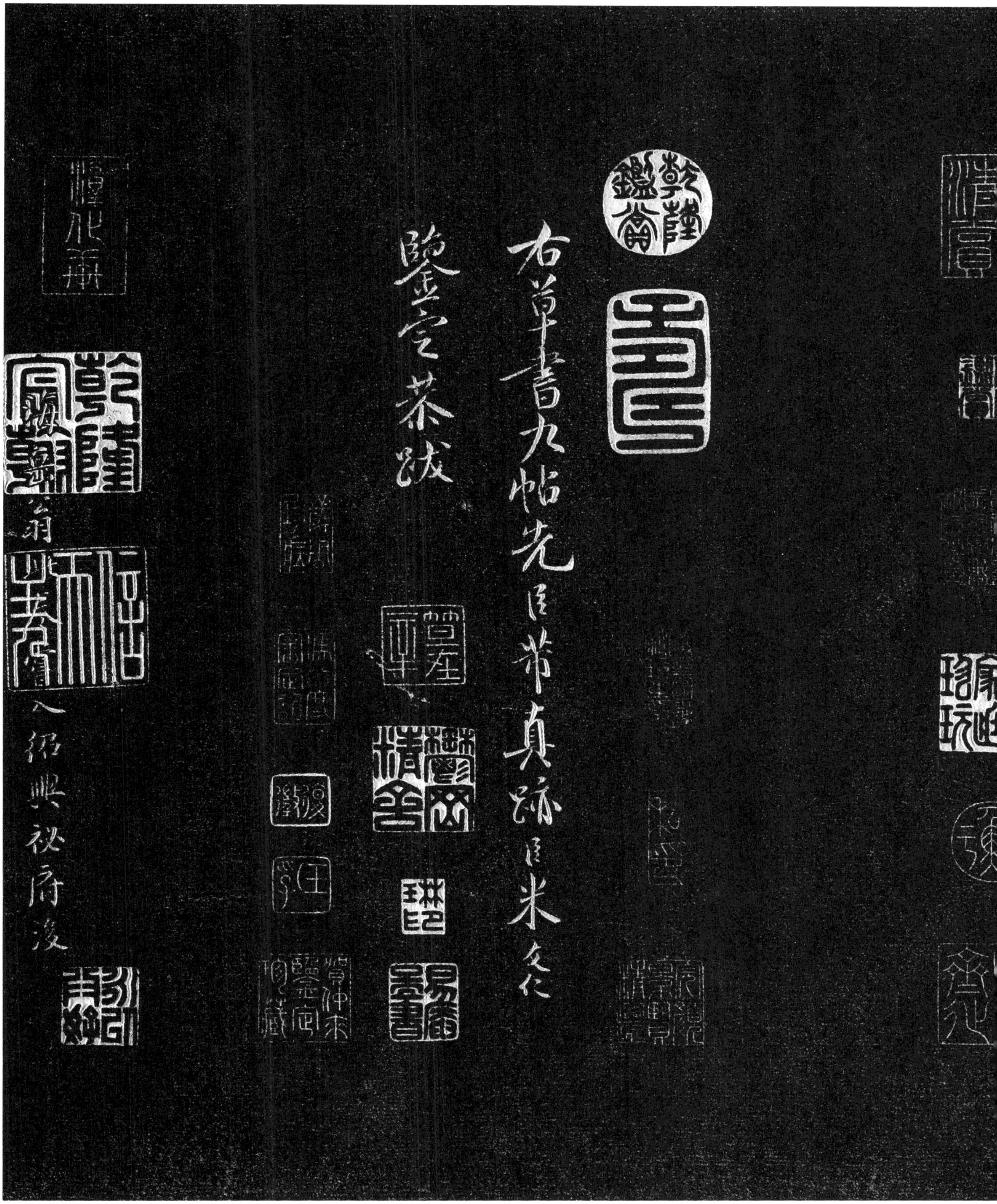
右草書九帖先臣芾真跡臣米友仁
鑒定恭跋
入紹興秘府後

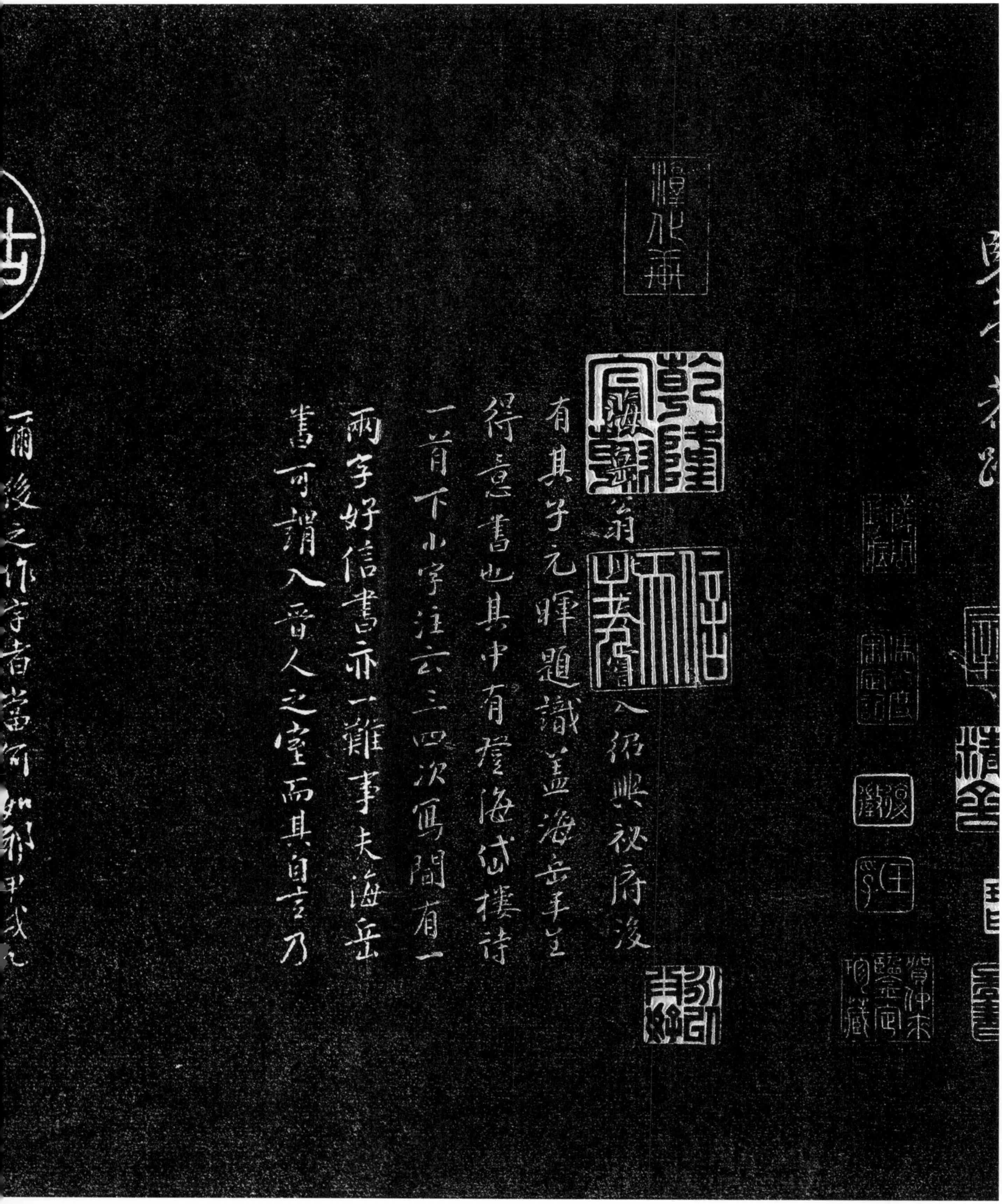

翁入紹興秘府後
有其子元暉題識蓋海岳平生
得意書也其中有登海岱樓詩
一首下小字注云三四次寫間有一
兩字好信書亦一難事夫海岳
書可謂入晉人之室而其自言乃
爾後之作字者當何如邪甲戌九

蘊真堂石刻三二（局部二）

丘山人都穆

同治己巳嘉平月吴介臣同年以此册見貽方濬頤誌

紹興乙卯初夏十九日
自溧陽來遊苕川患

三十三
見此卷於李振升家
實余以戲筆為作也世
人知余喜畫競欲得之
勤有曉余所以為畫
者非具頂門上慧眼者
不足以識不可以古人畫
家者流畫求之老境

蘊真堂石刻三三（局部一）

然無著染每靜室
僧趺忘懷萬慮與碧
虛寥寥廓同其流蕩
焚生事折腰為米大
非得已此卷慎勿與人

蘊真堂石刻三三（局部二）

元章早年涉學既多
晚迺則法鍾王此元祐
初作也風神蕭散所
謂天成者非世間墨工
槧人之可髣髴伯玉
出以相示因書其後
紹興壬年中冬晦平

蕴真堂石刻三四（局部一）

仁齋子堪之亭

岡以海岳命名一時

國士皆賦詩不能已

人翰林承旨翟公

楚米仙人好樓居植

悸崇岡結精廬

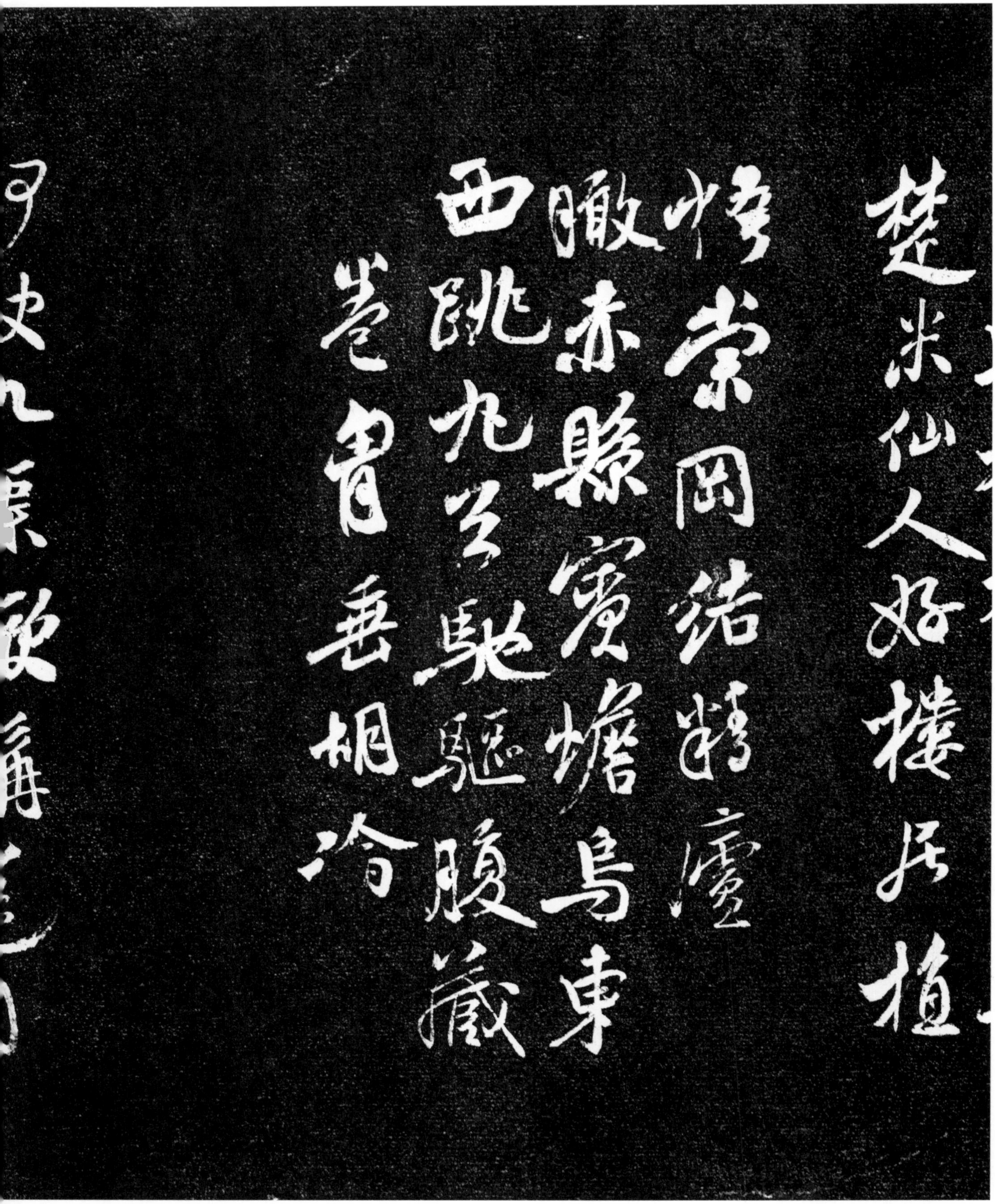

蘊真堂石刻三四（局部二）

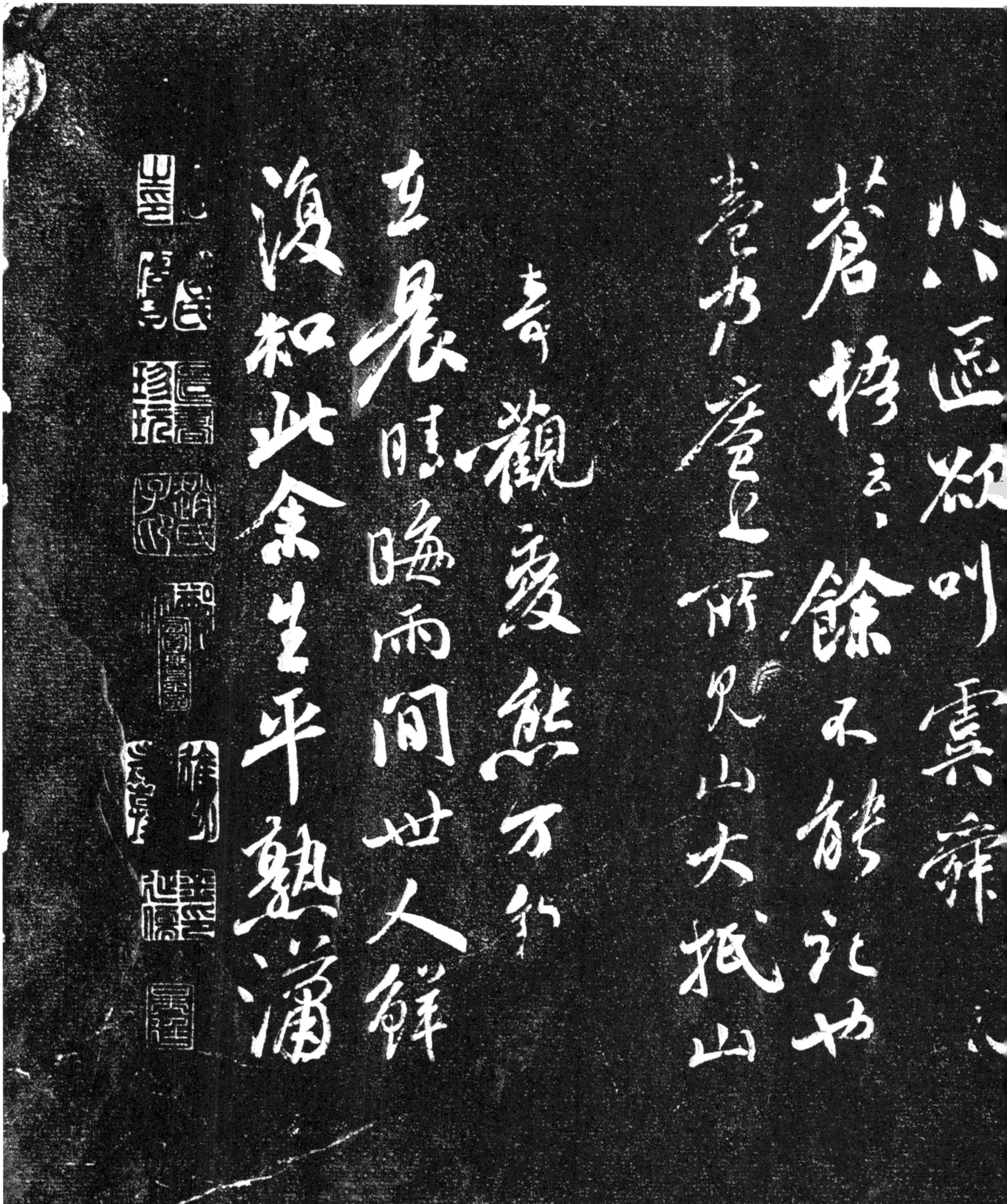
蒼梧云云餘不能記也
在晨晴晦雨間世人鮮
復知此余生平熟滿

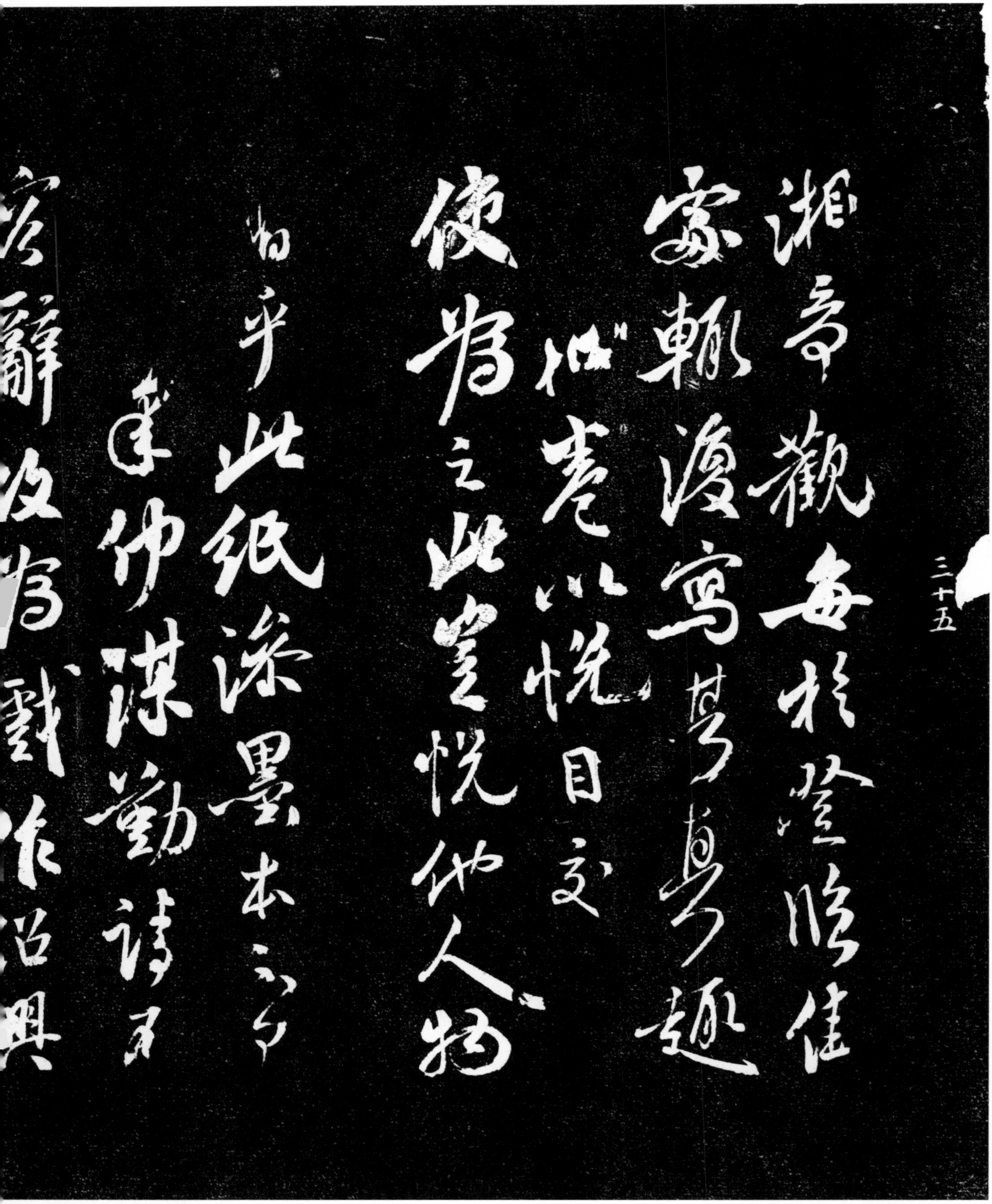

蘊真堂石刻三五（局部一）

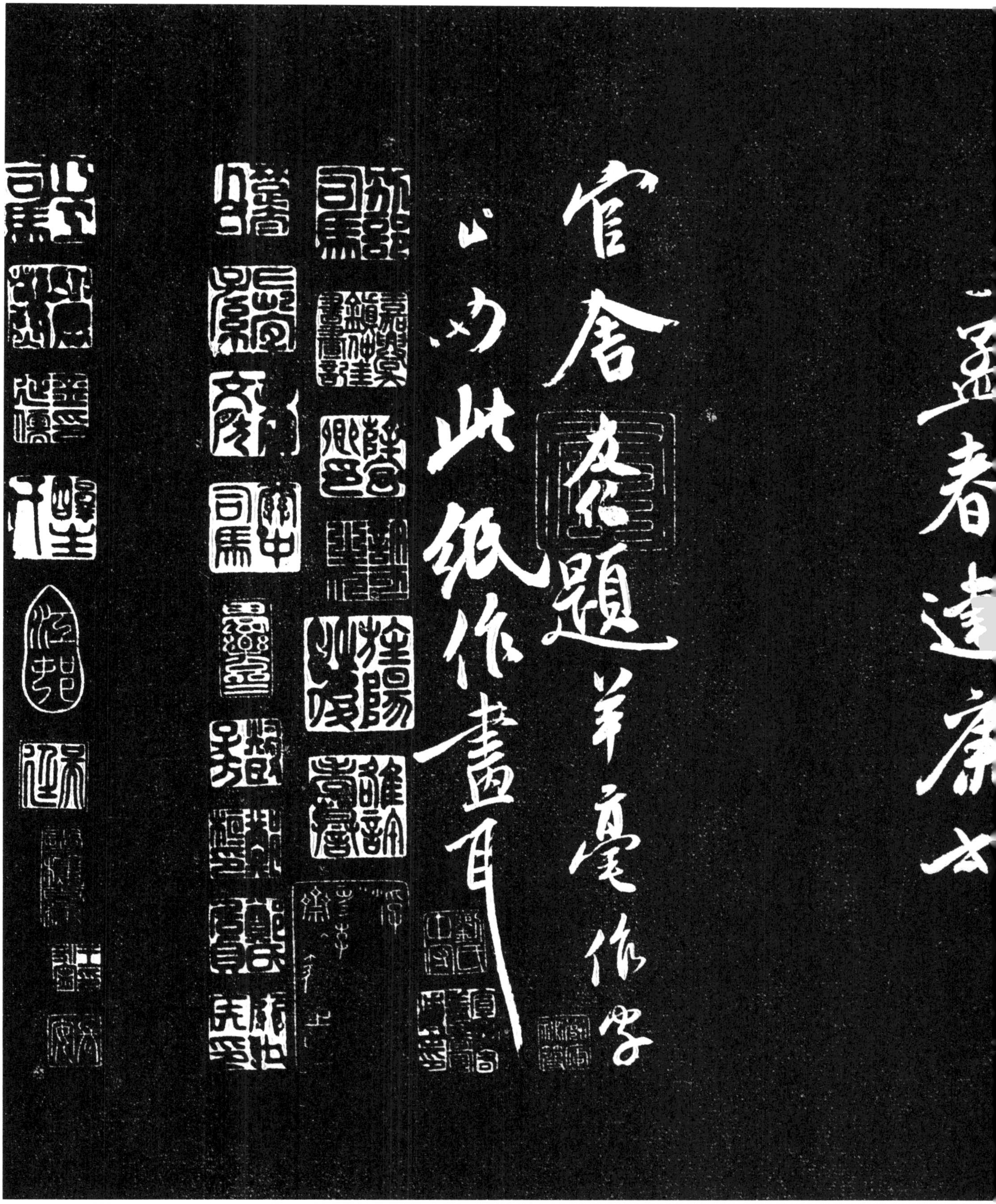

孟春達康
官倉存題羊毫作字
此紙作畫耳

蘊真堂石刻三五（局部二）

爲禮部員外郎先世
太原後徙襄陽過
潤州愛山川佳甚於
是結菴城東號曰海岳
宣和間嘗進友仁所
畫楚江清曉圖上悅
因得名當世然其筆

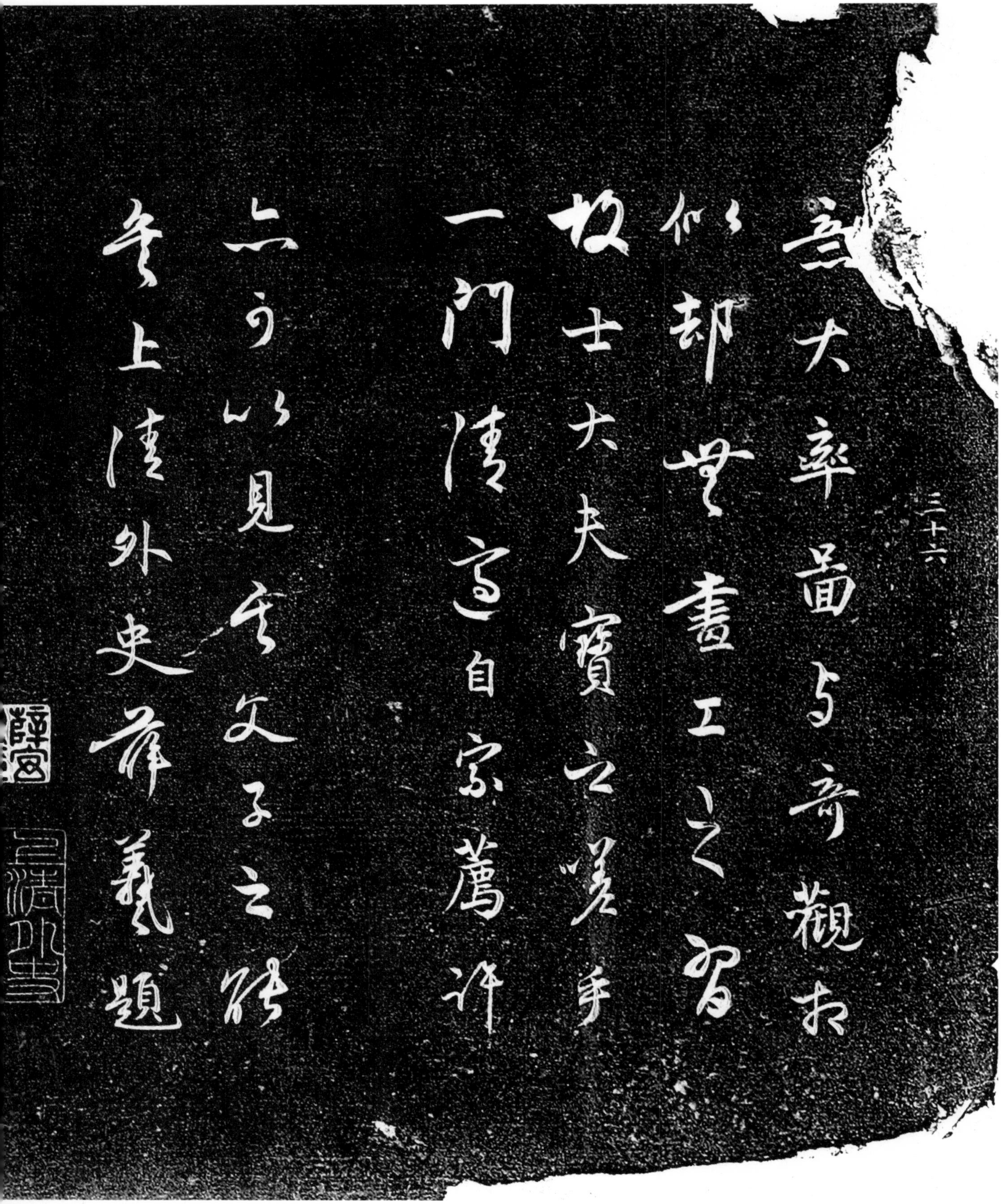

蕴真堂石刻三六（局部一）

米氏父子書畫擅當世是
卷沈著痛快字如其畫尤
合作也臨川葛元喆題

江南奇觀在北固諸山而北固

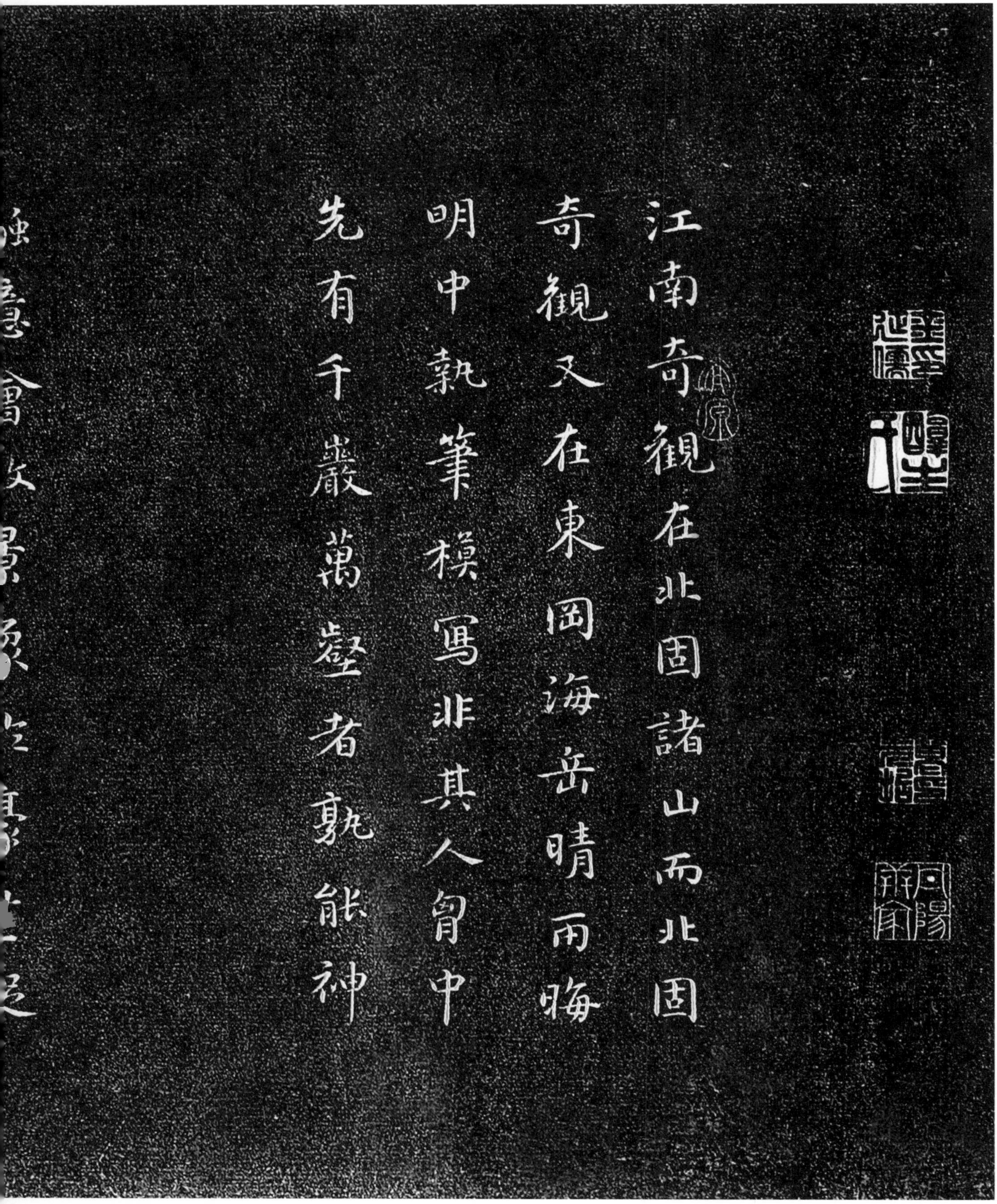

江南奇觀在北固諸山而北固
奇觀又在東岡海岳晴雨晦
明中執筆模寫非其人胸中
先有千巖萬壑者孰能神

蘊真堂石刻三六（局部二）

尺之間哉米家父子何奪
天巧之多也
宣城貢師泰題

此卷友仁真跡無疑山川
浮紙烟雲滿前脱去唐宋
習氣別是一天胸次可謂

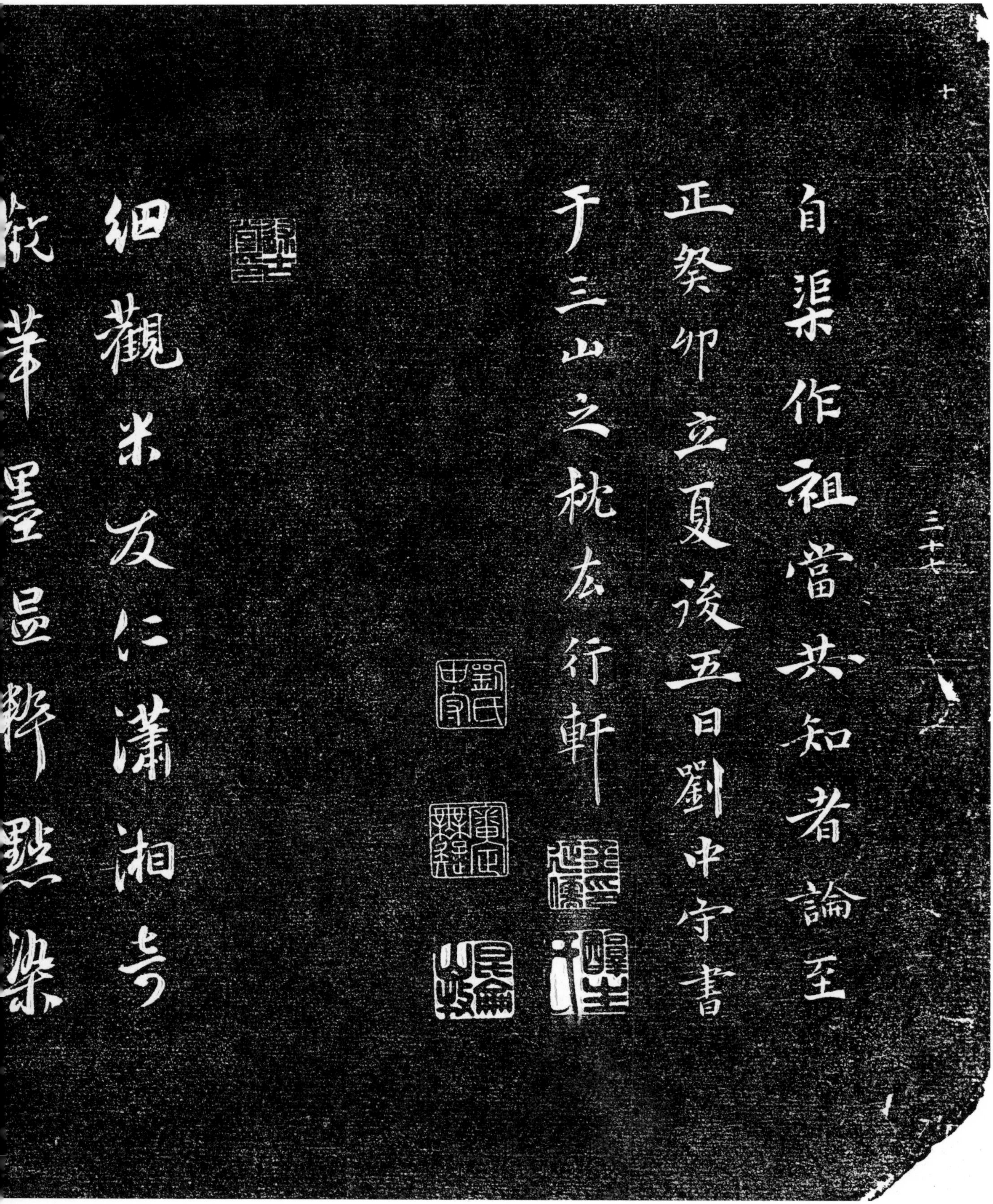
自渠作祖當共知者論至
正癸卯立夏後五日劉中守書
于三山之枕左行軒
細觀米友仁瀟湘卷
三十七

蘊真堂石刻三七（局部一）

渾風信夫錢山川之
秀而復發其秀於山
川者也其後跋語
貢公泰甫葛公元喆中
宋劉公中守言之盡矣
至於上清外史薛公云

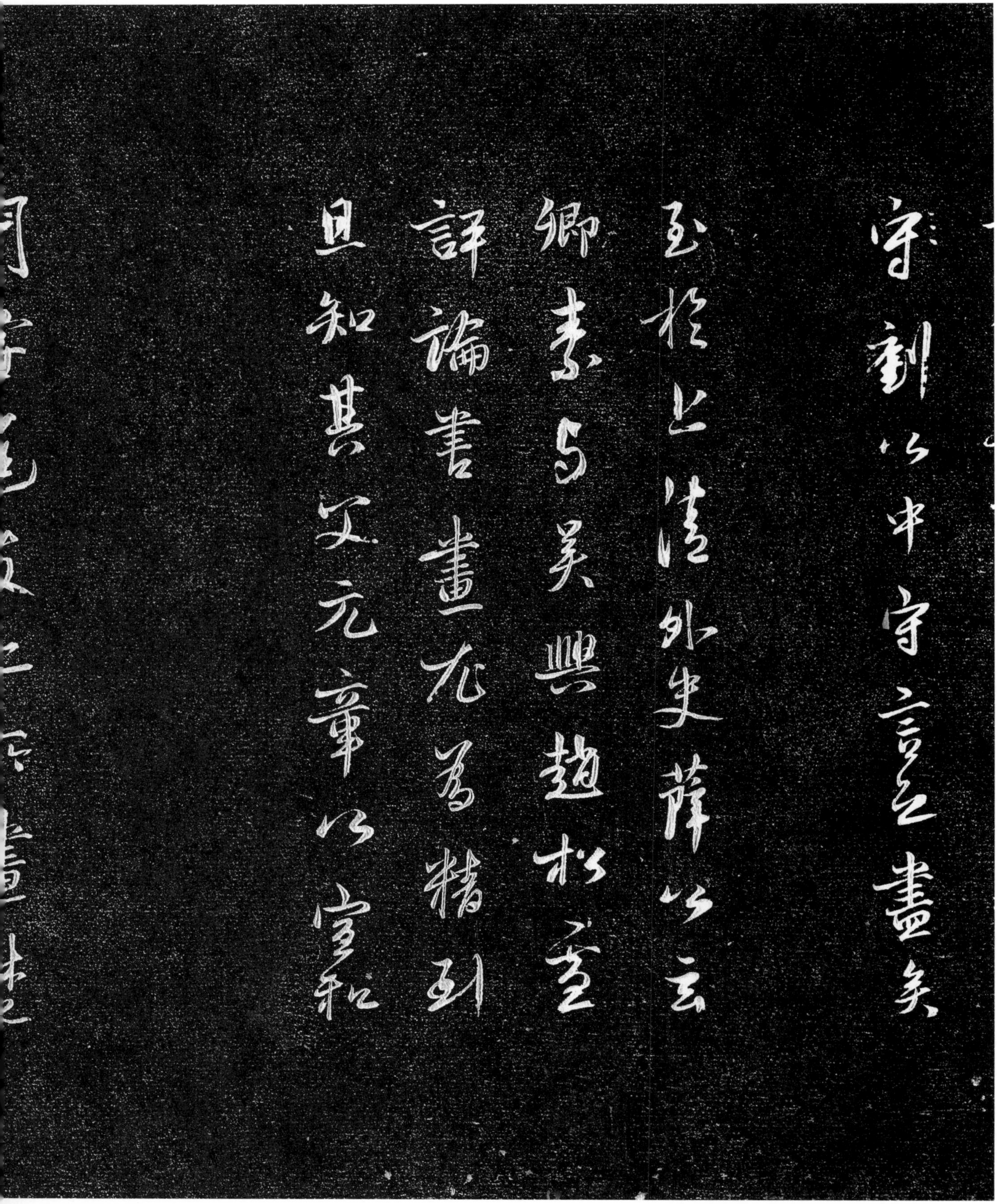

蘊真堂石刻三七（局部二）

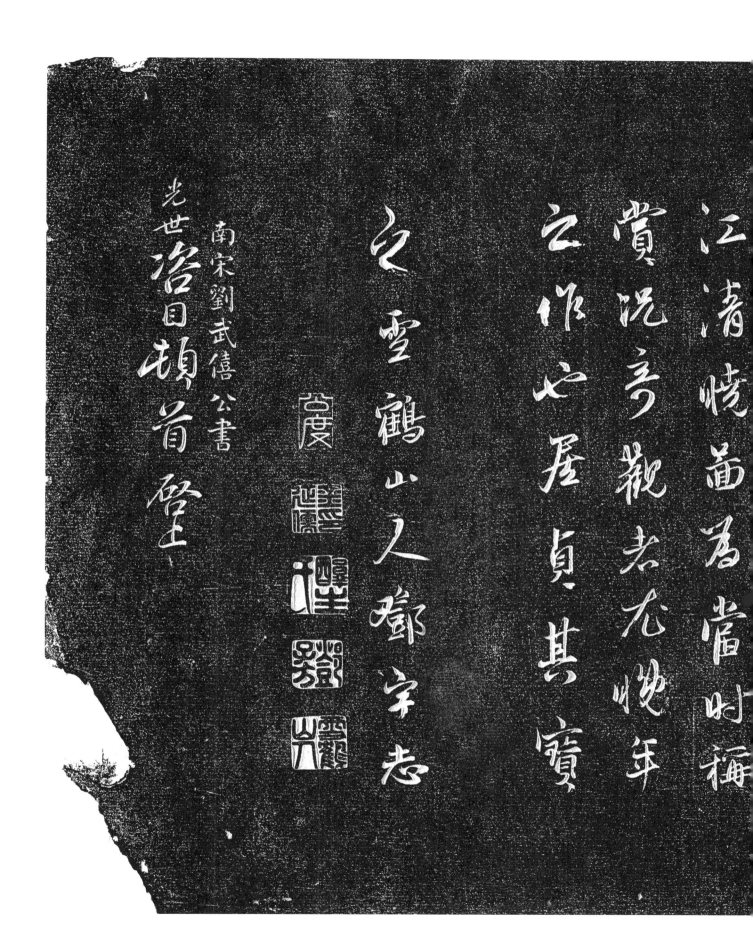

江清曉畫爲當時稱
賞況亭觀者尤快年
之作也屋貞其寶
之雲鶴山人鄧宇志

南宋劉武僖公書

光世咨目頓首啓

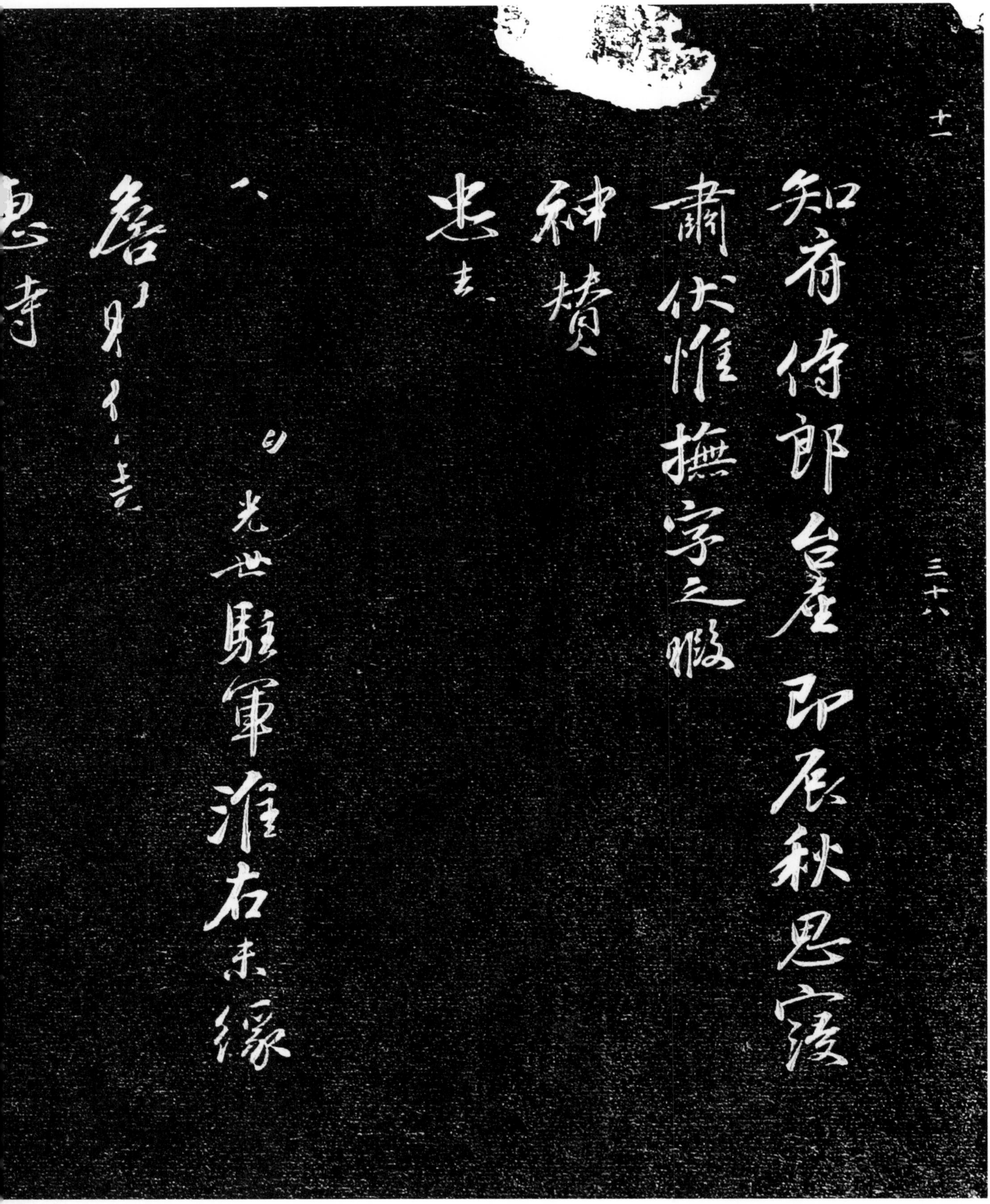

蘊真堂石刻三八（局部一）

為國保嗇前膺

果祿不宣　光世浴同頓首啓上

知府侍郎台座

南宋朱文公書

六月五日熹頓首奉

先審聞

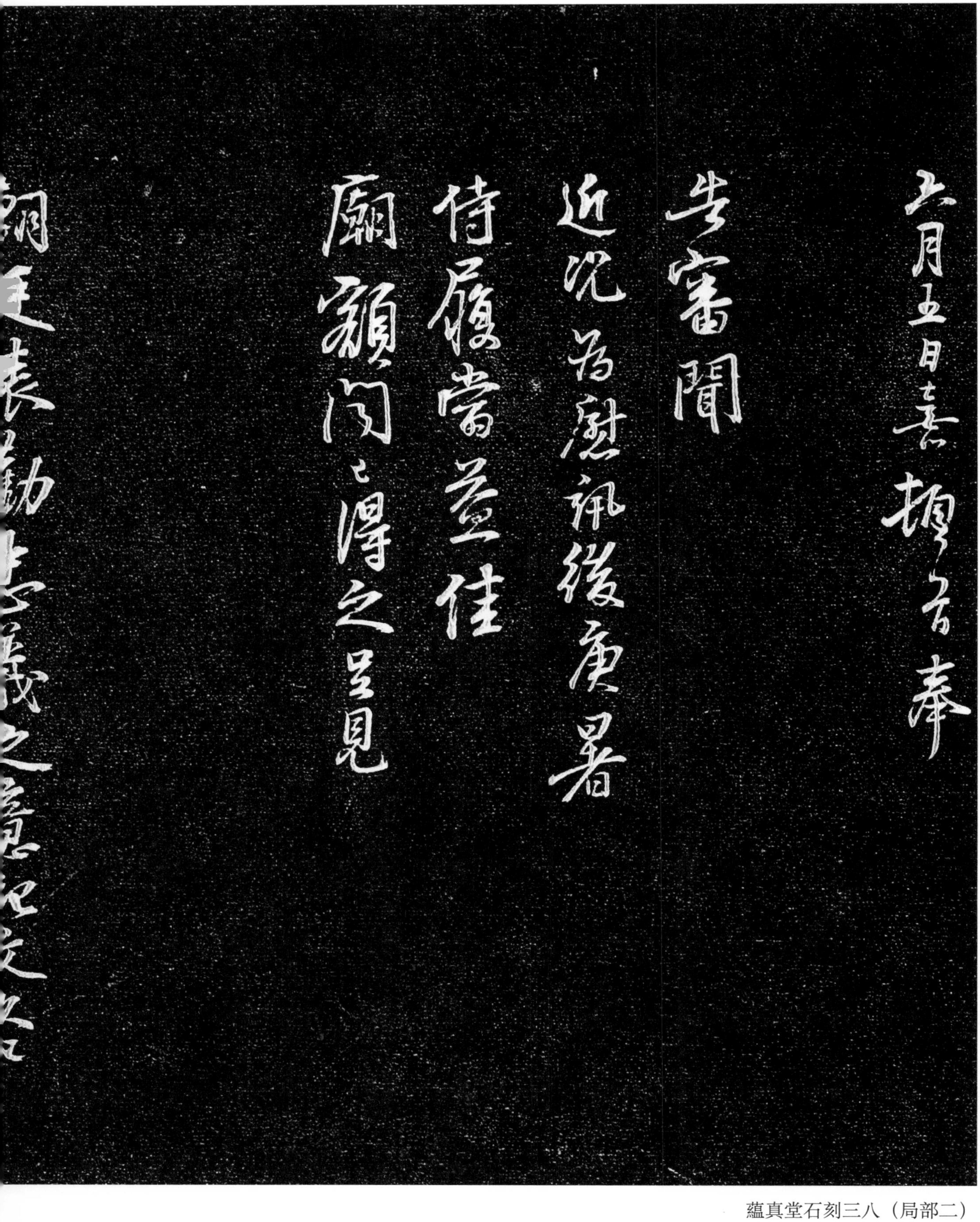

蕴真堂石刻三八（局部二）

奉謁甚敢食言然以病冗因
循遂成穩孫々又大病累月幾死
近日方有問安意矣以
先正之靈未即瞑目少寬
數月當爲了之
又歸日不可寄
草々每多墮錯惟

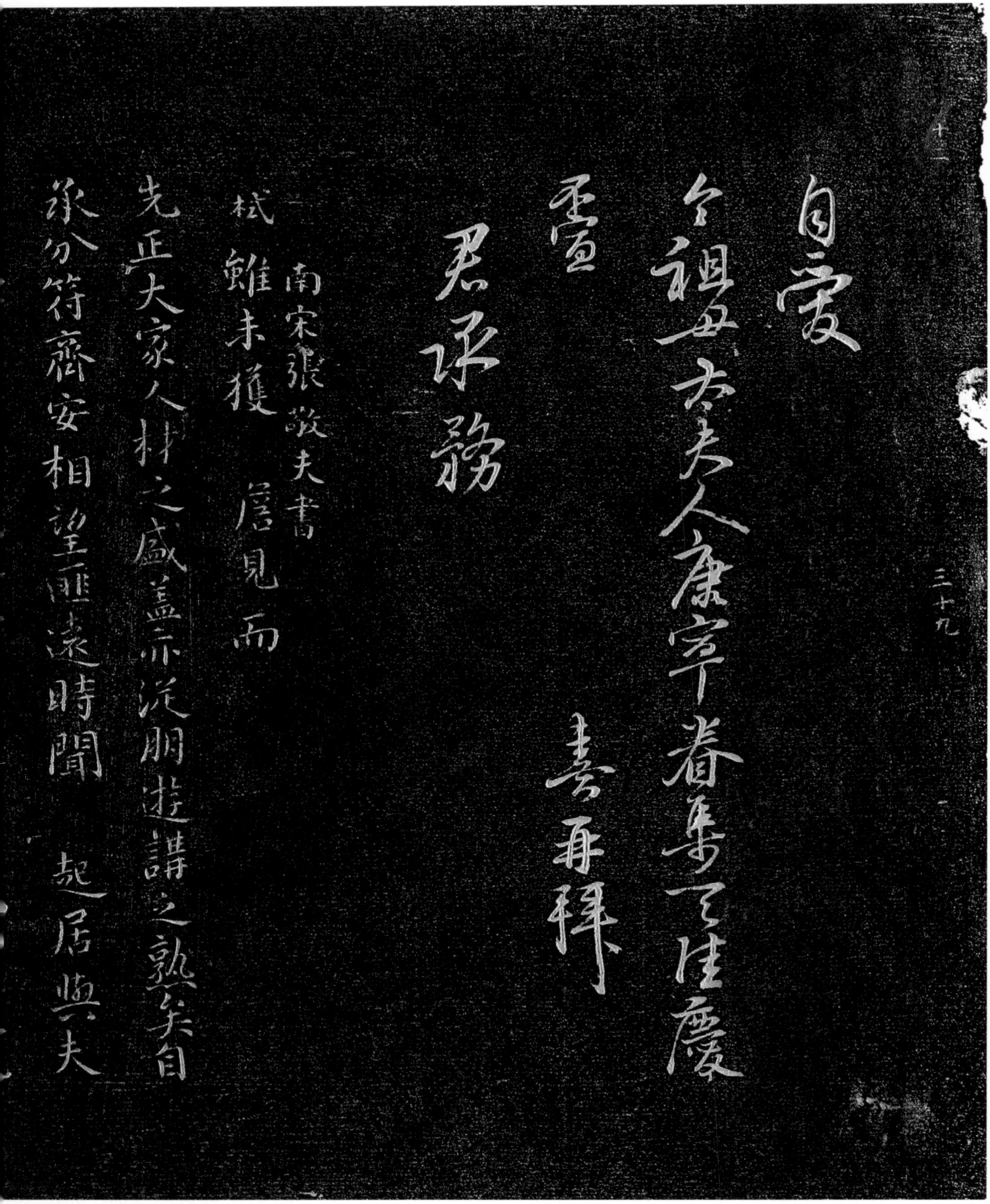
十一
三十九
自蒙
令祖母太夫人康寧眷集各佳慶
疊 熹再拜
君承務
南宋張敬夫書
栻雖未獲 瞻見而
先正大家人材之盛蓋亦從朋遊講之熟矣自
承分符齋安相望雖遠時聞 起居與夫

蘊真堂石刻三九（局部一）

遠枉誨墨所以慰藉相與甚誠厚不勝

感服栻晚陋雖知有學跂慕古哲庶幾

勉焉而未之有得也讀　来示更重悚戢

右謹具

呈　持禫服張　栻　劄子

南宋張栻書

蘊真堂石刻三九（局部二）

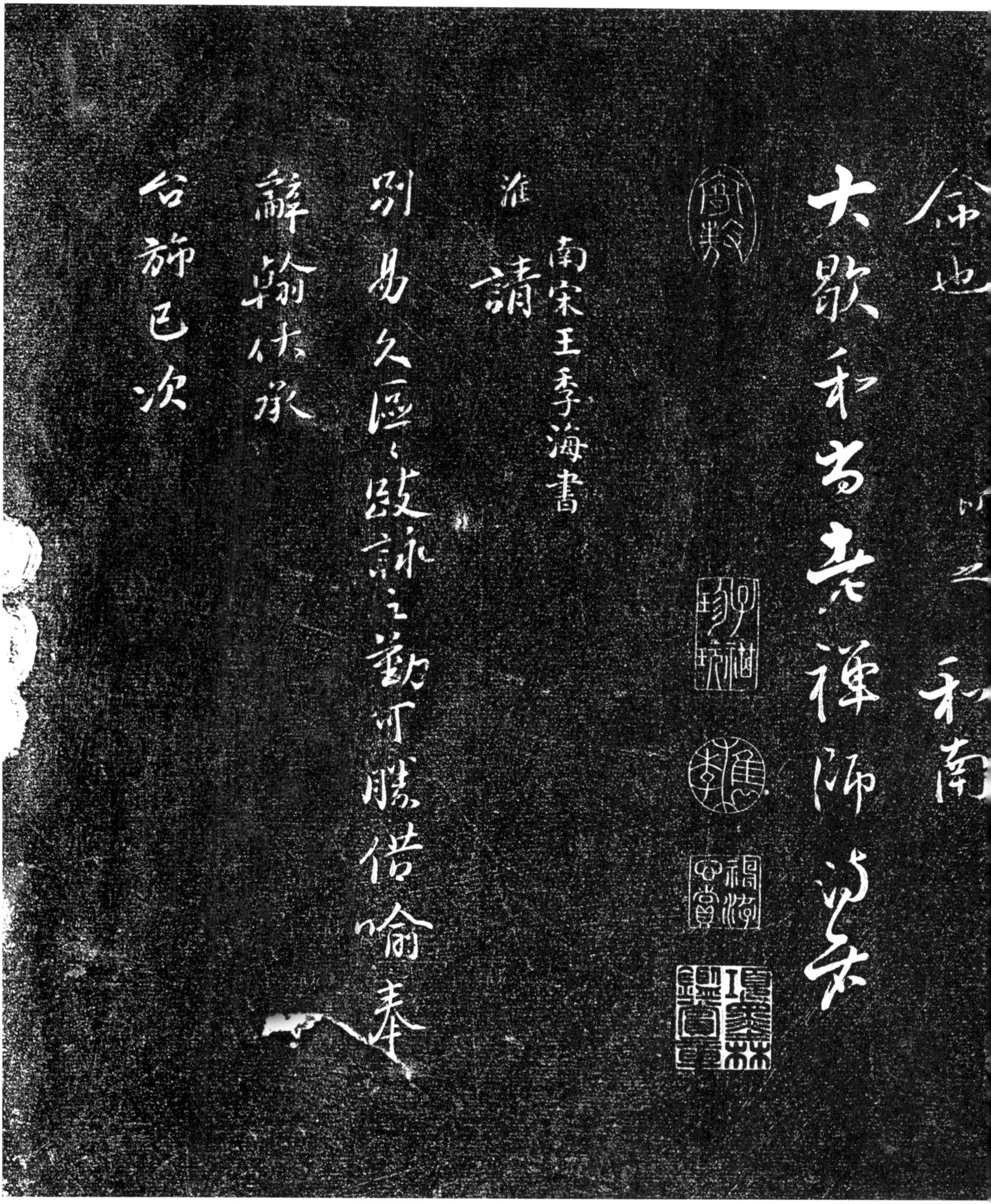
命也
和南
大歇和尚老禪師
南宋王季海書
淮
請
別易久歷歷歲詠之勤可勝借喻奉
辭翰伏承
台旆已次

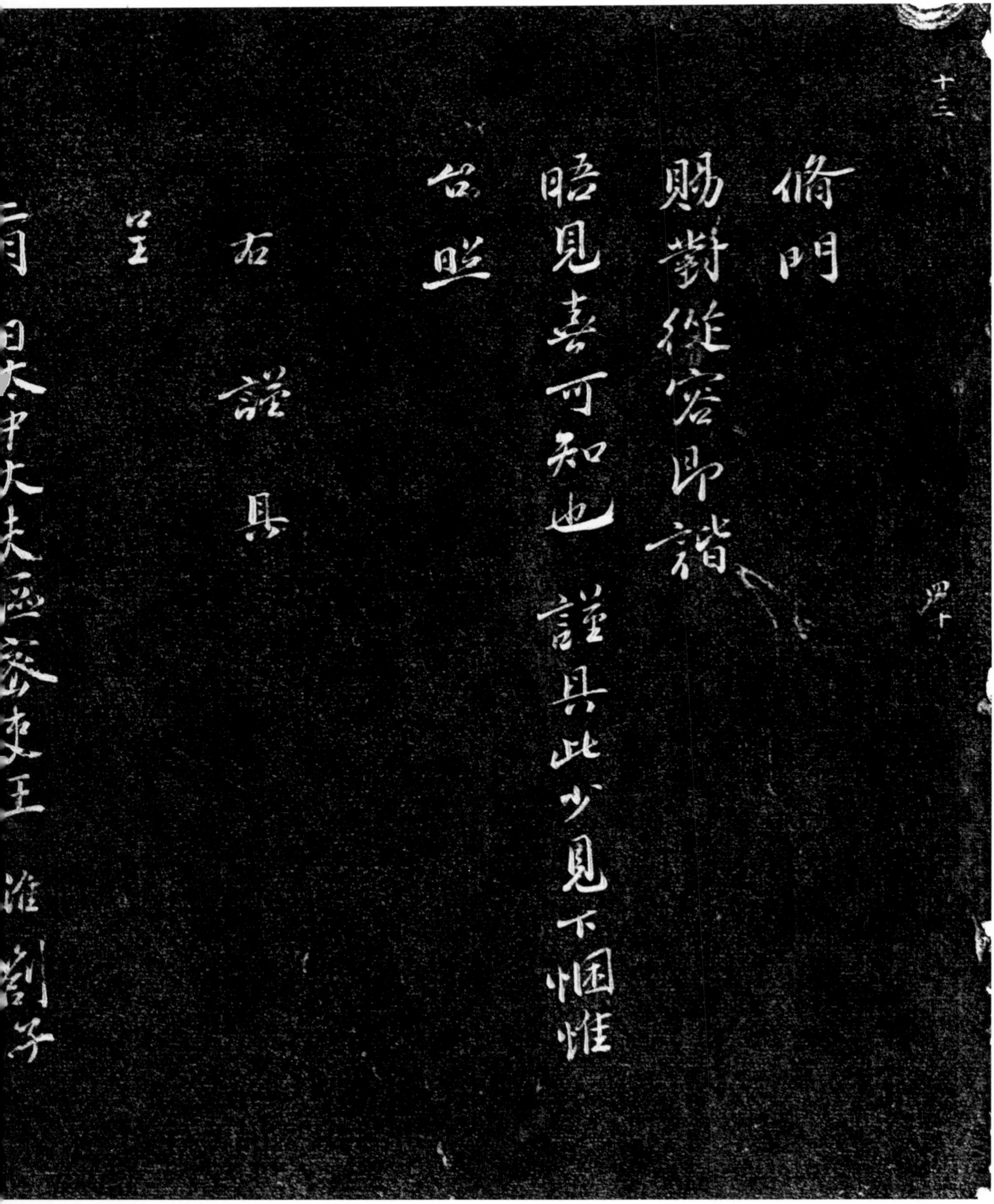

蘊真堂石刻四〇（局部一）

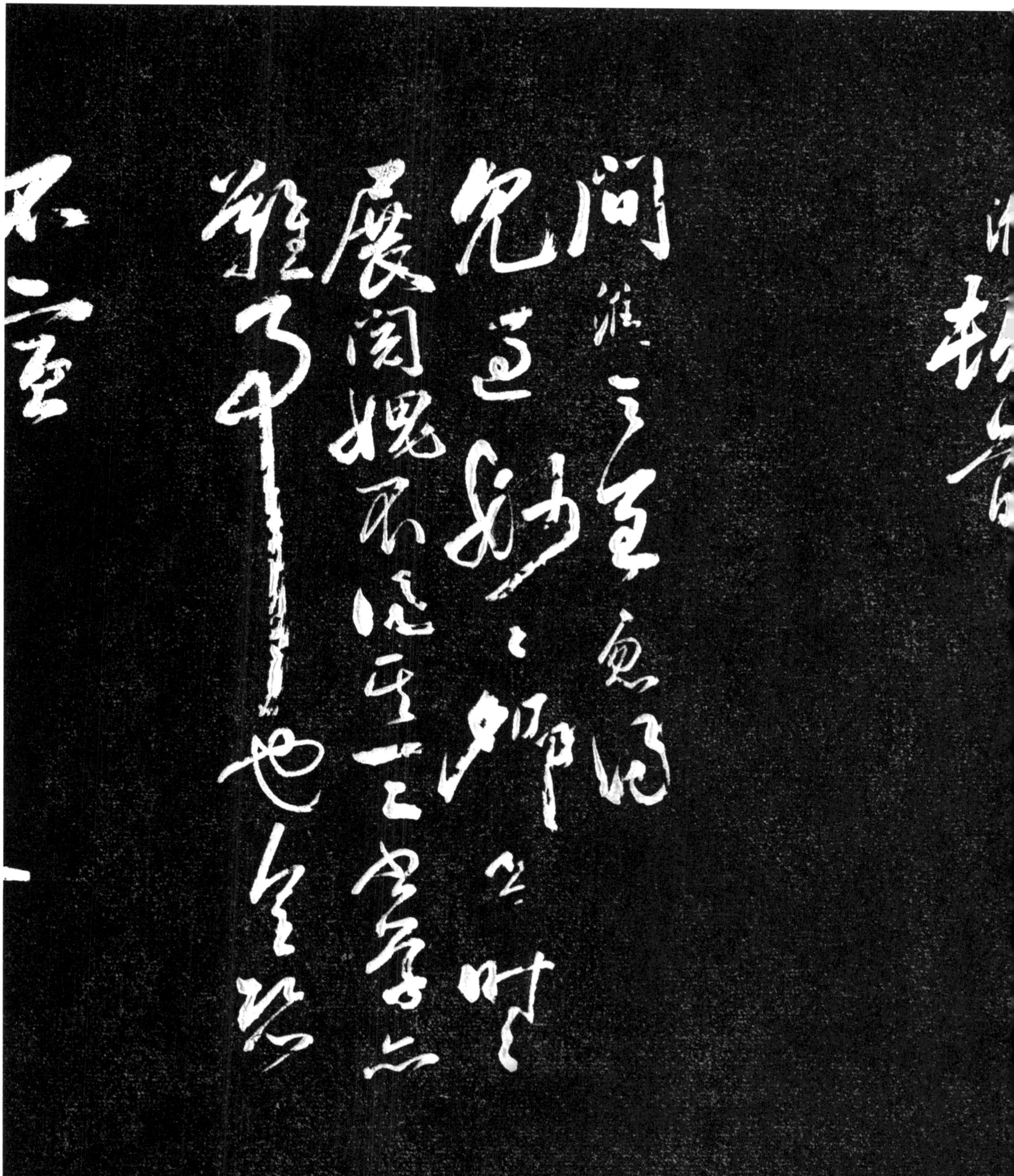

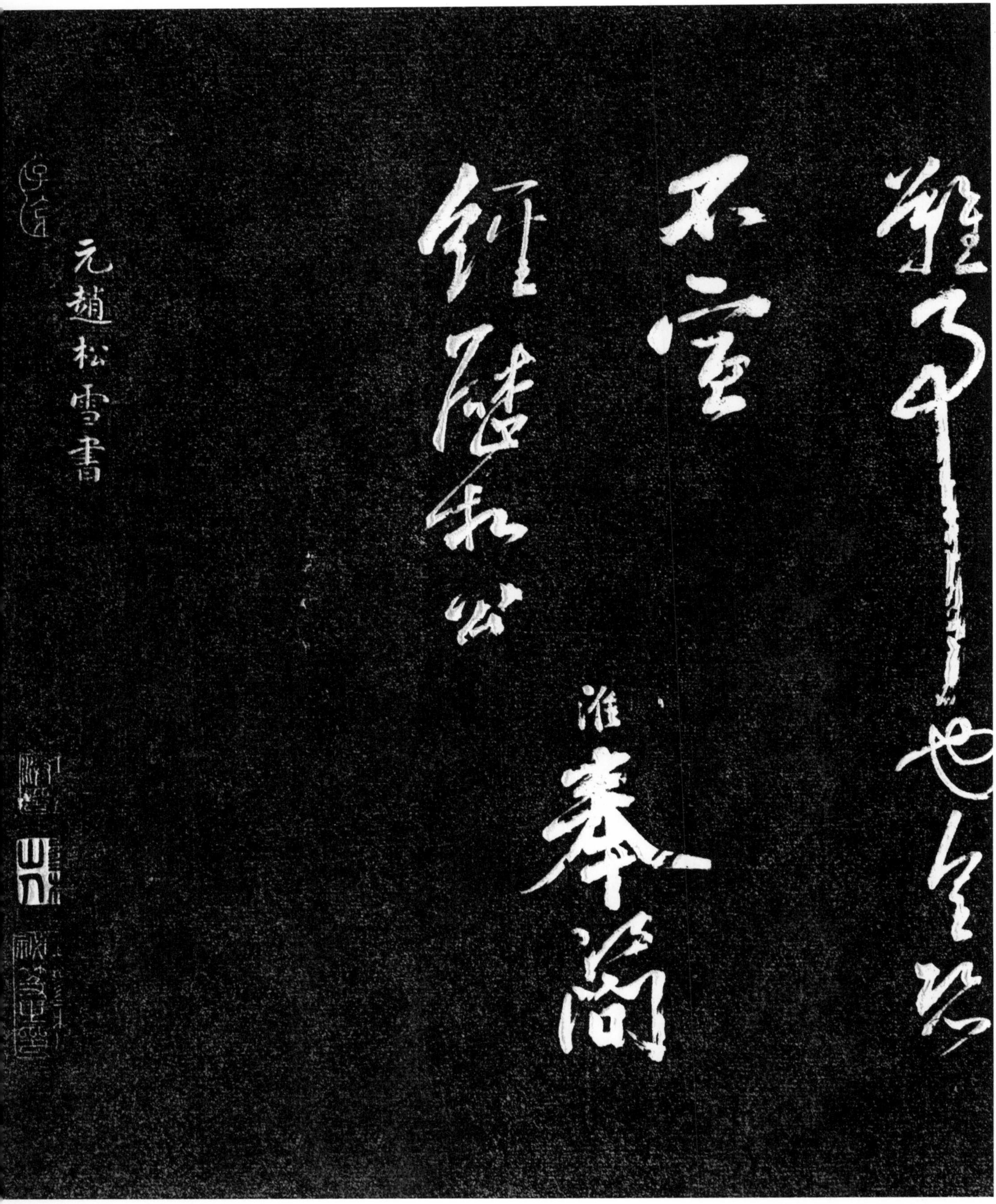

蘊真堂石刻四〇（局部二）

德輔教諭友愛足下孟頫拜覆

孟頫記事拜覆

德輔教諭友愛足下自歲杪回

奉答字後至今未得

書想已日

體候安勝所發去物不審已得

脫手未能急欲得鈔為用也

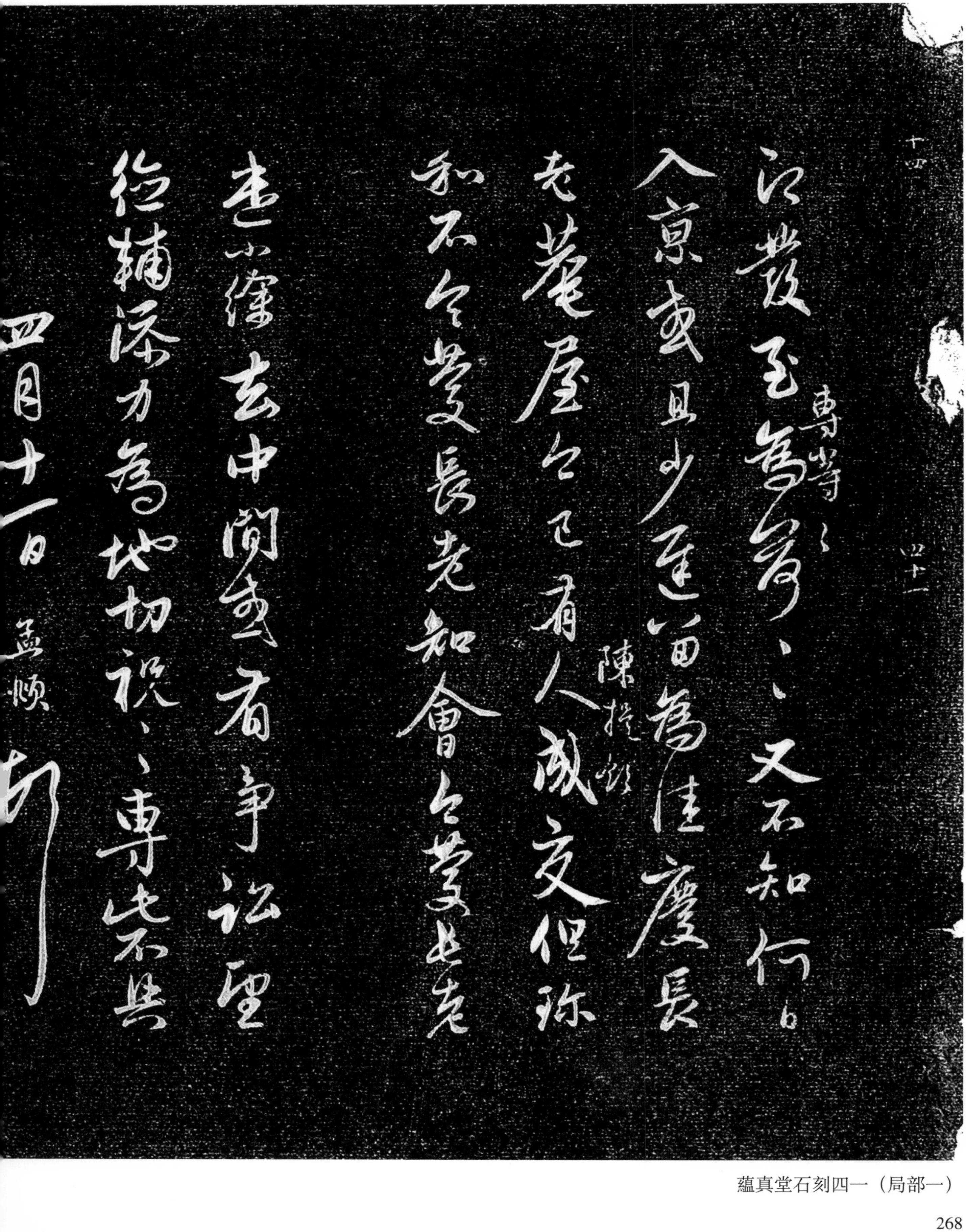

蕴真堂石刻四一（局部一）

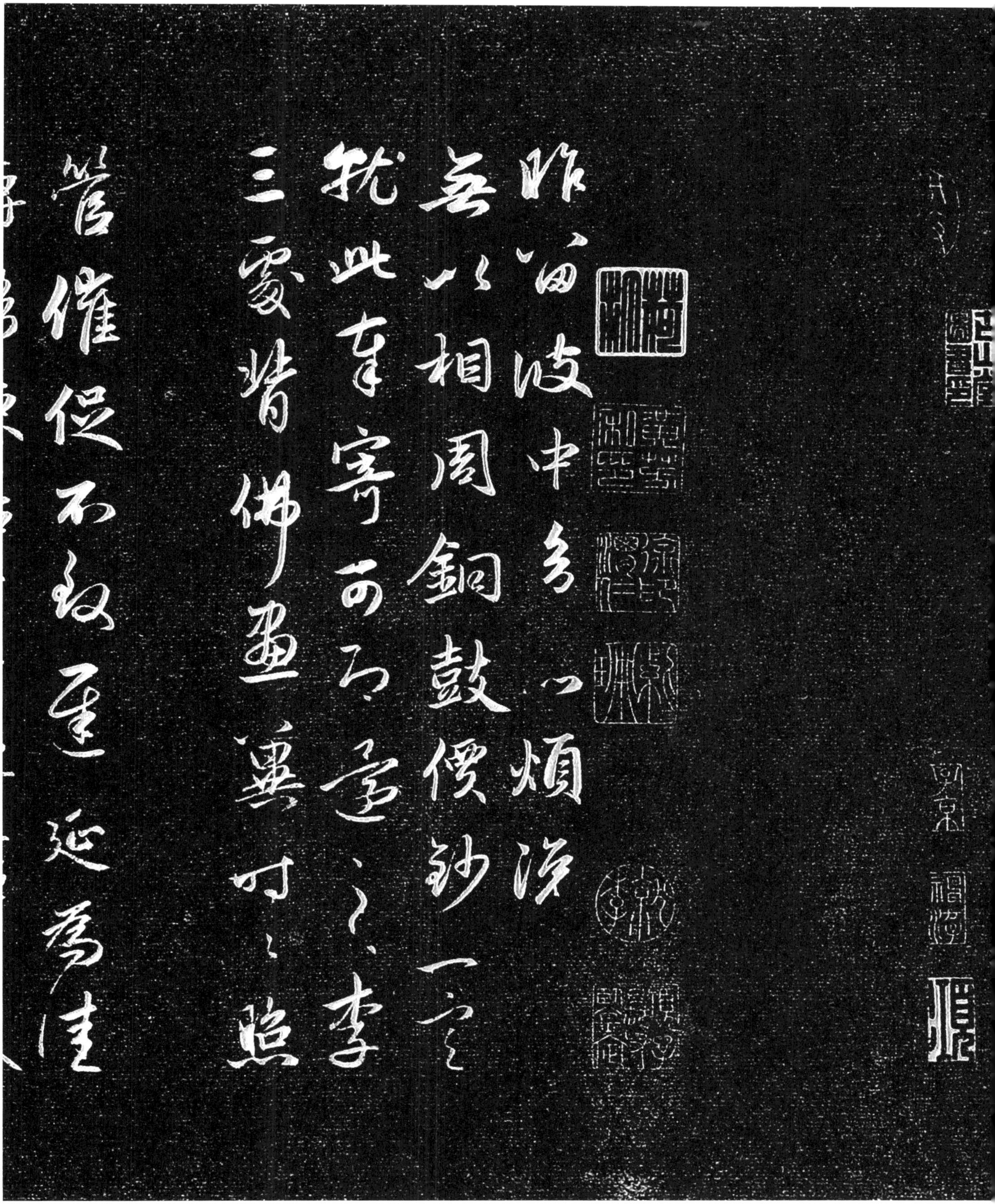

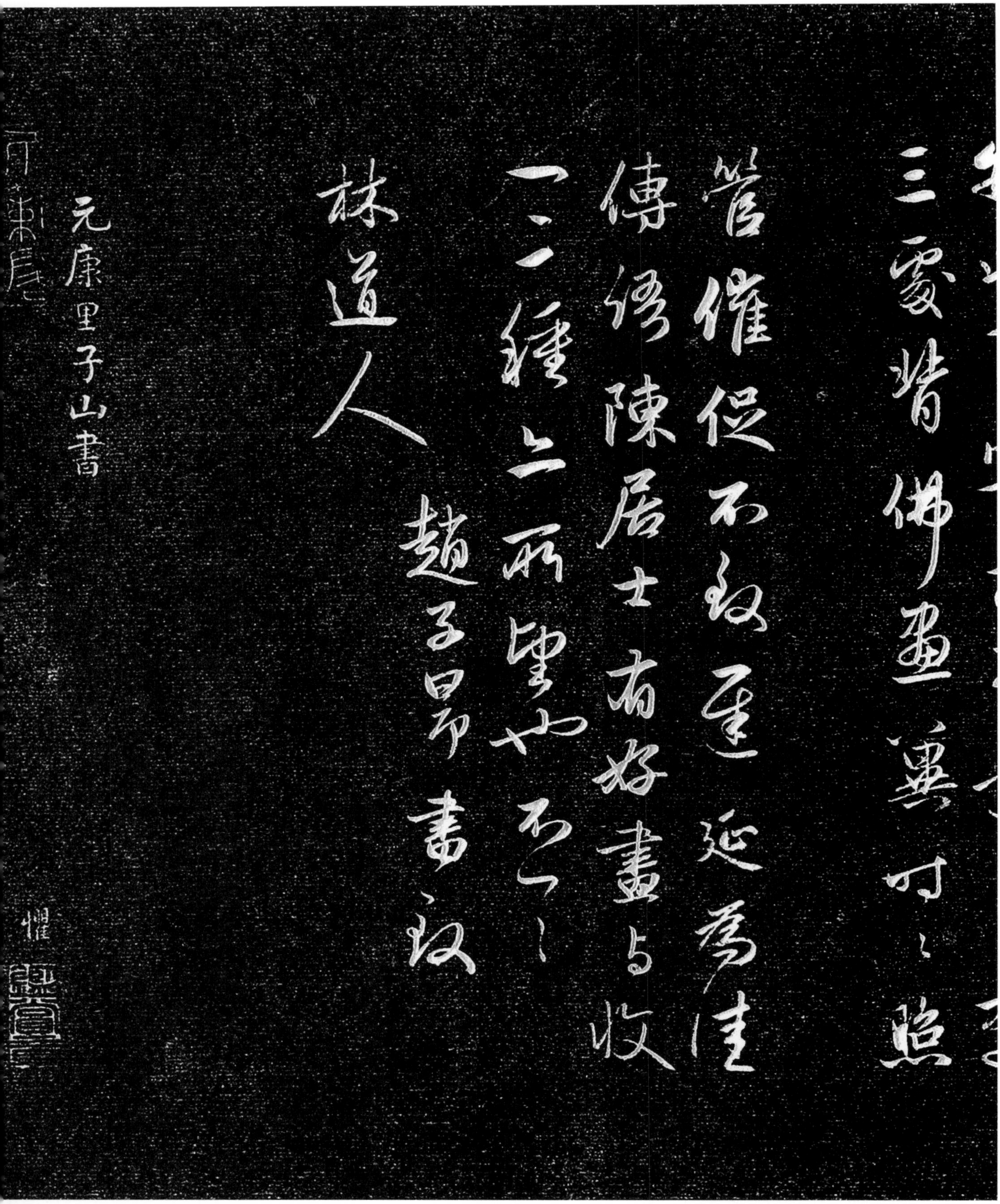

蘊真堂石刻四一（局部二）

康里巎頓首
彥中郎中吾兄心契相别兩月
餘不勝渴仰前知
彥中到家未審
令尊康强否洎
台候復何如不肖托
庇爲安如常不揚
記念石民事望於家兄處達知

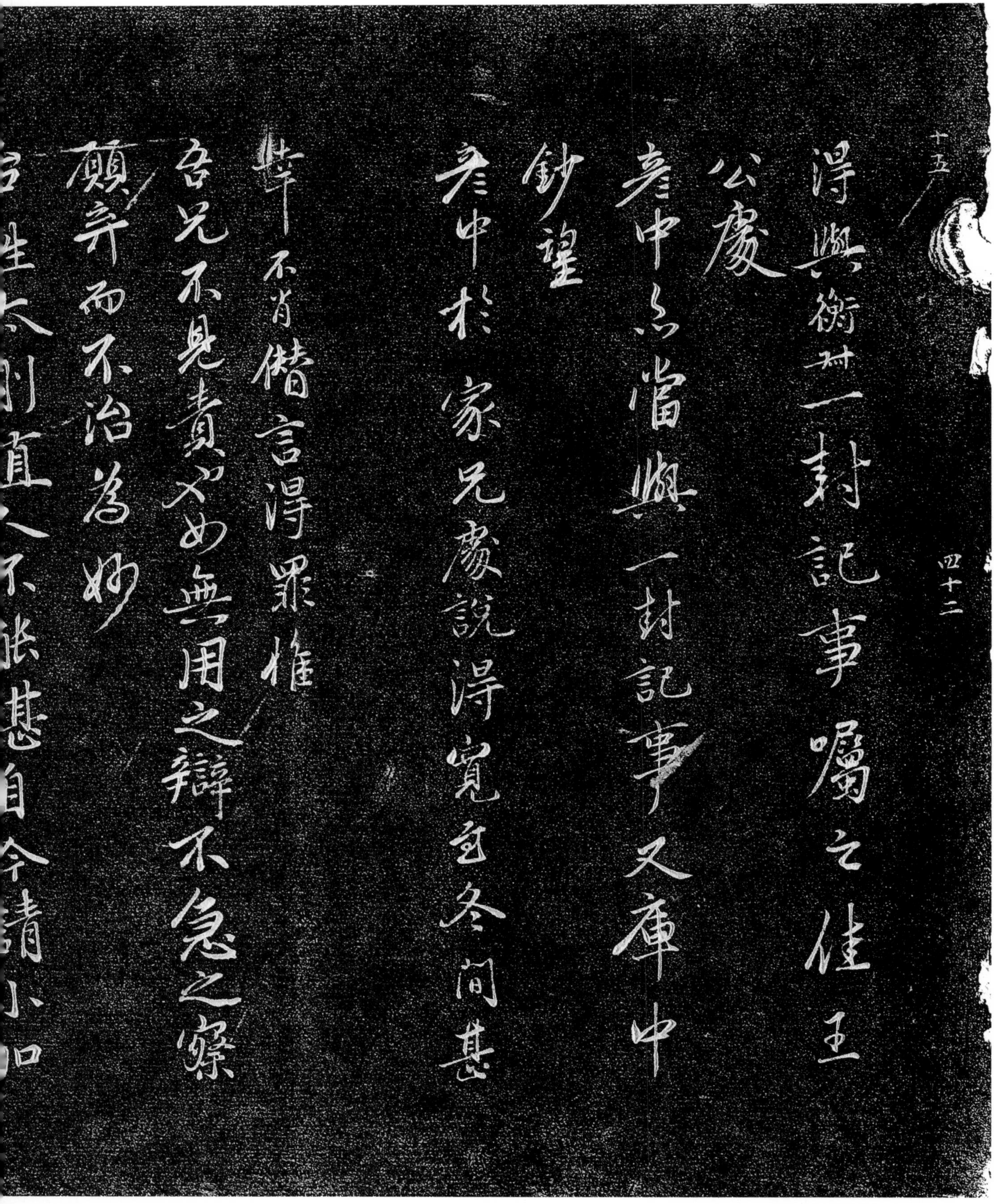

蘊真堂石刻四二（局部一）

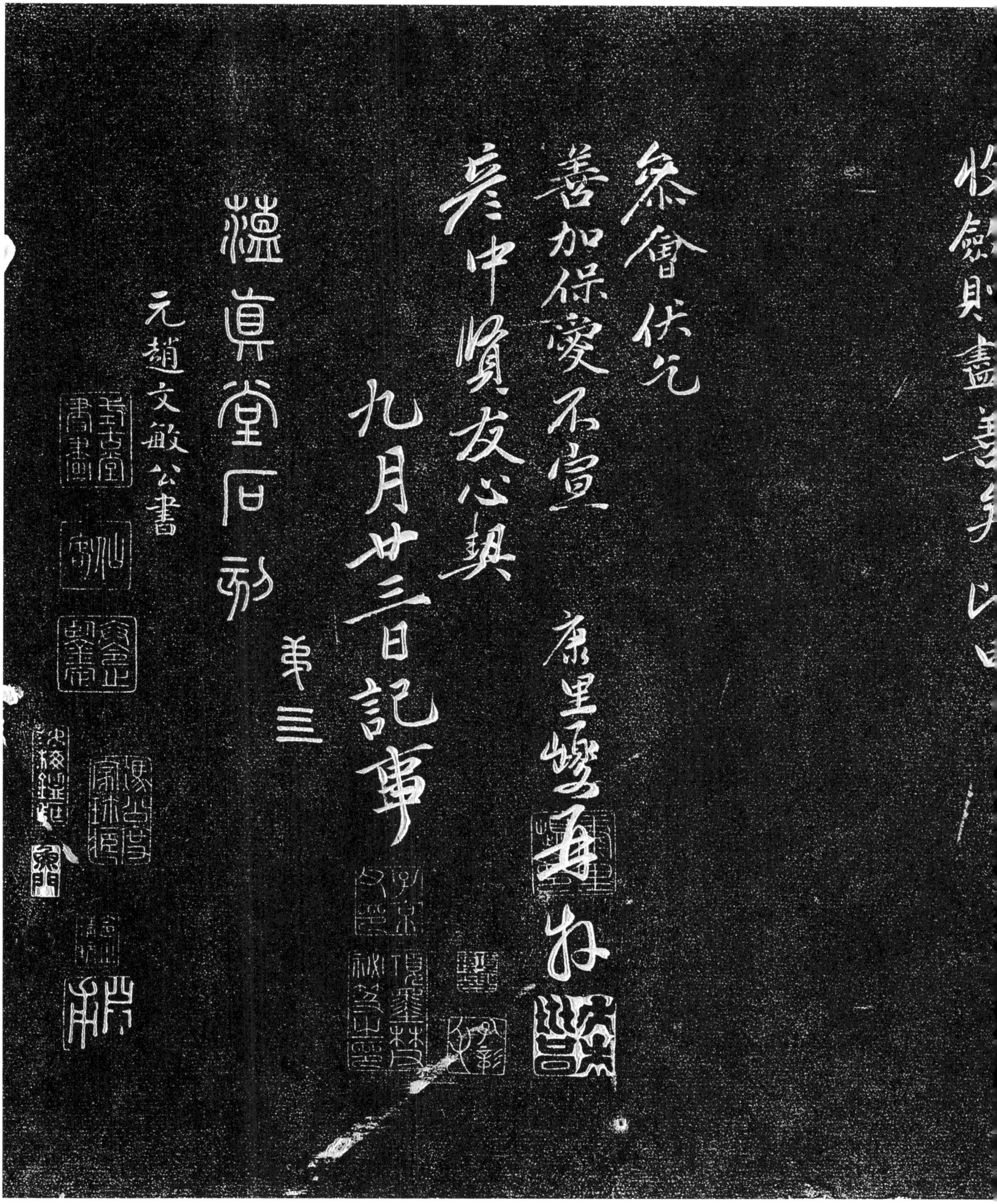

參會伏乞
善加保愛不宣 康里巙再拜
彥中賢友心契
九月廿三日記事
蘊真堂石刻
第三
元趙文敏公書

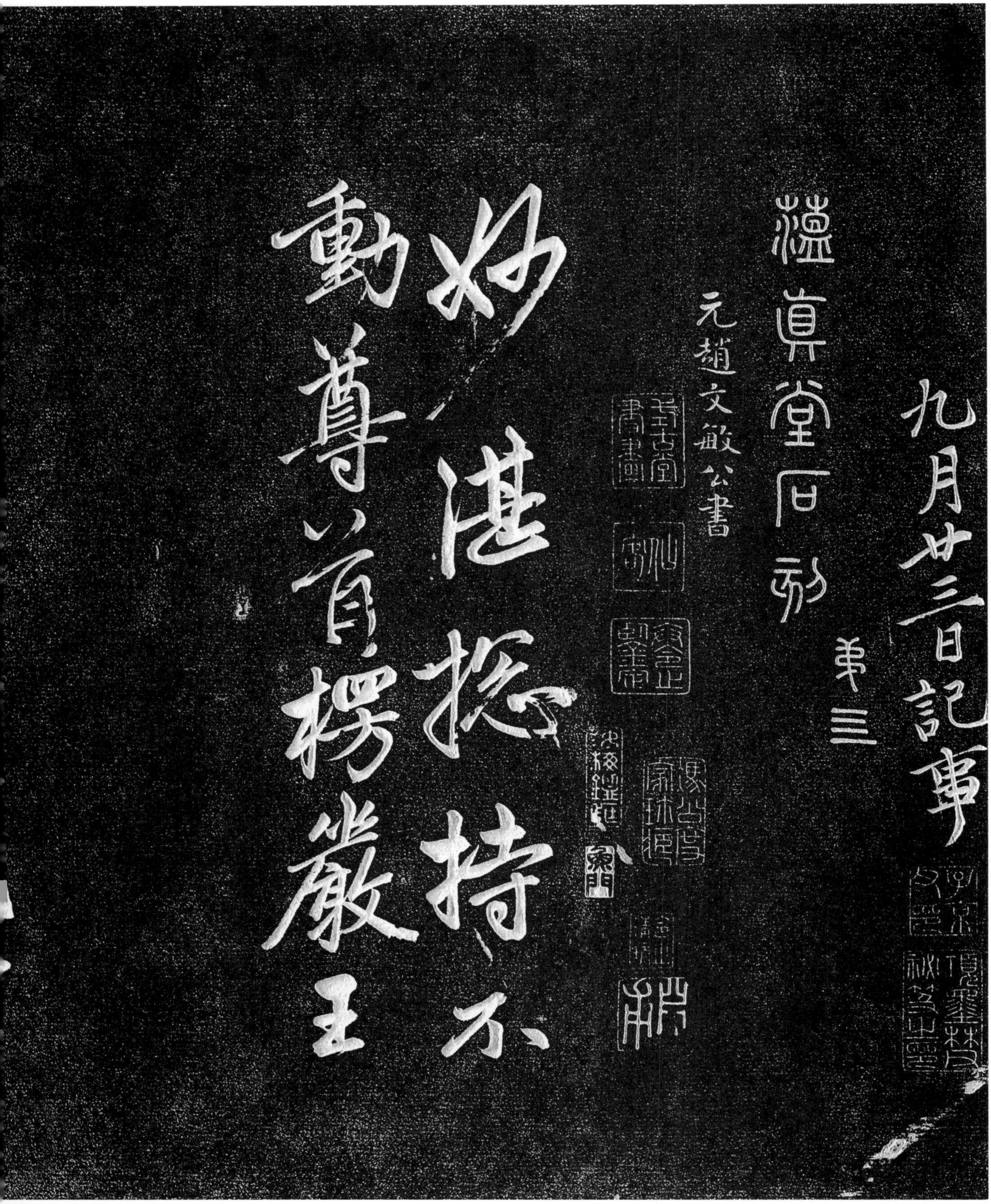

蘊真堂石刻四二（局部二）

劫顛倒想不歷
僧祇獲法身願
今得果成寶王
還度如是恒沙
衆將此身心奉

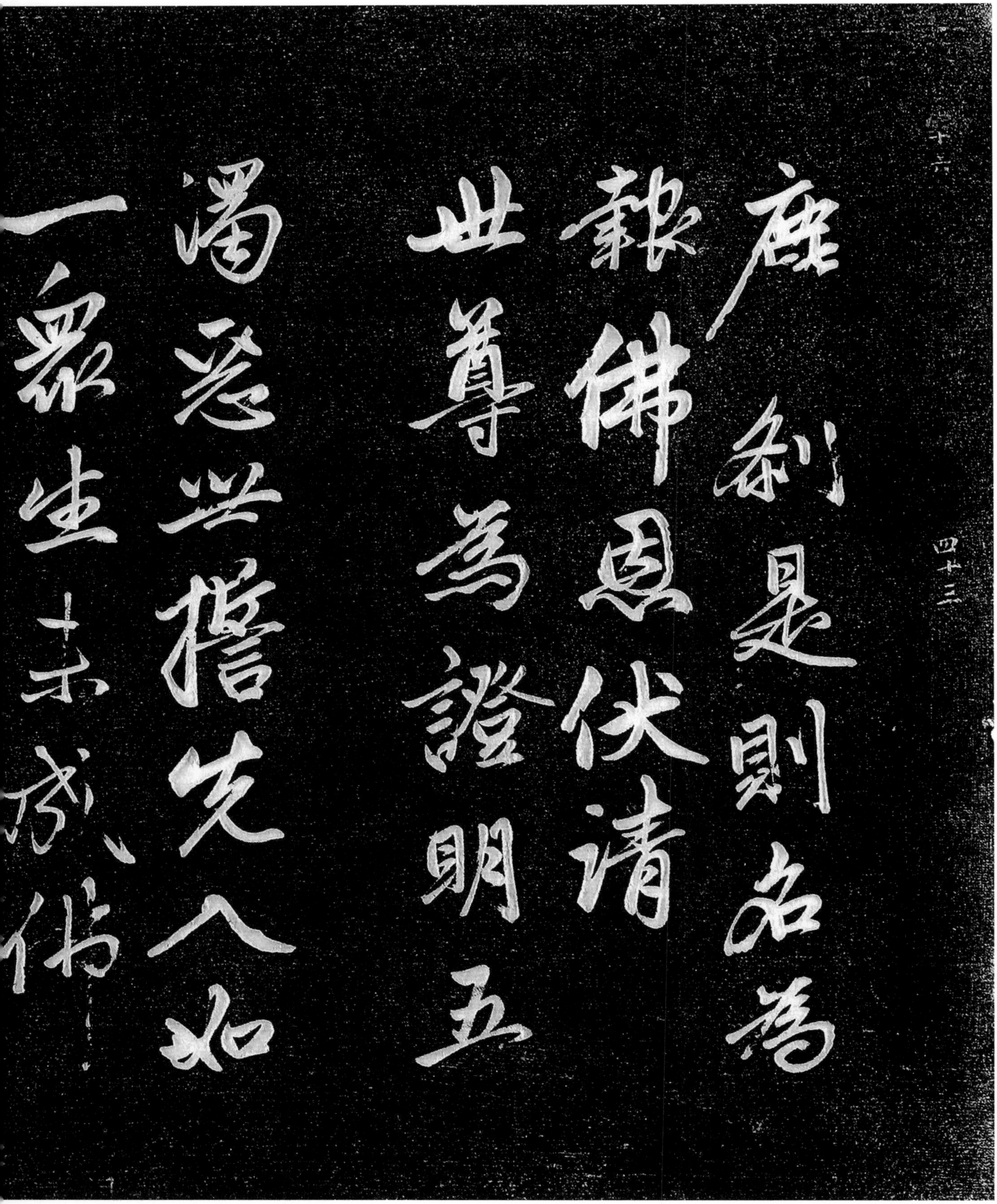
鹿剎是則名為
報佛恩伏請
世尊為證明五
濁惡世誓先入如
一眾生未成佛
四十三

蘊真堂石刻四三（局部一）

終不於此取泥
洹大雄大力大
慈悲希更審
除微細惑令我
早登無上覺於

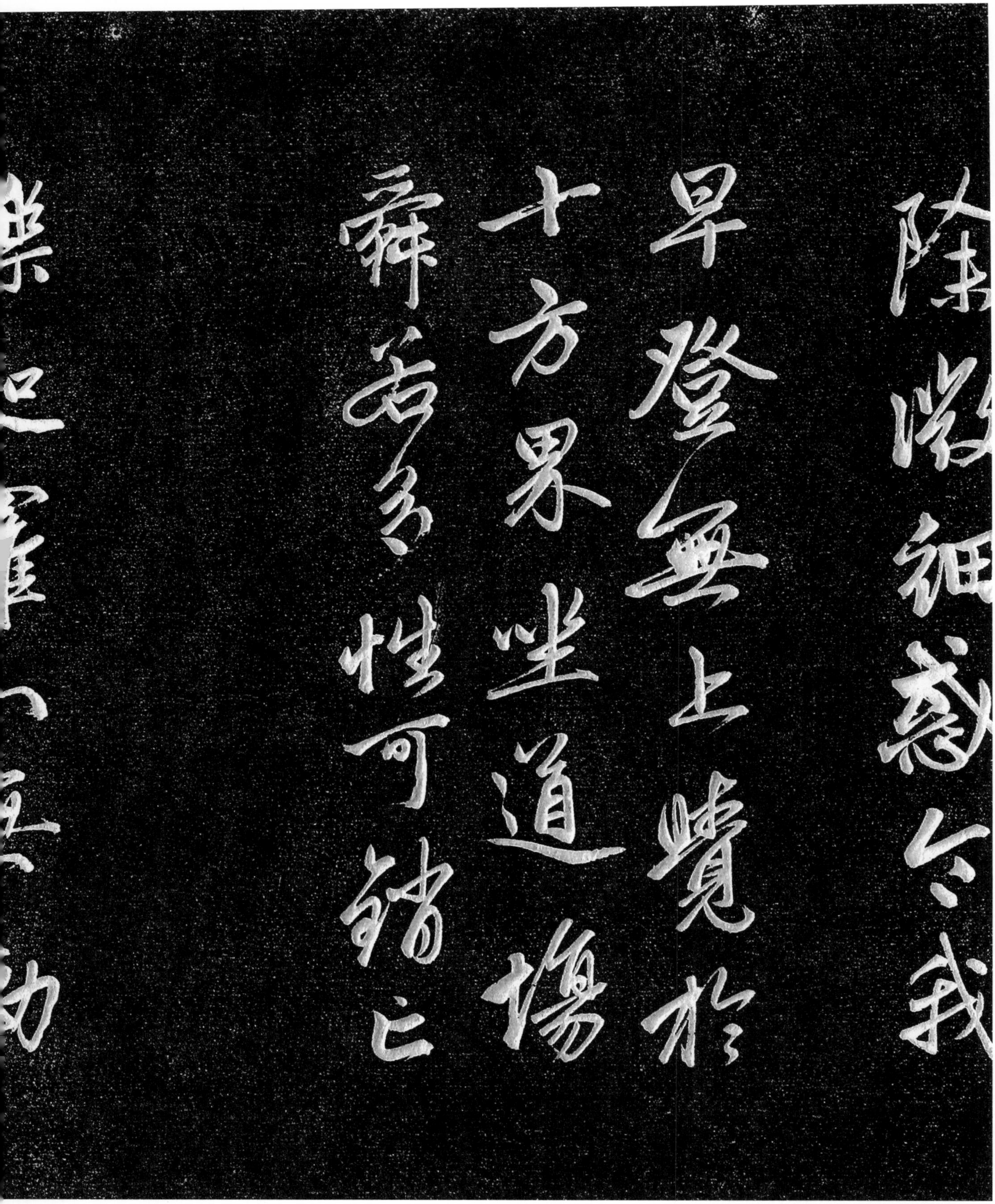

蘊真堂石刻四三（局部二）

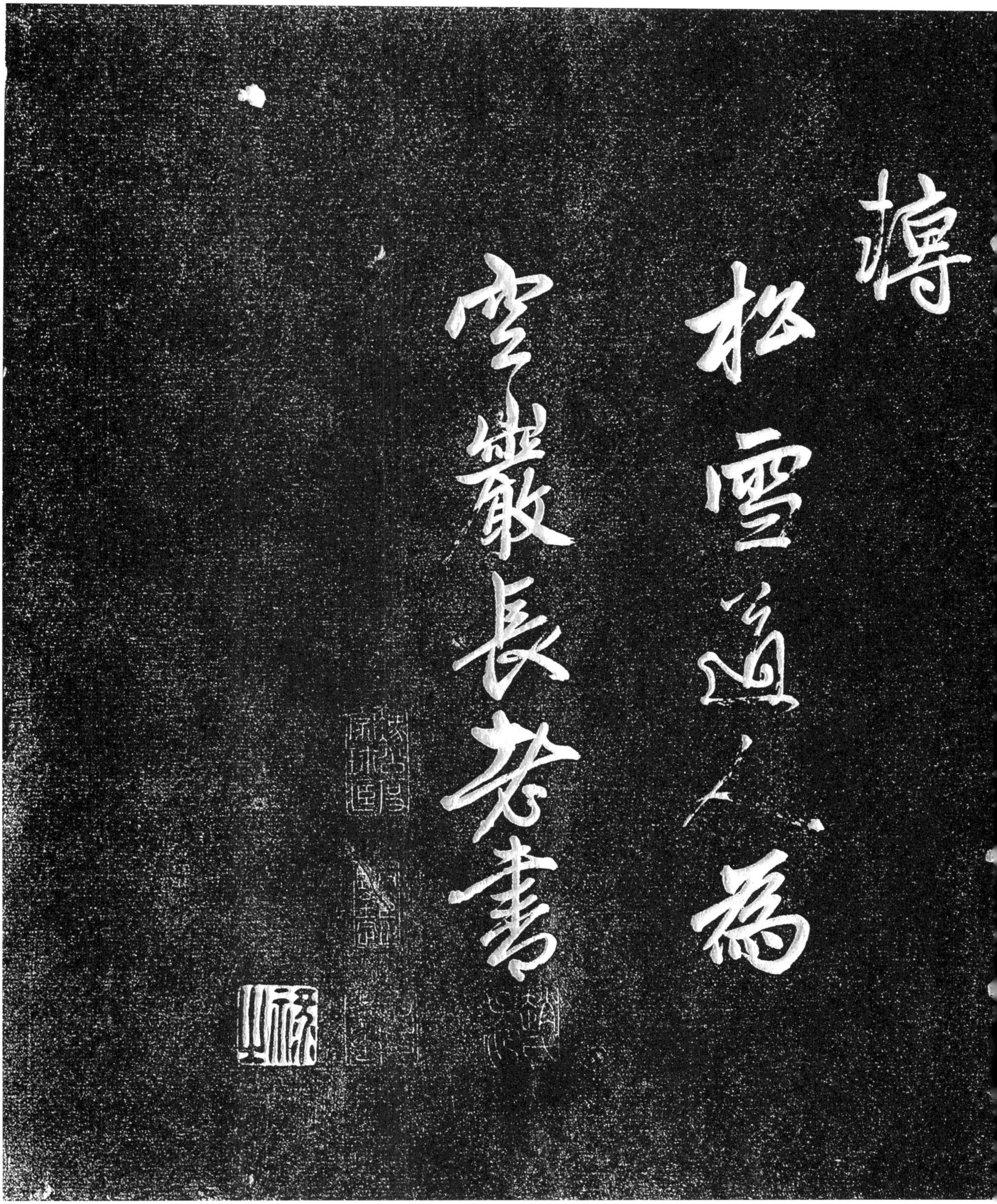
塼
松雪道人為
雲巖長老書

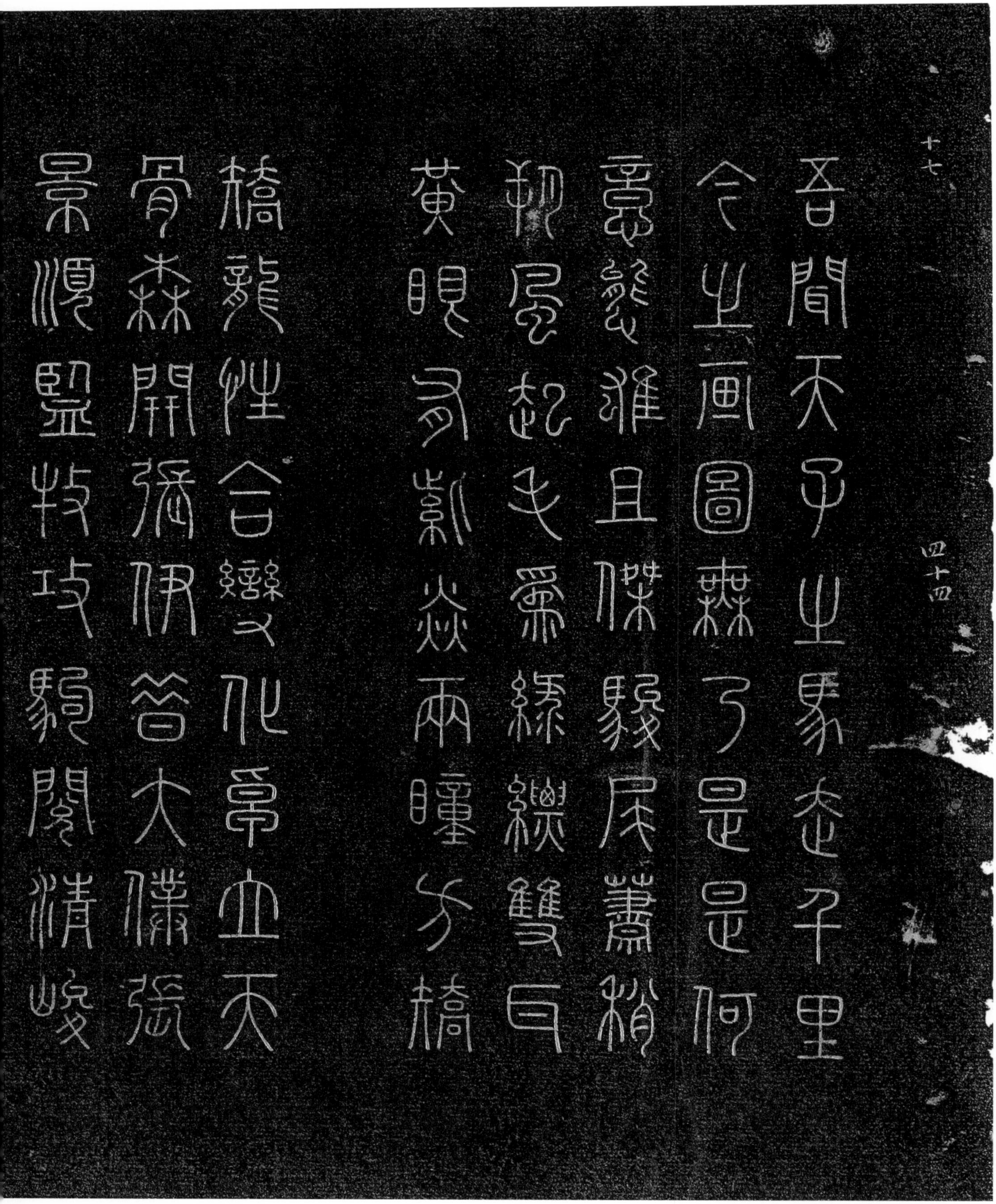

蕴真堂石刻四四（局部一）

驥子憐神俊當時四十
萬匹馬張公歎其材盡
下故獨寫真傳世人見
之座右久更新年多物
化空形影嗚呼健步無
由騁如今豈無騕褭與
驊騮時無王良伯樂即

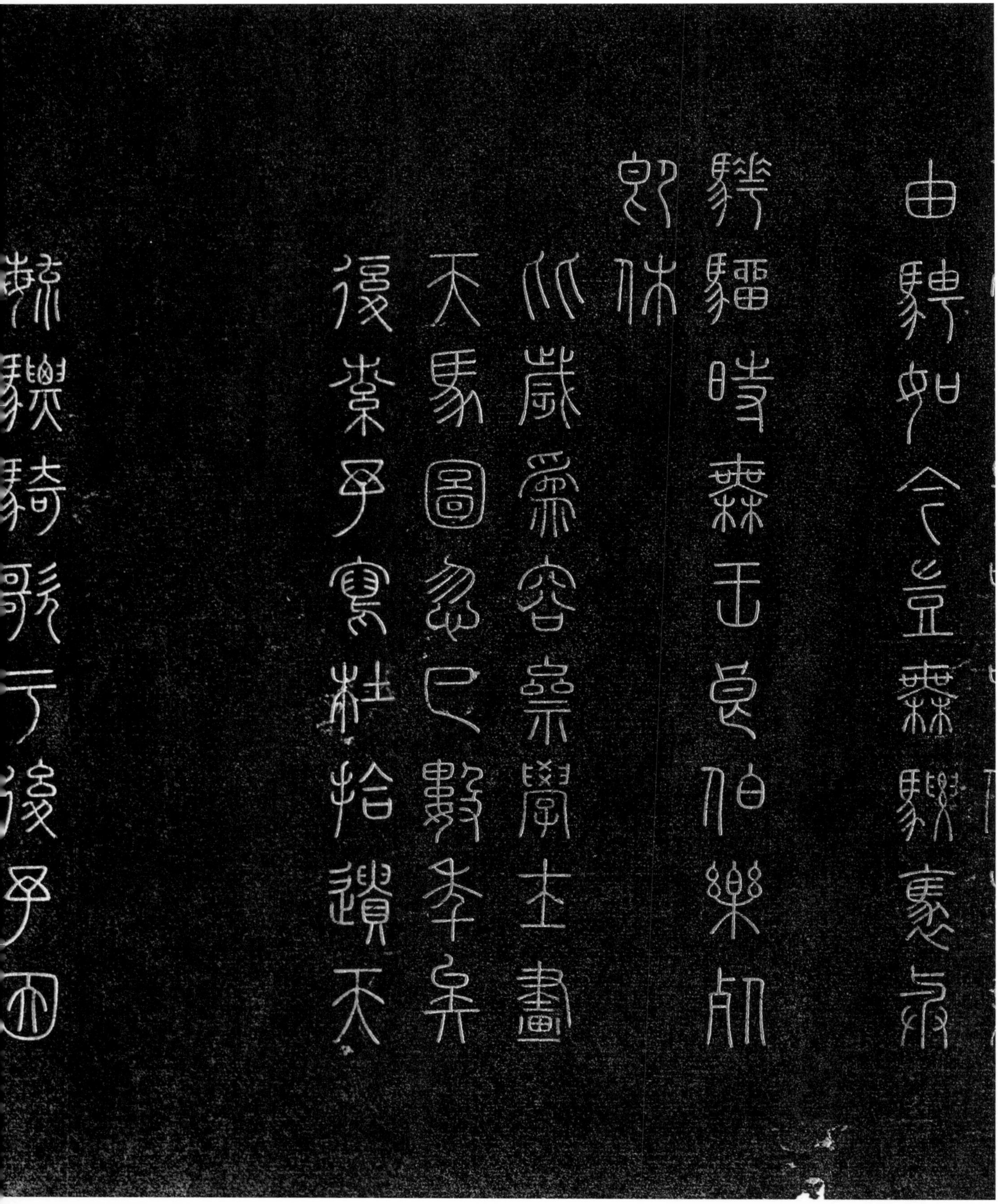

蕴真堂石刻四四（局部二）

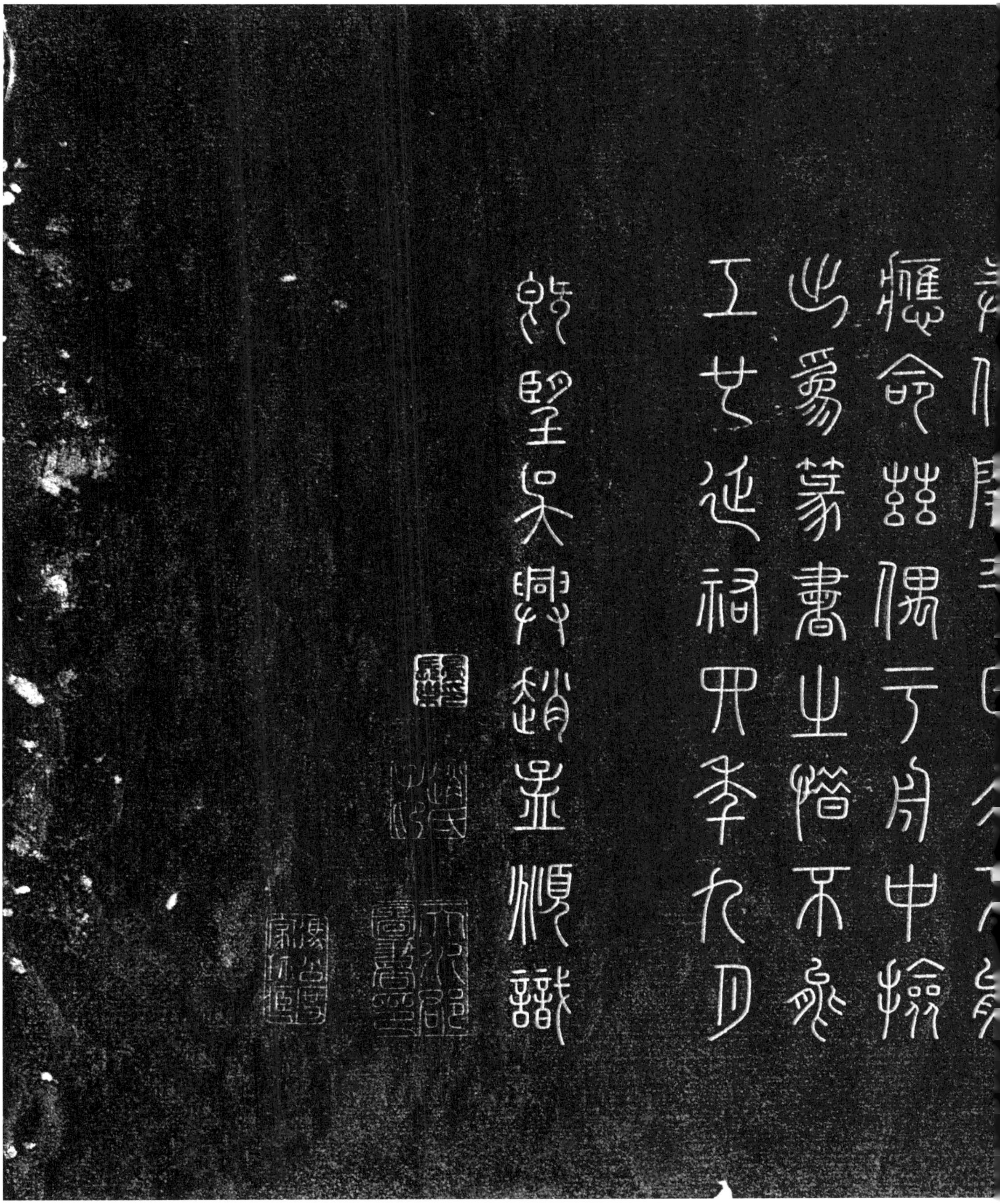
吳興趙孟頫識

蕴真堂石刻四五（局部一）

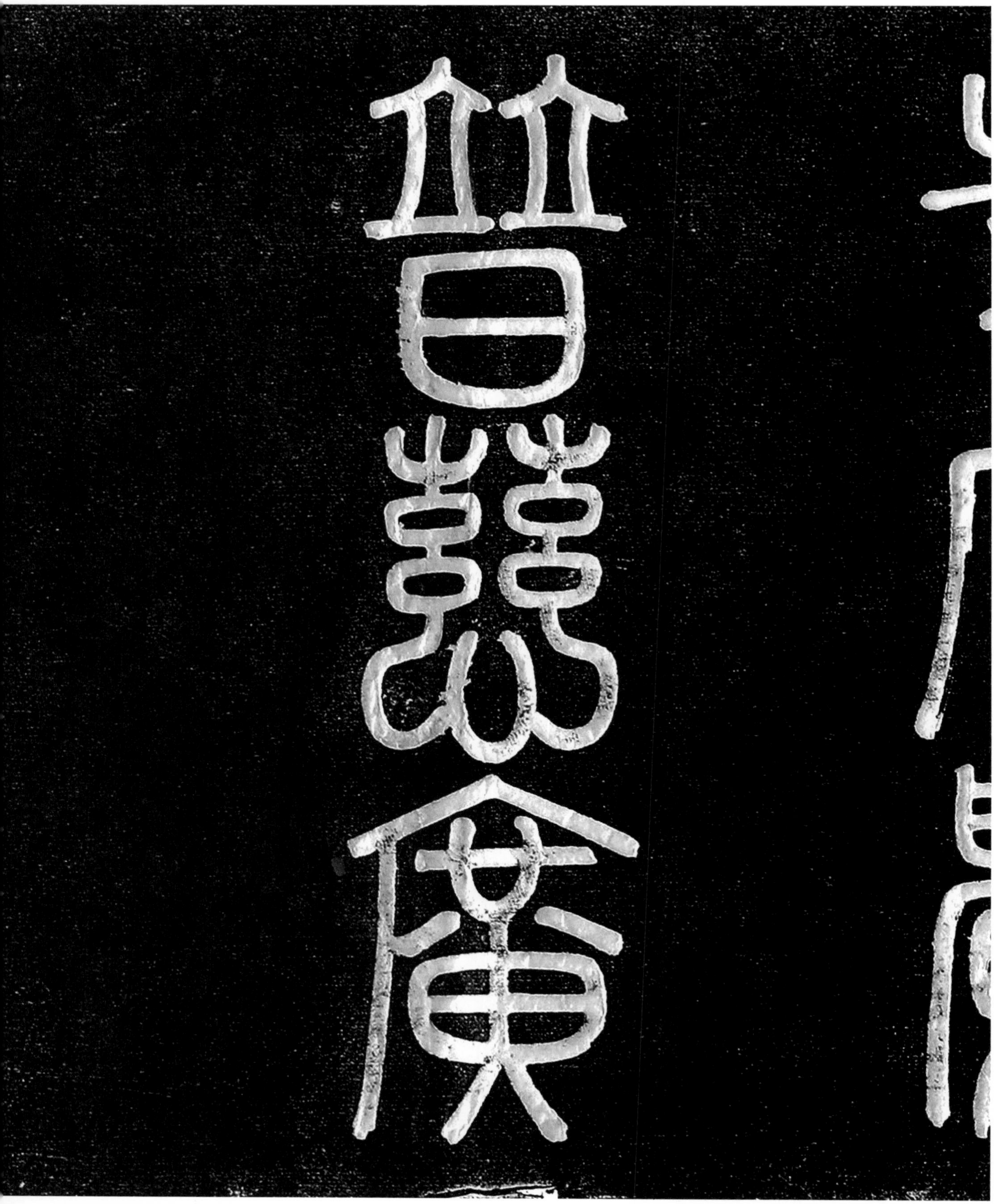

蘊真堂石刻四五（局部二）

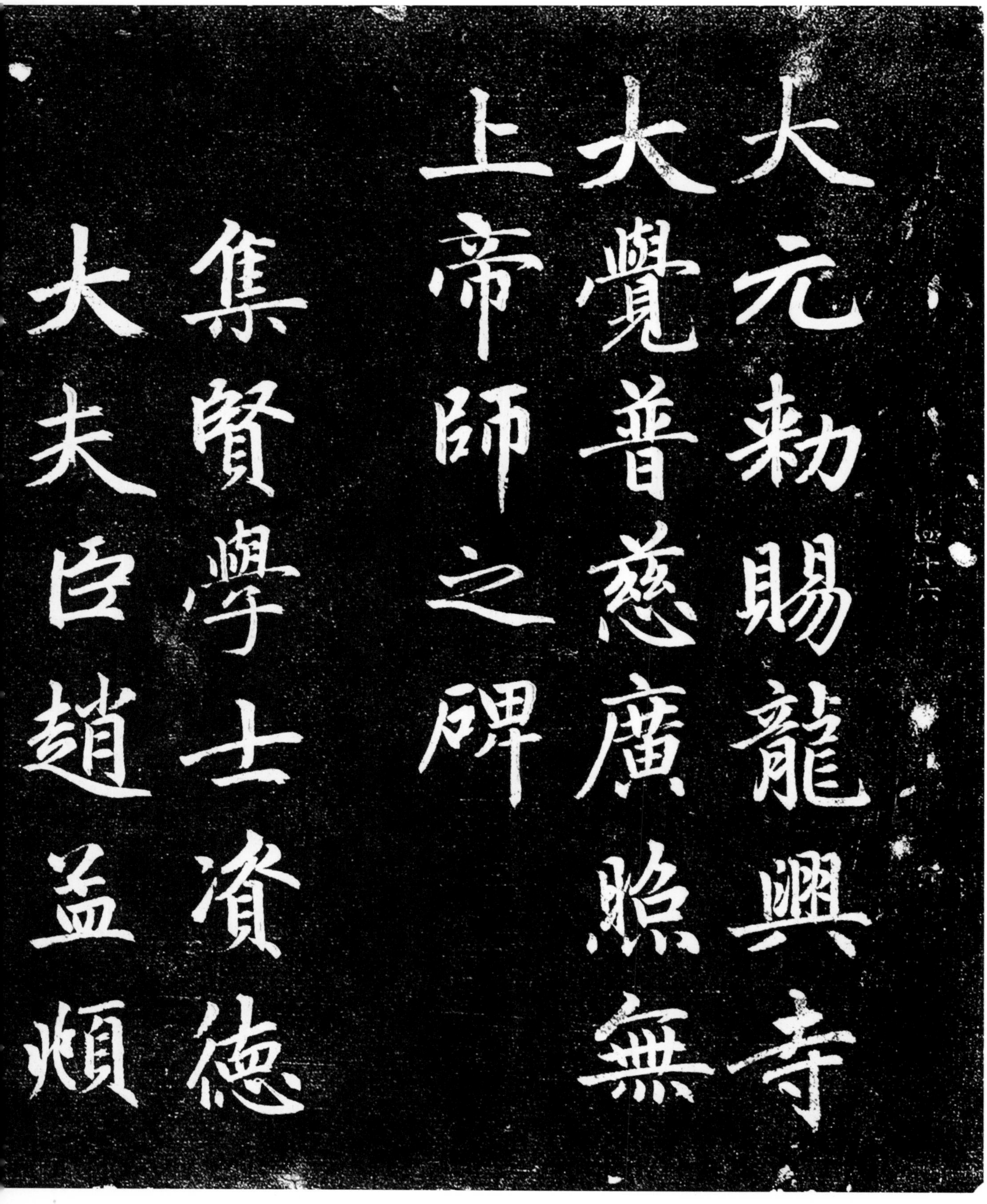
大元勑賜龍興寺
大覺普慈廣照無
上帝師之碑
集賢學士資德
大夫臣趙孟頫

蘊真堂石刻四六（局部一）

皇帝即位之元年
有詔　金剛上
師膽巴賜謚大覺
普慈廣照無上帝

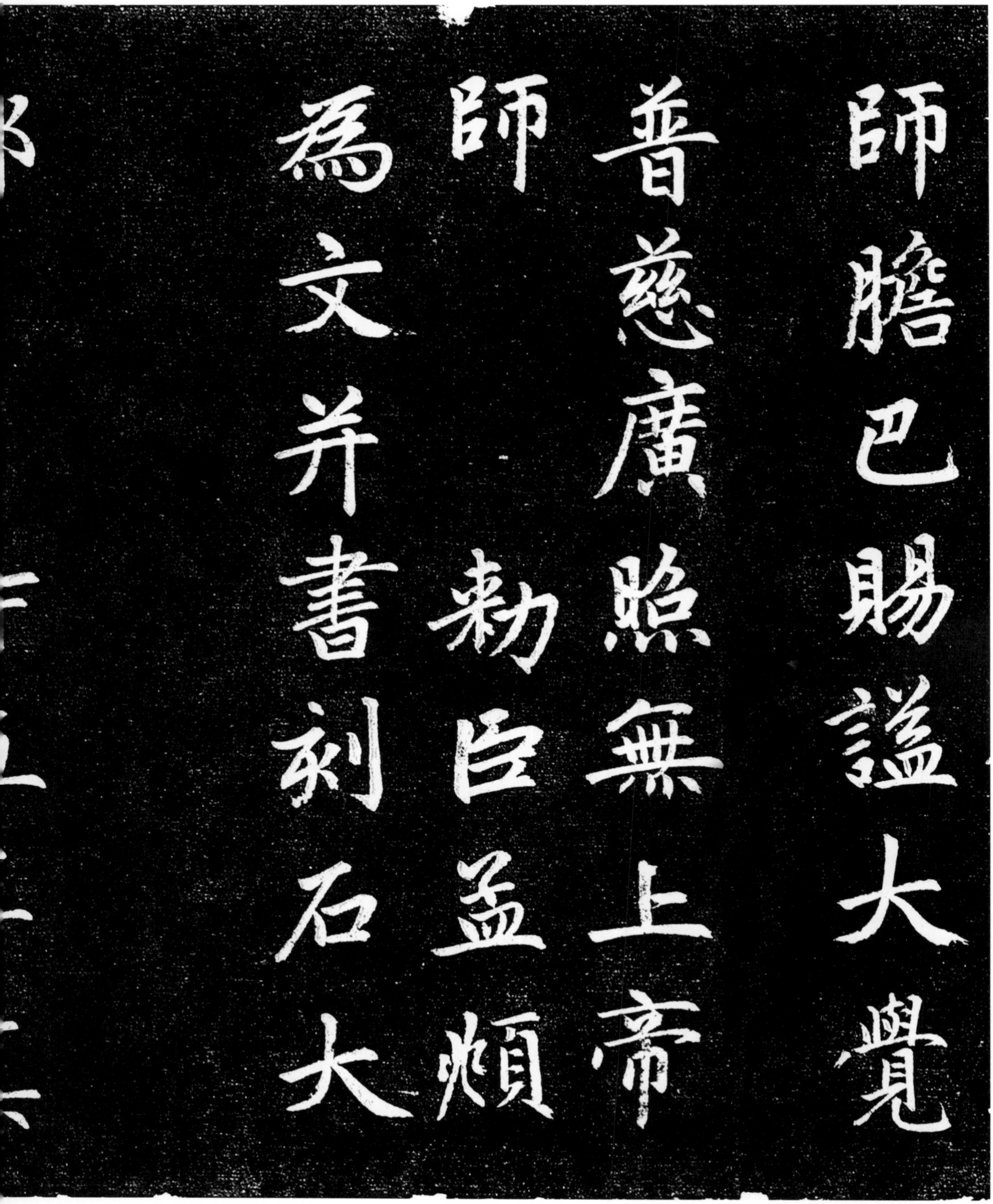
師膽巴賜謚大覺
普慈廣照無上帝
師
敕臣孟頫
為文并書刻石大

蘊真堂石刻四六（局部二）

定路龍興寺僧迭
凡八奏師本住其
寺乞刻石寺中復
勅臣孟頫為
文并書臣孟頫頓

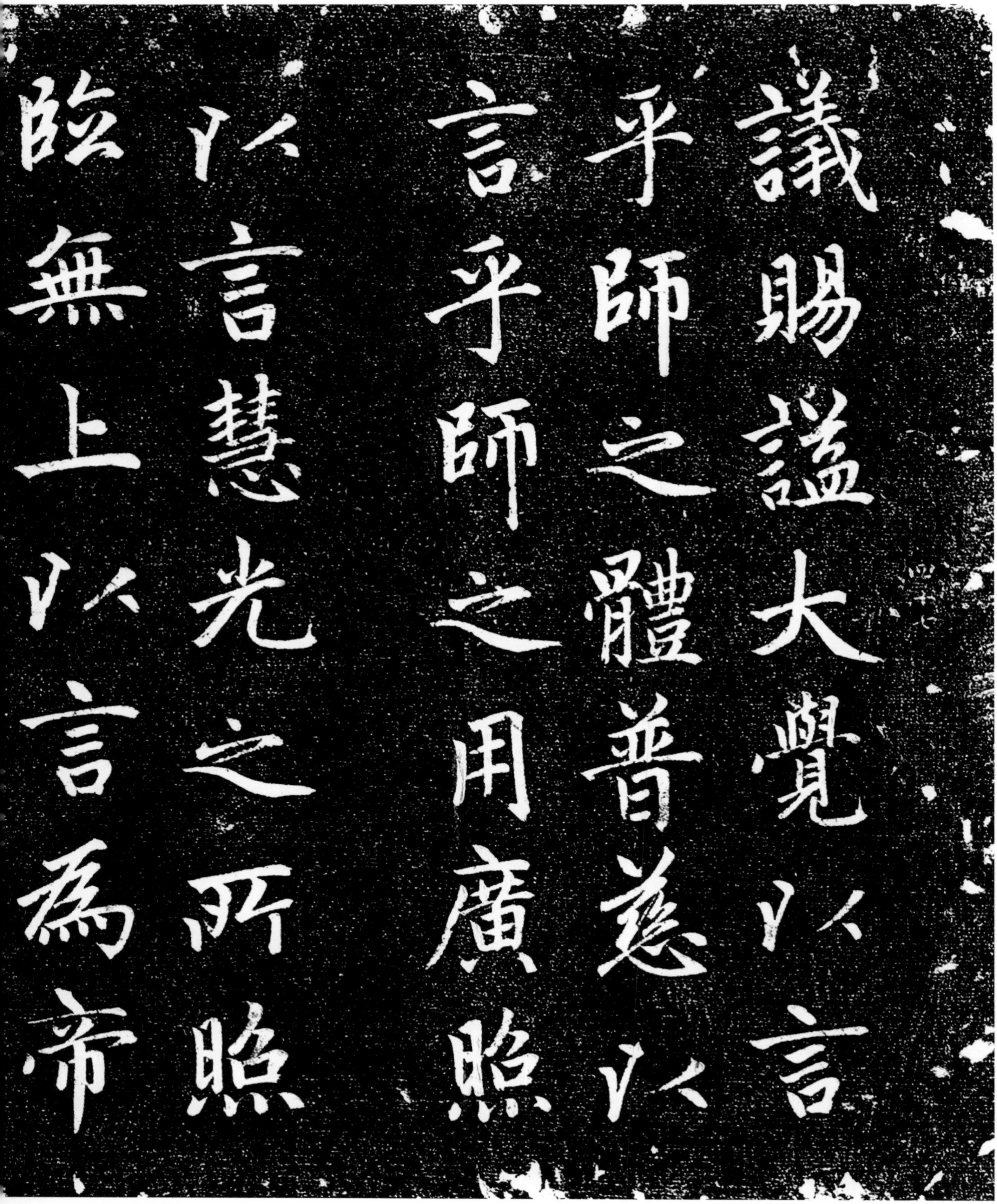
議賜謚大覺以言
乎師之體普慈以
言乎師之用廣照
以言慧光之所照
臨無上以言爲帝
蘊真堂石刻四七（局部一）

者師既奏有
旨於義甚當謹按
師所生之地曰突
甘斯旦麻童子出
家事

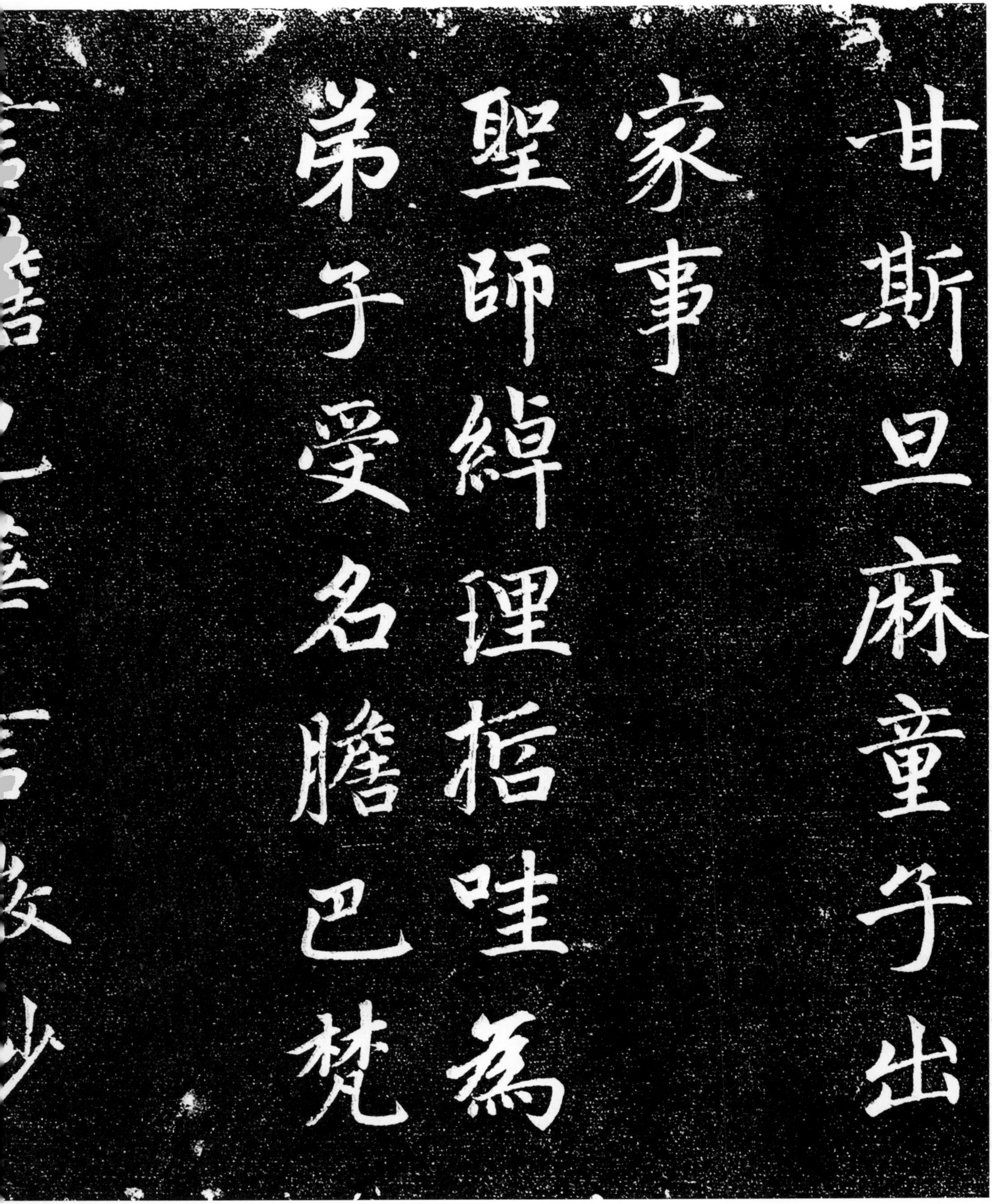
廿斯旦麻童子出
家事
聖師綽理括哇為
弟子受名膽巴梵

蘊真堂石刻四七（局部二）

先受秘密戒法繼
遊西天竺國徧參
高僧受經律論繇
是深入法海博采
道要顯密兩融空

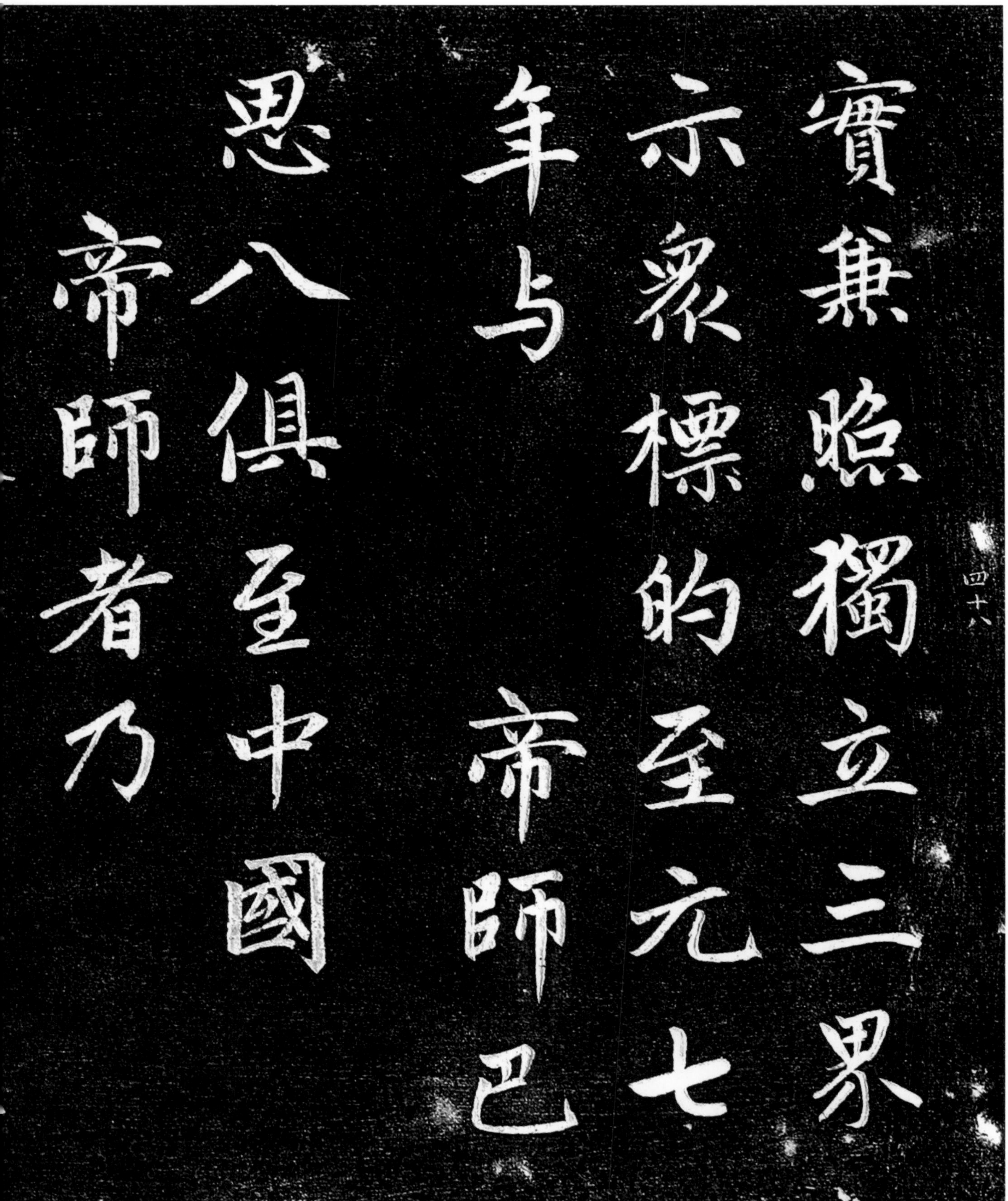

實兼照獨立三界
示衆標的至元七
年与　帝師巴
思八俱至中國
帝師者乃

蘊真堂石刻四八（局部一）

帝師告歸西
蕃以教門之事屬
之於師始於五臺
山建立道場行秘

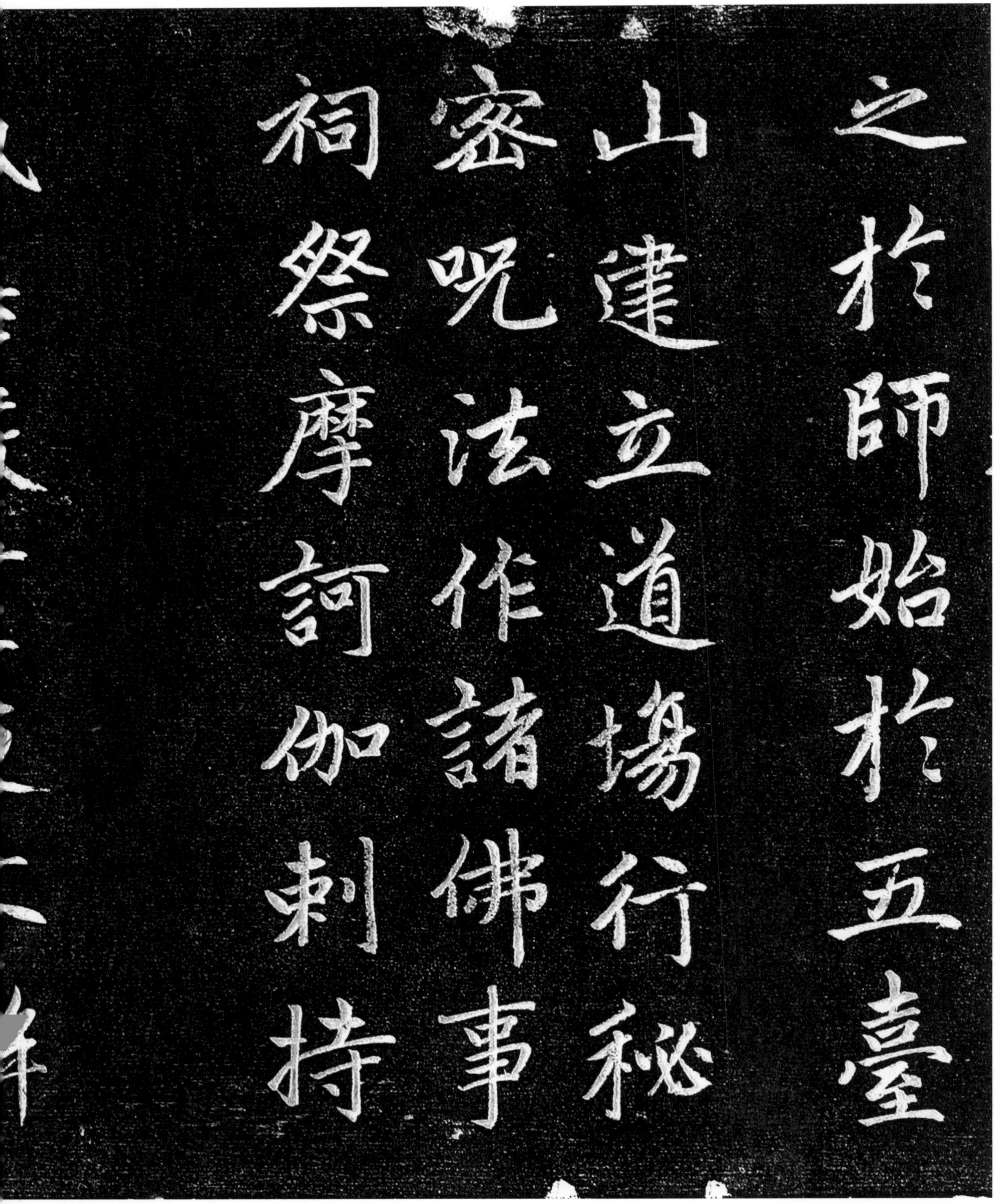
之於師始於五臺山建立道場行秘密呪法作諸佛事祠祭摩訶伽剌持

蘊真堂石刻四八（局部二）

屢彰神異恭然流
閒自是德業隆盛
人天歸敬
武宗皇帝　　皇
伯晉王及

四十九

今皇帝
皇太后皆從受戒
法下至諸王將相
貴人委重寶爲施
身執弟子禮不可

蘊真堂石刻四九（局部一）

朕紀龍興寺運於

隋世寺有金銅大

悲菩薩像五代時

契丹入鎮州縱火

焚寺像毀於火周

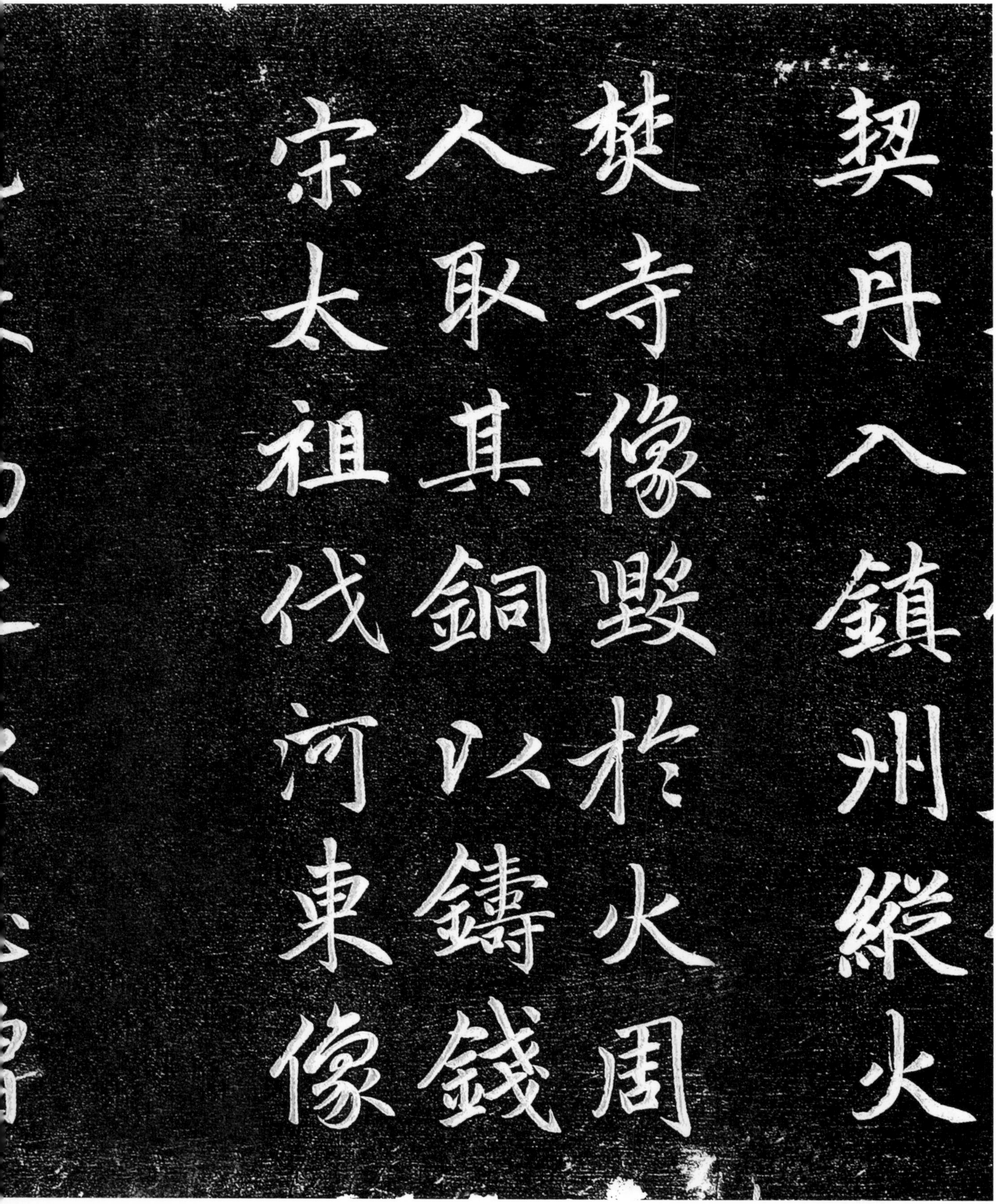
契丹入鎮州縱火
焚寺像毀於火周
人取其銅以鑄錢
宗太祖伐河東像
蘊真堂石刻四九（局部二）

可傳言寺有復興
之讖於是爲降詔
復造其像高七十
三尺建大閣三重
以覆之旁翼之以

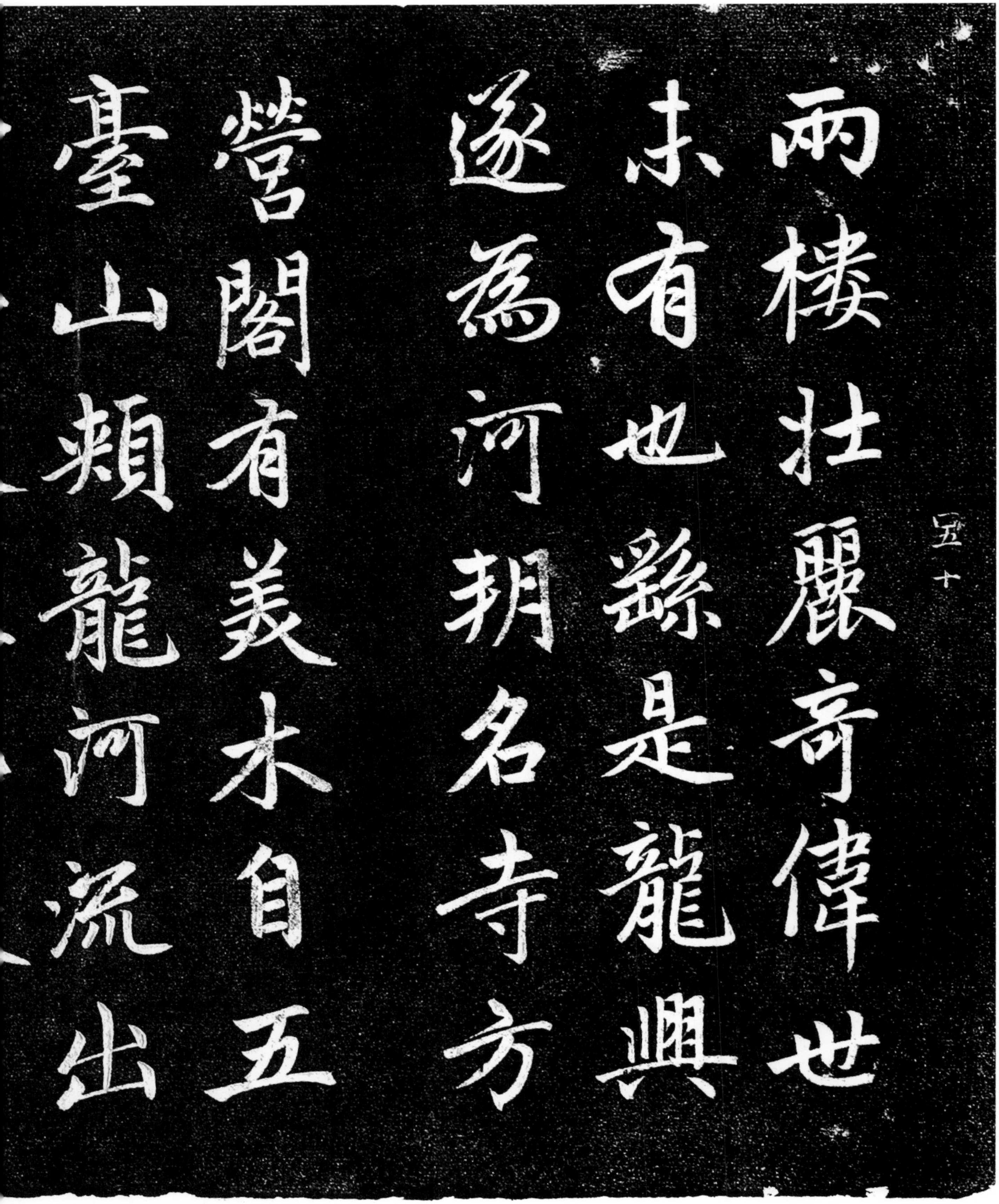

蘊真堂石刻五〇（局部一）

寘之數與閣村畫
合詺取以賜僧惠
演為之記師始來
東土寺講主僧宣

演爲之記師始来
東土寺講主僧宣
徽大師普[illegible]雄辯
大師永安等即禮
請師爲首主寺已

蘊真堂石刻五〇（局部二）

貞元年正月師忽
謂衆僧曰將有聖
人興起山門即爲
梵書奏
徽仁裕聖皇太后

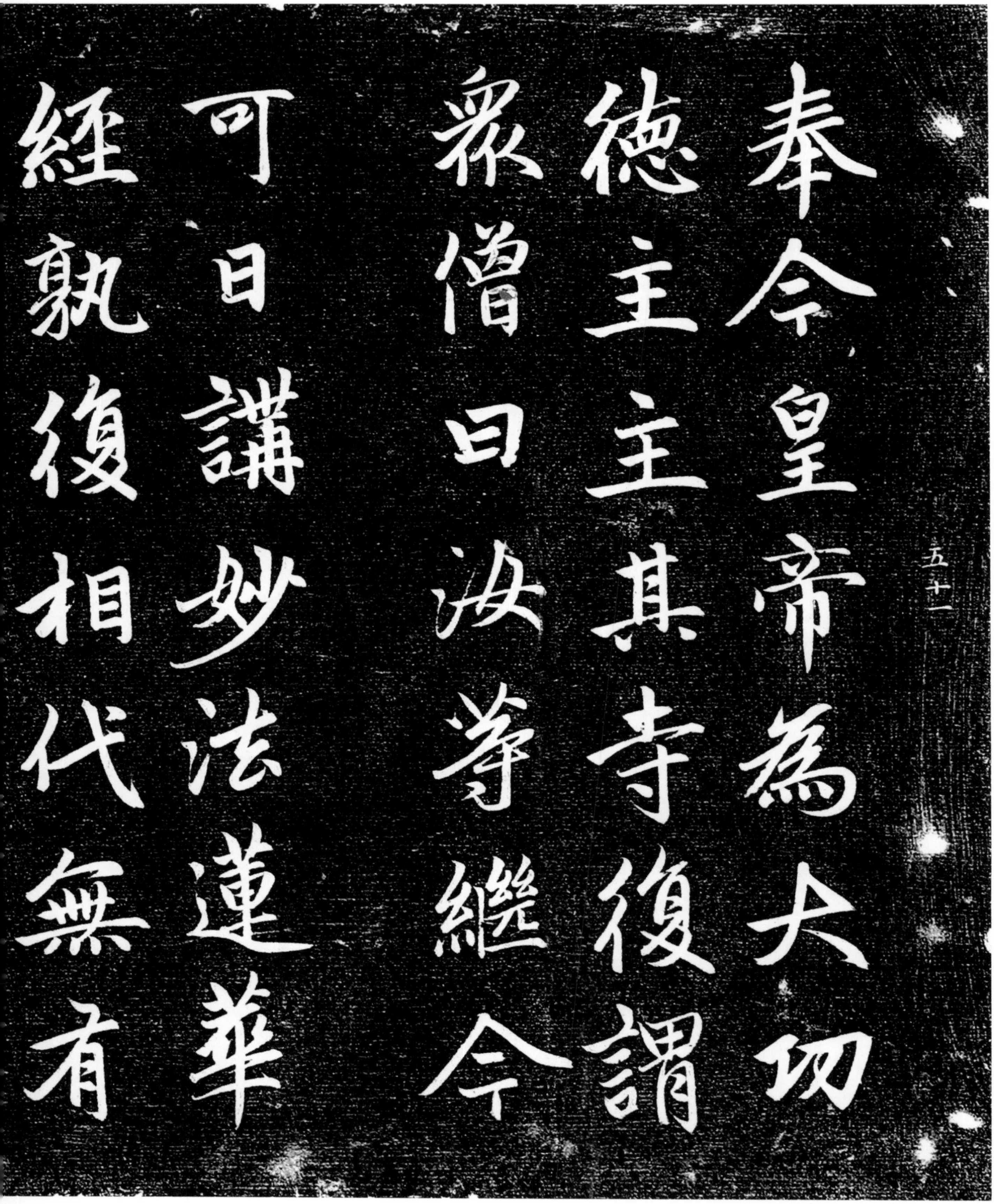
五十二
奉今皇帝為大功
德主主其寺復謂
衆僧曰汝等繼今
可日講妙法蓮華
經孰復相代無有

蕴真堂石刻五一（局部一）

已時月色集神靈

擁護

聖躬受無量福香

華果餉之費皆度

我私財且預言

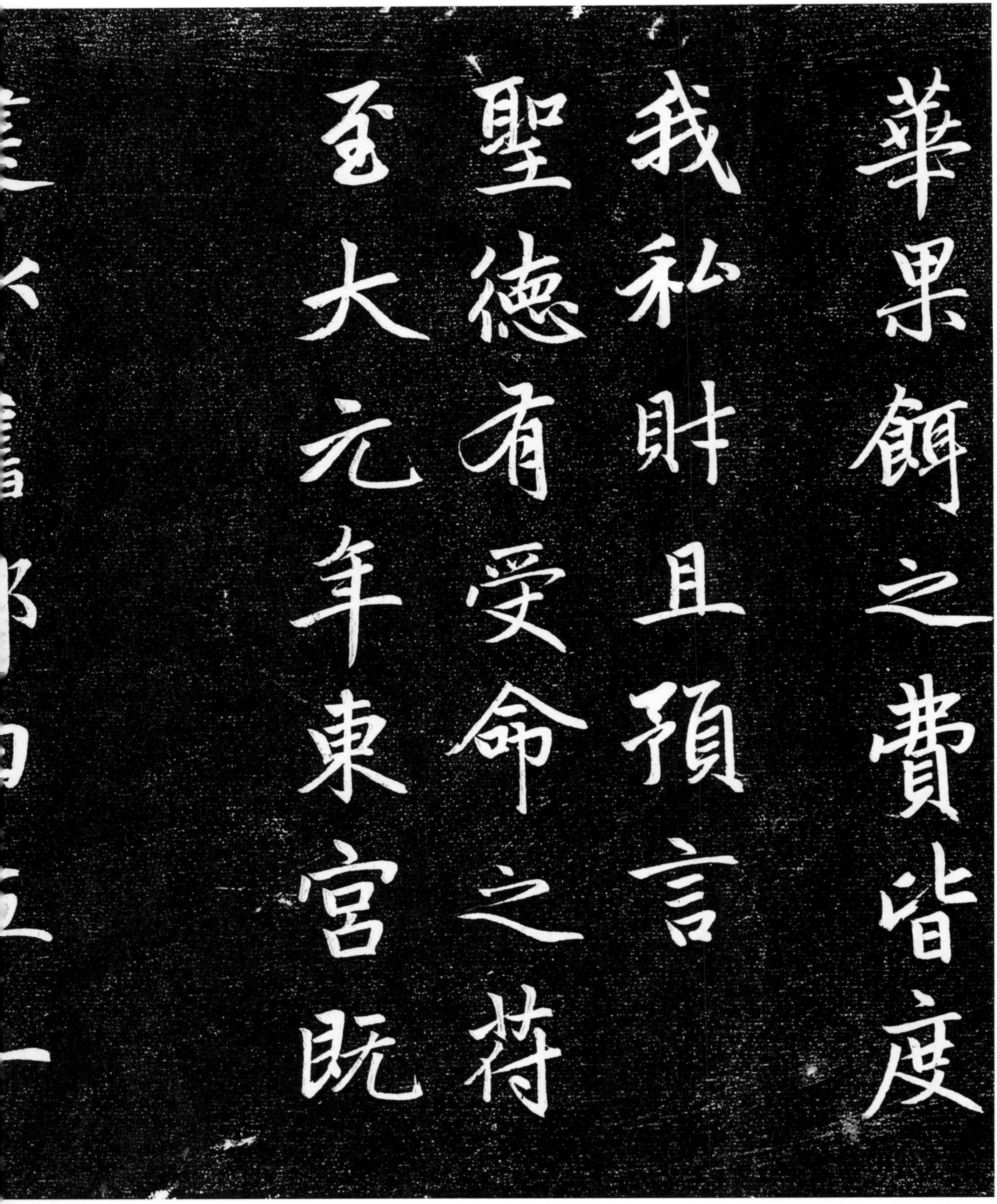

華果餌之費皆度
我私財且預言
聖德有愛命之符
至大元年東宮既

蘊真堂石刻五一（局部二）

頒賜寺為常住業
師之所言至此皆
驗大德七年師在
上都祢陁院入般
涅槃現五色寶光

獲舍利無數 五十二
皇元一統天下西
蕃上師至中國不
絶操行謹嚴具智
慧神通無如師者

蘊真堂石刻五二（局部一）

師從無始劫學道
不退轉十方諸如
来一一所受記未
世必成佛住娑婆

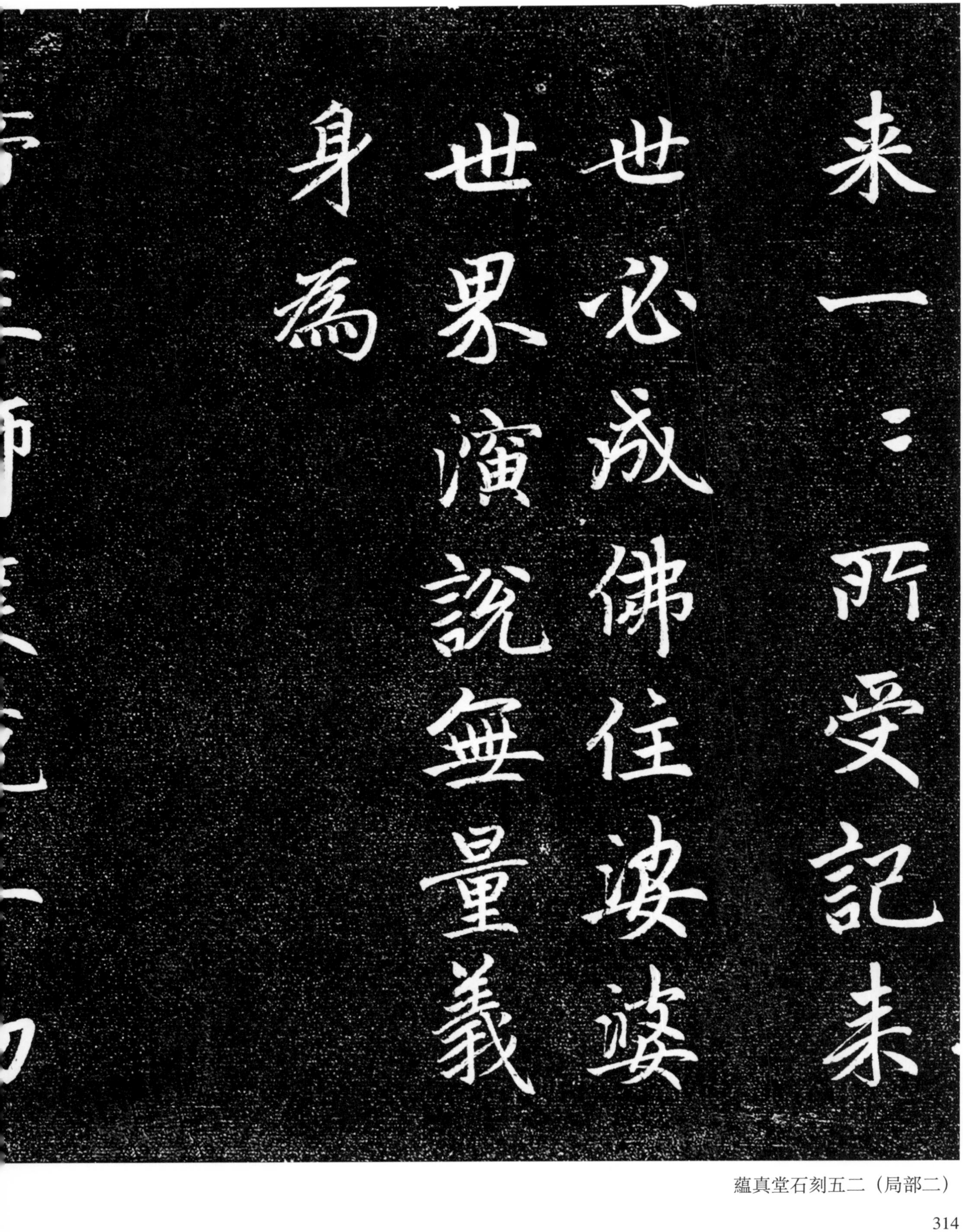
来一〻所受記未
世必成佛住娑婆
世界演說無量義
身為

蘊真堂石刻五二（局部二）

衆黃金為宮殿七
寶妙莊嚴種種諸
珍異供養無不備
建立大道場邪魔
及外道破滅無餘

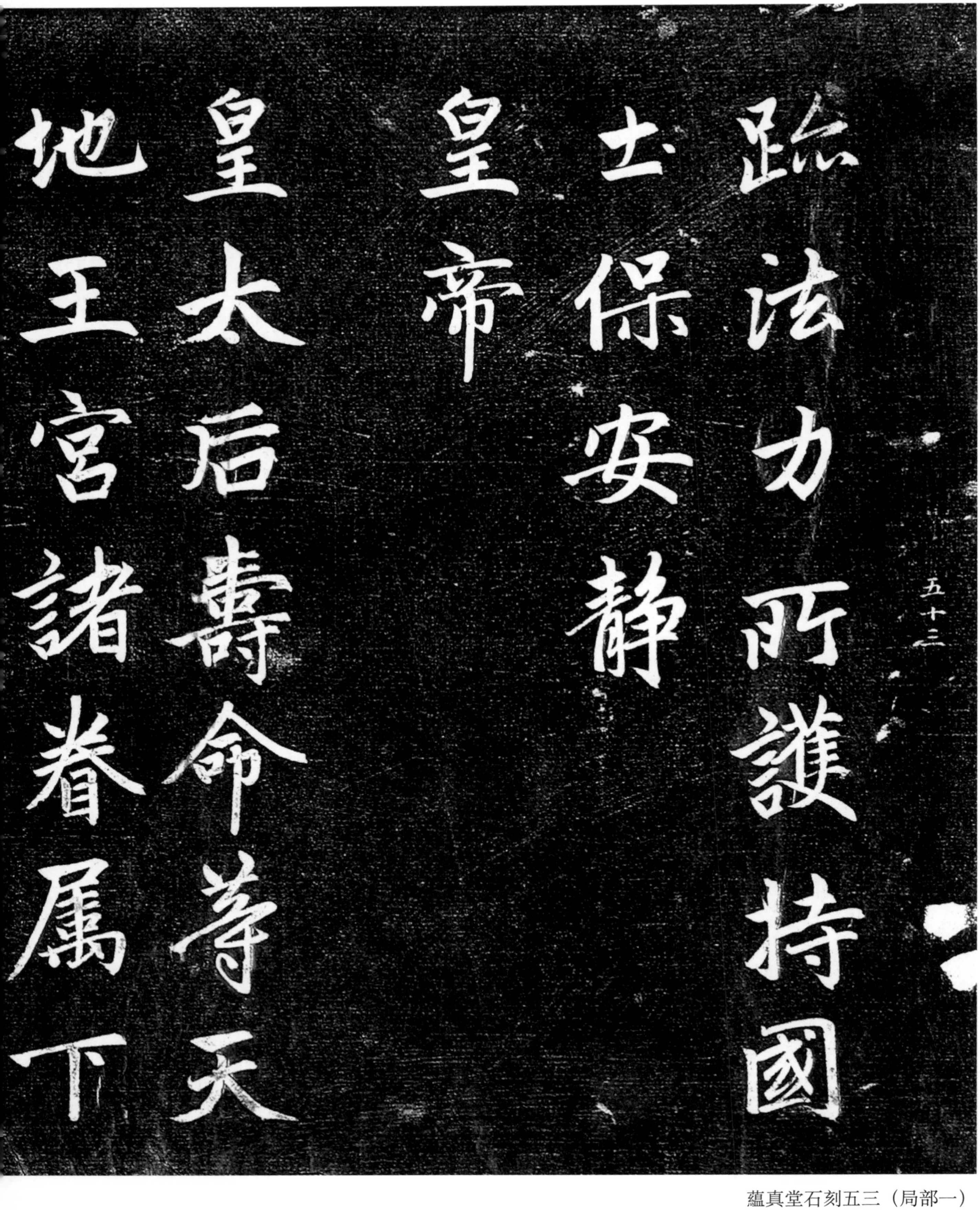

蕴真堂石刻五三（局部一）

至於含生歸依法
力故皆證佛菩提
成就衆善果獲無
量福德皆作如是
言傳布於十方下

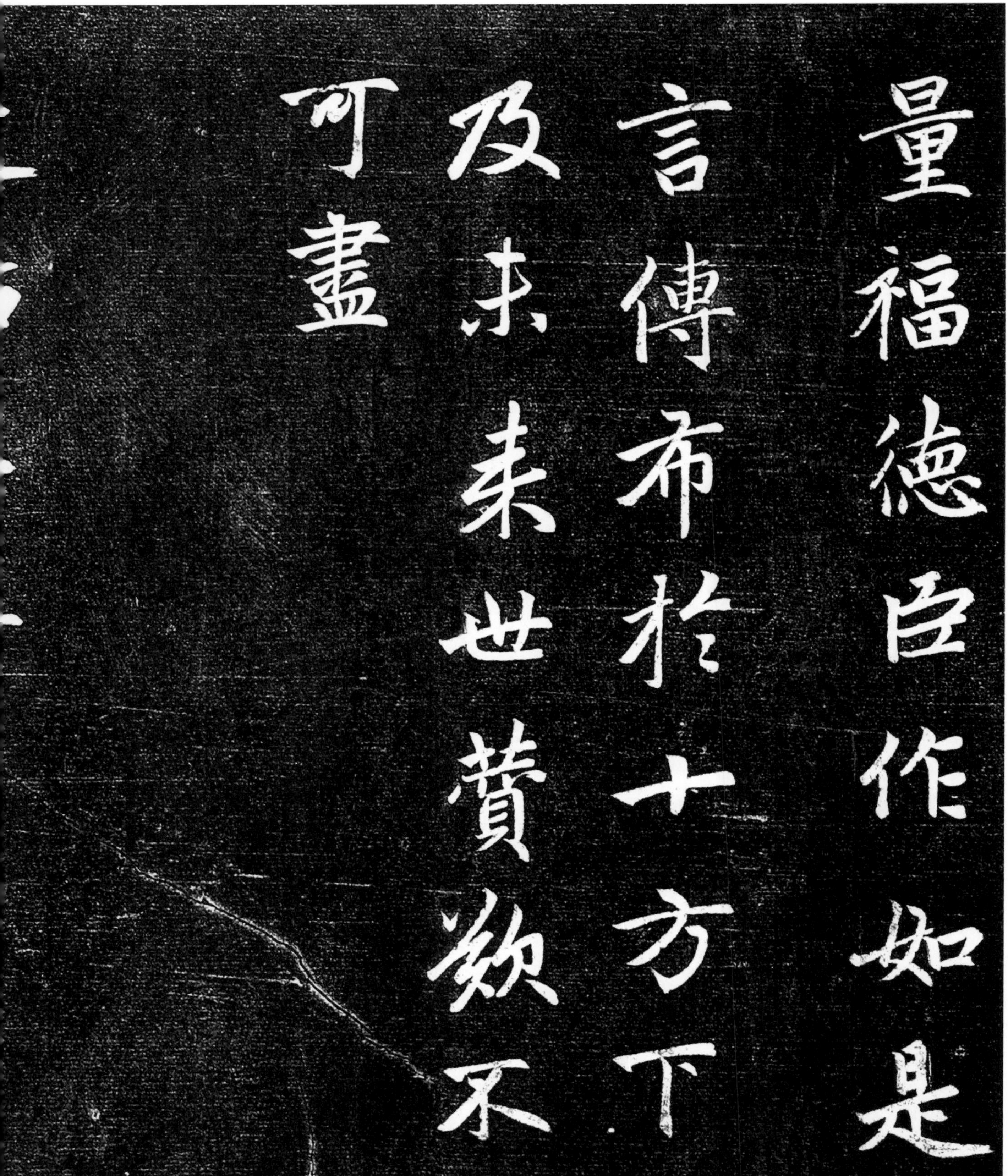
量福德臣作如是
言傳布於十方下
及未来世贊歎不
可盡

蕴真堂石刻五三（局部二）

立石

吳興書此碑年已六十有三去卒時裁七年用筆猶綽約饒風致而神力老健如挽強者矯矯往令人見之氣增一倍道光二十有三年歲次癸卯七月大暑後十日姚元之拜觀

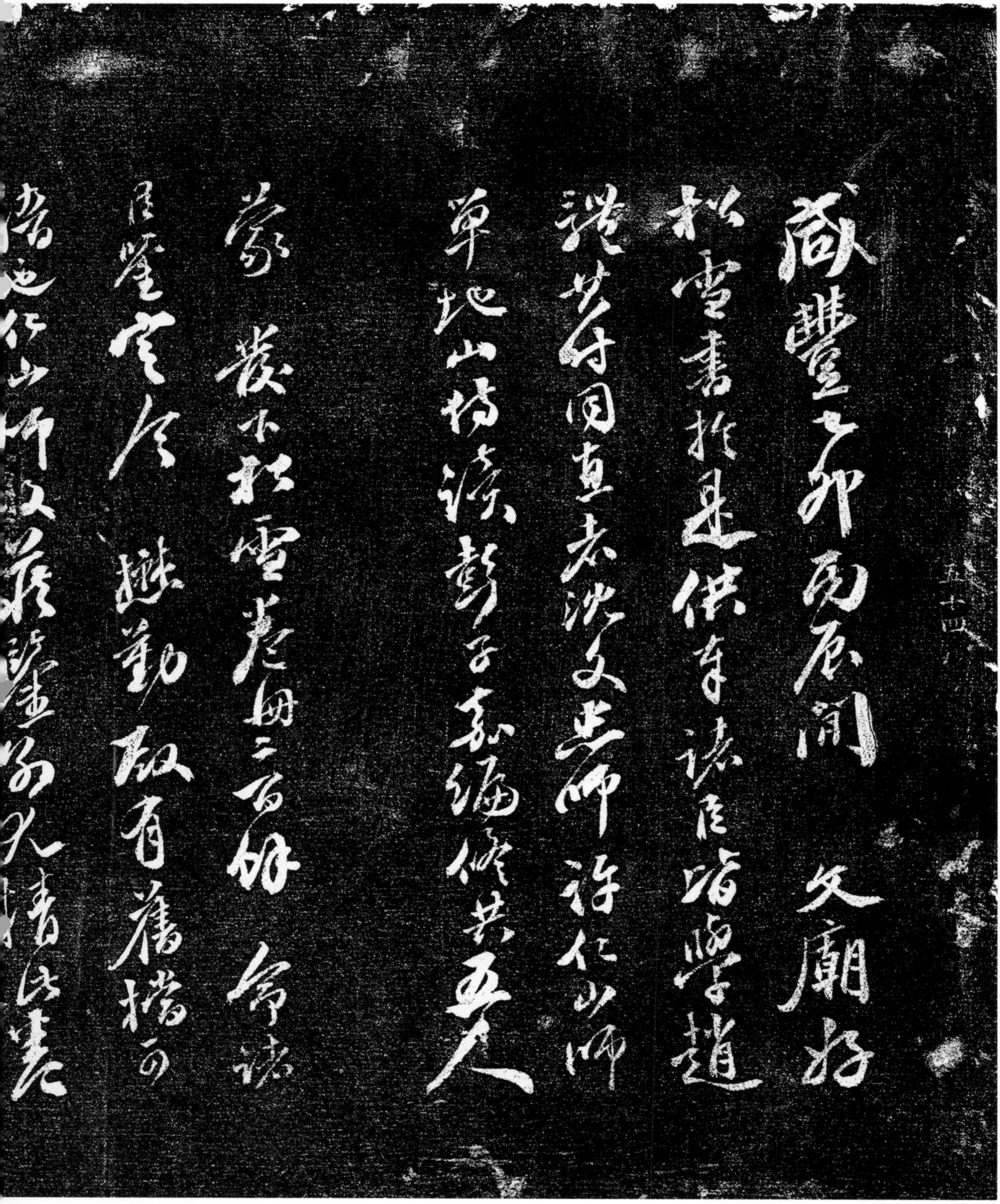

蘊真堂石刻五四（局部一）

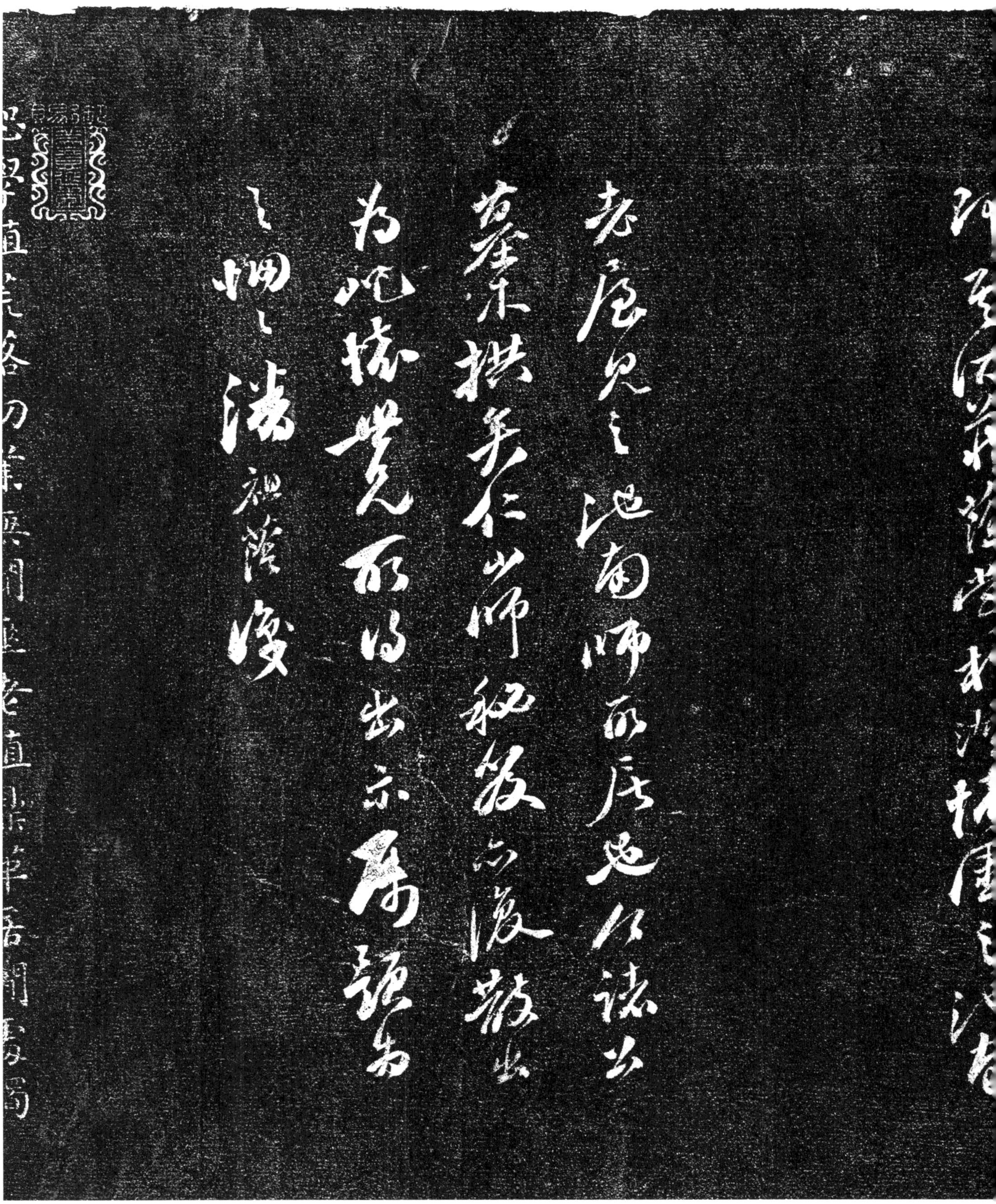

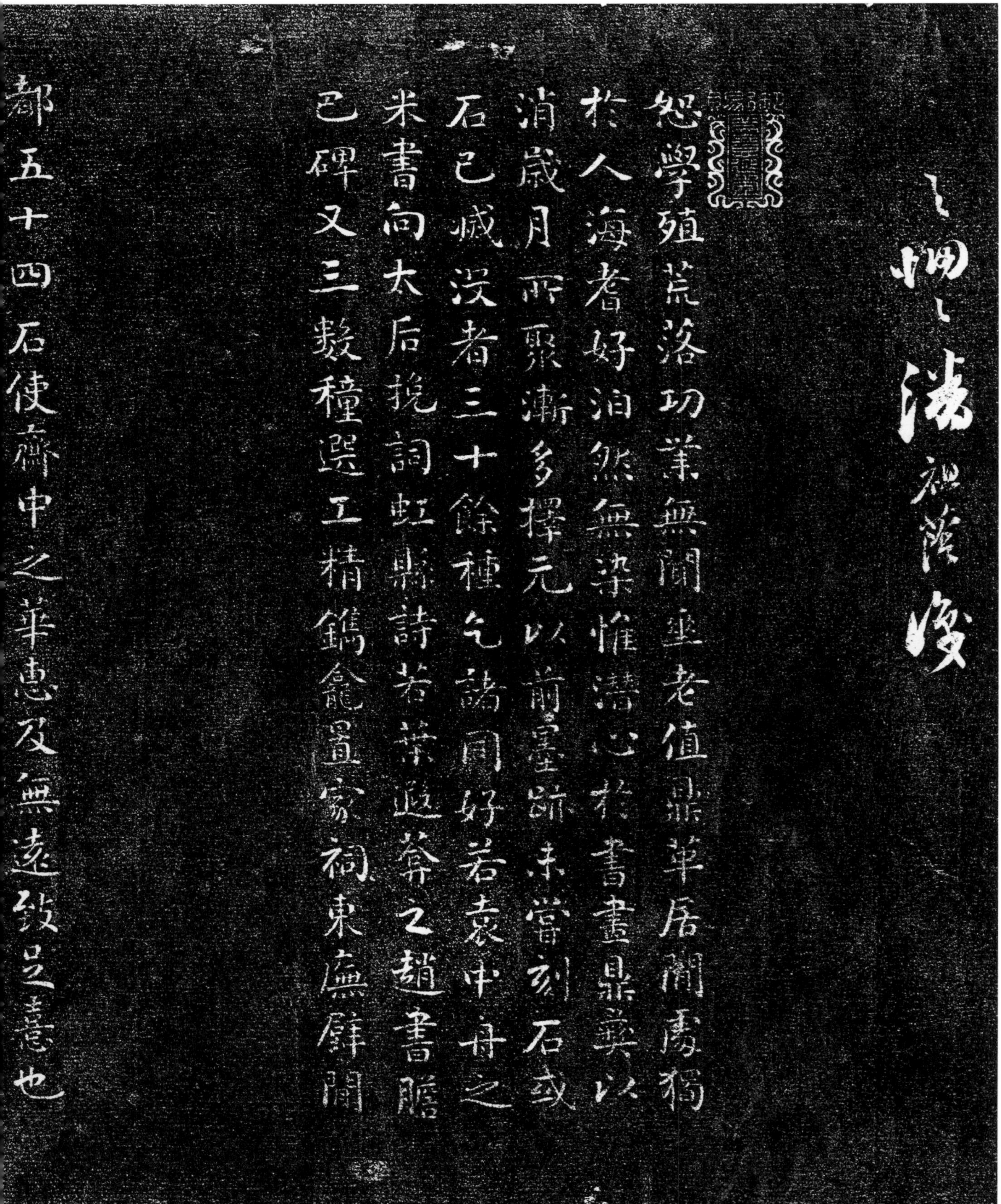
恕學殖荒落功業無聞垂老值鼎革居闇處獨
於人海者好泊然無染惟潛心於書畫鼎彝以
消歲月所聚漸多擇元以前墨跡未嘗刻石或
石已滅沒者三十餘種乞諸同好若袁中舟之
米書向太后挽詞虹縣詩若葉遐菴之趙書膽
巴碑又三數種選工精鐫龕置家祠東廡闢閣
都五十四石使齋中之華恵及無遠致足意也

蘊真堂石刻五四（局部二）

若得與其精神營就相通誠為快事惟人事無
常今所羅列能卜其常聚寔齋否不聚而散必
歸於好者之手否抑殺攘於刀兵毀棄於水火
蠹蝕黴涴於蟲鼠熱溼或賈胡捆載以去皆不
可知今茲是舉蓋具有無涯之欣戚焉尤深惜
乎僅能從事於書而不能施于畫也其序次錯
綜以得之有先後故藏石之室曰蘊真謂昔拜
御書蘊真愜遇扬書之賜以顏其額紀
恩也功既訖乃書其大都如此丁卯夏日大興
馮恕公度記兒子大可大生大正女[illegible]彝季彝
孫忠浚忠涑忠澤侍

關中郭希安刻石起壬戌秋至丁卯秋凡五十一閱月刻竟

釋文

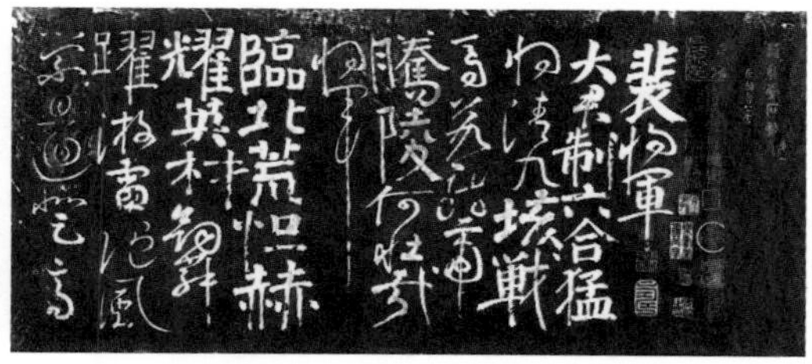

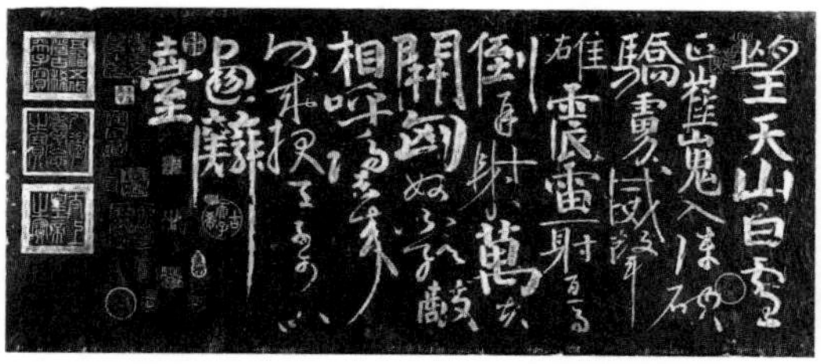

蘊真堂石刻一

釋　文：

蘊真堂石刻第一

裴將軍

大君制六合猛將清九垓戰馬若龍虎騰陵何壯哉將軍臨北荒烜赫耀英材劍舞躍遊電隨風縈且回登高

鉴藏印记：

『乾隆御覽之寶』。『石渠定鑑』。『寶笈重編』。『石渠寶笈』。『三希堂精鑑璽』。『壽』。『宜子孫』。『嘉慶御覽之寶』。『樂壽堂鑑藏寶』。『建鄴文房之印』。『蕉林書屋』。『鼎元』聯珠印。『永以為好』。『馮公度審定記』。『朝鮮人』。『安歧之印』。『甲戌廬江宗姚』。『蒼巖子梁清標玉立氏章』。『□□』。（曹海濤）

蘊真堂石刻二

釋　文：

望天山白雪正崔嵬入陣破驕虜威聲雄震雷一射百馬倒再射萬夫開匈奴不敢敵相呼歸去來功成報天子可以畫麟台

鉴藏印记：

『乾隆鑑赏』。『太上皇帝之寶』。『八徵耄念之寶』。『五福五代堂古稀天子寶』。『古稀天子』。『乾坤清賞』。『建鄴文房之印』。『永以為好』二。『既明且哲以保其身』二。『□宣□□』。『王元美印』。『生厚章』。『真卿』葫蘆印。『梁清標印』。『有明王氏圖書之印』。『安氏儀周書畫之章』。『天地永宝』二。『射泽』。『甲戌廬江宗姚』。『□□』。（曹海濤）

蘊真堂石刻三

釋　文：

唐顏魯公書真草九十三字若雷奔電掣絕妙非常世所罕見得觀遺墨亦足以慰高山仰止之思恍然如入宗廟覩天球河圖之珍而聆簫韶之奏甚大幸也乾德二年四月上巳開封曹彬題

顏魯公書稿辭意可與烋霜爭嚴豈獨取其字畫之妙林逋書

宋蘇後湖書

庠再拜上問尊夫人即日共惟壽體益康寧門中上下均休老媳婦輩敢拜起居山中有委萬萬□示庠再拜

鑒藏印記：

『項元汴印』。『項子京家珍藏』。『墨林秘玩』。『項墨林鑑賞章』。『檇李項氏審定寶玩』。『金璋既文府精理亦道心』。『天籟閣』。『子祺珍玩』。『松竹對心』。（吴英茂）

蘊真堂石刻四

宋司馬溫公書

釋　文：

耆英會序

昔白樂天在洛與高□□□□□□□□慕之圖傳於世宋興洛中諸公繼□為之者再矣□普明僧舍樂天之故第也□□□□國文公留守西都韓國富公致政在里第皆自逸於洛者潞公謂韓國公曰凡所□□於樂天者以其志□高逸□□□□與地之襲焉一旦悉集士大夫老而賢者於韓公之第置酒相樂賓主凡十有二人圖於妙覺僧舍時人謂之洛陽耆英會孔子曰好賢如緇衣取其敝□□為樂善無厭也二公寅亮□□為國元老入贊萬機出綏四□上則固社稷尊宗廟下則熙百工和萬民為天子腹心股肱耳目天下所取安所取平其勳業閎大顯融豈樂天所能庶幾然猶慕效樂天所為汲汲如恐不及豈非樂善無厭者與又洛中舊俗燕私相聚尚齒不尚官自樂天之會已然是日復行之斯乃風化之本可頌也宣徽王公方留守北都聞之以書請於潞公曰亦家洛位與年不居数客之後願以官守不得執卮酒在坐席良以為恨願寓名其間幸無我遺其為諸公嘉羨如此光未七十用狄監盧尹故事亦預於會潞公命光序其事不敢辭片時元豐（吴英茂）

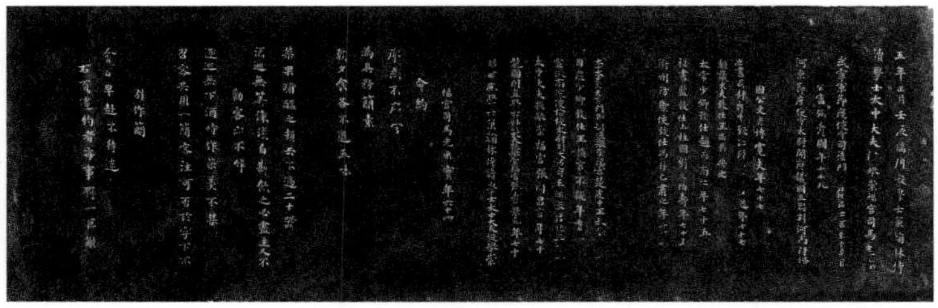

蘊真堂石刻五

釋　文：

五年正月壬辰端明殿學士兼翰林侍讀學士太中大夫提舉崇福宮司馬光序武寧軍節度使守司徒門侍同二司致仕韓国公富弼彥國年七十九河東節度使守太尉開府儀同三司判河南府潞國公文彥博寬夫年七十七尚書司封郎中致仕席□□□□年七十七朝議大夫致仕王尚恭安之□□□□太常少卿致仕趙丙南仁年七十五秘書監致仕上柱國劉几伯壽年七十五衛州防禦使致仕馮行己肅之年七十五大中大夫充天章閣待制提舉崇福宮楚建中正叔年七十□司農少卿致仕王慎言不疑年七十二宣徽南院使檢校太尉判大名府王拱辰君貺年七十一大中大夫提舉崇福宮張問昌言年七十龍圖閣直學士通議大夫提舉崇福宮張燾景元年七十端明殿學士兼翰林侍讀學士太中大夫提舉崇福宮司馬光君實年六十四

會約

序齒不序官為具務簡素朝夕食不過五味

菜果脯醢之類上下不過二十器酒巡無算深淺自斟飲之必盡主人不勸客亦不辭逐巡無下酒時作菜羹不禁召客共用一簡客注可否於字下不別作簡會日早赴不待速

右有違約者每事罰一巨觥（吴英茂）

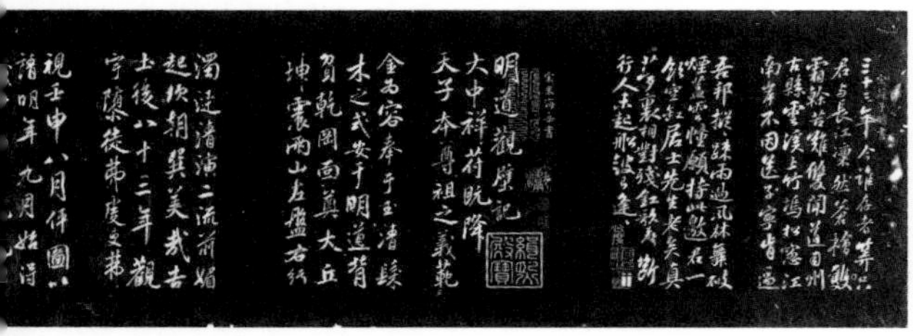

蘊真堂石刻六

釋　文：

宋蘇子瞻書

三十三年今誰存者算只君與長江凜然蒼檜雙霜幹苦難雙聞道司州古縣雲溪上竹塢松窗江南岸不因送子寧肯過吾邦摐摐疏雨過風林舞破煙蓋雲幢願持此邀君一飲空缸居士先生老矣真夢裹相對殘釭歌聲斷行人未起船鼓已逢逢

宋米海岳書

明道觀壁記

大中祥符既降天子本尊祖之義範

金為容奉于玉清槃木之式安于明道背負乾岡面奠大丘坤震兩山左盤右紆

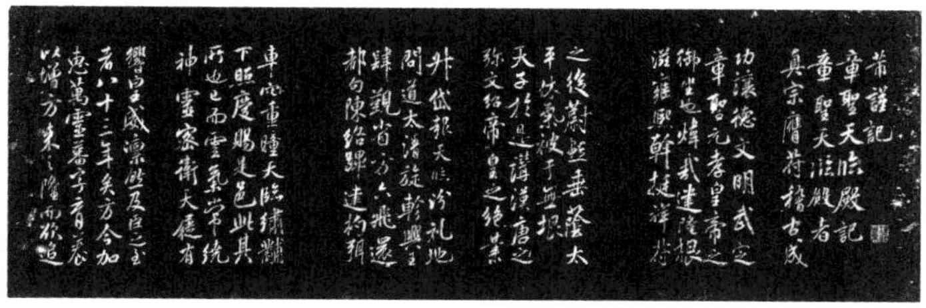

濁汛清演二流前媚起坎朝巽美哉吉士後八十三年觀宇隳徒弗虔吏弗
視壬申八月伻圖以請明年九月始得錢卅萬乃完元祐甲戌正月五日令臣
鑒藏印記：
『賈似道印』。『緝熙殿印』。『景賢審定』。『巘』。『王懿榮』。『王祖源印』。『公度』。『□□之印』。（吳英茂）

蘊真堂石刻七

釋　文：
芾謹記。
章聖天臨殿記
章聖天臨殿者真宗膺符稽古成
功讓德文明武定章聖元孝皇帝之御座也煒哉建隆根滋雍熙幹挺祥符
之後蔚然垂蔭太平休氣被于無垠天子於是講漢唐之弥文紹帝皇之絕業
升岱報天臨汾礼地問道太清旋軫興王肆覲省方六飛還都句陳絡蹕建杓弭
車□重瞳天臨繡黼下照慶賜是邑此其所也已而雲氣常繞神靈密衛天扆有
饗皇威凜然及臣之至者八十三年矣方今加惠萬靈蕃字育養以增方來之隆而欲追
鑒藏印記：
『杜綰章』。『小如庵秘笈』。（卞景晟）

蘊真堂石刻八

釋　文：
已覩之盛臣芾於是丹堊其上冀修封之後有是舉也謹刻石以俟令臣芾謹記
章聖天臨殿銘
五偽既掃真符錫寶晏晏太平物茂人好告岱垂統省方于宋天步
所及澤浹植動我先大夫頒慶觀酺平箱載酒号太平車帝功不宰衍衍于于年

流恩任臣職司護不掃不污下有帝武宗岳極坤穹碑觸雲祖烈耀焞留俟後昆陛下承業万國一攝德廣翕協深文可法頌碑瑑牒臣筆日涉右皆在雍丘壬申歲制觀記今春作

鑒藏印記：

『完顔景賢字亨父號僕孫一字任齋別號小如盦印』。『任齋銘心之品』。『三虞堂鑑藏印』。『金章世系景行維賢』。『長』。『陶齋鑑寶』。『馮公度家珍藏』。『內府書印』。『西丞张徵之印』。

（卞景晟）

蕴真堂石刻九

釋　文：

虹縣舊題云快霽一天清淑（陳璐）

蕴真堂石刻一〇

釋　文：

氣健帆千里碧榆風滿舡書畫（陳璐）

蕴真堂石刻一一

釋　文：

同明月十日隋花窈窕中再題碧榆綠（陳璐）

蕴真堂石刻一二

釋　文：

柳舊遊中華髮蒼顔未退翁天使殘年司筆研（陳璐）

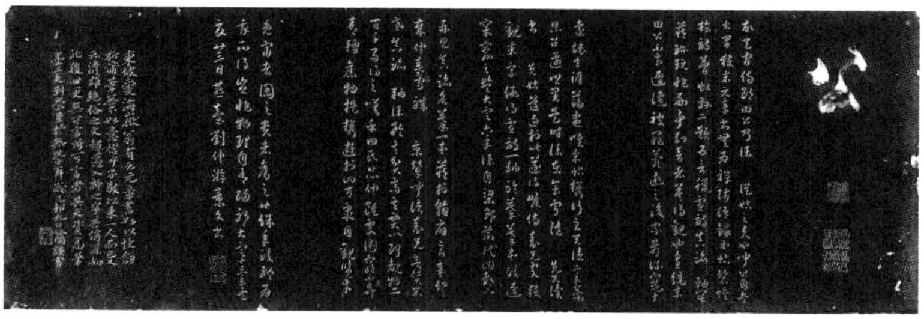

蕴真堂石刻一三

釋　文：

聖知小學是家風又到長安人徒老吾道何時定復（沙苗苗）

蕴真堂石刻一四

釋　文：

東題柱扁舟真老矣竟無事業奏肤（沙苗苗）

蕴真堂石刻一五

釋　文：

公

故天官侍郎田公乃僕從姑之夫也聞公自兵火間獲米元章書無為禪師語錄等帖碧幢檜詩簡虹縣二題五言臘雪詩真跡軸寶藏珍玩非好事知音者莫得觀也皇統末田公不幸遭讒被罪薨逝之後家屬流竄於

遠境生涯蕩盡唯米帖攜行至天德二年蒙恩召還鄉里是時僕在會寧隨先兄讀書先姑道過於此遂得瞻侍袁兄處獲觀米字假得雪詩一軸臨摹本後遭穿窬之盜大定六年僕自梁鄒苽代回都下

再見真跡各摹一本藏於翰府至辛卯歲仲春不肖守職京輦聞諸袁兄欲貨米老真跡僕矜其貧高其賈以阿覩軸二百千易得之嗟乎田氏昆仲雖處困窮不忍棄青氈舊物提攜遊於四方眾目觀覽辛

免富者圖之貴者奪之廿餘年後終為我所得豈非物理自有歸邪大定十三年孟夏廿三日燕臺劉仲游景文書。

東坡愛海嶽翁有云元章書如以快劍斫蒲葦無不如意信乎子敬以來一人而已又云清雄絕俗之文超邁入神之字其備道如此後世更無可言所可言者其天資高筆墨工夫到學至於無學耳歲乙卯九日好問謹書

鉴藏印记：

『有清武顯將軍海軍同協都統』。『大興馮氏玉敦齋收藏圖書記』。『馮公度家珍藏』。『馮公度鑑藏印』。（卞景晟）

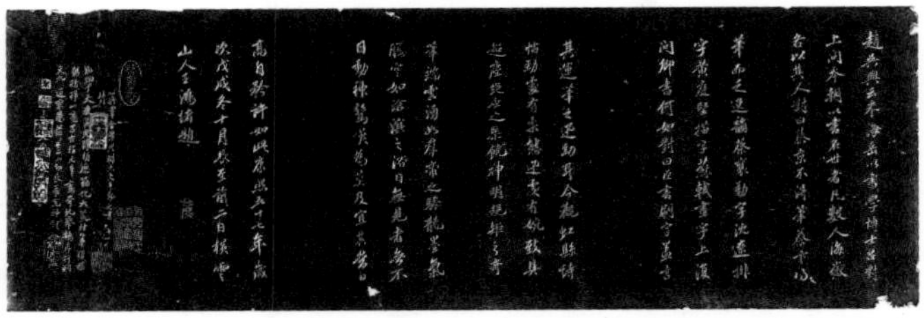

蘊真堂石刻一六

釋　文：

趙吳興云米海岳以書學博士召對上問本朝以書名世者凡數人海嶽各以其人對曰蔡京不得
筆蔡卞得
筆而乏逸韻蔡襄勒字沈遼排字黃庭堅描字蘇軾畫字上復問卿書如何對曰臣書刷字蓋言
其運筆之迅動耳今觀虹縣詩帖動處有柔態迅處有婉致具超塵絕世之概饒神明規矩之奇
筆端雲湧如羣帝之驂龍墨氣騰空如滄溟之浴目無見者無不目動神驚嘆歎為莫及宜其當日
高自矜許如此康熙五十七年歲次戊戌冬十月長至前二日橫雲山人王鴻緒題

右將軍金紫光祿大夫王羲之書十一字

贊

昭回于天垂英光踔頡歷籀化大荒煙華澹穠動彷徉一噫萬古稱天章鸞誇虬舉鵠序行洞天
九九通寥陽茫茫十二小劫長璽完神訶命芾藏癸未歲太常玉堂手裝

鑒藏印記：

『寶晉齋』。『楚裔芾印』。『米』。『米芾』。『晉墨堂』。『完顏景賢精鑒』。『大興馮氏玉敦齋收藏圖書記』。『公度』。『頤永寶用』。『□□□岳』。（下景晟）

蘊真堂石刻一七

釋　文：

左司郎中黃誥

隋珠荊玉爛生光際天蟠地射八荒嗟我一見猶激昂而況好古真元章不買金釵十二行以彼易
此歸華陽天公六丁氣焰長雷電取去宜深藏　職方郎中劉涇

至人代天發幽光手生蒼華秀蕪荒萬夫蛇蚓謝軒昂斷是龍被五色章大珠自點玉著行印跋翁
受交混茫公其敬識神理長不畀正眼非歸藏　承議郎薛紹彭

寶晉不空來夜光滄浪一濯聊治荒至寶無價誰低昂懷充押尾開元章楷字不見褚影行永和歲
月今茫茫傳至太平隨世長金題玉躞重珍藏　劉涇

金十五萬一色光平生好奇非破荒神明頓還貌昂昂冠佩肅給繫寶章曉趨大庭動鵷行但笑不与見者忙北窗卷舒化日長何必絕人洗而藏紹彭

晉大司馬至洛陽威略已著摧破羌聲馳江左傳國光右軍筆陣爭堂堂妙用作意驅俊鞚驚鴻乍起遊龍翔仁祖無奕烏衣郎掛名篇末流遺芳開元散落王涯藏聯翩飛動茂密行料簡鑒賞盛有唐傳授視此真印章

蘊真堂石刻第二

大行皇太后挽詞

餘慶源真相求賢佐裕陵知幾捲箔早戡變叱

龍升靜德群邪震清心後世矜大恩知欲報聖孝已踰曾右一

鑒藏印記：

『項墨林父秘笈之印』。『項墨林鑑賞章』。『子京父印』。『項元汴印』。『平生真賞』。『吳興金城鑑定宋元真跡之印』。『濰縣王石經西泉寶藏』。『秘笈之印』。『僕孫庚子以後所得』。『獻厂』。『虞軒』。『神品』。『訥庵秘玩』。『含青樓』。『古齋』。『謙』。『大興馮氏玉敦齋收藏圖書記』。『公度審定名跡』。『世家』。『滄葦』。『季振宜』。『楚裔□□』。『小如庵秘笈』。余不記。（李娜）

蘊真堂石刻一八

釋　文：

溫厚同光獻剛廉法寶慈擁扶樂推聖照徹託公欺南紀歸忠魄東朝足

素規仁明存舊幄常似補天時

奉議郎充江淮荊浙等路制置發運司管勾文字武騎尉賜緋魚袋臣米芾上進

神先告夢曰法王來也翌旦師至眾咸異之嘗在雙林聞講經云應無所住而生其心師乃問曰既所住何處生心講師歎曰此非吾義學能解汝必大禪宗速須求度遂景德寺落染願執下將徒已多遠詣顯

嘗入役請為翠峰水恁麼也室顯公曰言法華不得不恁麼也不得恁磨不恁麼總不得師擬對顯便打推出翌日天寒水桶墮地廓然大悟通身汗流遂入室投機顯覺師舉趾異常向前搊定叫賊師以手托開珍重便去至無為軍崇壽寺出世導人香烟信傳恩立舉楊曰雁過法乳長空影沉

寒水留影之心雁無遺蹤之意若能如是方解異類中行顯公聞之令書于塔下謂眾曰大吾宗時琅琊覺禪

師並王化大行每指學者曰懷公古佛可去問看一旦示疾山石晝鳴林木色皓師謂門人智才曰吾今行矣為說偈云紅日照扶桑白雲對華岳三更過鐵圍拶驪龍角智才曰復有何事師扣枕三下推枕便行往世七

鑒藏印記：『徐渭仁印』。『隨軒』。『馮公度鑒藏印』。『訥庵秘玩』。『傳經堂鑑賞』。『含青樓』。『含青樓書畫記』。『鴻緒』。『儼齋秘玩』。『省』。『子』。『宗□』。余不記。（李娜）

蘊真堂石刻一九

釋　文：

十二年僧居四十六臘時治平元年九月二十五日也若夫太山傾頹四眾墮淚十八變已三昧火生堅固墮空窣堵湧地皆陳迹也何足道哉凡應現楂林枝子崇壽興教杉山景德八刹其接物利人忘身忍辱既得古

佛之密迹皆極如來之善行所謂萬緣無漏故能四眾歸心王臣護持天人瞻仰其嗣法者不可勝紀而智才實其首法存宗本重元若沖法秀應夫智其高第宗本弟子善本与其師及法旦師孫仲宣會下雲遊

高林下相逢謂襄陽漫仕曰如來數百萬言皆真實諦假託一語人有眼目蓋道緣偽喪派逐濫漸各道所聞願刊樂石子其執筆為我直書芾曰然南岳二碑曹溪四碣述修厥德稽

首贊云稽首皈依無上尊清淨圓滿千億化三身俱現立法祖一法不立即如來示現有漸緣慈悲慈悲本不為佛祖佛祖不立無皈依寥寥千古古佛遠堂堂此身即古

佛眾生不昧本來心此是古佛行住

唐人書釋教碑銘多作擘窠正書擘窠者畫方即今人所謂格眼也後人見魯公表云字畫單細恐不經久臣謹據石擘窠大書正是就石畫方中作字耳或遂以擘窠二字專屬大字者非也魯公與誠懸公美諸人書碑絕少行書雖多整栗之美殊乏跌宕之奇海岳此碑縱橫如意筆酣墨飽出唐賢蹊徑之外至言結字

鑒藏印記：

『項墨林父秘笈之印』。『瑶華道人審定真跡神品』。『神游心賞』。『大興馮氏玉敦齋收藏圖書記』。『公度』。『丁氏曠視山房』。『藝林真賞』。『丁紱臣□』。『項元汴印』。『丁麟年紱臣甫』。『丹誠』。『都尉耿信公書畫之章』。『丹霞』。（李娜）

蘊真堂石刻二〇

釋　文：

精密用筆深穩與刻帖迥別蓋不見真跡不可論書此碑有一贋本流傳真偽相形妍媸立辨況經真賞題後作偽者從此可以已矣徐生繪圖作詩亦自楚楚可喜前引後殿益不寂寞也

己酉夏日劉墉謹題

宋趙清獻公書

抃啓二詩選

上文字到都城

公才美有餘何待言而後進同僚皆曰安道赴闕必新除此衆議所同也　抃頓首

綱頓首再拜楊宫奉議友坐下秋高氣清伏惟詞飵優遊

動止蒙福奉到之六下情瞻仰薦辱诲問良荷眷勤披

會未涯伏羲珍護以前寵渥不宣　綱頓首再拜

鑒藏印記：

『青原』。『劉墉之印』。『瑶華鑒賞』。『丁紱臣斆藏書畫』。『□斋』。（李娜）

蘊真堂石刻二一

釋　文：

提宫奉議友坐下

右宋李忠定公書遺漏前款補刻於此

宋徽宗書

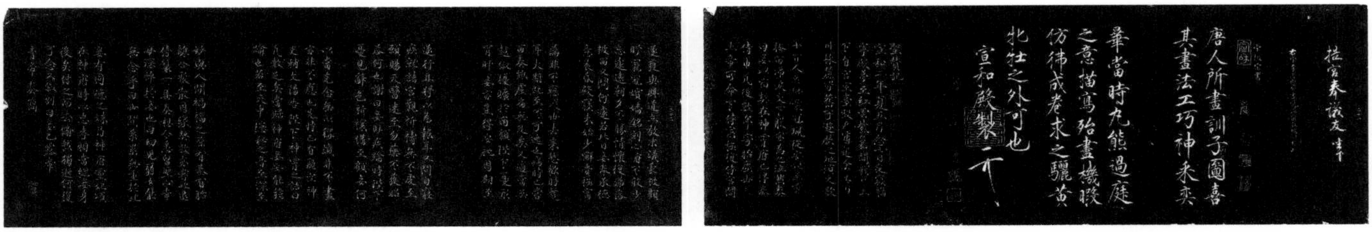

唐人所畫訓子圖喜畫法工巧神采奕
曄當時丸熊過庭之意描寫殆盡機暇仿佛成卷求之驪黃牝牡之外可也　宣和殿製
聖贊記
宣和二年夏五月念七日夜寢福寧殿夢至紅雲紫氣間顧上下有宮室臺殿戶墉庭余□□川林
麓皆舊所遊歷之地須臾數
十百人衣仙裳冠佩從安妃至前掩面涕淚交下朕亦為之泣然奏曰妾以宿契在神霄府已得奉
侍巾几後數年寄胎塵世□上帝所命下侍宸極復侍宮闈

鑒藏印記：

『宣和』。『公度』二。『式古堂書畫』。『公度』二。『伯謙寶此過於明珠駿馬』。『霍山裴景福伯謙印』。『御書』。『睫庵精鑒』。『卞令之鑒定』。『仙客』。『潘□裳鑑定章』。『岳小琴珍藏書畫印』。『秋好軒主人岳小琴珍藏書畫金石書籍印』。『馮公度審定記』。（陳璐）

蘊真堂石刻二二

釋　文：

遂獲與興道立教末議蒙被顧盼寵冠嬪嬙銘刻心府不敢少忘遽遠朝夕不勝情懷復涕落被面
又問何遽若此曰妾奉承德意晨昏殿寢未始少懈貴極富
滿非不戀人世去來悲歡時蹔耳大期既至不可逃也病時以嘗面奏雖盧扁無及矣又適當吳越
假擾曠於南顧陛下憂形宵旰妾亦豈得安枕因期至
遂行且將以為報耳又問自寢疾就諸宮觀祈禱無不處至願賜天醫速至勿藥不獲昭答何也謝
曰妾臥疾踰時陛下憂見辭色祈禳備至顧妾何
以當克念無以稱誠非不盡亦非不應也先時已有飛空神吏輔父陽告陛下神霄之語曰凡數足
矣當歸神府妾安能稽踰也若至天中隱秘之音至深至
妙與人間禍福之原有基有胎離合聚散因緣契數亦嘗叱退侍鬟一一具奏想今悉留聖心幸毋
深悼於妾也曰幼兒弱女能無念乎曰世間系累無重於此
妾有同德之姝乃神府靈妃頃在神府時以忠孝相當繼妾身後矣付之而去翛然獨逝何復可念

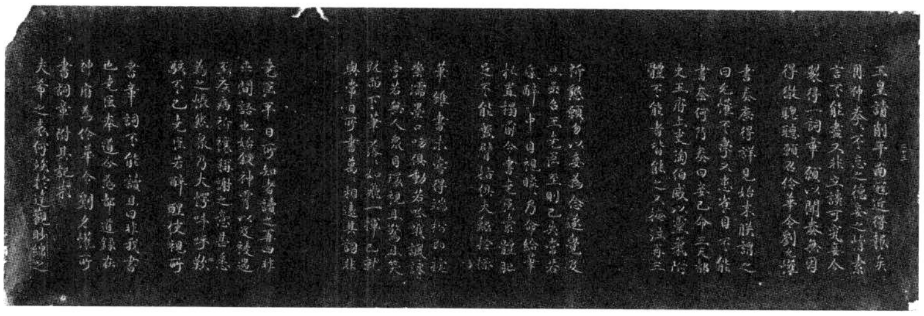

又敘別曰妾已露章青帝奏簡

鑒藏印記：

『公度』。（陳璐）

蘊真堂石刻二三

釋　文：

玉皇請削平南寇近得報矣用伸拳拳不忘之德妾之情素言不能盡又非立談可究妾今製得一詞章願以聞奏無因得徹聽聽願召伶華令劉允懽

書奏庶得詳見始末朕謂之曰允懽不學又患雀目不能書奈何乃奏曰妾已命三天都史玉府上吏陶伯威以靈氣附體不能者皆能之又掩泣再三

祈懇願勿以妾為念遂覺及旦亟召王堯臣至則已失常若昏醉中目視䀮䀮乃命給筆札置榻前令書堯臣素體肥足不能盤臂指俱大難於操

筆錐書未嘗得端楷即據案濡墨口吻俱動若吟哦諷詠旁若無人眾目環視且驚且笑既而下筆落落如飛一揮已就與常日所書萬萬相遠其詞非

堯臣平日所知者讀之再四非世間語也始敘神霄以及被遇至疾病祈禳稱謝之意甚悉為之悵然眾乃大愕叫呼歎駭不已堯臣若醉醒使視所

書章詞不能讀且曰非我書也堯臣奉道今為都道錄在神府為伶華令劉允懽所書詞章附其記末

夫希之表何一娭於達觀眇綿之（陳璐）

蘊真堂石刻二四

釋　文：

中豈容於善計追製形數之始乃生死之期厥有聖神深燭至理恭惟陛下高真挺秀上聖臨軒昔總神霄之天已儲

玉帝之嗣天真上聖日月星辰三界神司十方道氣咸禀命於陛下也妾以宿因緣學真龜闕眇眇
億劫積行累功始受
太上之寶書證九華之上秩復承陛下之洪眷嘗兩進仙階故得玉真上靈之號焉寵分元母位冠
群姝當陛下降治于人寰命
青帝攝行於神府一道德之俗振清淨之風妾幸侍寶雲寄胎塵世後期八載誕於彭城人莫究其
所因妾獨念其宿命獲親禁密再奉辰嚴歷歷真
機為其胎合昭昭大教共闡淵源固當依日月之光華同天地之長久適在吳越稍曠私臨玄會有
期當還寥極而陛下尚以丘山之念憐其壺則
之脩俯為勤留未賜俞允然眷懷雖重而忘愛無窮妾豈敢交褻駟結樂人間之欲而違上禁者哉
於是假胎息之繆戾退幃幙之寵私絕稱粱之腥

鑒藏印記：

『馮恕』。（陳璐）

蘊真堂石刻二五

釋　文：

穢捐藥石之苦辛將期於高奔矣復蒙陛下致懇脩辭力期帝聽按儀啓供冀保太和此實陛下曲
世情於妾也豈謂上天告誡惟命是從妾儻抑
遂於聖情則錄定之書當以何耶用是叱諸侍鬟朋通願畫帝子天姬委於朋姝洞經仙服備於丹
奩蓋欲人情之常態安陛下之眷心無但逝之歎
矣屬陽春之暮當炎景之肇新亟命羽軿高升灝氣上朝金闕重定玉書琳房共慶於迴旋玄伍復
頒於正治露碧緘於
青帝盟丹簡於昊尊丐協威神搜羅惡逆去邪存正輔國安民比實彰陛下之靈慶復聞金馬星飛
真文驛至臻明其之妙杲揚玉匱之
殊因三簡屢馳九清昭格迺妾遐歸之後猶存陛下之恩非徒進品於叢霄亦得留祥於當世下逮
幽夜均荷餘休重念形數之域離合有常妾雖迹遠
於巾几自當福報於無疆慎勿軫淵慮而悼妾也其如循常作祉追冊正名懷遠之恩厚矣送終之

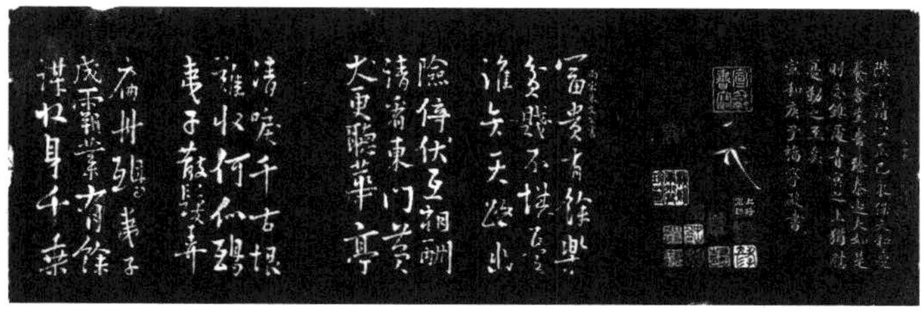

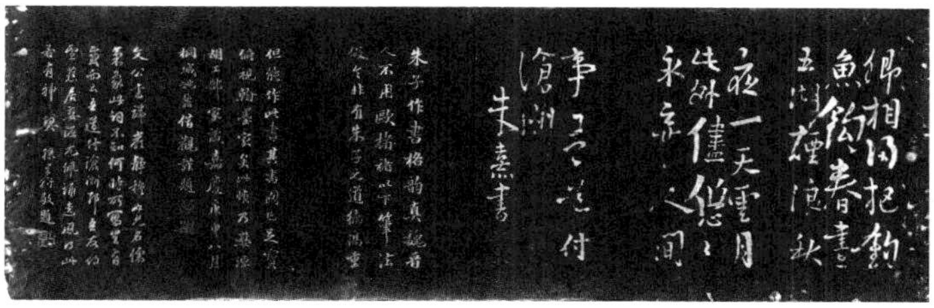

理備矣念無以為稱焉伏望

鑒藏印記：

『公度』。（劉超群）

蘊真堂石刻二六

釋　文：

陛下清心正己永保天和愛養含生常臻泰定夫如是則妾雖處青冥之上猶慰憂勤之至矣　宣和庚子福寧殿書

南宋朱文公書

富貴有餘樂貧賤不堪憂誰知天路幽
險倚伏互相酬請看東門黃犬更聽華亭
清唳千古恨難收何似鴟夷子散髮弄
扁舟鴟夷子成霸業有餘謀致身千乘

鑒藏印記：

『宣和書寶』。『上將軍印』。『宇澄鑒賞』。『孝彥』。『馮公度審定記』。『馮恕之印』。『小琴心賞』。『中山父印』。『喬貴成氏』。『岳琪審定』。『秋好軒小琴珍藏』。『蔡汝海印』。『吳稼新印』。（劉超群）

蘊真堂石刻二七

釋　文：

卿相歸把釣魚鈎春晝五湖煙浪秋
夜一天雲月此外儘悠悠永棄人間
事吾道付滄洲　朱熹書

朱子作書格韻真魏晉人不用歐楮褚以下筆法假令非有朱子之道德高重

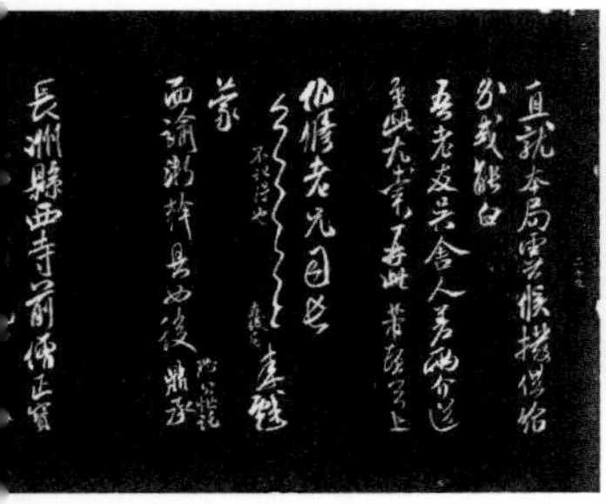

但能作此書其書固已足寶俯視翰墨家矣此幀乃婺源胡工部家藏嘉靖庚申八月桐城姚鼐借觀謹題

文公書端嚴靜穆如見名儒氣象此詞不知何時所寫豈有感而云吾道付滄州邪吾友胡雪蕉居婺源尤佩誦遺風得此若有神契孫星衍敬題

鑒藏印記：

『姚鼐』。『孫伯淵氏』。『馮公度審定記』。『姬傳』。『□□□□』。（劉超群）

蘊真堂石刻二八

釋　文：

宋米海岳書　附元章子元暉瀟湘奇觀圖題識

百五十千与宗正爭取蘇氏王略帖右軍獲之梁唐御府跋記完備

黃秘閣知之可問也人生貴適意吾友覷一玉格十五年不入手一旦光照宇宙巍峨至前去一百碎故紙知他真偽且各足所好而已幸圖之米君若一旦先朝露吾兒吝萬金不肯出　芾頓首

丹陽米甚貴請一航載米百斛來換玉筆架如何早一報恐他人先　芾頓首

丞果實亦力辭非願非願芾頓首啓畫不可知不知好久知書則十月丁君過泗語与趙伯充云要与人即是此物

紙紫赤黃色所注真字褊草字上有為人模墨透印損痕末有二字來戲□字也告留念其

鑒藏印記：

『吳廷之印』二。（劉超群）

蘊真堂石刻二九

釋　文：

直就本局虞候撥供給錢或能白吾老友吳舍人差兩介送至此尤幸再此　芾頓首上

伯修老兄司長不記得也在紙尾來戲蒙面諭浙幹具如後鼎承恐公忙託

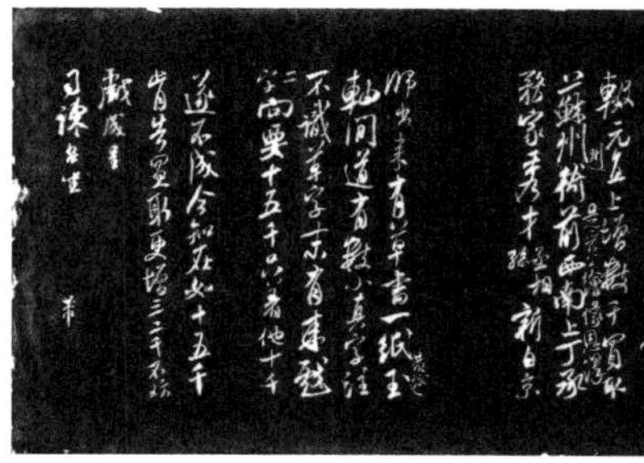

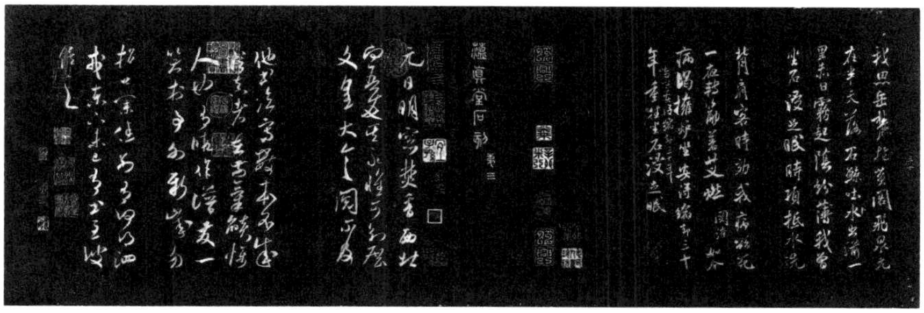

長洲縣西寺前僧正寶月大師收翟院深山水兩幀弟二幀上一秀才跨馬元要五千賣只著三千後來寶月五千買了如肯輟元直上增數千買取是晉公繪像恩澤蘇州州衙前西南上丁承丞相務家秀才丞相孫新自京師出來有草書一紙黃紙玉軸間道有數小真字注不識草字未有來戲二字向要十五千只着他十千遂不成今知在如十五千肯告買取更增三二千不妨戲成呈司諫台坐　芾（曹海濤）

蘊真堂石刻三〇

釋　文：

我思岳麓抱黃閣飛泉元在半天落石鯨吐水出湔一里赤日霧起陰紛薄我曾坐石浸足眠時項抵水洗背肩客時效我病欲死一夜轉筋著艾燃關灌如今病渴擁炉坐安得縮却三十年嗚呼安得縮却三十年重往坐石浸足眠

蘊真堂石刻第三

元日明窗焚香西北向吾友其永懷可知展文皇大令閱不及他書臨寫數本不成信真者在前氣焰懾人也有暇作譜友一笑於事外新歲勿招口業佳別有何得泗戒东下未已有書至彼俟之

鑒藏印記：

『紹興』联珠印二。『淳化軒圖書珍秘寶』。『米芾』。『辛卯米芾』。『乾隆御覽之寶』。『三希堂精鑑璽』。『石渠定鑑』。『寶笈重編』。『內府書印』。『石渠寶笈』。『宜子孫』。『文節範世家』。『□□書印』。『神定』。『毛氏九壽珍玩』。『公度審定名跡』。『馮公度審定記』。『私印』。『淛河沈氏勖禮彥敬敬齋圖書秘玩之印』。『儀周鑑賞』。『曾在方夢圜家』。『黃琳』。『無恙』半鶴肖形章。『陳定□□』。余不記。（曹海濤）

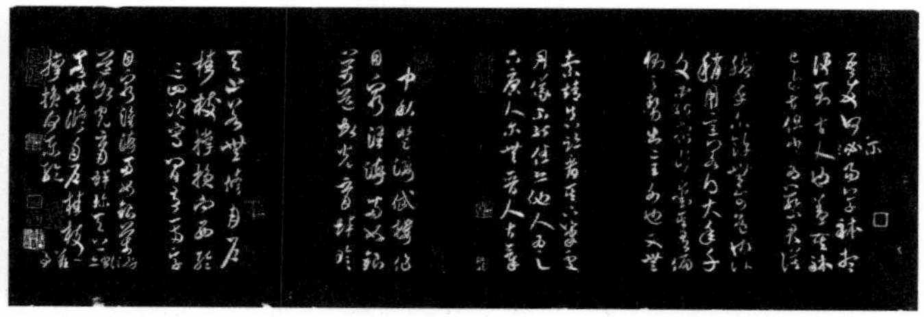

蘊真堂石刻三一

釋　文：

吾友何泌不易草體想便到古人也蓋其體已近古但少為蔡君謨
脚手尔餘無可道也以稍用意若得大年千文必能頓長愛其有偏倒之勢出二王外也又無
索靖真跡看其下筆處月儀不能佳恐他人為之只唐人尔無晉人古氣
中秋登海岱樓作目窮淮海兩如銀萬道虹光育蚌珍
天上若無修月戶桂枝撐損向西輪三四次寫間有一兩字
目窮淮海兩如銀萬好道虹光育蚌珍天上若撐損向東輪

鑒藏印記：

『完顏景賢精鑑』。『內府』二。『書印』三。『私印』。『儀周鑑賞』二。『無恙』。『安儀周家珍藏』。『敬敬齋圖書秘玩之印』。『笪重光印』。『江上外史』。『江上笪氏圖書印』。『黃琳』。『復徵』。『沈氏彥敬之印』。『玉乳』。『□定』。（劉介群）

蘊真堂石刻三二

釋　文：

雨三月未解海岱只尺不能到焚香而已日短不能晝眠又少人
往還惘惘足下比何所樂
右草書九帖先臣芾真跡臣米友仁鑒定恭跋
海岳翁此卷嘗入紹興秘府後有其子元暉題識蓋海岳手呈得意書也其中有登海岱樓詩一首
下小字注云三四次寫間有一兩字好信書亦一難事夫海岳書可謂入晉人之室而其自言乃
爾後之作字者當何如邪甲戌九月廿三日觀於崔靜伯氏敬題虎丘山人都穆
同治己巳嘉平月吳介臣同年□此冊見眎方濬頤誌
紹興乙卯初夏十九日自漂陽來遊茗川忽

鑒藏印記：

『紹興』。『乾隆定翰』。『乾隆鑑賞』。『機暇清賞』。『寿』。『淳化軒』。『古稀天子』。『完顏景賢精鑒』二。『□□私印』二。『鮮於』。『困學齋』。『儀周鑑賞』。『儀周珍藏』。『安氏儀周書畫章』。『浀河沈氏勖禮彦敬敬齋圖書秘玩之印』。『欝岡精舍』。『休伯』。『黄琳』。『黄琳美之』。『琳印』。『無恙』。『蘭亭居士鑑賞』。『敬齋家藏珍玩』。『敬齋圖書秘玩之印』。『易庵圖書』。『馮公度審定記』。『公度審定名跡』。『玉乳』。『復徵』。『賀仲來鑒定鑒定珍藏』。『信天主人』。『永以為好』。『心賞』。『孔』。『孔懷民家珍藏』。『高士奇圖書記』。『都穆芷印』。『都氏玄敬』。『笪重光印』。『笪在辛』。『寶米齋』。『休堂』。『曾在雲間金鑒處』。『吳伯榮氏秘笈之印』。『岳雪樓鑒藏宋元書畫真跡印』。『少唐得未曾有之章』。『□□□』。（曹海濤）

蘊真堂石刻三三

釋　文：

見此卷於李振叔家實余兒戲得意作也世人知余喜畫競欲得之尠有曉余所以為畫
者非具頂門上慧眼者不足以識不可以古今畫家者流畫求之老境於世海中一毛髮事泊
然無著染每靜室僧趺忘懷萬慮與碧虛寥廓同其流蕩焚生事折腰為米大
非得已此卷慎勿与人

元章早年涉學既多晚迺則法鐘王此元祐初作也風神蕭散所
謂天成者非世間墨工槧人之可髣髴伯玉出以相示因書其後紹興壬午仲冬晦平

鑒藏印記：

『內閣侍讀之章』。『景福私印』。『伯榮秘寶』。『伯榮審定』。『南海吳榮光珍藏書畫』。『吳氏荷屋平生真賞』。『袁浦』。『葉芑田審定』。『德音眼福』。『潘德畬審定』。『少唐翰墨』。『伍元惠儷莆評書讀畫之印』。『伯謙寶此過於明珠駿馬』。『霍邱』。『南海孔廣鏞鑑藏書畫真跡印』。『孔氏季子秘笈之印』。『至聖七十世孫孔廣陶印』。『石根』。（李静）

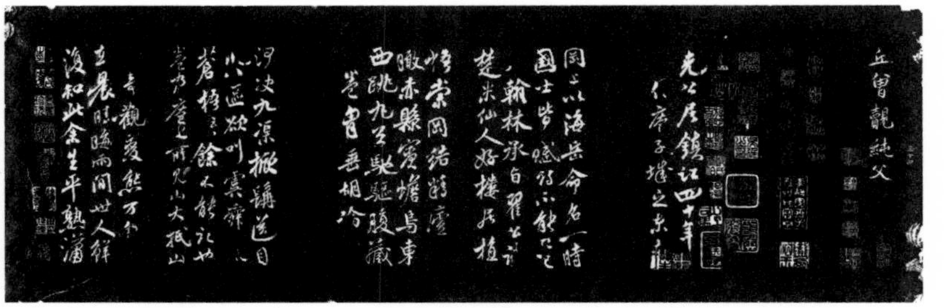

蘊真堂石刻三四

釋　文：

丘曾覯純父

先公居鎮江四十年作庵於城之東高

岡上以海岳命名一時國士皆賦詩不能盡□翰林承旨翟公詩楚米仙人好樓居植

梧崇岡結精廬瞰赤縣賓蟾烏東西跳丸天馳驅腹藏萬卷胸垂胡論

河決九渠掀髯送目游八區欲叫虞舜蒼梧云云餘不能記也卷乃庵上所見山大抵山

奇觀變態萬□在晨晴晦雨間世人鮮復知此余生平熟瀟

鑒藏印記：

『趙氏子昂』二。『高士奇』。『無懷氏之民』。『闕里』。『伯榮審定』。『南海吳榮光珍藏書畫』。『吳氏荷屋平生真賞』。『伯榮秘寶』。『少唐審定』。『睫庵精鑒』。『詹人』。『商丘宋犖審定真跡』。『花押』。『中山』。『游心古道』。『鄭桓之印』。『鄭伯宣氏』。『子孫寶之』。『孔』。『石根眼福』。『葉應祺鑒藏印』。『隴西伯王』。『李琪寶藏子子孫孫永為寶貯』。『吳廷之印』。『吳廷』。『為善最樂』。『爰侯後人』。『□□司馬』。『金延儒印』二。『醇生氏』。『圖書珍玩』。『西園無上之品』。『子孫保之』。『巧工司馬』。『□□侯□』。『□□之印』。『□氏周貞』。『鄭□』。『進□□□』。（李静）

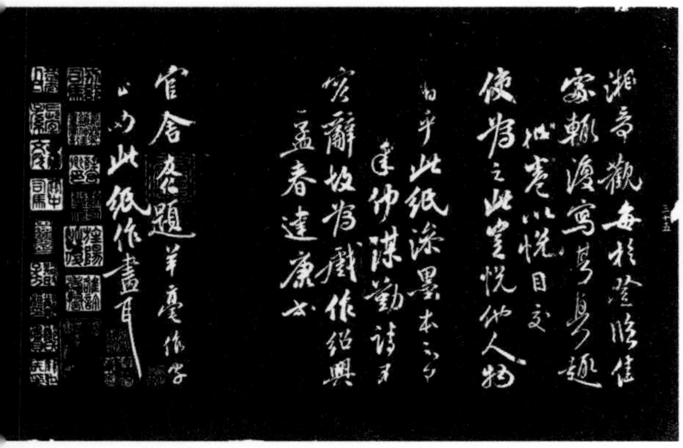

蘊真堂石刻三五

釋　文：

湘奇觀每於登臨佳處輒復寫其真趣□卷以悅目交使為之此豈悅他人物

者乎此紙滲墨本不可運筆仲謀勤請不容辭故為戲作紹興孟春建康書

官舍友仁題羊毫作字正如此紙作畫耳

右將仕郎米友仁畫瀟湘奇觀一卷且自

識之蓋其父元章為禮部員外郎先居太原後徙襄陽過潤州羨山川佳麗於

是結庵城東號曰海岳宣和間嘗進友仁所畫楚江清曉圖上悅因得名當世然其筆

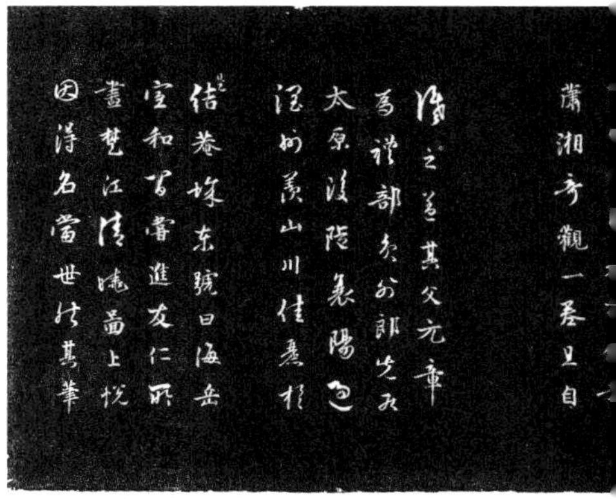

鑒藏印記：

『友仁』。『嘉興吳鎮仲圭書畫記』。『別部司馬』二。『薛玄卿印』。『楚太人氏』。『長宜子孫』。『關中司馬』二。『□□司馬』。『許氏之印』。『旌陽□俊』。『□庵秘笈』。『劉中守氏』。『宣文閣監書畫博士印』。『雒許孝謨』。『鄭氏居貞』。『□兜樂齋』。『鄧子方』。『長安』。『王永寧印』。『過雲樓百種』。『江邨』。『吳廷』。『鄭桓之印』。『醇生氏』。『金延儒印』二。『郎□都尉』。『春坊正字』。『鄭氏彥昭』。『山水清暉』。『圖書珍玩』。『無風波處』。『□藝海□印』。『關中侯印』。『巧工司馬』。『浮□□□□□□□□□齋□之□』。『□□文□』。『□□子□』。『茹庫秘笈』。『楚太卜氏』。（李静）

蘊真堂石刻三六

釋　文：

意大率圖与奇觀相似却無畫工之習故士大夫寶之嗟乎一門清適自宗薦許亦可以見其父子之能矣上清外史薛羲題

米氏父子書畫擅當世是卷沉著痛快字如其圖尤合作也臨川葛元喆題

江南奇觀在北固諸山而北固奇觀又在東岡海岳晴雨晦明中執筆模寫非其人胸中先有千巖萬壑者孰能神融意會收景象於豪芒咫尺之間哉米家父子何奪天巧之多也　宣城貢師泰題

此卷友仁真跡無疑山川浮紙烟雲滿前脫去唐宋習氣別是一天胸次可謂

鑒藏印記：

『上清外史圖書清賞』。『薛玄卿印』。『醇生氏』三。『金延儒印』三。『葛元哲印』。『丹陽世家』。『貢太父』。『大音』。『中山世家』。『太原』。（李静）

蘊真堂石刻三七

釋　文：

自渠作祖當共知者論至正癸卯立夏後五日劉中守書于三山之枕厷行軒

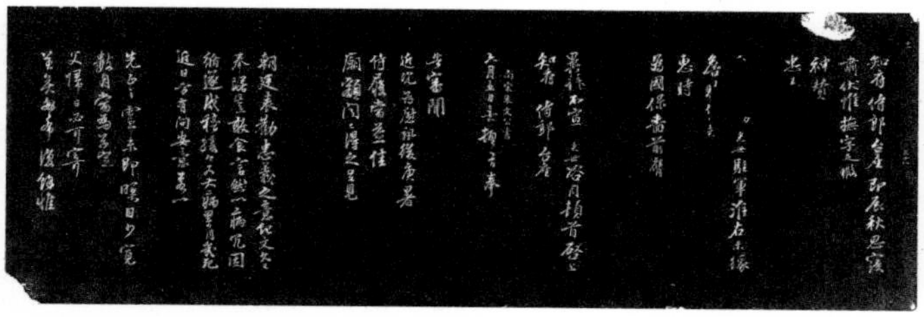

細觀米友仁瀟湘奇觀筆墨溫粹點染渾成信夫鍾山川之
秀而復發其秀於山川者也其後跋語若貢公泰甫葛西元喆劉公中守言之盡矣
至於上清外史薛公玄卿素与吳興趙松雪評論書畫尤為精到且知其父元章公宣和
間嘗進友仁所畫楚江清晚圖為當時稱賞況奇觀者尤晚年之作也居貞其寶
之雪鶴山人鄧宇志
南宋劉武僖公書
光世諮目頓首啟上
鑒藏印記：
『劉中守氏』。『審定無疑』。『昆侖山牧』。『醇生氏』二。『金延儒印』二。『述古堂印』。
『鄧子方』。『雪鶴山人』。『公度』。（曹海濤）

蘊真堂石刻三八

釋　文：

知府侍郎台座即辰秋思寢肅伏惟撫字之暇神贊忠□□□□□□
光世駐軍淮右未緣詹□□□惠時為國保嗇前膺
異拜不宣　光世諮目頓首啓上知府侍郎台座
南宋朱文公書
六月五日熹頓首奉
告審聞近況為慰訊後庚暑侍履當益佳廟額聞已得之足見
朝廷表勸忠義之意記文久已奉諾豈敢食言然以病冗因循遂成稽緩今又大病累月幾死近日
方有問安意若以
先正之靈未即瞑目少寬數月當為草定父歸日必可寄呈矣匆匆布復餘惟（曹海濤）

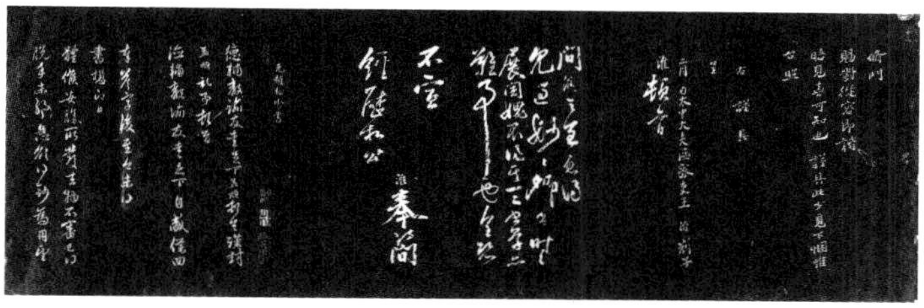

蘊真堂石刻三九

釋　文：

自愛
令祖母太夫人康寧眷集一一佳慶不宣　熹再拜
君承務
南宋張敬夫書
栻雖未獲詹見而
先正大家人材之盛蓋亦從朋遊講之熟矣自承分符齊安相望匪遠時聞起居與夫為政之方而
尤深願識之念豈謂謙光遽枉誨墨所以慰藉相與甚誠厚不勝
感服栻晚陋雖知有學跂慕古哲庶幾勉焉而未之有得也讀來示更重悚戢　右謹具呈持禫服
張栻劄子
南宋張樗寮書
棐茗皆山中珍品拜貺感銘二文欲累以惡札深佩
此意筆凍手□恐未能即承命也即之和南大歇和尚老禪師侍者
南宋王季海書
淮請別易久區區跂詠之勤可勝借喻奉辭翰伏承台旌已次

鑒藏印記：

『檇李項氏家寶玩』。『檇李』。『項墨林鑑賞章』。『墨林秘玩』。『古山堂圖書印』。『子孫世昌』。『神遊心賞』。『天籟閣』。『寄傲』。『子祺珍玩』。（曹海濤）

蘊真堂石刻四〇

釋　文：

脩門賜對從容即諧晤見喜可知也謹具此少見下悃惟台照　右謹具呈二月日太中大夫區密
吏王淮劄子　淮頓首
問淮之至忽得見過妙妙卿時時展閱媿不得其一二書草亦難事也皇恐不宣　淮奉簡經歷和公

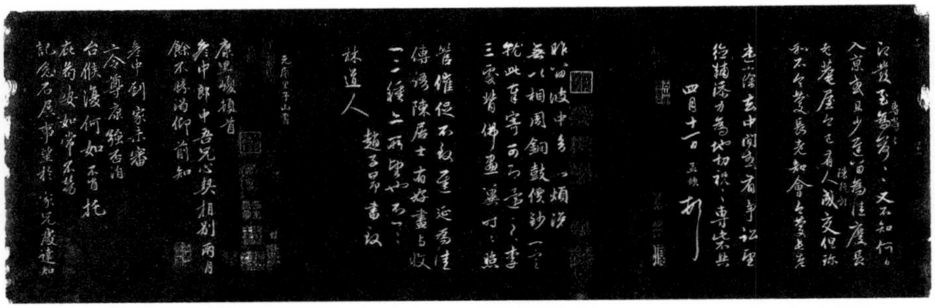

元趙松雪書

德輔教諭友愛足下孟頫頓首謹封孟頫礼事頓首

德輔教諭友愛足下自盛僕回

奉答字後至今未得書想即日體候安勝所發去物不審已得脫手未耶急欲得鈔為用望

鑒藏印記：

『项元汴印』。『墨林山人』。『项墨林父秘笈之印』。『子京』。（曹海濤）

蘊真堂石刻四一

釋　文：

即發至為荷為荷專等專等又不知何日入京或且少遲留為佳慶長老庵屋今已有人陳提領成交但㳽和不令慶長老知會今慶長老

遣小徐去中間或有爭訟望德輔添力為地切祝切祝專此不具

四月十一日孟頫頓首

昨留波中多心煩說無以相周銅鼓價鈔一空就此奉寄可即還之李三處背佛畫冀時時照管催促不致迟延為佳傳語陳居士有好畫与收一二種亦所望也不一一

趙子昂書致林道人

元康里子山書

康里巎頓首彥中郎中吾兄心契相別兩月餘不勝渴仰前知

彥中到家未審二令尊康強否洎台候復何如不肖托庇苟安如常不劳記念石展事望於家兄處達知

鑒藏印記：

『康里夔印』。『項子長父鑒定』。『墨林項季子章』。『項聖謨印』。『子京』。『子京□□』。『項□』。『古山堂圖書印』。『西楚王孫』。『得密』。『平生真賞』。『荷汀』。『紫珊』。『就李』。『黃芳私印』。『神游□□』。『徐渭仁印』。『鑑賞章』。『安氏儀周書畫之章』。『聖清宗室盛昱伯羲之印』。『天籟閣』。（沙苗苗）

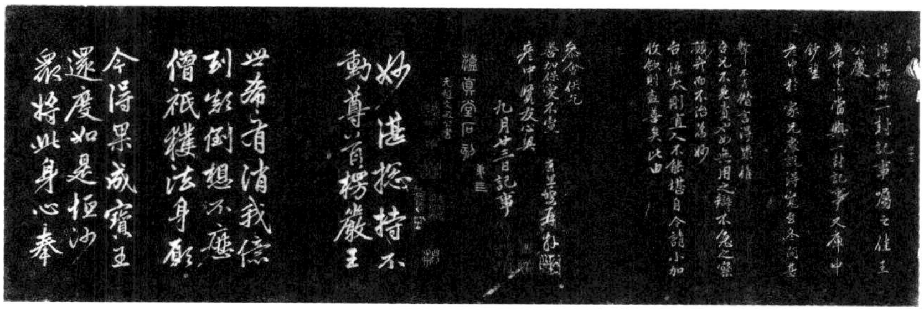

蘊真堂石刻四二

釋　文：

得與衡叔一封記事囑之佳王公處彥中亦當與一封記事又庫中鈔望彥中於家兄處說得寬慰冬間甚

幸不肖借言得罪惟吾兄不見責也女無用之辯不急之察願棄而不治為妙台性太剛直人不能堪自今請小加收斂則盡善矣比由

恭會伏乞善加保愛不宣康里巎再拜彥中賢友心契

九月廿三日記事

蘊真堂石刻第四

元趙文敏公書

妙湛住持不動尊首楞嚴王

世希有消我億劫顛倒想不應僧祇獲法身願

今得果成寶王還度如是恒沙眾將此身心奉

鑒藏印記：

『康里夔印』。『子京父印』。『項墨林父秘笈之印』。『項聖謨印』。『孔彰父』。『子孫世昌』。『式古堂書畫』。『仙客』。『卞令之鑒定』。『令之清玩』。『魚門』。『汝梅鑑藏』。『馮公度家珍藏』。『淵甫』。（沙苗苗）

蘊真堂石刻四三

釋　文：

塵刹是則名為報佛恩伏請世尊為證明五

濁惡世誓先入如一眾生未成佛終不於此取泥

洹大雄大力大慈悲希更審除微細惑令我

早登無上覺於十方界坐道場舜若多性可銷亡

爍迦羅心無動轉　松雪道人為空嚴長老書

鑒藏印記：

『趙氏子昂』。『祿之』。『卞令之鑒定』。『馮公度家珍藏』。『卞永譽印』。（沙苗苗）

蘊真堂石刻四四

釋　文：

吾聞天子之馬走千里今之画圖無乃是是何意態雄且傑駿尾蕭梢朔風起毛為綠縹雙耳黃眼有紫焰兩瞳方矯矯龍性合變化卓立天骨森開張伊昔太僕張景順監牧攻駒閱清峻遂令大奴守天育別養驥子憐神俊當時四十萬匹馬張公歎其材盡下故獨寫真傳世人見之座右久更新年多物化空形影嗚呼健步無由騁如今豈無騕褭與驊騮時無王良伯樂死即休從歲為容亶學生畫天馬圖忽已數年矣後李子寫杜拾遺天毓驃騎歌于後子因奉傳開平日久不能應命茲偶于舟中撿出為篆書之惜不能工也　延祐四年九月既望吳興趙孟頫識

鑒藏印記：

『趙氏子昂』。『天水郡圖書印』。『景長樂印』。『馮公度家珍藏』。（沙苗苗）

蘊真堂石刻四五

釋　文：

大元敕賜龍興寺大覺普慈廣照無上帝師碑

鑒藏印記：

『馮公度審定記』。『遐闇心賞』。（沙苗苗）

蘊真堂石刻四六

釋　文：

大元敕賜龍興寺大覺普慈廣照無上帝師之碑
集賢學士資德大夫臣趙孟頫奉敕撰並書篆
皇帝即位之元年有詔金剛上師膽巴賜謚大覺普慈廣照無上帝師敕臣孟頫為文並書刻石大
都寺五年真定路興龍寺僧迭凡八奏師本住其
寺乞刻石寺中復敕臣孟頫為文並書臣孟頫預（沙苗苗）

蘊真堂石刻四七

釋　文：

議賜謚大覺以言乎師之體普慈以言乎師之用廣照
以言慧光之所照臨無上以言為帝者師既奏有
旨於義甚當謹按師所生之地曰突甘斯旦麻童子出
家事聖師綽理哲哇為弟子受名膽巴梵
言膽巴華言微妙先受秘密戒法繼遊西天竺國遍參
高僧受經律論繇是深入法海博采道要顯密兩融空（劉介群）

蘊真堂石刻四八

釋　文：

實兼照獨立三界示衆標的至元七年与帝師巴
思八俱至中國帝師者乃聖師之昆弟子也
帝師告歸西蕃以教門之事屬之於師始於五臺
山建立道場行秘密咒法作諸佛事祠祭摩訶伽剌持
戒甚嚴晝夜不懈屢彰神異赫然流聞自是德業隆盛

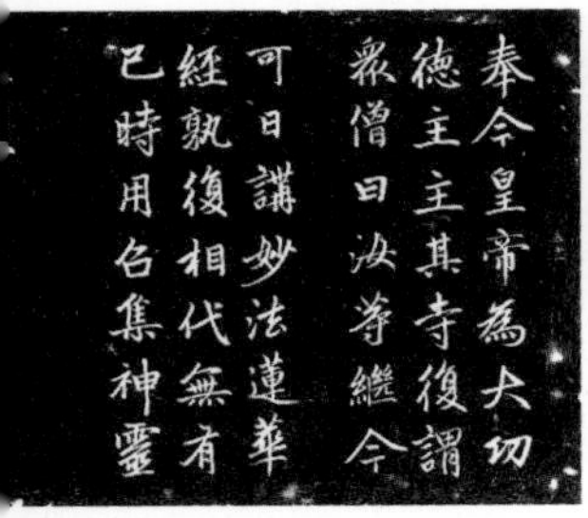

人天歸敬武宗皇帝皇伯晉王及皇（劉介群）

蘊真堂石刻四九

釋　文：

今皇帝皇太后皆從受戒法下至諸王將相
貴人委重寶為施身執弟子禮不可勝紀龍興寺建於
隋世有金銅大悲菩薩像五代時契丹入鎮州縱火
焚寺像毀于火周人取其銅以鑄錢宋太祖伐河東像
已毀為之歎息僧可傳言寺有復興之讖於是為降詔
復造其像高七十三尺建大閣三重以覆之旁翼之以（劉介群）

蘊真堂石刻五〇

釋　文：

兩樓壯麗奇偉世未有也繇是龍興遂為河朔名寺方
營閣有美木自五臺山頰龍河流出計其長短小大多
寡之數與閣材盡合詔取以賜僧惠演為之記師始來
東土寺講主僧宣徽大師普整雄辯大師永安等即禮
請師為首住持元貞元年正月師忽謂眾僧曰將有聖
人興起山門即為梵書奏徽仁裕聖皇太后（劉介群）

蘊真堂石刻五一

釋　文：

奉今皇帝為大功德主主其寺復謂眾僧曰汝等繼今

可日講妙法蓮華經孰複相代無有已時用召集神靈
擁護聖躬受無量福香華果餌之費皆度
我私財且預言聖德有受命之符至大元年東宮既
建以舊邱田五十頃賜寺為常住業師之所言至此皆
驗大德七年師在上都弥陁院入般涅槃現五色寶光（劉介群）

蘊真堂石刻五二

釋　文：

獲舍利無數皇元一統天下西蕃上師至中國不
絕操行謹嚴具智慧神通無如師者臣孟頫為之頌曰
師從無始劫學道不退轉十方諸如來一一所受記來
世必成佛住娑婆世界演說無量義身為
帝王師度脫一切眾黃金為宮殿七寶妙莊嚴種種諸
珍異供養無不備建立大道場邪魔及外道破滅無蹤（劉介群）

蘊真堂石刻五三

釋　文：

跡法力所護持國土保安靜皇帝
皇太后壽命等天地王宮諸眷屬下至於含生歸依法
力故皆證佛菩提成就眾善果獲無量福德臣作如是
言傳布於十方下及未來世讚歎不可盡
延祐三年月立石
吳興書此碑年已六十有三去卒時祇七年用筆猶綽約饒風致而神力老健如挽強者矯矯之然
今人見之氣增一倍　道光二十有三年歲次癸卯七月大暑後十日姚元之拜觀

鑒藏印記：

『葉恭綽』。『觀宗學風』。『大興馮氏玉敦齋收藏圖書記』。『姚元之』。（劉介群）

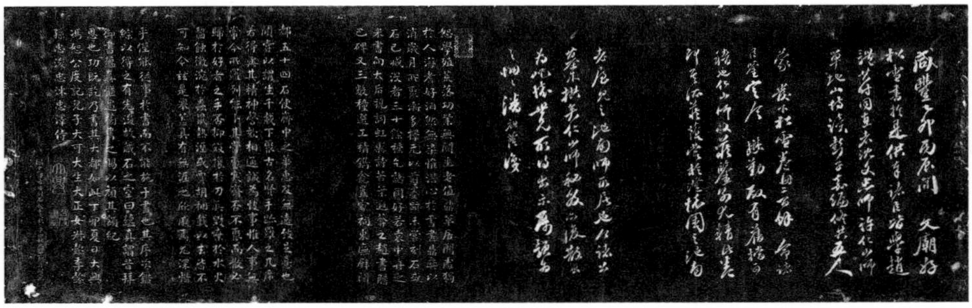

蘊真堂石刻五四

釋　文：

咸豐乙卯丙辰間文廟好松雪書於是供奉諸臣皆學趙體其時同直者沈文忠師許仁山師單地山侍讀彭子嘉編修共五人

蒙發下松雪卷冊二百餘命諸臣鑒定令懋勤殿有舊檔可稽也仁山師收藏鑒別尤精此卷即其所藏蔭嘗於澄懷園之池南

老屋見之池南師所居也今諸公墓木拱矣仁山師秘笈亦復散出為屺懷世兄所得出示屬題為之惘惘　潘祖蔭識

恕學殖荒落功業無聞垂老值鼎革居閒處獨於人海耆好泊然無染惟潛心於書畫鼎彝以消歲月所聚漸多擇元以前墨跡未嘗刻石或石已滅沒者三十餘種乞諸同好若袁中舟之米書向太后挽詞虹縣詩若葉遐庵之趙書膽巴碑又三數種選工精鐫龕置家祠東廡壁間

都五十四石使齋中之華惠及無遠致足憙也閑嘗以謂生千載下聚古名賢手跡羅之几席若得與其精神聲欬相通誠為情事惟人事無常今所羅列能卜其常聚寒齋否不聚而散必歸於好者之手否抑□攘于刀兵毀棄於水火霾蝕□涴於蟲鼠熱濕或賈胡捆載以去皆不可知今茲是舉蓋具有無涯之欣戚焉尤深惜

乎僅能從事于書而不能施于畫也其序次錯綜以得之有先後故藏石之室曰蘊真謂昔拜御書蘊真愜遇□書之賜以顏其額紀恩也功既訖乃書其大都如此　丁卯夏日大興馮恕公度記兒子大可大生大正女叔懿季懿孫忠洖忠涑忠澤侍

関中郭希安刻石起壬戌秋至丁卯秋凡六十一□月刻竟

鑒藏印記：

『御賜美意延年』。『大興』。『公度書畫』。（劉介群）

後记

《蘊真堂石刻》是收藏家馮恕（字公度）禮聘請金石鎸刻家郭希安在一九二二至一九二七年間所鎸刻的一部法帖。石刻共計五十四方石版，每石均長九十二、寬三十、厚八厘米，而略有差异。收録歷代名家書法三十九種，原嵌于北京西城區羊肉胡同七三號院馮氏家祠内東屋壁間裏。『文革』后，此套石刻及初拓，由馮氏家屬悉數捐給國家。蘊真堂石刻現藏西城區文物管理處，保存完好，如此的文物實屬珍貴。

爲加强文物保護，將《蘊真堂石刻》的文獻資料完整地保留下來，同時爲文物研究、書法愛好者提供一部系統、翔實的參考資料，我們對《蘊真堂石刻》進行了以下幾方面的工作：

第一，聘請專業人員對五十四塊碑石進行了拓印工作。

第二，對拓片的全部内容作了釋文，釋文以拓片文字爲准，爲了保持法帖原貌，不作點校標點。

第三，對于石刻中模糊難以辨認的鑒藏印記，在釋文中以『余不記』的形式標注，比如『蘊真堂石刻一七』的鑒藏印記釋文。

第四，對難以辨認的文字以『□』標注。

在本書的具體編撰過程中，我們得到了吴夢麟女士、劉衛東先生等專家的具體指導，文物出版社資深編審李穆先生和本書責任編輯孫霞女士也提出了許多建設性的意見，都付出了極大的心血，在此一并致謝。

由于編者水平有限，難免有紕漏之處，敬請廣大讀者批評指正。

北京市西城區文物管理處